Außenwirtschaftsrecht

Außenwirtschafts-recht

Textsammlung

mit Einführung für exportierende Unternehmen, Behörden und Berater

Zusammengestellt und mit einer Einführung versehen
von **Olaf Simonsen**

11., vollständig überarbeitete Auflage

Außenwirtschaftliche Praxis
AW-Prax
SCHRIFTENREIHE

Bundesanzeiger
Verlag

Bibliografische Information der Deutschen Nationalbibliothek
Die Deutsche Nationalbibliothek verzeichnet diese Publikation in der Deutschen Nationalbibliografie; detaillierte bibliografische Daten sind im Internet über http://dnb.d-nb.de abrufbar.

Bundesanzeiger Verlag GmbH
Amsterdamer Straße 192
50735 Köln
www.bundesanzeiger-verlag.de

Weitere Informationen finden Sie auch in unserem Themenportal unter
www.aw-portal.de

Beratung und Bestellung:
Gerburg Brandt, Isa Güleryüz
Tel.: +49 221 97668-173/357
Fax: +49 221 97668-232
E-Mail: aussenwirtschaft@bundesanzeiger.de

ISBN (Print): 978-3-8462-0224-1
ISBN (E-Book): 978-3-8462-0225-8

Produktmanagement: Carina Brachter
Lektorat: Kirsten Meierholz
Herstellung: Günter Fabritius
Satz: starke+partner, Willich
Druck und buchbinderische Verarbeitung: Medienhaus Plump GmbH, Rheinbreitbach
Printed in Germany

Vorwort

Die Neuauflage ist notwendig geworden, weil die nationalen Bestimmungen des Außenwirtschaftsrechts durch die „Modernisierung des Außenwirtschaftsrechts" der CDU/CSU-FDP-Koalitionsregierung im Jahre 2013 entscheidend umgestaltet worden ist. Das novellierte Außenwirtschaftsgesetz (AWG) sowie die novellierte Außenwirtschaftsverordnung (AWV) sind am 1. September 2013 in Kraft getreten.

Das Ziel dieser Novellierung war in dem Koalitionsvertrag zwischen CDU, CSU und FDP (2009) wie folgt festgelegt worden:

„Das Außenwirtschaftsgesetz und die Außenwirtschaftsverordnung werden entschlackt und übersichtlicher ausgestaltet. Es werden Vorschriften gestrichen, die deutsche Exporteure gegenüber ihren europäischen Konkurrenten benachteiligen. Bei der Anwendung des Außenwirtschaftsrechts muss der internationalen Wettbewerbssituation der deutschen Wirtschaft mehr als bisher Rechnung getragen werden."

Das entscheidende Merkmal dieser Novellierung sowie der Zielbeschreibung bei Exportkontrollentscheidungen – und das ist ein klarer Paradigmenwechsel – ist deshalb die Vermeidung von Wettbewerbsverzerrungen für die deutsche Wirtschaft.

Diese Zieldefinition bei der „Anwendung des Außenwirtschaftsrechts" hat nicht nur Auswirkungen bei den Genehmigungsentscheidungen auf der Grundlage der AWG/AWV, sondern auch für alle Entscheidungen nach der EG-Verordnung über die Güter mit doppeltem Verwendungszweck (Dual-use-Verordnung) sowie nach dem Kriegswaffenkontrollgesetz (KWKG).

Die Bedeutung dieser „Modernisierung" geht deshalb weit über die geänderten Bestimmungen im deutschen Recht hinaus. Sie definiert die im Koalitionsvertrag als „verantwortlich" genannte Exportkontrollpolitik und interpretiert damit die „Politischen Grundsätze der Bundesregierung" aus dem Jahre 2000 neu.

Die Novellierung überrascht auch mit der Einführung einer strafbefreienden Offenlegung bei Ordnungswidrigkeiten (§ 22 Abs. 4 AWG 2013) sowie einer teilweisen Abkehr von dem Grundsatz „Unkenntnis schützt nicht vor Strafe" (§ 18 Abs. 11 AWG 2013). Auf der anderen Seite wird an dem „Anspruch auf Erteilung einer Ausfuhrgenehmigung" festgehalten, obwohl im Wesentlichen nur noch die „sonstigen Rüstungsgüter" geregelt werden. Dies steht im eklatanten Wertungswiderspruch zu der Verordnung (EG) Nr. 428/2009 des Rates vom 5. Mai 2009 über eine Gemeinschaftsregelung für die Kontrolle der Ausfuhr, der Verbringung, der Vermittlung und der Durchfuhr von Gütern mit doppeltem Verwendungszweck (ABl. L 134 vom 29. Mai 2009, S.1; im Folgenden: Dual-use-Verordnung), die lediglich eine Ermessensentscheidung normiert.

Eine Einführung in das Außenwirtschaftsrecht ist nicht der Ort für eine kritische Würdigung dieses „Modernisierungsvorhabens". Es ist aber notwendig, nicht nur die Änderungen darzustellen, sondern auch auf die praktischen Folgen hinzuweisen.

Das Konzept der Textsammlung wurde beibehalten. Sie beginnt mit einer systematischen Einführung in das Außenwirtschaftsrecht. Diese ist so gehalten, dass sie nicht nur für Newcomer, sondern auch für „alte Hasen" zum „update" sowie für die Sensibilisierung der Ausfuhrverantwortlichen (Chefs) verwendet werden kann.

Die abgedruckten Texte haben nicht den Anspruch, die gesamte aktuelle Rechtslage abzubilden. Die Textsammlung beschränkt sich auf die Kernbestimmungen des Außenwirtschaftsrechts im Ausfuhrbereich[1] als jederzeit leicht greifbares Hilfsmittel (Vademekum).

Für die sich ständig ändernden Embargobestimmungen, Allgemeinen Genehmigungen und vor allem die Terroristenlisten bietet HADDEX eine hervorragende, durch den Schnelldienst tagesaktuell gehaltene Arbeitsgrundlage.

Die hier gesammelten Kernbestimmungen sollen insbesondere für Besprechungen und Sensibilisierungen die notwendigen normativen und methodischen Grundlagen liefern.

Das Buch greift auf die von Elmar Hucko eingeführte und bewährte Form der „Textsammlung mit Einführung" zurück. Die neue Gliederung ist notwendige Folge der geänderten Rechtslage.

Insbesondere die völkerrechtlichen Vorgaben haben eine ganz andere Bedeutung erlangt. Dies ist sowohl bei den Terroristenlisten als auch den neuen Bestimmungen in der Dual-use-VO 428/2009 zu Transit- und Vermittlungsgeschäften evident. Diese beziehen sich ausdrücklich auf den in der VN-Resolution 1540/2004 enthaltenen Auftrag.

Auch der Internationale Waffenhandelsvertrag (Arms Trade Treaty – ATT), der am 2. April 2013 von der Generalversammlung der Vereinten Nationen verabschiedet worden ist, könnte die künftige Entwicklung beeinflussen. Das Besondere an diesem Vertrag ist die erstmalige Festlegung weltweit einheitlicher Mindeststandards für den Handel mit konventionellen Rüstungsgütern. Deshalb ist das Kapitel „Völkerrechtliche Vorgaben" erweitert worden.

Olaf Simonsen Glashütten, im September 2013

1 Ohne Zollbestimmungen und den Kapitalverkehr.

Der Autor

Olaf Simonsen,

„profunder Kenner und aktiver Mitgestalter des europäischen wie nationalen Exportkontrollrechts"[1], verfügt über eine zwanzigjährige Erfahrung auf diesem Gebiet. Er war in verschiedenen leitenden Funktionen, zuletzt als Vizepräsident des Bundesamtes für Wirtschaft und Ausfuhrkontrolle, tätig.

Von Hause aus Jurist, wurde er 1989 mit dieser Aufgabe betraut, als die Neuordnung der Exportkontrolle durch das Bekanntwerden verschiedener Skandalfälle auf der Tagesordnung stand. Diese Neuordnung war u.a. mit der erstmaligen Einführung der Instrumente „catch-all"-Vorschrift, der Etablierung eines „Ausfuhrverantwortlichen" im Unternehmen auf Geschäftsführungsebene sowie „Allgemeiner Genehmigungen" verbunden.

Deshalb stand zu dieser Zeit auch die Information der Wirtschaft durch Lehrveranstaltungen sowie durch Herausgabe des Handbuches der deutschen Exportkontrolle – HADDEX – im Vordergrund. Die gesamte Exportkontrolle war auf eine neue Basis gestellt worden.

Weitere Meilensteine waren die Ansätze zur Harmonisierung der Exportkontrollvorschriften auf europäischer Ebene, die in der ersten Dual-use-Verordnung 1995 ihren konkreten Ausdruck fanden. In den Jahren 2000 und 2009 konnten weitere zuvor rein nationale Regelungen auf die supranationale Ebene transferiert werden mit der Folge einer verbesserten Wettbewerbsgleichheit der deutschen Industrie.

Simonsen initiierte und koordinierte auch Aktivitäten im internationalen Bereich und setzte sich dafür ein, Staaten beim Aufbau oder der Fortentwicklung ihres Exportkontrollsystems zu unterstützen.

Er ist Mitherausgeber des Kommentars für das gesamte Außenwirtschaftsrecht (AWR-Kommentar), Autor zahlreicher Aufsätze und Mitglied des Herausgeberbeirates der „Außenwirtschaftlichen Praxis".

1 Alexander von Portatius in AW-Prax, März-Ausgabe 2010.

Inhaltsverzeichnis

Abkürzungsverzeichnis

Abkürzung	Bezeichnung
AG	Australische Gruppe
ATT	Arms Trade Treaty
AWG	Außenwirtschaftsgesetz
AWV	Außenwirtschaftsverordnung
BRD	Bundesrepublik Deutschland
COCOM	Coordinating Committee for East-West-Trade-Policy
CWÜAG	Ausführungsgesetz zum Chemiewaffenübereinkommen
BAFA	Bundesamt für Wirtschaft und Ausfuhrkontrolle
BWÜ	Übereinkommen über das Verbot biologischer Waffen
CTC	Counter Terrorism Committee
CWÜ	Übereinkommen über das Verbot chemischer Waffen
EG	Europäische Gemeinschaft
EGV	Vertrag zur Gründung der Europäischen Gemeinschaft
EU	Europäische Union
EUGH	Europäischer Gerichtshof
EWG	Europäische Wirtschaftsgemeinschaft
GATT	Zoll- und Handelsabkommen
HADDEX	Handbuch der deutschen Exportkontrolle
IAEO	Internationale Atomenergieorganisation
KWKG	Kriegswaffenkontrollgesetz
MTCR	Missile Technology Control Regime
NSG	Nuclear Suppliers Group
NVV	Nuklearer Nichtverbreitungsvertrag
OPCW	Organisation for the Prohibition of Chemical Weapons
OSZE	Organisation für Sicherheit und Zusammenarbeit in Europa
OVZW	Organisation für das Verbot chemischer Waffen
VO	Verordnung
VN	Vereinte Nationen
WA	Wassenaar Arrangement on Export Control of Conventional Arms and Dual-use Goods and Technologies

A. Einführung

I. Grundsätze, Entwicklungen und Linien

Der Außenwirtschaftsverkehr ist grundsätzlich frei und dennoch gibt es so viele Vorschriften wie auf kaum einem anderen Rechtsgebiet. Verbote, Genehmigungspflichten, Unterrichtungspflichten und Informationspflichten sind zu beachten, eine komplexe und dynamische Materie.

Der Grundsatz der Freiheit des Außenwirtschaftsverkehrs ist auf der europäischen Ebene in Artikel 1 der Verordnung (EG) Nr. 1061/2009 des Rates vom 19. Oktober 2009 zur Festlegung einer gemeinsamen Ausfuhrregelung, auf nationaler Ebene in § 1 des Außenwirtschaftsgesetzes enthalten. Diese Freiheiten unterliegen aber Beschränkungen. Im Kern geht es dabei immer um Beschränkungen im Sinne des Gemeinwohls.

Schon im Zeitalter der Aufklärung wurde dieser Rechtsgedanke entwickelt:

> „Einzelne Rechte und Vorteile der Mitglieder des Staates müssen den Rechten und Pflichten zur Beförderung des gemeinschaftlichen Wohls, wenn zwischen beiden ein wirklicher Widerspruch (Kollision) eintritt, nachstehn."[1]

Sieht man sich unter diesem Aspekt die Beschränkungsgründe des § 4 Außenwirtschaftsgesetz 2013 an, so sind

1. die wesentlichen Sicherheitsinteressen der Bundesrepublik Deutschland zu gewährleisten,
2. eine Störung des friedlichen Zusammenlebens der Völker zu verhüten,
3. eine erhebliche Störung der auswärtigen Beziehungen der Bundesrepublik Deutschland zu verhüten,
4. die öffentliche Sicherheit oder Ordnung der Bundesrepublik Deutschland zu gewährleisten,
5. einer Gefährdung der Deckung des lebenswichtigen Bedarfs im Inland entgegenzuwirken und dadurch die Gesundheit und das Leben von Menschen zu schützen

zielorientierte Gründe des Gemeinwohls.

Analoges gilt für Artikel 12 der Verordnung (EG) Nr. 428/2009 des Rates vom 5. Mai 2009 über eine Gemeinschaftsregelung für die Kontrolle der Ausfuhr, der Verbringung, der Vermittlung und der Durchfuhr von Gütern mit doppeltem Verwendungszweck (ABl. L 134 vom 29. 5. 2009, S.1; im Folgenden: Dual-use-Verordnung). Zwar enthält der offene und nicht abschließende Katalog sachdienlicher Erwägungen keine eigenständigen Beschränkungsgründe; durch diese Vorschrift werden aber internationale Verpflichtungen beispielsweise aus den internationalen Verträgen, den Nichtverbreitungsregimen, Sanktionsregelungen der OSZE oder des VN-Sicherheitsrates in das EU-Recht transformiert. Die dort normierten weitgehend sicherheitspolitischen Maßnahmen sind gleichfalls Gründe des Gemeinwohls. Für die Überlegungen der nationalen Außen- und Sicherheitspolitik, auf die in dieser Bestimmung ausdrücklich verwiesen wird, ist dies selbsterklärend.

---

1 § 74 des Allgemeinen Landrechts für die Preußischen Staaten (1794).

Konsequenterweise sieht die Rechtsprechung in der Verweigerung einer Genehmigung auch keinen entschädigungspflichtigen Tatbestand, vielmehr die Konkretisierung der Sozialpflichtigkeit des Eigentums.

1. Außenwirtschaftsrecht als dokumentierte Geschichtsschreibung

Die Vorschriften spiegeln jeweils die politische Großwetterlage wider. So wurde gegenüber den ehemaligen Ostblockstaaten seit 1950 mit Entstehung des COCOM[2] eine sogenannte „Containment"-Politik betrieben, d.h., der Gegner in dem herrschenden Kalten Krieg sollte nicht mit Gütern beliefert werden, die dieser in einem heißen Krieg gegen die eigenen Truppen einsetzen könnte. Durch den Grundsatz der „einstimmigen Entscheidung" der COCOM-Mitgliedstaaten war auch eine einheitliche politische Linie gegenüber diesen Staaten sichergestellt.

Das Außenwirtschaftsgesetz und die Außenwirtschaftsverordnung (1961) entsprachen der damaligen Ausrichtung im Kalten Krieg. Die Restriktionen richteten sich gegen den „Ostblock", die damaligen Länder der Länderliste C. Die Länder der Länderliste A/B, zu denen beispielsweise auch der Iran, der Irak und Libyen gehörten, wurden dem westlichen Lager zugerechnet und waren deshalb faktisch nicht betroffen. Erst später wurde offenbar, dass auch von einigen dieser Länder konkrete Gefahren ausgingen. In vielen Ländern wurde aufgerüstet. Es war das Zeitalter der Dekolonisation. Neue unabhängige Staaten entstanden. Die Erde wurde neu vermessen.

Es fanden viele Stellvertreterkriege statt. Zwar sind diese Stellvertreterkriege seit dem Ende der Sowjetunion Geschichte. Die Welt kommt dennoch nicht zur Ruhe. Eine wirkliche Friedensdividende ist nicht entstanden. Der Abrüstungssektor als Zwillingsbruder des Exportkontrollrechts hat bis dato keine durchschlagenden Erfolge erzielen können.[3]

Dennoch handelt es sich beispielsweise bei dem Vertrag über die Nichtverbreitung von Atomwaffen (NVV), dem Chemiewaffenübereinkommen (CWÜ), dem Biologiewaffenübereinkommen (BWÜ) sowie den völkerrechtlich nicht bindenden „Nichtverbreitungsregimen" (Gentlemen Agreements) um wichtige Meilensteine, die Welt sicherer zu gestalten.

Dabei waren die „Nichtverbreitungsregime" jeweils Reaktionen auf erkannte Bedrohungslagen oder konkrete Ereignisse. Die „Nuclear Supplier's Group" (NSG) entstand nach den indischen Nukleartests im Mai 1974; die „Australische Gruppe" (AG) nach dem irakischen Einsatz von Giftgas im Ersten Golfkrieg 1984, das „Missile Technology Control Regime" (MTCR), um die Verbreitung von Kernwaffen mithilfe von Trägersystemen zu verhindern (1987) und das „Wassenaar Arrangement on Export Control of Conventional Arms and Dual-use Goods and Technologies" (WA) (1996) als Nachfolgeregime des COCOM, welches sich nach dem Zusammenbruch der Sowjetunion aufgelöst hatte (1994).

Ergebnisse der Abstimmungen in den Nichtverbreitungsregimen sind insbesondere die Güterlisten, die als Anhang I der Dual-use-VO (EG) Nr. 428/2009 veröffentlicht werden.[4]

2 Coordinating Committee for Multilateral Export Control, ursprünglich eindeutiger benannt als Coordinating Committee for East-West Trade Policy.

3 Das Exportkontrollrecht versucht präventiv Gefahren zu verhindern, während der Abrüstungssektor retrospektiv entstandene Gefahren minimieren oder beseitigen will.

2. Die Neuordnung des Außenwirtschaftsrechts

Die Ausfuhrskandale um den Einsatz von Giftgas im Irak (1984) und der Lieferung einer Fabrik zur Herstellung von Giftgas nach Libyen (Rabta 1985), die erst Anfang der neunziger Jahre bekannt geworden waren, sowie die nach dem Ersten Golfkrieg aufgedeckten illegalen Lieferungen in den Irak wurden zum Anlass, die Exportkontrolle in Deutschland auf völlig neue Beine zu stellen.

Die Strafvorschriften wurden verschärft, die Behörden personell aufgestockt und mit erweiterten Befugnissen ausgestattet. Die Geschäftsleitungen der Exportfirmen wurden durch die Schaffung des „Ausfuhrverantwortlichen" in die Pflicht genommen („Exportkontrolle ist Chefsache"). Erstmals wurde eine auf die kritische Verwendung abstellende „catch-all"-Vorschrift (1991: § 5c AWV) eingeführt, weil durch die erwähnten Skandale deutlich geworden war, dass auch einfache und mittlere und damit nicht „gelistete" Technik ausreicht, um Massenvernichtungswaffen herstellen zu können. Der damalige § 5c AWV enthielt noch über 50 Länder. Mit diesem Ansatz sollte sichergestellt werden, dass eine kritische militärische Verwendung nicht gelisteter Waren verhindert werden konnte.

1995 trat die erste europäische Dual-use-Verordnung in Kraft. Damit wurden die wichtigsten Vorschriften auf diesem Sektor supranational. Das war gleichzeitig ein wichtiger Harmonisierungsschritt in der Europäischen Union. Im Jahre 2000 wurde diese Verordnung novelliert und durch Veröffentlichung einer Allgemeinen Genehmigung liberalisiert.

2001 trat dann eine auch die Exportkontrollwelt fundamental verändernde Zäsur ein: die Ereignisse des 11. Septembers 2001[5].

Der 11. September 2001 löste alte Gewissheiten auf. Die Liberalisierung des Handelsverkehrs hatte nicht mehr die allererste Priorität. Die Sicherheit stand auf einmal an erster Stelle. Die damalige amerikanische Bush-Regierung rief zum „Krieg gegen den Terror" auf. Erstmals trat der VN-Sicherheitsrat mit den Resolutionen 1373/2001 im Bereich des Terrorismus und 1540/2004 im Bereich der Exportkontrolle als Gesetzgeber auf.

Mit den Resolutionen 1368/2001 vom 12.9.2001 und 1373/2001 vom 28.9.2001 wurden terroristische Akte ausdrücklich als Bedrohungen der internationalen Sicherheit nach Kapitel VII der VN-Charta deklariert. Die Resolution 1373/2001 verpflichtete alle Mitgliedstaaten auf einen umfassenden Maßnahmenkatalog zur Terrorismusbekämpfung.

Die VN-Resolution 1540/2004 vom 20.4.2004 erklärte dann auch die Proliferation von nuklearen, chemischen und biologischen Waffen, einschließlich ihrer Trägersysteme, als abstrakte Gefahr für den Weltfrieden und die internationale Sicherheit nach Art. 39 der VN-Charta und erließ hierzu generell abstrakte Regeln[6].

Aber auch die nationale Gesetzgebung reagierte anlassbezogen. So wurde nach der Übernahme des U-Boot-Bauers HDW durch einen amerikanischen Finanzinvestor § 7 AWG (nunmehr § 4 AWG 2013) ergänzt und eine Meldepflicht in der Außenwirtschaftsverordnung eingeführt (2004, nunmehr § 60 Absatz 3 AWV 2013: sektorspezifische Prüfung von

4 Dieser Anhang wird nach der „Modernisierung des Außenwirtschaftsrechts" (2013) nicht mehr in der nationalen Ausfuhrliste als Teil I C abgedruckt.

5 Al Quaida zugeordnete Terroristen lenkten zwei entführte Flugzeuge in die Türme des World Trade Centers (WTC) in New York City und ein Flugzeug in das Pentagon in Arlington (Virginia). Das vierte Flugzeug, das wahrscheinlich ein Regierungsgebäude in Washington, D.C. treffen sollte, wurde vom Piloten der Entführer bei Shanksville (Pennsylvania) zum Absturz gebracht, da er in Kämpfe mit den Passagieren verwickelt war. Etwa 3.000 Menschen wurden bei diesem terroristischen Massenmord getötet.

6 Siehe II. Völkerrechtliche Vorgaben.

Unternehmenserwerben), die ermöglichen soll, durch angemessene staatliche Interventionen die Kernfähigkeiten der deutschen wehrtechnischen Industrie zu erhalten.

Dieser Ansatz wurde dann auf den Erwerb gebietsansässiger Unternehmen ohne jede Branchenbegrenzung ausgeweitet (2009). Jeder Erwerb kann beschränkt werden, wenn das Funktionieren des Staates und seiner Einrichtungen betroffen ist. Diese Regelungen fußten auf der Befürchtung, dass Staats- oder Hedgefonds unerwünschten Einfluss auf gebietsansässige Unternehmen von strategischer Bedeutung wie z.B. auf den Gebieten der Telekommunikation oder Energieversorgung gewinnen könnten. Auch hier geht es um einen erweiterten Sicherheitsbegriff („wesentliche Sicherheitsinteressen").

3. Die Modernisierung des Außenwirtschaftsrechts (2013)

Die „Modernisierung des Außenwirtschaftrechtes" im Jahre 2013 setzte die Vorgaben des Koalitionsvertrages der CDU/CSU-FDP-Regierung um, das Außenwirtschaftsrecht zu entschlacken und zu vereinfachen und deutsche Sondervorschriften aufzuheben, die deutsche Exporteure gegenüber ihren europäischen Konkurrenten benachteiligten.

Vor diesem Hintergrund wurden bestimmte nationale Sonderregelungen aufgehoben (insbesondere §§ 5c und 7 Absatz 2 AWV a.F.). In der Zwischenzeit sei die Exportkontrolle europaweit auf hohem Niveau konsolidiert. Die früheren deutschen Sonderregelungen für Dual-Use-Güter würden heute durch vorrangige europäische Regelungen überlagert und entfielen mangels Praxisrelevanz.

Zudem wurde die AWV sprachlich überarbeitet und gestrafft, so u.a. die Vorschriften zur Prüfung von Unternehmenserwerben gemäß §§ 52 f. AWV a.F., zur Umsetzung von Waffenembargos gemäß §§ 69a ff. AWV a.F. und die Bußgeldbewehrungen des § 70 AWV a.F. Das Außenwirtschaftsrecht werde dadurch übersichtlicher und anwenderorientierter.

Die Modernisierung des Außenwirtschaftrechtes setzte aber ihren Schwerpunkt nicht nur auf die Novellierung des Außenwirtschaftsgesetzes und der Außenwirtschaftsverordnung, sondern auch auf die Neuausrichtung der Genehmigungspolitik.

Bereits in dem Koalitionsvertrag der CDU/CSU-FDP-Regierung wurde festgehalten, dass künftig eine „verantwortliche Exportkontrollpolitik" betrieben werden solle. Bis zu dieser Vereinbarung hatten sich die Regierungen seit 2000 darauf festgelegt, eine „restriktive Exportkontrollpolitik" zu verfolgen. Bereits in dieser Wortwahl war eine weitere Liberalisierung der Genehmigungspolitik angelegt. Im Rahmen des Modernisierungsvorhabens des Deutschen Außenwirtschaftrechtes führte die Regierung hierzu Folgendes aus:

„Bei der Anwendung des Außenwirtschaftsrechts (muss) der internationalen Wettbewerbssituation der deutschen Wirtschaft mehr als bisher Rechnung getragen werden."

Die Politischen Grundsätze der Bundesregierung aus dem Jahre 2000 hatten noch ausdrücklich festgehalten, dass „beschäftigungspolitische Gründe keine ausschlaggebende Rolle spielen" (dürfen). Das war die Umschreibung der Auffassung, dass wirtschaftspolitische Gründe im Außen- und Sicherheitsbereich nicht entscheidend sein dürften.

Das Argument „Wettbewerb" hat seinen Platz in der Handelspolitik. Es gehört nicht zu den Gründen des Gemeinwohls, die § 4 AWG festschreibt[7].

7 Siehe die Zitate bei I Grundsätze, Entwicklungen und Linien, S. 4.

Es liegt in der Natur der Sache, dass die Entscheidungen auch innerhalb der EU unterschiedlich ausfallen, weil sowohl Sicherheitspolitik, Gefahrenperzeption als auch Informationslage der einzelnen Mitgliedsstaaten unterschiedlich sind. Wenn aber als Ziel die Vermeidung von Wettbewerbsverzerrungen ausgegeben wird, dann liegt nahe, dass nicht die Friedens- und Sicherheitspolitik prioritär ist, sondern die Wirtschaftspolitik. Die durch die Verkleinerung der Bundeswehr fehlenden Aufträge können durch eine Ausweitung des Exportes ausgeglichen werden.[8]

Außenwirtschaftsrecht ist dokumentierte Geschichtsschreibung. Es lassen sich nicht nur viele Ereignisse über die normierten Regelungen nachweisen, sondern auch die institutionellen Entwicklungen supranationaler Einrichtungen oder Institutionen nachvollziehen. Selbst Veränderungen des Nationalstaates sind ablesbar. Dies gilt auch für die Entwicklung der Europäischen Gemeinschaft und auf der Völkerrechtsebene, wie insbesondere das erstmalige Auftreten der UN als Gesetzgeber zur Regelung der Proliferation von Massenvernichtungswaffen und der Terrorismusgefahr deutlich werden lässt.

4. Dynamik und Unbeständigkeit des Außenwirtschaftsrechts

Wegen des Charakters der Regelungen als Reaktionen auf erkannte oder drohende Gefahren ist es wenig überraschend, dass Änderungen mit einer hohen Frequenz aufeinander folgen.

Illustrieren lässt sich dies mit der Regelungsdichte im Jahre 2012. Die Anlage I der Dual-use-VO. 428/2009 wurde mit der Verordnung (EG) 388/2012 geändert.

Die EU veröffentlichte eine neue Militärgüterliste. Die Außenwirtschaftsverordnung verzeichnete die 93. und 94. Änderungsverordnung. Zwanzig Allgemeine Genehmigungen wurden veröffentlicht.

Etwa 130 Verordnungen und Durchführungsverordnungen der Europäischen Union entweder als Embargomaßnahmen gegenüber bestimmten Ländern oder als Maßnahmen gegen bestimmte Personen und Organisationen, die insbesondere mit dem Al-Qaida-Netzwerk in Verbindung stehen, wurden rechtsverbindlich.

Betroffene Länder waren der Iran, Syrien, Belarus, Liberia, Zimbabwe, Birma/Myanmar, Moldau, Guinea-Bissau, Somalia, Afghanistan, Eritrea und andere mehr.

Über 100 Bekanntmachungen des Bundesministers für Wirtschaft und Technologie zur Anpassung der Strafbewehrungen nach Paragraph 34 AWG wurden veröffentlicht.

Insgesamt sind über 250 Regelungen im Jahre 2012 zu verzeichnen. Im Durchschnitt bedeutet dies pro Arbeitstag mehr als eine neue Regelung, die in dem Exportkontrollsystem zu verarbeiten ist. Ein immenser Arbeitsaufwand.

Das Außenwirtschaftsrecht ist deshalb ein äußerst dynamisches Rechtsgebiet. Ständig neue Maßnahmeregelungen bedingen einen hohen Pflegeaufwand.

Diese Dynamik hat auch deshalb an Geschwindigkeit zugenommen, weil nicht nur der nationale Gesetz- und Verordnungsgeber aktiv ist, sondern in einem Mehrebenenmodell sowohl die völkerrechtliche Ebene als auch die europäische Ebene tätig ist.

8 So sinngemäß der Hauptgeschäftsführer der Sicherheits- und Verteidigungsindustrie – BDSV –, Adamowitsch, auf der Veranstaltung „Gute Geschäfte – Deutscher Waffenhandel auf dem Prüfstand" im Haus am Dom, Frankfurt, am 8.12.2012.

Die europäischen Verordnungen sind unmittelbar geltendes Recht. Dem nationalen Gesetz- und Verordnungsgeber bleiben oft nur ergänzende oder additive Regelungen; zum Teil geht es nur noch um die Strafrechtsbewehrung europäischer Regelungen.

5. Definition des Außenwirtschaftsrechts

§ 1 des Außenwirtschaftsgesetzes 2013 definiert den Außenwirtschaftsverkehr als Güter-, Dienstleistungs-, Kapital- und sonstigen Wirtschaftsverkehr mit dem Ausland sowie als Verkehr mit Auslandswerten und Gold zwischen Inländern.

Bei der Interpretation dieser Vorschrift, die noch aus der Urfassung des AWG aus dem Jahre 1961 stammt und 2013 nur sprachlich überarbeitet worden ist, wird die Beeinflussung durch die internationalen Regelungswerke sowie auf transnationaler Ebene überdeutlich.

Zum Teil sind die Kompetenzen auf die EU übergegangen, zum Teil sind die Steuerungsfähigkeiten auf nationaler Ebene nicht mehr vorhanden und schließlich beeinflussen die internationalen Regelungswerke auch die Interpretation der Vorschriften. Teilweise wird deshalb nur noch von einer nationalen Residualkompetenz gesprochen.

In zwei grundsätzlichen Urteilen des Europäischen Gerichtshofes vom 17.10.1995[9] war festgehalten worden, dass die Ausfuhrkontrollen für Dual-use-Waren in die ausschließliche Zuständigkeit der Gemeinschaft fallen.

Weder die besondere Natur der Waren noch die Tatsache, dass Kontrollmaßnahmen aus außen- und sicherheitspolitischen Erwägungen vorgenommen werden, schränkten den Geltungsbereich des Artikels 113 EG (nunmehr Artikel 207 AEUV) ein. Artikel 113 EG schließe allerdings nationale Maßnahmen der Ausfuhrkontrollen nicht aus, sofern sich diese innerhalb des Rahmens der Verordnung (EWG) Nr. 2603/69 (nunmehr Verordnung (EG) Nr. 1061/2009 des Rates vom 19. Oktober 2009 zur Festlegung einer gemeinsamen Ausfuhrregelung) hielten oder aber auf der Basis einer Delegation der Befugnis durch die Gemeinschaft.

Aus diesen Gründen sah die Kommission der Europäischen Gemeinschaften ihre Aufgabe, zwischen dem Grundsatz der Zuständigkeit der Gemeinschaft und dem legitimen Interesse der Mitgliedstaaten weiterhin selber über Angelegenheiten zu bestimmen, die ihre nationale Sicherheit betreffen, sorgfältig gegeneinander abzuwägen. Alle sicherheitsrelevanten Angelegenheiten, insbesondere die Erteilung von Ausfuhrgenehmigungen für sicherheitsempfindliche Bestimmungsziele, verbleiben deshalb nach der Dual-use-VO in den Händen der kompetenten nationalen Behörden.

Deshalb unterschätzt die „Residualkompetenztheorie" die Bedeutung dieser nationalen Entscheidungsprärogative.[10] Nach wie vor werden die sicherheitspolitisch motivierten Entscheidungen in nationaler Kompetenz getroffen. Die Regelungen sind europäisch, die Entscheidungen national. Die Regelungen sind rechtlich harmonisiert worden, die Entscheidungen aber nicht. Sie werden auch deshalb unterschiedlich ausfallen, weil sowohl

9 Rs. C 70/94 Werner, Slg. 1995 I-3189 (3223, Rn. 12) und Rs. C 83/94 Leifer, Slg. 1995 I-3231 (3244 Rn. 12 f.).

10 Vgl. Simonsen, Entscheidungsprärogative der Genehmigungsbehörde in Ehlers/Wolffgang/Lechleitner (Hrsg.) Risikomanagement im Exportkontrollrecht, 2004.

Sicherheitspolitik, Gefahrenperzeption als auch Informationslage der einzelnen Mitgliedsstaaten unterschiedlich sind.[11]

Durch die „Finanz- oder Bankenkrise" (2008/2009) wurde deutlich, dass „Sicherheitsvorsorge" auch den Erhalt der Rüstungsindustrie umfassen kann. Die Finanztransaktionen von Staatsfonds, Hedgefonds oder Investmentbanken sollten Kernfähigkeiten der Wirtschaft und Sicherheitsinteressen des Staates nicht gefährden.

Insgesamt wurde das Außenwirtschaftsrecht aber immer mehr von sicherheits- und außenpolitischen Motiven beherrscht. Die Gefahrenabwehr wurde zum Hauptmotiv.

So wurde nach dem Zusammenbruch der Sowjetunion und der Beendung des Kalten Krieges die Sicherheitspolitik neu definiert und ein erweiterter Sicherheitsbegriff geprägt. Die künftigen Bedrohungen wurden nicht mehr ausschließlich auf der militärischen Ebene gesehen, vielmehr u.a. im Dual-use-Bereich der Proliferation von Massenvernichtungswaffen und dem internationalen Terrorismus.

Die territoriale Ebene veränderte sich durch den Anschluss der Neuen Bundesländer und insbesondere durch die Ausdehnung des Europäischen Binnenmarktes auf ehemalige Ostblockstaaten entscheidend. Viele Geschäfte waren auf einmal keine Ausfuhr mehr.

6. Vom klassischen Staat zur Global Governance

Das Außenwirtschaftsgesetz entstand 1961 und damit in den Hochzeiten des Kalten Krieges. In der Kubakrise 1962 stand die Welt nah am nuklearen Abgrund.[12] Die Bundesrepublik war ein klassischer Staat mit der Trias Staatsgebiet, Staatsvolk und Staatsgewalt, welches das Monopol physischer Gewaltsamkeit für sich beanspruchen kann (Max Weber).[13] Alle Regelungen des Außenwirtschaftsrechts waren national. Auch völkerrechtliche Vorgaben fanden sich in nationalen Vorschriften wie Embargoregelungen wieder.

Mit der Übertragung von Hoheitsrechten auf die Europäische Union (Artikel 23 und 24 Grundgesetz) hat der Nationalstaat viele Kompetenzen abgegeben. Dies betraf den ganzen Handelsverkehr und damit auch das Außenwirtschaftsrecht.

Das Europäische Außenwirtschaftsrecht wurde dann mit der ersten Dual-use-Verordnung 3389/94 konkretisiert und 2000 mit der VO 1334/2000 fortgeschrieben. Sie liegt nunmehr in der aktuellen Fassung 428/2009[14] vor und regelt fast den gesamten Dual-use-Verkehr; die nationalen Regeln müssen sich in den normierten Öffnungsklauseln bewegen. Es handelt sich insoweit um „Residualkompetenzen".

Schließlich besteht breite politische Übereinstimmung, dass viele Probleme wie Klima, Terrorismus und Proliferation von Massenvernichtungswaffen nur noch im Weltmaßstab gelöst werden können. Dafür genügt auch der europäische Rahmen nicht mehr, vielmehr ist die Völkerrechtsebene gefordert.

Um ein Mehr an Transparenz und Akzeptanz im transnationalen Rahmen zu erreichen, traten im Zeitalter der Globalisierung außerhalb des institutionellen Rahmens der Verein-

11 Die „no undercut"-Regelungen in den Regimen, wonach eine Ablehnungsentscheidung eines Staates nicht unterlaufen werden darf, haben lediglich Konsultationspflichten zur Folge und ändern diesen Sachverhalt nicht.

12 Robert McNamara, zu dieser Zeit US-Verteidigungsminister.

13 Zwar wurde die volle nationale Souveränität erst durch den 2+2-Vertrag im Rahmen der Wiedervereinigung erreicht; politisch war die Bundesrepublik Deutschland aber längst souverän; vgl. BGBl. II (1990), S. 1317, Artikel 2 und BGBl. II (1991), S. 587.

14 Geändert durch Verordnung (EG) 388/2012.

ten Nationen auf Betreiben ihres früheren Generalsekretärs Kofi Anan nichthierarchische, kooperative Steuerungsmechanismen hinzu.

Diese neuen Steuerungsmechanismen zeichnen sich durch Einbindung zivilgesellschaftlicher Akteure wie Nichtregierungsorganisationen (NGOs) aus. Dieser Mechanismus, der unter dem Stichwort „Global Governance" diskutiert wird, versucht mit „weichen" Steuerungsmechanismen den Boden für tragfähige Lösungen vorzubereiten. Bekanntlich gilt im Völkerrecht grundsätzlich das Konsensprinzip, d.h., jeder Staat muss einer beabsichtigten Lösung zustimmen. Die VN hat diese Öffnung zur Zivilgesellschaft konsequent bei wichtigen Themen wie z.B. in Klimakonferenzen vorangetrieben. Durch die Nichtregierungsorganisationen sollte auch der Druck auf die Ländervertreter, einer tragfähigen Lösung im Kompromisswege zuzustimmen, erhöht werden. Im Bereich der Proliferation wurde dieser Ansatz erstmals mit der VN-Resolution 1540/2004 praktiziert. Die Nichtregierungsorganisationen wurden sehr weitgehend an der Beschlussfassung beteiligt. Allerdings ist das Ergebnis wenig ermutigend. Es handelt sich eher um politische Soll- bzw. Wunschvorstellungen, „angemessene und effektive Lösungen sind zu erreichen", als um umsetzbare und kontrollierbare Zielvorgaben.

Von der Wirkung her handelt es sich bei der Resolution 1540/2004 um ein Instrumentarium zum Aufbau politischen Druckes, um ggf. Maßnahmen nach Kapitel VII der UN-Charta vorbereiten zu können. Das Souveränitätsprinzip der Staaten sollte für diese Zwecke aufgehoben sowie Informations- und Beistandspflichten eingeführt werden, die bei Bedarf aktiviert werden können.

Der Konflikt liegt wesentlich tiefer. Die Teilnehmer an den Beratungen zur Verabschiedung der Resolution 1540/2004 betonten, dass sie wegen des nicht mit der VN-Charta übereinstimmenden Eingriffs in die Souveränität der Staaten und des damit verbundenen Widerstands von Staaten keine präziseren Regelungen treffen konnten. Inwieweit diese Erweiterung der Kompetenzen des VN-Sicherheitsrates eine Neuinterpretation der VN-Charta erforderlich macht, ist nach wie vor sehr umstritten.

II. Völkerrechtliche Vorgaben

1. Determinanten für das Außenwirtschaftsrecht

Die völkerrechtliche Zulässigkeit von Handelsbeschränkungen folgt aus Artikel XXI GATT[15], der WTO[16]-Vertragsparteien dazu ermächtigt, Maßnahmen zu ergreifen, die ihrer Auffassung nach zum Schutz ihrer wesentlichen Sicherheitsinteressen notwendig sind. Dabei werden ausdrücklich spaltbare Stoffe und Rohstoffe, aus denen sie erzeugt werden, der Handel mit Waffen, Munition und Kriegsmaterial sowie bei dem zur Versorgung von Streitkräften dienenden Handel mit anderen Waren und Materialien sowie in Kriegszeiten oder bei sonstigen ernsten Krisen in den internationalen Beziehungen erwähnt.[17]

15 Allgemeine Zoll- und Handelsabkommen (englisch General Agreement on Tariffs and Trade, GATT), 1948 in Kraft getreten.

16 Welthandelsorganisation (englisch *World Trade Organisation, WTO*) ist eine internationale Organisation mit Sitz in Genf, die sich mit der Regelung von Handels- und Wirtschaftsbeziehungen beschäftigt. Sie wurde am 15. April 1994 aus dem General Agreement on Tariffs and Trade (GATT) in der Uruguay-Runde nach siebenjähriger Verhandlungszeit gegründet und arbeitet seit dem 1.1.1995.

17 Lux in Dorsch, Zollrecht, Bd. 3, C 5, Einführung, Rz. 11.

Die Handlungsfähigkeit der Vereinten Nationen hängt von der Einigkeit und Handlungsbereitschaft der ständigen Mitglieder des Sicherheitsrates ab.

Zwangsmaßnahmen nach Kapitel VII der VN-Charta wurden deshalb in Zeiten des Kalten Krieges nur in zwei Fällen eingesetzt, und zwar gegen Südrhodesien im Jahre 1966 und 1977 gegen Südafrika, weil sich die Großmächte USA und Sowjetunion in anderen Fällen durch Einlegung von Vetos gegenseitig blockierten.

Erst seit dem Zusammenbruch der Sowjetunion und dem Ende der bipolaren Welt wurde diese Blockade gelockert und die Zahl der Embargos nahm sehr stark zu. Sanktionen gegen Afghanistan, Birma/Myanmar, Äthiopien, Angola, Eritrea, Haiti, den Iran, den Irak, das ehemalige Jugoslawien, Liberia, Nordkorea, Sierra Leone, Simbabwe, Somalia und den Sudan bilden eine bereits lange, nicht abschließende und immer weiter anwachsende Liste.

Diese nichtmilitärischen Sanktionen wurden immer mehr zu gezielten Nadelstichen (smart sanctions) gegen die verantwortlichen Adressaten umgestaltet, um möglichst negative Auswirkungen auf die Bevölkerung und damit eine Solidarisierung mit diktatorischen Regimen zu vermeiden.

Durch die Zäsur des 11. September 2001 trat der UN-Sicherheitsrat sowohl im Bereich der Proliferation von Massenvernichtungswaffen als im Bereich der Bekämpfung des transnationalen Terrorismus erstmals als Gesetzgeber auf.

2. VN-Resolution 1373/2001

Mit der Resolution 1373/2001 vom 28.9.2001 erklärte der Sicherheitsrat terroristische Akte ausdrücklich als Bedrohung der internationalen Sicherheit gemäß Kapitel VII der VN-Charta. Er verpflichtete alle Mitgliedsstaaten rechtlich verbindlich auf einen umfassenden Maßnahmenkatalog zur Bekämpfung des Terrorismus. So sollten u.a. Grenzkontrollen verstärkt, finanzielle Unterstützung ausgetrocknet und keinem Terroristen Unterschlupfmöglichkeiten gewährt werden.

Der gleichzeitig eingesetzte Anti-Terrorismusausschuss (CTC-Counter Terrorism Committee), der sich aus Vertretern aller 15 Sicherheitsratsmitgliedern zusammensetzt, nimmt die Länderberichte entgegen und wertet sie aus. Der durch die VN-Resolution 1267/1999 eingesetzte Sanktionsausschuss[18] stellt Terroristenlisten zusammen, die auf europäischer Ebene letztlich in der VO 881/2002 rechtsverbindlich veröffentlicht werden.

3. VN-Resolution 1540/2004

Bei der Resolution 1540/2004 handelt es sich analog zu der Resolution 1373/2001 um eine für alle Staaten geltende, generell abstrakte Norm zur Regelung der Proliferation von Massenvernichtungswaffen. Sie schreibt sämtlichen Staaten vor, alles Erforderliche zu tun, um diesem Problem zu begegnen. Sie bezieht sich ausdrücklich nur auf nichtstaatliche Akteure, verpflichtet alle Staaten auf diesem Sektor auf die bestehenden, bindenden und gesetzlichen Verpflichtungen bzw. Vereinbarungen, auch wenn sie derartigen Regimen

18 „The Al-Quaida and Taliban Sanction Committee", VN-Resolution 1390/2002.

nicht angehören. Der Sicherheitsrat qualifiziert die Proliferation von Massenvernichtungswaffen abstrakt als Bedrohung des Weltfriedens und der internationalen Sicherheit.

Der damalige US-Präsident Bush hatte sowohl bei der VN-Generalversammlung im September 2003 als auch im Februar 2004 den VN-Sicherheitsrat aufgefordert, eine neue Anti-Proliferationsresolution zu verabschieden, sowohl die Proliferation von Massenvernichtungswaffen strafrechtlich zu sanktionieren, als auch Werkzeuge zu entwickeln, um Terroristen im Rahmen einer größeren Kooperation bekämpfen zu können.[19]

Die VN-Resolution 1540 wird deshalb als außergewöhnliche multilaterale Antwort gegenüber einer außergewöhnlichen Sicherheitsbedrohung verstanden. Zusammen mit der Resolution 1373/2001, die sich vor allem mit der Finanzierung des Terrorismus beschäftigt, stellt diese Resolution die Antwort auf die zwei höchsten Sicherheitsherausforderungen unserer Zeit dar: die Proliferation von Massenvernichtungswaffen und den Terrorismus. Die VN-Resolution 1540 habe vor allem die Bedeutung, verschiedene Lücken und Leerstellen im internationalen System zur Kontrolle der Proliferation von Massenvernichtungswaffen zu schließen, und zwar:

- die Einbeziehung der nichtstaatlichen Akteure;
- bei den biologischen Reagenzien und Waffen fehle eine Überwachungsorganisation vergleichbar der IAEO bei Kernwaffen und OPCW bei chemischen Waffen;
- die Resolution 1540 sei die einzige Maßnahme, die ausdrücklich die Bedenken hinsichtlich der Verwendung von Trägersystemen mit denen der nuklearen, chemischen und biologischen Waffen verbinde;
- die Resolution verlange Maßnahmen, die weit über die drei völkerrechtlichen Verträge hinausgingen;
- die Resolution verlange ausdrücklich Strafbestimmungen.

Von eminenter Bedeutung ist die Regelung, den bisher vereinbarten völkerrechtlichen Verträgen sowie Übereinkommen, auf die in der Resolution 1540/2004 verwiesen wird, im Wege eines unilateralen Beschlusses eine allgemeine Rechtsverbindlichkeit nach Artikel 25 VN-Charta zu verleihen. Damit wird das bisherige „soft law" (Gentlemen Agreements wie die Nichtverbreitungsregime Wassenaar Arrangement, Australische Gruppe, Trägertechnologie-Kontrollregime MTCR und NSG (Nuclear Suppliers Group)) auch für Nichtmitglieder dieser Vereinbarungen rechtsverbindlich. Dies hat auch Auswirkungen auf die Konkretisierung der entsprechenden Maßnahmen. Dementsprechend begnügt sich der Konkretisierungsgrad der Verpflichtungen in vielen Fällen auf die Worte „angemessen" (appropriate) und „effektiv" (effective).

Sowohl die VN-Resolution 1540/2004 als auch die Resolution 1373/2001 erweitern die bisherige Rolle des Sicherheitsrates als exekutives Organ, welches beim Bruch von internationalem Recht auf Ad-hoc-Situationen reagierte und auf dieser „case-by-case"-Basis Maßnahmen von zeitlich begrenzter Dauer gegen ausdrücklich genannte Verursacher oder Bedroher durchführte und damit als „Weltpolizist" wirkte, auf die eines Gesetzgebers.

Diese Resolutionen, die für alle Mitgliedstaaten der VN gelten und sich nicht auf einen konkreten Vorfall beziehen, sind deshalb wegen ihres generell abstrakten Charakters als echte legislative Akte des Sicherheitsrates zu werten. Die Verbindlichkeit dieser Regelungen wird durch den Bezug auf Kapitel VII der Charta der Vereinten Nationen manifestiert.

---

19 Vgl. Olivia Bosch/Peter van Hamm, Global Non-Proliferation and Counter-Terrorism, The Impact of UNSCR 1540/2004, S. 5.

Dieser Verweis sowie die Formulierung „all states shall" lassen keinen Raum für Zweifel an der Rechtsverbindlichkeit der beschlossenen Regelwerke.[20]

Die Resolution 1540/2004 wurde mehrfach verlängert. Derzeit endet die Laufzeit im Jahre 2021.

4. Internationaler Waffenhandelsvertrag – Arms Trade Treaty (ATT)

Am 2. April 2013 wurde mit großer Mehrheit durch die Generalversammlung der Vereinten Nationen der Entwurf eines internationalen Waffenhandelsvertrages (Arms Trade Treaty-ATT) angenommen.154 Staaten, darunter Deutschland, stimmten für gemeinsame Standards beim Waffenhandel, nur drei Staaten (Iran, Nordkorea und Syrien) stimmten dagegen, 23 Staaten enthielten sich.

Der Vertrag erstreckt sich auf Panzer, bewaffnete Fahrzeuge, schwere Artilleriesysteme, Kampfflugzeuge und Kampfhubschrauber, Kriegsschiffe, Raketen und Raketenwerfer sowie auf kleine und leichte Waffen. Vor einem Export müssen Lieferstaaten z.B. auch prüfen, ob mit den Waffen Menschenrechte bzw. das humanitäre Völkerrecht ernsthaft verletzt werden können.

Der Vertrag enthält ausdrückliche Verbote bei schweren Völkerrechtsverletzungen, beispielsweise bei drohenden Verstößen gegen Embargoregelungen der Vereinten Nationen oder der Europäischen Union. Bei einem eindeutig bestehenden Risiko schwerer Menschenrechtsverletzungen oder Verstößen gegen das Kriegsvölkerrecht dürfen keine Genehmigungen erteilt werden. Diese „Goldene Regel" bei einem, wie es im englischen Vertragstext heißt, „overriding risk" dürfte kaum zu einer Vereinheitlichung der jeweiligen Exportkontrollpolitik führen, weil sie äußerst interpretationsfähig ist.

Da der Vertrag den Handel mit solchen Waffen regelt, die nach deutschem Recht als Kriegswaffen eingestuft sind, ist eine Änderung der deutschen Rechtslage bei der Umsetzung des Vertragswerkes nicht zu erwarten.

Eigentliche Adressaten dieser Regelungen sind die „Schwellenländer", die mit dem Vertrag ein höheres Maß an Verantwortung übernehmen sollen, um für die Rüstungsindustrie der „westlichen Welt" vergleichbare Wettbewerbsregeln zu erreichen.

III. Europäische Regelungen

Auf der europäischen Ebene werden die völkerrechtlichen Vorgaben insbesondere im Embargo- und Terrorismusbereich umgesetzt und darüber hinaus noch zusätzliche Regelungen auf eigener Rechtsgrundlage hinzugefügt.

Die systematisch und wirtschaftlich wichtigste Regelung ist allerdings die Verordnung (EG) 428/2009 über eine Gemeinschaftsreglung für die Kontrolle der Ausfuhr, der Verbringung, der Vermittlung und der Durchfuhr von Gütern mit doppeltem Verwendungszweck.

20 Vgl. Juriy Daniel Aston, Die Bekämpfung abstrakter Gefahren für den Weltfrieden durch legislative Maßnahmen des Sicherheitsrates; Resolution 1373/2001 im Kontext, ZaöRV 62 (2006), S. 257, S. 264.

1. Terrorismusverordnungen

Bei der Bekämpfung des Terrorismus werden mit der Verordnung 881/2002 über die Anwendung bestimmter spezifischer restriktiver Maßnahmen gegen bestimmte Personen und Organisationen, insbesondere die mit dem Al-Qaida-Netzwerk und den Taliban in Verbindung stehen, die Resolutionen des VN-Sicherheitsrates 1267/1999, 1333/2000 und 1390/2002 umgesetzt. Zweck dieser Verordnung ist es, die Gelder und wirtschaftlichen Ressourcen von Personen, Organisationen, Einrichtungen und Vereinigungen einzufrieren, die in der Al-Qaida- und Taliban-Liste der VN aufgeführt werden.

Darüber hinaus hat die Europäische Union mit der Verordnung 2580/2009 über spezifische, gegen bestimmte Personen und Organisationen gerichtete restriktive Maßnahmen zur Bekämpfung des Terrorismus zusätzliche Regeln und Listen aufgestellt.

Diese Listen werden ständig aktualisiert. Das umfassende Verbot ist überall zu beachten.

2. Embargoregelungen

Eine vergleichbare Systematik existiert auch im Bereich der Länderembargos.

Auch in diesem Bereich werden die Resolutionen des VN-Sicherheitsrates oder der OSZE rechtsverbindlich umgesetzt und darüber hinaus in einigen Fällen noch eigene oder zusätzliche Regelungen hinzugefügt.

So wurden VN-Resolutionen gegen den Iran[21] umgesetzt. Allerdings begnügte sich die Europäische Union nicht mit einer Eins-zu-eins-Umsetzung, vielmehr sprach sie darüber hinaus ein umfassendes Waffenembargo aus, traf schärfere Sanktionen für Dual-use-Güter und veröffentlichte eine zusätzliche Liste von Personen, Organisationen und Einrichtungen, die mit restriktiven Maßnahmen überzogen werden.

Auch diese Regelungen sind ständigen Änderungen unterworfen.

3. Dual-use-Exportkontrollen

Das EU-Ausfuhrkontrollsystem wird durch die Verordnung (EG) 428/2009 geregelt. Die Liste der kontrollierten Güter mit doppeltem Verwendungszweck, die sowohl für zivile als auch militärische Ziele genutzt werden können, ist in Anhang I festgelegt[22]. Dieser Anhang spiegelt das Ergebnis der Nichtverbreitungsregime Wassenaar Arrangement, Australische Gruppe, Trägertechnologieregime MTCR und der Nuclear Supplier Group (NSG).

Auch nicht gelistete Güter unterliegen bei einer kritischen Verwendung der Kontrolle. Geregelt wurden aufgrund der völkerrechtlichen Vorgaben der VN-Resolution 1540/2004 nunmehr auch die Durchfuhr und die Vermittlungstätigkeiten neben den bereits seit 1995 erfassten Bereichen Ausfuhr und Verbringung.

Bei der Novellierung der Dual-use-VO im Jahre 2000 stand für die Kommission der Europäischen Gemeinschaften noch der Aspekt der Liberalisierung und der Wettbewerbsgleichheit

21 Zuletzt in der Verordnung (EG) 267/ 2012 des Rates vom 23.3.2012 über restriktive Maßnahmen gegen den Iran, gestützt auf den Beschluss 2012/35/GASP des Rates vom 23. Januar 2012 zur Änderung des Beschlusses 2010/413/GASP über restriktive Maßnahmen gegen Iran.

22 Zuletzt geändert in der VO (EG) 388/2012.

im Vordergrund. Sie bezeichnete deshalb die Einführung einer Allgemeinen Genehmigung der Gemeinschaft als Herzstück ihres Vorschlages.

Mit dieser „Allgemeinen Genehmigung" genannten Regelung in der Verordnung konnte die Kommission zwei Ziele erreichen: zum einen eine inhaltliche Konvergenz und damit Wettbewerbsgleichheit für ein beträchtliches Handelsvolumen (nach Schätzung der Kommission etwa 70 % der Ausfuhren aus der Gemeinschaft) und zum anderen eine entscheidende Verfahrensvereinfachung.

Bei der erneuten Novellierung standen jedoch nach den Ereignissen des 11. Septembers 2001 die Sicherheitsaspekte im Vordergrund.

Im Ergebnis sind in der VO 428/2009 vor allem die Verpflichtungen aus der VN-Resolution 1540/2004 in Bezug auf die Vermittlungstätigkeiten und die Durchfuhr umgesetzt worden.

Die sonstigen Änderungen bleiben im bestehenden System und können als moderate Weiterentwicklungen betrachtet werden.

Sie bestehen in der Klarstellung und Aktualisierung der Kontrollen bei der nichtgegenständlichen Weitergabe von Technologie einschließlich der Bereitstellung von technischer Unterstützung, der Harmonisierung der Inanspruchnahme von Allgemeingenehmigungen, die Verpflichtung zur Einführung von Globalgenehmigungen, deren Inhaber auch über ein unternehmensinternes Prüfprogramm verfügen müssen, Verbesserungen beim Informationsaustausch sowie die erstmalige Einführung von Zeitfenstern bei der Antragsbearbeitung.

Die ursprünglich von der Kommission avisierten grundlegenden Änderungen wie die Einführung eines „Ausschussverfahrens", die Mandatierung der Kommission mit Vertragsverhandlungen gegenüber Drittländern sowie die Ersetzung einer vorherigen Genehmigung bei Verbringungen durch ein Ankündigungsverfahren konnte die Kommission nicht durchsetzen.

Während das Scheitern einer Neuregelung im innergemeinschaftlichen Verfahren im Wesentlichen auf Praktikabilitätsargumente der Mitgliedsstaaten zurückzuführen war, resultieren die Streitpunkte bei der Stärkung der Kommission aus dem Spannungsverhältnis der verschiedenen Politikbereiche, die bei der Dual-use-Verordnung aufeinandertreffen, der Handelspolitik gem. Artikel 133 EGV (nunmehr Art. 207 AEUV) und der Außen- und Sicherheitspolitik.[23]

In ihrer Mitteilung[24] hatte die Kommission ihr Dilemma treffend beschrieben. Die Europäische Kommission ist Mitglied der Australischen Gruppe und Beobachter in der Gruppe der Nuklearen Lieferländer, dagegen hat sie keinerlei Status im Trägertechnologie-Kontrollregime und in der Wassenaar-Gruppe, obwohl sie seit der Verabschiedung des Aktionsplans von Thessaloniki neben dem Generalsekretariat des Rates als Mitglied der Delegation der EU-Ratspräsidentschaft an den Sitzungen teilnehmen kann. Gerade die Gefahr des Einsatzes von Massenvernichtungswaffen durch Terroristen erfordere eine stärkere Präsenz der EU in internationalen Ausfuhrkontrollregimen. Auch beklagte sie in ihrer Mitteilung, die Durchführung der Verordnung sei von den Verwaltungen der Mitgliedstaaten abhängig, denen ein relativ weiter Ermessenspielraum bleibe.

---

23 Diese Rechtslage hat sich durch den Vertrag von Lissabon nicht wesentlich geändert, vgl. Schlussakte zum Vertrag von Lissabon, Erklärungen Nr. 13 und 14 zur Gemeinsamen Außen-und Sicherheitspolitik.

24 KOM (2006) 829 endgültig, S. 6.

Es bleibt der Grundkonflikt dieser Dual-use-Verordnung. Die Kommission hat zwar das Initiativrecht und die ausschließliche Zuständigkeit für Ausfuhrkontrollen im Dual-use-Bereich (Handelspolitik Artikel 133 EGV – nunmehr 207 AEUV). Die Inhalte kommen aber aus den Regimen und dort haben die Mitgliedstaaten das Sagen (Sicherheitspolitik). Zusammen mit dem Ermessensspielraum der Mitgliedstaaten bei der Umsetzung der Verordnung ergibt sich daraus das nie gelöste Spannungsverhältnis.

Inwieweit sich Entwicklungen nach Inkrafttreten (1.12.2009) des Vertrages von Lissabon ergeben, bleibt abzuwarten. Das Bundesverfassungsgericht hat in seiner Entscheidung zu diesem Vertrag[25] u.a. ausgeführt, Deutschland trage eine besondere Integrationsverantwortung im Rahmen der Mitwirkung, die innerstaatlich den Anforderungen des Artikels 23 Grundgesetz genügen muss. So müsse souveränen Staaten ausreichend Raum zur politischen Gestaltung bleiben.

4. Entwicklungen auf dem Rüstungssektor

Nach Artikel 26 der Verordnung 428/2009 berührt diese Norm nicht die Anwendung von Artikel 296 des Vertrages zur Gründung der Europäischen Gemeinschaft. Damit wird dieser Grundvorbehalt in diesen „Römischen Verträgen" nochmals bekräftigt. Der Handel mit Waffen, Munition und Kriegsmaterial liegt in der Kompetenz des jeweiligen Mitgliedstaates zur Wahrung seiner Sicherheitsinteressen.

Auch auf dem Rüstungssektor, der von einigen Mitgliedsstaaten als unantastbarer Kern der eigenen Sicherheitspolitik betrachtet wird, zeigt sich jedoch Bewegung.

Die institutionellen Grenzen werden weicher. Am Anfang dieser Entwicklung stand der vom Rat 1998 verabschiedete „Verhaltenskodex der Europäischen Union für Waffenausfuhren". Dann wurde dieser Kodex in die rechtlich verbindliche Form eines „Gemeinsamen Standpunktes" (2008/944/GASP) umgesetzt und schließlich ist die Richtlinie 2009/43 am 30.6.2009 in Kraft getreten. Diese Richtlinie wurde durch die Allgemeinen Genehmigungen Nr. 26 und 27 im August 2012 in nationales Recht umgesetzt.[26]

Nach dieser Richtlinie sind Verbringungen zwischen Mitgliedstaaten zwar nach wie vor genehmigungspflichtig; der Rüstungstransfer soll aber durch nationale Allgemeingenehmigungen vor allem für zertifizierte Unternehmen und Streitkräfte erleichtert werden. Auch die Fallgruppen Messen und Vorführungen sowie Reparatur und Wartungsfälle sollen auf diese Weise liberalisiert werden.

IV. Nationale Bestimmungen

1. Das Außenwirtschaftsgesetz

Das Außenwirtschaftsgesetz (AWG) 2013 regelt den Außenwirtschaftsverkehr. Nach der Definition in § 1 AWG 2013 umfasst dieser den Güter-, Dienstleistungs-, Kapital- und

25 Urteil des Bundesverfassungsgerichts vom 30.06.09 – 2 BvE 2/08, Absatz 386: Der besondere Charakter der Sicherheits- und Verteidigungspolitik (sc: der) Mitgliedsstaaten bleibt unberührt.

26 Nunmehr: Allgemeinen Genehmigungen Nr. 26 (Streitkräfte) und 27 (Zertifizierte Empfänger) vom 18.6.2013 Fundstelle: www.ausfuhrkontrolle.info.

sonstigen Wirtschaftsverkehr mit dem Ausland sowie den Verkehr mit Auslandswerten und Gold zwischen Inländern.

In § 1 AWG findet sich auch der Grundsatz der Freiheit des Außenwirtschaftsverkehrs. Einschränkungen müssen sich aus dem AWG selbst oder aus auf seiner Grundlage erlassenen Rechtsverordnungen ergeben.

Das Außenwirtschaftsgesetz des Jahres 1961 hat die sog. Devisenbewirtschaftungsgesetze der ehemaligen alliierten Besatzungsmächte ersetzt. Anstelle des grundsätzlichen Verbotes jedes Geschäfts mit Ausländern und mit Devisenwerten ist die grundsätzliche Freiheit des Außenwirtschaftsverkehrs mit dem Vorbehalt von Beschränkungsmöglichkeiten getreten.[27]

Die dieses Gesetz tragenden Motive ergeben sich in aller Deutlichkeit aus der amtlichen Begründung dieses Gesetzes:

> „Der Grundsatz des Verbotes mit Erlaubnisvorbehalt, der die Devisenwirtschaftsgesetze und damit zugleich alle auf ihr beruhenden Vorschriften kennzeichnet, ist wirtschaftspolitisch nicht mehr tragbar. Die marktwirtschaftliche Orientierung der Wirtschaftspolitik in der Bundesrepublik verlangt es auch auf dem Gebiet der Außenwirtschaft, daß Eingriffe in die Entscheidungsfreiheit des einzelnen nur dann vorgenommen werden, wenn dies aus zwingenden Gründen geboten ist. Für die Ordnung der außenwirtschaftlichen Beziehungen kann deshalb nicht das Verbotsprinzip mit der Möglichkeit der Erlaubniserteilung bestehen bleiben; an seiner Stelle muß vielmehr der Grundsatz der Freiheit mit dem Vorbehalt von Beschränkungen, sofern und soweit solche notwendig werden sollten, Gesetzesrecht werden...
>
> Der neue Ausgangspunkt des Außenwirtschaftsgesetzes hat erhebliche Bedeutung. Nach den Devisenbewirtschaftungsgesetzen gilt immer noch trotz der vielfältigen Auflockerungen, daß alle Geschäfte mit dem Ausland unzulässig, unwirksam und strafbar sind, wenn sie nicht ausdrücklich in allgemeiner Form oder durch einzelnen Verwaltungsakt genehmigt worden sind. Nach dem Außenwirtschaftsgesetz soll dagegen der Grundsatz gelten, daß alle Geschäfte mit dem Ausland zulässig sind, falls sie nicht ausdrücklich Beschränkungen unterworfen sind."

Das AWG selbst enthält im Exportkontrollrecht keine unmittelbar wirkenden Beschränkungen, vielmehr die Ermächtigungsgrundlagen. Von diesen wird in der Außenwirtschaftsverordnung (teilweise) Gebrauch gemacht. In der AWV sind die für die Anwender relevanten Bestimmungen zur Ausfuhr, Verbringung, zu Handels- und Vermittlungstätigkeiten, zum Erwerb von Unternehmen und zur technischen Unterstützung enthalten.

Allerdings sind in der Zwischenzeit viele Kompetenzen auf die Europäische Union übergegangen. Der Pflichtenkatalog wird deshalb nur noch durch Addition der supranationalen und nationalen Bestimmungen vollständig erfasst.[28]

Beschränkungsmöglichkeiten hat der Gesetzgeber in § 7 AWG (nunmehr § 4 AWG 2013) definiert. Zunächst waren die Ermächtigungen auf die drei Gründe Sicherheit der Bundesrepublik Deutschland, Verhütung einer Störung des friedlichen Zusammenlebens der Völker und Verhütung einer Störung der auswärtigen Beziehungen beschränkt. Später wurden diese Ermächtigungsgründe ausgeweitet. Die wesentlichen Änderungen können wie folgt beschrieben werden:

27 BT-Drucks. 1285 – 3. Wahlperiode zu § 7 AWG.
28 Siehe Folie „Zusammenspiel Europäische/Nationale Ebene bei Ausfuhr/Verbringung und Handels- und Vermittlungsgeschäften".

Durch das Fünfte Gesetz zur Änderung des Außenwirtschaftsgesetzes vom 20.7.1990 wurde die Ermächtigungsnorm auf Deutsche in fremden Wirtschaftsgebieten erweitert.

Das Elfte Gesetz zur Änderung des Außenwirtschaftsgesetzes[29] erweiterte die in § 7 (nunmehr § 4 AWG 2013) enthaltene gesetzliche Ermächtigung zur Beschränkung von Rechtsgeschäften und Handlungen. Insbesondere wurde der Begriff „Sicherheit" durch „wesentliche Sicherheitsinteressen" ersetzt und dadurch der Erfassungsbereich wesentlich erweitert.

Diese Ermächtigungsgrundlage wurde durch Einführung einer Meldepflicht bei dem Erwerb eines sicherheitsrelevanten deutschen Unternehmens durch Gebietsfremde (§ 52 AWV – nunmehr Ausländer; § 60 AWV 2013 sektorspezifische Prüfung von Unternehmenserwerben) ausgefüllt.

Anlass dieser gesetzlichen Regelung war der Fall der Howaldtswerke-Deutsche Werft AG (HDW) in Kiel. Ein amerikanischer Finanzinvestor hatte 2002 dieses Unternehmen übernommen. HDW ist bekanntlich in der Herstellung konventioneller U-Boote weltweit führend. Die Politik wurde durch diesen Fall aufgeschreckt, weil zu befürchten stand, dass ein Ausverkauf der wichtigsten Technologien zu befürchten sei. Ein vergleichbarer Fall war auch der Verkauf des deutschen Triebwerkherstellers MTU Aero Engines an einen anderen amerikanischen Finanzinvestor. Auch hier ging es um Spitzentechnologie und Kernkompetenzen der deutschen Industrie.

Der Sinn und Zweck der 11. AWG-Novelle bestand darin, Sicherheitsvorsorge zu betreiben und die Kernfähigkeiten der deutschen wehrtechnischen Industrie zu erhalten. Die Funktionsfähigkeit des Wirtschaftsraumes im Rüstungs- und Kryptobereich soll bewahrt bleiben.

Ein weiterer Schritt, auf Rechtsgeschäfte bei dem Erwerb gebietsansässiger Unternehmen Einfluss nehmen zu können, erfolgte durch die 13. AWG-Novelle (2009). Dabei wurde die Ermächtigungsnorm des § 7 AWG (nunmehr § 4 AWG 2013) erweitert. Von dieser Ermächtigungsgrundlage wurde mit der Verabschiedung des § 53 AWV (nunmehr sektorübergreifende Prüfung nach § 55 f. AWV 2013) Gebrauch gemacht.

Nach § 7 Absatz 1 AWG Nummer 4 (nunmehr § 4 AWG 2013) können Rechtsgeschäfte und Handlungen im Außenwirtschaftsverkehr beschränkt werden, wenn die öffentliche Ordnung oder Sicherheit gefährdet ist. Hierbei handelt es sich um Begriffe, die dem Gemeinschaftsrecht entlehnt sind. Sie setzen voraus, dass eine tatsächliche und hinreichende Gefährdung vorliegt, die ein Grundinteresse der Gesellschaft berührt. Das Funktionieren des Staates und seiner Einrichtungen muss betroffen sein.

§ 7 Absatz 2 Nummer 6 AWG (nunmehr § 4 AWG 2013) konkretisiert dies auf Rechtsgeschäfte über den Erwerb gebietsansässiger Unternehmen und bestätigt die Rechtslage, wie sie sich durch die Rechtsprechung des EUGH zu den Artikeln 46 und 58 EGV entwickelt hat.

§ 53 AWV (nunmehr § 55 f. AWV 2013) hat daher das Ziel, die Sicherung der Existenz der Bundesrepublik Deutschland gegenüber inneren und äußeren Einwirkungen zu gewährleisten. So soll die Versorgung der Bundesrepublik Deutschland im Krisenfall sichergestellt werden. In erster Linie geht es deshalb um Unternehmen, die Dienstleistungen von strategischer Bedeutung erbringen wie z.B. Telekommunikation oder Energieversorgung.

29 Vom 23.7.2004, BGBl. I Nr. 39, S. 1859.

Die Regelungen fußen auf der Befürchtung, dass Staats- oder Hedgefonds unerwünschten strategischen Einfluss auf gebietsansässige Unternehmen gewinnen könnten. Daher wurde ein Instrumentarium eingeführt, um problematische Investitionen prüfen und ggf. intervenieren zu können.

Dabei sollen die Eingriffe nach der Vorstellung des Gesetzgebers auf wenige Einzelfälle beschränkt bleiben. In der Gesetzesbegründung wurde deshalb betont, dass die Kapitalverkehrs- und Niederlassungsfreiheit keineswegs infrage gestellt werden solle. Ein offenes Investitionsregime gehöre zu den Grundpfeilern unserer wirtschaftlichen Entwicklung. Ein klarer und offener Rechtsrahmen für ausländische Investitionen und Beteiligungen sei eine zentrale Voraussetzung für die stetige Integration der deutschen Wirtschaft in die weltwirtschaftliche Arbeitsteilung. Auch der Bundesrat hob in seiner Stellungnahme zum Gesetzesentwurf der Bundesregierung hervor, ausländische Investitionen in der Bundesrepublik Deutschland seien erwünscht und willkommen.

Auf einer Einzelfallbasis kann das Bundesministerium für Wirtschaft und Technologie (BMWi) nach § 53 AWV (nunmehr § 59 AWV 2013) den Erwerb von Unternehmen gänzlich untersagen oder bestimmte Anordnungen treffen, wenn und soweit dies unerlässlich ist, um die öffentliche Ordnung oder Sicherheit der Bundesrepublik Deutschland zu gewährleisten.

Zwar sind die Kontrollmechanismen der §§ 53 und 52 AWV vergleichbar und artverwandt (nunmehr §§ 55 f. und 60 f. AWV 2013), doch wurde durch § 53 AWV (nunmehr § 55 AWV 2013) erstmalig ein Tatbestand geschaffen, der für Unternehmen unabhängig von ihrer Branchenzugehörigkeit gilt.

Im Rahmen der „Modernisierung des Außenwirtschaftsrechts" (2013) wurden in § 2 AWG 2013 alle Definitionen des Außenwirtschaftrechtes zusammengefasst, die bisher sowohl im AWG als auch in der AWV wenig systematisch verstreut waren. Die Begrifflichkeiten wurden an die Definitionen in dem EU-Recht angepasst; alte Begriffe aus der Zeit des innerdeutschen Handels bzw. des Kalten Krieges eliminiert. So wird aus dem Wirtschaftsgebiet und den fremden Wirtschaftsgebieten schlicht „Inland" und „Ausland".

Die Straf- und Ordnungswidrigkeiten-Bestimmungen wurden neu geordnet.[30]

Neu ist die bußgeldbefreiende Offenlegung von Verstößen nach § 22 Abs. 4 AWG 2013. Die Vorschrift setzt einen fahrlässigen Verstoß gegen § 19 Abs. 2–5 AWG voraus, der durch Eigenkontrolle aufgedeckt wurde. Wenn Maßnahmen zur Verhinderung des gleichen Verstoßes getroffen worden sind und die zuständige Behörde noch keine Ermittlungen aufgenommen hat, „unterbleibt die Verfolgung als Ordnungswidrigkeit".

Neu ist auch die Abkehr von dem Grundsatz: „Unkenntnis schützt nicht vor Strafe", in § 18 Absatz 11 AWG 2013:

Bei Verstößen gegen Rechtsakte der Europäischen Gemeinschaften oder der Europäischen Union, die der Durchführung einer wirtschaftlichen Sanktionsmaßnahme dienen, wird als Täter „nicht bestraft", wer

„– bis zum Ablauf des zweiten Werktages handelt, der auf die Veröffentlichung des Rechtsaktes im Amtsblatt der Europäischen Union folgt, und

– von einem Verbot oder von einem Erfordernis, das in dem Rechtsakt nach Nummer eins angeordnet wird, zum Zeitpunkt der Tat keine Kenntnis hat".

30 Siehe unten Ziffer 3 im gleichen Kapitel.

2. Die Außenwirtschaftsverordnung

Die Außenwirtschaftsverordnung war 1961 zusammen mit dem Außenwirtschaftsgesetz in Kraft getreten. 1986 wurde sie neu gefasst. Sie ist in dieser Fassung am 1. Januar 1987 in Kraft getreten und hat bis Anfang 2013 bereits 94 Änderungen erfahren.

Die AWV wurde im Rahmen der „Modernisierung des Außenwirtschaftsrechtes (2013) sprachlich grundlegend überarbeitet. Sie wurde von vormals 28 auf zehn Kapitel reduziert. Diese umfassen die allgemeinen Vorschriften, Beschränkungen nach den §§ 4 und 5 AWG n.F., Bestimmungen zur Ausfuhr, zur Einfuhr, zum sonstigen Güterverkehr und zum Dienstleistungsverkehr, Beschränkungen des Kapitalverkehrs, Meldevorschriften im Kapital- und Zahlungsverkehr, die Umsetzung von Waffenembargos und Straf- und Ordnungswidrigkeiten.

Die Vorschriften für die Prüfung von Unternehmenserwerbungen (§§ 52, 53 AWV a.F.) werden neu gefasst, um ihre Lesbarkeit zu verbessern (vgl. §§ 55 bis 62 AWV 2013.). Zudem würden die Erwerber in einem Verfahren nach § 52 AWV a.F. entlastet, indem die Anforderungen an die zu übermittelnden Dokumente gesenkt und die Möglichkeit einer Freigabe durch das Bundesministerium für Wirtschaft und Technologie geschaffen wird. Damit werde in Fällen mit geringem Prüfbedarf eine schnelle und unbürokratische Prüfung ermöglicht. In komplexeren Fällen könne das Bundesministerium für Wirtschaft und Technologie nach wie vor eine umfassende Prüfung nach Maßgabe der §§ 60 ff. AWV 2013 vornehmen.

Die früheren Kapitel VII a bis VII s AWV a.F., die der Umsetzung von Waffenembargos dienten, wurden in einem Kapitel 8 zusammengefasst.

„Dadurch wird die Lesbarkeit der Vorschriften verbessert und die AWV entschlackt."

Bestimmte nationale Sondervorschriften, die deutsche Exporteure gegenüber ihren europäischen Konkurrenten benachteiligen, wurden aufgehoben oder eingeschränkt. Dabei handelt es sich um die §§ 5c, 7 Absatz 2, 41 und 41a AWV a.F. und bestimmte nationale Positionen der Ausfuhrliste.

Erklärtes Ziel dieser Novelle ist die Gleichstellung deutscher Exporteure mit ihren europäischen Konkurrenten (Stichwort „Level playing field").

Gestrichen wird deshalb der alte § 5c AWV sowie die Länderliste K[31]. Aufgehoben wurde auch die Verbringungsvorschrift des § 7 Abs. 2 AWV a.F. für Güter des Anhangs I der Dual-use-Verordnung.

Diese Vorschrift war als „Schranke" zur Vermeidung des „licence-shoppings" eingeführt worden.

Die nationalen Verbringungsvorschriften gelten nur noch für Rüstungsgüter nach Teil I A, (§ 11 Absatz 1 AWV 2013) sowie für nationale Positionen, die nach einem „Einzeleingriff" eingeführt worden sind[32] (§ 11 Absatz 2 AWV 2013). Auch der frühere § 7 Abs. 3 AWV a.F. wurde gestrichen. Dieser erfasste nicht gelistete Güter im Zusammenhang mit einer Verwendung im Sinne des Artikels 4 Abs. 2 der Dual-use-Verordnung (konventionelle militärische Endverwendung) oder einem Land der Länderliste K.

31 Länderliste K enthielt lediglich noch Kuba.

32 Die früheren 900er-Positionen Teil I C der Ausfuhrliste; diese Positionen werden nunmehr in dem neu geschaffenen Teil I B der Ausfuhrliste zusammengefasst.

Geblieben ist die Erfassung nichtgelisteter Güter im Zusammenhang mit einer kerntechnischen Verwendung für zehn Länder. Allerdings wurde der Ansatzpunkt „Einkaufsland" gestrichen; es wird nur noch auf diese zehn Länder als Bestimmungsland abgestellt.

Die Vorschriften zur Technischen Unterstützung sind in den §§ 49 bis 53 AWV 2013 gründlich überarbeit worden. Es handelt sich um rein nationale Bestimmungen.

Die EU hat auf diesem Sektor keine Zuständigkeit. Nach einem Rechtsgutachten des Europäischen Gerichtshofes fehlt der EU die Kompetenz, wenn ein Technologietransfer mit dem Grenzübertritt einer Person verbunden ist. In Artikel 7 der Dual-use-VO 428/2009 ist dies auch ausdrücklich festgehalten worden. „Die Verordnung gilt nicht für die Erbringung von Dienstleistungen oder die Weitergabe von Technologie, wenn diese Erbringung oder Weitergabe mit einem Grenzübertritt von Personen verbunden ist." Deshalb gibt es keine korrespondierenden Vorschriften auf EU-Ebene.

Bei allen anderen Regelungen der Ausfuhr, Verbringung, Vermittlungsgeschäften sowie der Durchfuhr gibt es unmittelbar geltende Regelungen in der Verordnung 428/2009 sowie aufgrund der jeweiligen Öffnungsklauseln noch zusätzliche nationale Regeln[33]. Dabei machen nicht alle Mitgliedstaaten von diesen Ermächtigungen Gebrauch. Viele Länder selektieren stark. Dies gilt auch für die BRD.

3. Die Ausfuhrliste

Im Rahmen der „Modernisierung des Außenwirtschaftrechtes" (2013) wurde auf die Wiederholung des Anhangs I der EG Dual-use-Verordnung in Teil I Abschnitt C der nationalen Ausfuhrliste verzichtet.

Dennoch kommt diesem Anhang auch für nationale Vorschriften weiterhin große Bedeutung zu, da mehrfach auf diesen Anhang verwiesen wird. Beispielsweise in den §§ 9 Absatz 2, 11 Absatz 4 oder § 47 Absatz 3 AWV 2013.

Die nationale Ausfuhrliste enthält deshalb nur noch die Abschnitte I A und I B.

Teil I A der Ausfuhrliste blieb unverändert; er enthält also die Kriegswaffen und sonstigen Rüstungsgüter. Teil I B wurde neu belegt und enthält nun die nationalen Positionen, wie sie bisher in dem Teil I C durch Kennungen der Ziffer 900 gekennzeichnet waren.

Der Inhalt des Anhangs I wird durch die Listen der internationalen Kontrollregime geprägt. Die international vereinbarten Güterlisten werden rechtsverbindlich im Anhang I der Dual-use-VO umgesetzt. Die Frage, ob ein Gut gelistet ist oder nicht, ist von entscheidender Bedeutung für das ganze weitere Prüfverfahren. Gelistete Güter sind im Bereich der Ausfuhr und Verbringung immer genehmigungspflichtig. Nicht gelistete Güter werden erst durch eine „konstitutive Unterrichtung" der Genehmigungsbehörde einer Genehmigungspflicht unterworfen.

Bei Vermittlungsgeschäften und der Technischen Unterstützung sind immer mehr „Mischfälle" geschaffen worden, d.h., auch gelistete Güter werden erst nach einer konstitutiven Unterrichtung genehmigungspflichtig.

Im Sinne der Dual-use-VO bedeutet Listung: Das Gut fällt unter den Anhang I. Damit sind nationale Listungen nach Teil B der Ausfuhrliste **nicht** gelistete Güter. Nur deshalb greift

33 Siehe die Folie „Zusammenspiel Europäische/Nationale Ebene" am Schluss der „Einführung".

die Öffnungsklausel nach Artikel 8 der Dual-use-VO 428/2009 und damit ist die Bestimmung des § 8 Absatz 1 Ziffer 2 AWV zulässig.

Die Positionen des Anhangs I oder der Ausfuhrliste sind gerichtlich voll überprüfbar. Sie waren auch schon mehrfach Gegenstand von Gerichtsentscheidungen wie z.B. zu Entnahmehaken für Gasultrazentrifugen, die Bausatztheorie bei unvollständigen Waffen, deren Teile aber leicht beschaffbar oder herrichtbar sind oder die Auslegung des Begriffs „Kernbrennstoff". Eine Entscheidungsprärogative[34] der Genehmigungsbehörde besteht bei der Auslegung des Güterbegriffs nicht. Auch bei nicht gelisteten Gütern kann voll überprüft werden, ob sie für die kritische Verwendung überhaupt geeignet sind.

4. Das Kriegswaffenkontrollgesetz

Das Kriegswaffenkontrollgesetz, welches gleichfalls 1961 in Kraft trat, ist das Ausführungsgesetz zu Artikel 26 Grundgesetz. Nach Absatz 2 dieses Artikels dürfen zur Kriegsführung bestimmte Waffen nur mit Genehmigung der Bundesregierung hergestellt, befördert und in Verkehr gebracht werden.

Artikel 26 Absatz 1 erklärt Handlungen, die geeignet sind und in der Absicht vorgenommen werden, das friedliche Zusammenleben der Völker zu stören, insbesondere die Führung eines Angriffskrieges vorzubereiten, als verfassungswidrig.

Das Kriegswaffenkontrollgesetz regelt die Herstellung, Beförderung und das Inverkehrbringen von Kriegswaffen. Dabei wird auch das grenzüberschreitende Befördern und Inverkehrbringen erfasst. Deshalb finden bei einem Export oder einer Verbringung sowohl die Ausfuhrregeln nach dem KWKG als auch die Ausfuhr-/Verbringungsregelungen nach dem AWG/AWV Anwendung.

Durch das Gesetz zur Verbesserung der Überwachung des Außenwirtschaftsverkehrs und zum Verbot von Atomwaffen, biologischen und chemischen Waffen vom 5.11.1990 wurden Lücken geschlossen, die in Strafverfahren deutlich geworden waren. So wurde die Herstellung von ABC-Waffen im Inland schlicht verboten (§§ 17,18 KWKG); die Strafvorschriften erfassen nunmehr alle Personen, die an der Herstellung mitwirken, nicht mehr nur den Fabrikanten selbst, sondern auch die Angestellten. Sogar das leichtfertige Fördern einer derartigen Waffenproduktion wurde unter Strafe gestellt. Dieses Fördern kann bereits in der Lieferung einer Klimaanlage für eine Giftgasfabrik liegen. Auch wurde die Geltung der Strafvorschriften auf Taten Deutscher im Ausland erstreckt.

Die Kriegswaffenliste als Anlage zum KWKG enthält eine abschließende Liste aller Kriegswaffen. Diese sind auch in die Ausfuhrliste Teil I A als Anlage zur AWV integriert worden, um eine praktische Konkordanz herzustellen.

Während die Genehmigungspflicht nach der AWV an die grenzüberschreitende Lieferung in ein Drittland anknüpft (§ 8 Abs. 1 Z. 1 AWV 2013), setzt die gleichgerichtete Ausfuhrgenehmigungspflicht des KWKG schon vorher ein, nämlich bereits bei dem zugehörigen inländischen Transport.

34 Vgl. Simonsen, Entscheidungsprärogative der Genehmigungsbehörde in Ehlers/Wolffgang/Lechleitner (Hrsg.) Risikomanagement im Exportkontrollrecht.

5. Das Chemiewaffenübereinkommen

Das Chemiewaffenübereinkommen (CWÜ) vom 13. Januar 1993 trat am 29. April 1997 in Kraft. Es verbietet die Entwicklung, Herstellung, den Besitz, die Weitergabe und den Einsatz chemischer Waffen. Chemiewaffenbestände sind durch die Vertragsparteien zu deklarieren und unter internationaler Aufsicht zu vernichten.

Dem CWÜ sind bis dato 188 und damit fast alle Staaten beigetreten. Nach Angaben des Auswärtigen Amtes umfasst das CWÜ etwa 98 % der Weltbevölkerung und Erdoberfläche (Landmasse) sowie etwa 98 % der chemischen Industrie:

> „Das CWÜ hat singuläre abrüstungspolitische Bedeutung: Als erster und einziger multilateraler Abrüstungsvertrag verpflichtet es die Vertragspartner, innerhalb festgelegter Fristen – spätestens bis 2012 – eine komplette Kategorie von Massenvernichtungswaffen unter internationaler Aufsicht zu vernichten. Damit geht das CWÜ über die Ächtung einer Kategorie von Massenvernichtungswaffen, wie sie beispielsweise im BWÜ verankert ist, noch hinaus."

Die Einhaltung des CWÜ wird durch die internationale Organisation für das Verbot Chemischer Waffen (OVCW) mit Sitz in Den Haag, Niederlande, überwacht.

Kernaufgabe der OVCW ist es, durch systematische Verifikation die fristgerechte Vernichtung chemischer Waffen und deren Produktionskapazitäten sowie die Nichtverbreitung dieser Waffen zu überwachen. Durch Routineinspektionen in der vom CWÜ betroffenen chemischen Industrie soll gewährleistet werden, dass deren Aktivitäten nur Zwecken dienen, die nicht verboten sind. Arbeitsschwerpunkt der OVCW im Jahr 2009 war, die Vernichtung der Chemiewaffen zu verifizieren. Knapp 80 % der Verifikationsressourcen wurden hierfür verwendet. Die übrige Verifikation betraf die vom CWÜ betroffene Industrie. Zudem soll die Organisation im Fall eines Angriffes mit chemischen Waffen die Schutz- und Hilfsmaßnahmen koordinieren und leisten. Außerdem fördert sie die internationale Zusammenarbeit für friedliche Zwecke auf dem Gebiet der Chemie.

In Deutschland wurde das Abkommen durch das Ausführungsgesetz zum Chemiewaffenübereinkommen (CWÜAG) 1994 umgesetzt.

Das Gesetz ermächtigt die Bundesregierung, durch Rechtsverordnung jedweden Umgang mit diesen mißbrauchbaren Chemikalien zu regeln und Meldepflichten einzuführen. Das Gesetz enthält Normen über die internationalen Inspektionen, die Meldepflichten der Unternehmen sowie die ergänzenden Straf- und Bußgeldvorschriften. Die Verordnung macht von dieser Ermächtigung Gebrauch und konkretisiert die verbindlichen Regelungen.

Die wichtigsten Regelungen waren bereits im Kriegswaffenkontrollgesetz geltendes Recht. Neu geregelt wurden Meldepflichten, das Recht zu Inspektionen; außerdem wurde der Erfassungsbereich wesentlich erweitert, weil besonderer Wert auf die Erfassung chemischer Vorprodukte gelegt worden ist. Es gilt auch nicht die Zivilklausel der Kriegswaffenliste, vielmehr kann auch der zivile Umgang mit Chemikalien beschränkt werden.

6. Straf- und Bußgeldvorschriften

Durch die „Modernisierung des Außenwirtschaftsrechts" wurde die Systematik der Straf- und Bußgeldvorschriften vollständig umgebaut:

Bei den Strafbestimmungen entfällt der Mechanismus der Höherstufung, wonach Verstöße grundsätzlich Ordnungswidrigkeiten waren, die bei einer erheblichen Gefährdung der im alten § 7 Abs. 1 AWV genannten Rechtsgüter zu Straftaten qualifiziert wurden.

Auf den unbestimmten Rechtsbegriff der „erheblichen Gefährdung der auswärtigen Beziehungen der Bundesrepublik Deutschland" (§ 34 Abs. 2 AWG a.F.) wird im Strafrechtsteil verzichtet[35]. Dieser Begriff wurde von der Rechtsprechung mehrfach als unklar bemängelt.

Die Straf- und Bußgeldbewehrungen richten sich „klarer als bisher" am Grad der Vorwerfbarkeit aus. Vorsätzliche Verstöße gegen zentrale Bestimmungen des Außenwirtschaftsrechts sind keine Ordnungswidrigkeiten mehr, die nur unter gewissen Voraussetzungen als Straftaten heraufgestuft werden können, vielmehr wird nunmehr die vorsätzlich begangene ungenehmigte Ausfuhr von Dual-use-Gütern als Straftat verfolgt.

Eine fahrlässig begangene ungenehmigte Ausfuhr wird nach § 19 AWG 2013 als Ordnungswidrigkeit eingestuft.

Es liegt auf der Hand, dass das künftige Problem die Abgrenzung zwischen grober Fahrlässigkeit und bedingtem Vorsatz sein wird. Ob dadurch der Grad der Vorwerfbarkeit „klarer als bisher" wird, bleibt abzuwarten.

Die vorsätzliche ungenehmigte Ausfuhr von Rüstungsgütern bleibt eine Straftat. Künftig werden sämtliche Verstöße gegen Waffenembargos, d.h. jede Form der Lieferung in Embargoländer oder deren Vermittlung, als Verbrechen bestraft. Leichtfertige Verstöße gegen Waffenembargos sind weiter eine Straftat.

Wie die umfangreichen Kataloge in den §§ 17 bis 19 AWG sowie der §§ 80 bis 82 AWV bei Verstößen gegen Beschränkungen, handelt es sich um einen äußerst umfangreichen Sanktionskatalog mit hohen Strafandrohungen.

Neu ist die bußgeldbefreiende Offenlegung von Verstößen nach § 22 Abs. 4 AWG 2013. Die Vorschrift setzt einen fahrlässigen Verstoß gegen § 19 Abs. 2 bis 5 AWG voraus, der durch Eigenkontrolle aufgedeckt wurde. Wenn Maßnahmen zur Verhinderung des gleichen Verstoßes getroffen worden sind sowie die zuständige Behörde noch keine Ermittlungen aufgenommen hat, „unterbleibt die Verfolgung als Ordnungswidrigkeit".

Nicht unterschätzt werden dürfen außerdem die strafrechtlichen Nebenfolgen wie die Abschöpfung des Gewinns nach dem Bruttoprinzip, die verwaltungsrechtlichen Nebenfolgen wie der Entzug der Zuverlässigkeit des Unternehmens und damit der Verlust der Exportfähigkeit sowie die faktische Nebenfolge der Rufschädigung durch entsprechende Presseberichte.

35 Nicht aber in § 4 AWG; bei der Genehmigungspolitik verzichtet die Regierung auf eine Konkretisierung. Sie will sich nicht durch das Ermächtigungsgesetz AWG vom Parlament programmieren lassen.

V. Der Pflichtenkatalog für die Unternehmen

Aus der Dynamik dieses Rechtsgebietes folgt zunächst die Informationspflicht. Der in diesem Bereich Handelnde muss „willens und in der Lage sein", mit den einschlägigen Vorschriften umgehen zu können. Dies haben die „Grundsätze der Bundesregierung zur Prüfung der Zuverlässigkeit von Exporteuren von Kriegswaffen und rüstungsrelevanten Gütern" auf den Punkt gebracht.

Diese Pflicht, sich aus allgemein zugänglichen Quellen informieren zu müssen, wird auch von der Rechtsprechung immer wieder betont. Unkenntnis schützt bekanntlich nicht vor Strafe[36].

Immer dann, wenn ein Unternehmen gelistete Güter, seien es Rüstungsgüter oder Dual-use-Güter, exportiert, ist ein „Ausfuhrverantwortlicher" auf Führungsebene zu bestellen. Die Umsetzung des Prinzips „Exportkontrolle ist Chefsache" war Konsequenz aus den in Strafverfahren gemachten Erfahrungen. Der in den Exportkontrollvorschriften immanent vorhandene Zielkonflikt zwischen Umsatz/Gewinn für das Unternehmen und Einhaltung der Vorschriften sollte den Entscheidern und damit wirklichen Verantwortlichen zugewiesen werden. Nur diese können das Unternehmen richtig aufstellen. Die Arbeitsebene ist selten in der Lage, sich hierarchischem Druck zu widersetzen. Mit diesen Grundsätzen sollte auch eine Stärkung der Arbeitsebene erreicht werden.

Von vielen Unternehmern wird die potenzielle Rufschädigung insbesondere durch Medien strategisch viel höher bewertet als die Gefahr von strafrechtlichen oder verwaltungsrechtlichen Sanktionen. Wirkliche oder vermeintliche Exportskandale sind ein beliebtes Pressethema. Die Berichte über „Händler des Todes" finden eine breite Öffentlichkeit. Dies gilt auch für einschlägige Strafprozesse.

Je nach Größe des Unternehmens bedingen diese Pflichten und Gefahren die Einrichtung einer Stabsstelle oder zumindest die Benennung eines Ausfuhrbeauftragten, die Festlegung der Unternehmenspolitik, die Schaffung einer adäquaten Organisation, die Durchführung umfangreicher Analysen, die Festlegung von Berichts- und Informationspflichten und schließlich adäquate Schulungen der Mitarbeiter.

Kleine oder Einzelunternehmen, bei denen die Funktionen des Ausfuhrverantwortlichen und des Ausfuhrbeauftragten in Personalunion wahrgenommen werden müssen, werden die Beratungskapazität anderer, seien es Fachverbände, Industrie- und Handelskammern oder Behörden, in Anspruch nehmen müssen. Um eine Grundschulung werden aber auch diese nicht herumkommen. Zumindest das Problem muss erkannt werden können nach dem Prinzip „Gefahr erkannt, Gefahr gebannt". In Zweifelsfällen bleibt immer noch der „Absicherungsantrag" oder die entsprechende Anfrage.

36 Eine überraschende Ausnahme von diesem ehernen Rechtsgrundsatz findet sich nun in § 18 Abs. 11 AWG 2013.

1. Die relevanten Regelungen

Systematisch kann bei den Regelungen zwischen Verboten, Genehmigungspflichten und Unterrichtungs- und Mitteilungspflichten unterschieden werden.

Dabei sind interessante Entwicklungslinien festzustellen.

Bis zur Einführung der ersten „catch-all"-Klausel, des § 5c AWV im Jahre 1991, galt eine ganz einfache Systematik: Genehmigungspflichtig war nur, was in der Liste stand. Sie galt auch nur für Waren, also alles, was man greifen und vom Zoll kontrolliert werden konnte.

Dieses schlichte Modell musste der Wirklichkeit angepasst werden, als offenbar wurde, dass Waffen oder gar Massenvernichtungswaffen auch mit nicht gelisteten Waren hergestellt werden konnten. Auch wurde offensichtlich, dass es viel gefährlicher ist, Technologie und Software quasi nebenbei z.B. durch einen „mouse-click" zu exportieren, weil man damit den Empfänger in die Lage versetzt, die gewünschten kritischen Waren selbst herstellen zu können. Dies führte dann zum Güterbegriff, der bekanntlich Waren, Software und Technologie einschließlich Fertigungsunterlagen umfasst, und damit zu einer wesentlich weiteren Erfassung als bei dem früheren reinen Warenbegriff. Auch der Ausfuhrbegriff wurde erweitert. So gilt bereits das Bereitstellen von Software und Technologie in elektronischer Form als Ausfuhr.

Diese zunächst nationalen Alleingänge wurden 1995, 2000 und 2009 durch die Dual-use-Verordnung weitgehend vergemeinschaftet und damit wettbewerbsneutral harmonisiert.

Dabei wurden für nicht gelistete Güter auch methodisch völlig neue Wege beschritten. Die Genehmigungspflicht wird nicht qua Gesetzesanwendung festgestellt vielmehr qua „konstitutiver Unterrichtung" durch die Behörde. Dem Unternehmen obliegt in diesem Verfahren die Pflicht, bei „positiver Kenntnis" des kritischen Verwendungszweckes die zuständige Behörde zu unterrichten. Diese stellt die Genehmigungspflicht im Einzelfall durch eine „konstitutive Unterrichtung" fest. Diese Feststellung kann die Behörde aufgrund eigener Erkenntnisse oder nach einer Unterrichtung durch das Unternehmen treffen. Die Behörde kann „konstitutiv unterrichten" und ablehnen, kann aber auch zu einer anderen Einschätzung der Gefahrenlage kommen und z.B. die Ausfuhr durch Erteilung eines „Nullbescheides" zulassen.

Dieser Mechanismus hat zur Folge, dass das Unternehmen die Behörde deshalb lediglich über einen Sachverhalt unterrichtet, selbst wenn diese Unterrichtung aus Praktikabilitätsgründen auf einem Antragsformular erfolgt. Terminologisch unglücklich ist, dass die einschlägigen Bestimmungen den Begriff „unterrichten" sowohl für die Handlung des Unternehmens als auch der Behörde benutzen, obwohl es sich um zwei völlig unterschiedliche Tatbestände handelt.

Diese Systematik, die ursprünglich nur für die Ausfuhr nichtgelisteter Güter, also für die §§ 5c und d AWV sowie Artikel 4 Dual-use-VO angewendet worden ist, findet sich nunmehr auch bei Handels- und Vermittlungsgeschäften und der technischen Unterstützung.

2. Beachtung von Verboten

Verbote müssen immer vor die Klammer gezogen werden, demnach an erster Stelle geprüft werden. Wenn bereits ein Verbot greift, hat sich die Genehmigungsfrage erledigt.

Die Verordnung (EG) 2271/96 normiert ein Ausfuhrverbot für Ausrüstungen, die zur Vollstreckung der Todesstrafe oder für Zwecke der Folter bestimmt sind.

Die Verordnung (EG) 2368/2002 normiert Verbote beim Handel mit Rohdiamanten (sogenannte Blutdiamanten) nach dem Kimberley-Abkommen.

§§ 17/18 Kriegswaffenkontrollgesetz verbieten alle Aktivitäten im Zusammenhang mit ABC-Waffen, auch die Förderung derartiger Aktivitäten.

§ 18a KWKG weitet diesen Ansatz auf Antipersonenminen aus.

§ 7 AWV 2013 verbietet die Abgabe von Boykotterklärungen.

Diese überschaubaren Regeln werden aber an Zahl, Umfang und Änderungshäufigkeit durch die verschiedenen Embargos gegenüber Ländern, Unternehmen, Personen oder Privatpersonen bei Weitem überboten.

Die §§ 74 bis 78 AWV 2013 enthalten nach Fallgruppen unterschiedene Embargos. Diese Vorschriften setzen regelmäßig Gemeinsame Standpunkte der EU im Rahmen der Gemeinsamen Außen- und Sicherheitspolitik (GASP) um. Die bisherige Unterscheidung nach Ländern wurde aufgegeben, weil das Alphabet nicht ausreichend Buchstaben enthält. Um die für ein Land geltenden Regelungen erkennen zu können, müssen deshalb alle Fallgruppen daraufhin untersucht werden, ob auch dieses Land in dem jeweiligen Paragraphen aufgeführt worden ist oder nicht.

Embargos sind politisch motivierte Maßnahmen, die die Adressaten zu einer Änderung ihres Verhaltens zwingen sollen. Umfang, Art und Ausmaß der Maßnahmen variieren deshalb in großem Umfang. Da die Einkommensquellen oder Finanzierungsquellen ausgetrocknet werden oder in sonstiger Weise Druck ausgeübt werden soll, sind häufig harmlose Güter, die überhaupt keinen kritischen Verwendungszweck ausweisen, betroffen. Auch Flug- und Reiseverbote beispielsweise gegenüber Diktatoren und unerwünschten Politikern und deren „Gefolge" werden ausgesprochen.

Während bei den meisten Embargos noch ein Länderbezug besteht, ist dies bei den sogenannten Terroristenlisten nicht mehr der Fall. Gegen diese Listen müssen alle Geschäfte, ob im In- oder Ausland, geprüft werden, weil diesen Personen keinerlei wirtschaftliche Zuwendungen zukommen dürfen.

Rechtsgrundlage sind die Verordnungen (EG) 881/2002 sowie die 2580/2001 in der jeweils gültigen Fassung.

Praktisch relevant sind ebenfalls die Länder, die mit einem Waffenembargo belegt worden sind, weil auf diese in verschiedenen Vorschriften verwiesen wird, wenn es um die Definition einer kritischen Verwendung im Rüstungsbereich geht. Artikel 4 Absatz 2 der Dual-use-VO 428/2009 stellt den Prototyp dar.

Waffenembargoländer im Sinne des Artikels 4 Absatz 2 Dual-use-VO 428/2009 sind:

Armenien, Aserbaidschan, Birma/Myanmar, die Elfenbeinküste, Eritrea, Guinea, der Irak, der Iran, die Demokratische Republik Kongo (Zaire), die Demokratische Volksrepublik Korea (Nordkorea), der Libanon, Liberia, Lybien, Simbabwe, Somalia, Südsudan, Syrien und Weißrussland.

3. Pflicht zur Stellung eines Antrages

Anträge auf Erteilung von Ausfuhr und Verbringungs-Genehmigungen sind immer bei gelisteten Gütern zu stellen.

Dieses Schema findet sich auf europäischer Ebene bei **Art. 3 Dual-use-VO**:

> (1) Die Ausfuhr der in Anhang I aufgeführten Güter mit doppeltem Verwendungszweck ist genehmigungspflichtig.

Ausnahme: Es liegen bereits Allgemeine Genehmigungen vor.

> **Art. 22 Abs.1 Dual-use-VO:**
>
> (1) Die innergemeinschaftliche Verbringung der in Anhang IV aufgeführten Güter mit doppeltem Verwendungszweck ist genehmigungspflichtig.[37]

Auf nationaler Ebene findet sich diese Pflicht bei folgenden Normen:

- **§ 8 Abs. 1 Ziffer 1 AWV Ausfuhr von Gütern Teil I A der Ausfuhrliste**
- **§ 8 Abs. 1 Ziffer 2 AWV Ausfuhr von Gütern Teil I B der Ausfuhrliste**
- **§ 11 Abs. 1 AWV Verbringung von Gütern Teil I A der Ausfuhrliste**
- **§ 11 Abs. 2 AWV Verbringung von Gütern Teil I B der Ausfuhrliste**

Dieser Grundsatz gilt bei Handels- und Vermittlungsgeschäften lediglich für Rüstungsgüter nach **Teil I A der Ausfuhrliste**:

> § 46 AWV Handels- und Vermittlungsgeschäfte von Gütern Teil I A der Ausfuhrliste, die sich in einem Drittland befinden sowie

für bestimmte **Kriegswaffen** (§ 47 I Ziffern 1 bis 5) und Handels- und Vermittlungsgeschäfte, die in einem Drittland durch Deutsche vorgenommen werden:

> § 47 Abs. 1 AWV: § 46 gilt auch für Handels- und Vermittlungsgeschäfte, die in einem Drittland durch Deutsche mit Wohnsitz oder gewöhnlichem Aufenthalt im Inland vorgenommen werden, wenn sich das Handels- und Vermittlungsgeschäft auf folgende Kriegswaffen bezieht: (siehe Gesetzestext)

4. Unterrichtungspflichten des Unternehmens

a) Pflicht bei Ausfuhr- und Verbringungsfällen bei nicht gelisteten Gütern mit kritischer Verwendung

Bei positiver Kenntnis des Unternehmens über eine definierte kritische Verwendung der Güter hat der Ausführer die Behörde zu unterrichten. Diese entscheidet über die Genehmigungspflicht.

Der Gesetzestext drückt dies wie folgt aus:

> **Artikel 4 Absätze 4 Dual-use-VO**
>
> (4) Ist einem Ausführer bekannt, dass Güter mit doppeltem Verwendungszweck, die er ausführen möchte und die nicht in Anhang I aufgeführt sind, ganz oder teilweise für eine der Verwendungen im Sinne der Absätze 1, 2 und 3 bestimmt sind, so hat

37 Nebenpflicht nach Abs.10, auf Genehmigungspflicht bei evtl. späterem Export hinweisen.

er die in Absatz 1 genannten Behörden davon zu unterrichten; diese entscheiden, ob die Ausfuhr dieser Güter genehmigungspflichtig sein soll.

Der **Zweck in Artikel 4 Abs.1 Dual-use-VO** stellt auf Massenvernichtungswaffen ab. Diese Norm gilt weltweit. Der Erfassungsbereich ist wie folgt definiert:

„... diese Güter ganz oder teilweise bestimmt sind oder bestimmt sein können zur Verwendung im Zusammenhang mit der Entwicklung, der Herstellung, der Handhabung, dem Betrieb, der Wartung, der Lagerung, der Ortung, der Identifizierung oder der Verbreitung von chemischen, biologischen oder Kernwaffen oder sonstigen Kernsprengkörpern oder zur Entwicklung, Herstellung, Wartung oder Lagerung von Flugkörpern für derartige Waffen."

Der **Zweck in Absatz 2 Dual-use-VO** stellt auf Rüstungsgüter ab. Diese Norm gilt nur für Embargoländer:

„... wenn gegen das Käuferland oder das Bestimmungsland ein Waffenembargo aufgrund eines vom Rat festgelegten Gemeinsamen Standpunkts oder einer vom Rat verabschiedeten Gemeinsamen Aktion oder einer Entscheidung der Organisation für Sicherheit und Zusammenarbeit in Europa (OSZE) oder ein Waffenembargo aufgrund einer verbindlichen Resolution des VN-Sicherheitsrates verhängt wurde und wenn der Ausführer von den in Absatz 1 genannten Behörden davon unterrichtet worden ist, dass diese Güter ganz oder teilweise für eine militärische Endverwendung bestimmt sind oder bestimmt sein können. Als „militärische Endverwendung" im Sinne dieses Absatzes gilt

- der Einbau in militärische Güter, die in der Militärliste der Mitgliedstaaten aufgeführt sind;
- die Verwendung von Herstellungs-, Test- oder Analyseausrüstung sowie Bestandteilen hierfür für die Entwicklung, die Herstellung oder die Wartung von militärischen Gütern, die in der oben genannten Liste aufgeführt sind;
- die Verwendung von unfertigen Erzeugnissen in einer Anlage für die Herstellung von militärischen Gütern, die in der oben genannten Liste aufgeführt sind."

Der **Zweck in Absatz 3 Dual-use-VO** stellt auf frühere illegale Ausfuhren ab, die nicht perpetuiert werden sollen (keine weiteren Lieferungen).

(3) Die Ausfuhr von Gütern mit doppeltem Verwendungszweck, die nicht in Anhang I aufgeführt sind, ist auch genehmigungspflichtig, wenn der Ausführer von den in Absatz 1 genannten Behörden davon unterrichtet worden ist, dass diese Güter ganz oder teilweise für die Verwendung als Bestandteile von militärischen Gütern bestimmt sind oder bestimmt sein können, die in der nationalen Militärliste aufgeführt sind und aus dem Hoheitsgebiet dieses Mitgliedstaats ohne Genehmigung oder unter Verstoß gegen eine aufgrund innerstaatlicher Rechtsvorschriften dieses Mitgliedstaats erteilte Genehmigung ausgeführt wurden.

Auf nationaler Ebene findet sich dieser Mechanismus bei der „catch-all"-Vorschrift des § 9 AWV 2013:

§ 9 AWV 2013

Diese Vorschrift stellt auf zivile nukleare Anlagen ab:

> (2) Ist einem Ausführer bekannt, dass Güter, die er ausführen möchte und die nicht in der Ausfuhrliste oder in Anhang I der Verordnung (EG) Nr.428/2009 genannt sind, für einen in Absatz 1 genannten Zweck bestimmt sind und es sich um ein in Abs. 1 genanntes Bestimmungsland handelt[38], so hat er das Bundesamt für Wirtschaft und Ausfuhrkontrolle (BAFA) zu unterrichten. Dieses entscheidet, ob die Ausfuhr genehmigungspflichtig ist. Die Güter dürfen erst ausgeführt werden, wenn das Bundesamt für Wirtschaft und Ausfuhrkontrolle (BAFA) die Ausfuhr genehmigt oder entschieden hat, dass es einer Genehmigung nicht bedarf.

Der Zweck in Absatz 1 dieser Vorschrift ist wie folgt definiert:

> (1) Die Ausfuhr von Gütern, die nicht in der Ausfuhrliste oder in Anhang I der Verordnung (EG) Nr. 428/2009 des Rates vom 5. Mai 2009 über eine Gemeinschaftsregelung für die Kontrolle der Ausfuhr, der Verbringung, der Vermittlung und der Durchfuhr von Gütern mit doppeltem Verwendungszweck (ABl. L 134 vom 29.5.2009, Seite 1), die zuletzt durch die Verordnung (EU) Nummer 388/2012 (ABl. L 129 vom 16.5.2012, Seite 12) geändert worden ist, genannt sind, bedarf der Genehmigung, wenn der Ausführer vom Bundesamt für Wirtschaft und Ausfuhrkontrolle (BAFA) unterrichtet worden ist, dass
>
> 1. diese Güter ganz oder teilweise für die Errichtung, den Betrieb oder zum Einbau in eine Anlage für kerntechnische Zwecke im Sinne der Kategorie 0 des Anhangs I der Verordnung (EG) Nr. 428/2009 oder zum Einbau in eine solche Anlage bestimmt sind oder bestimmt sein können und
>
> 2. das Bestimmungsland Algerien, Indien, der Irak, der Iran, Israel, Jordanien, Libyen, Nordkorea, Pakistan oder Syrien ist.

b) Verbringung

§ 11 Absatz 4 AWV 2013

§ 11 Absatz 4 AWV bezieht sich auf § 9 AWV und stellt deshalb inhaltsgleich auf zivile nukleare Anlagen ab:

> (4) Ist dem Verbringer bekannt, dass Güter im Sinne des Absatzes 3, die er verbringen möchte und deren endgültiges Bestimmungsziel außerhalb der Europäischen Union liegt, für einen in Absatz 3 genannten Zweck bestimmt sind und es sich um ein in § 9 Abs. 1 Satz 1 Nr. 2 genanntes Bestimmungsland handelt[39] ist, so hat er das Bundesamt für Wirtschaft und Ausfuhrkontrolle (BAFA) darüber zu unterrichten. Dieses entscheidet, ob die Verbringung genehmigungspflichtig ist. Die Güter dürfen erst verbracht werden, wenn das Bundesamt für Wirtschaft und Ausfuhrkontrolle (BAFA) die Verbringung genehmigt oder entschieden hat, dass es einer Genehmigung nicht bedarf.

38 Algerien, Indien, Irak, Iran, Israel, Jordanien, Libyen, Nordkorea, Pakistan oder Syrien.
39 Algerien, Indien, Irak, Iran, Israel, Jordanien, Libyen, Nordkorea, Pakistan oder Syrien.

5. Mischfälle: Gelistete Güter und „konstitutive Unterrichtung"

a) Vermittlungstätigkeiten, Handels- und Vermittlungsgeschäfte

Artikel 5 Dual-use-VO 428/2009 sowie § 47 AWV erfassen gelistete Güter und verbinden diese mit dem Mechanismus der konstitutiven Unterrichtung.

Sowohl die europäische Vorschrift über Vermittlungstätigkeiten nach Artikel 5 der Dual-use-VO 428/2009 als auch die ergänzende nationale Vorschrift arbeiten mit der bereits dargestellten Technik der „konstitutiven Unterrichtung". Lediglich der Ort des Tätigwerdens unterscheidet sich. Dieser liegt bei § 47 AWV 2013 in einem Drittland.

Artikel 5 Dual-use-VO 428/2009

(1) Satz 2 Ist einem Vermittler bekannt, dass die in Anhang I aufgeführten Güter mit doppeltem Verwendungszweck, für die er Vermittlungstätigkeiten anbietet, ganz oder teilweise für einen der in Artikel 4 Absatz 1 genannten Verwendungszwecke bestimmt sind, so hat er die zuständigen Behörden davon zu unterrichten; diese entscheiden, ob die Erbringung dieser Vermittlungstätigkeiten genehmigungspflichtig sein soll.

Der Zweck dieser Bestimmung wird in Artikel 5 Absatz 1 Satz 1 definiert:

(1) Satz 1 Für Vermittlungstätigkeiten in Bezug auf Güter mit doppeltem Verwendungszweck, die in Anhang I aufgeführt sind, ist eine Genehmigung erforderlich, wenn der Vermittler von den zuständigen Behörden des Mitgliedstaats, in dem er ansässig oder niedergelassen ist, darüber unterrichtet wurde, dass die betreffenden Güter ganz oder teilweise für einen der in Artikel 4 Absatz 1 genannten Verwendungszwecke bestimmt sind oder bestimmt sein können.

§ 47 Absatz 3 AWV 2013

(3) Ist einem Deutschen mit Wohnsitz oder gewöhnlichem Aufenthalt im Inland, der ein Handels- und Vermittlungsgeschäft in einem Drittland vornehmen will, bekannt, dass die in Anhang I der Verordnung (EG) Nr. 428/2009 erfassten Güter, die sich in einem Drittland oder im Inland befinden und noch nicht einfuhrrechtlich abgefertigt sind und die von dort in ein anderes Drittland geliefert werden sollen, ganz oder teilweise für einen der Verwendungszwecke des Artikels 4 Absatz 1 der Verordnung (EG) Nr. 428/2009 bestimmt sind, so hat er das Bundesamt für Wirtschaft und Ausfuhrkontrolle (BAFA) zu unterrichten. Dieses entscheidet, ob das Handels- und Vermittlungsgeschäft genehmigungspflichtig ist. Das Handels- und Vermittlungsgeschäft darf erst vorgenommen werden, wenn das Bundesamt für Wirtschaft und Ausfuhrkontrolle (BAFA) das Handels- und Vermittlungsgeschäft genehmigt hat oder entschieden hat, dass es keiner Genehmigung bedarf.

b) Technische Unterstützung

§§ 49, 50, 51 und 52 AWV erfassen sowohl gelistete als auch nicht gelistete Güter und verbinden diese mit dem Mechanismus der konstitutiven Unterrichtung.

Auch bei der technischen Unterstützung wird das Instrument der „konstitutiven Unterrichtung" eingesetzt. Lediglich die erfassten Güter sowie die „Zwecke" unterscheiden sich.

§ 49 AWV 2013

Diese Vorschrift stellt auf chemische, biologische oder Kernwaffen ab.

(2) Ist einem Deutschen oder einem Inländer im Sinne des § 2 Absatz 15 Nummer 2 bis 4 des Außenwirtschaftsgesetzes bekannt, dass technische Unterstützung, die er in Drittländern erbringen will, für einen in Absatz 1 genannten Zweck bestimmt ist, so hat er das Bundesamt für Wirtschaft und Ausfuhrkontrolle (BAFA) zu unterrichten. Dieses entscheidet, ob die technische Unterstützung genehmigungspflichtig ist.

Die technische Unterstützung darf erst erbracht werden, wenn das Bundesamt für Wirtschaft und Ausfuhrkontrolle (BAFA) die technische Unterstützung genehmigt hat oder entschieden hat, dass sie keiner Genehmigung bedarf.

Der Zweck dieser Vorschrift ist in Absatz 1 definiert:

(1) Technische Unterstützung in Drittländern durch einen Deutschen oder einen Inländer im Sinne des § 2 Absatz 15 Nummer 2 bis 4 des Außenwirtschaftsgesetzes bedarf der Genehmigung, wenn der Deutsche oder der Inländer vom Bundesamt für Wirtschaft und Ausfuhrkontrolle (BAFA) darüber unterrichtet worden ist, dass die technische Unterstützung bestimmt ist zur Verwendung im Zusammenhang mit

1. der Entwicklung, der Herstellung, der Handhabung, dem Betrieb, der Wartung, der Lagerung, der Ortung, der Identifizierung oder der Verbreitung von
   a) chemischen oder biologischen Waffen oder
   b) Kernwaffen oder sonstigen Kernsprengkörpern

   oder
2. der Entwicklung, der Herstellung, der Wartung oder der Lagerung von Flugkörpern, die für die Ausbringung derartiger Waffen geeignet sind.

§ 50 AWV 2013

Diese Vorschrift behandelt die technische Unterstützung im Zusammenhang mit einer militärischen Endverwendung.

(2) Ist einem Deutschen oder einem Inländer im Sinne des § 2 Absatz 15 Nummer 2 bis 4 des Außenwirtschaftsgesetzes bekannt, dass technische Unterstützung, die er in einem Drittland erbringen will, für einen in Absatz 1 genannten Zweck bestimmt ist, so hat er das Bundesamt für Wirtschaft und Ausfuhrkontrolle (BAFA) zu unterrichten. Dieses entscheidet, ob die technische Unterstützung genehmigungspflichtig ist. Die technische Unterstützung darf erst erbracht werden, wenn das Bundesamt für Wirtschaft und Ausfuhrkontrolle (BAFA) die technische Unterstützung genehmigt hat oder entschieden hat, dass sie keiner Genehmigung bedarf.

Absatz 1 definiert den Zweck dieser Vorschrift:

(1) Technische Unterstützung in Drittländern durch einen Deutschen oder einen Inländer im Sinne des § 2 Absatz 15 Nummer 2 bis 4 des Außenwirtschaftsgesetzes, die nicht von § 49 Absatz 1 erfasst ist, bedarf der Genehmigung, wenn der Deutsche oder der Inländer im Sinne des § 2 Absatz 15 Nummer 2 bis 4 des Außenwirtschaftsgesetzes vom Bundesamt für Wirtschaft und Ausfuhrkontrolle (BAFA) darüber unterrichtet worden ist, dass die technische Unterstützung im Zusammenhang mit einer militärischen Endverwendung steht und in einem Land im Sinne des Artikels 4 Absatz 2 der Verordnung (EG) Nr. 428/2009 erbracht wird.

§ 51 AWV 2013

Diese Vorschrift behandelt die Genehmigungserfordernisse für technische Unterstützung im Inland:

(3) Ist einem Inländer bekannt, dass technische Unterstützung, die er im Inland erbringen möchte, für eine in Absatz 1 oder 2 genannte Verwendung bestimmt ist, so hat er das Bundesamt für Wirtschaft und Ausfuhrkontrolle (BAFA) zu unterrichten. Dieses entscheidet, ob die technische Unterstützung genehmigungspflichtig ist. Die technische Unterstützung darf erst erbracht werden, wenn das Bundesamt für Wirtschaft und Ausfuhrkontrolle (BAFA) die technische Unterstützung genehmigt hat oder entschieden hat, dass es keiner Genehmigung bedarf.

Der Zweck dieser Bestimmung ist in den Absätzen 2 und 3 definiert:

(1) Technische Unterstützung im Inland durch einen Inländer bedarf der Genehmigung, wenn der Inländer vom Bundesamt für Wirtschaft und Ausfuhrkontrolle (BAFA) darüber unterrichtet worden ist, dass die technische Unterstützung

1. bestimmt ist zur Verwendung
   a) im Zusammenhang mit der Entwicklung, der Herstellung, der Handhabung, dem Betrieb, der Wartung, der Lagerung, der Ortung, der Identifizierung oder der Verbreitung von
      aa) chemischen oder biologischen Waffen,
      bb) Kernwaffen oder sonstigen Kernsprengkörpern
   oder
   b) im Zusammenhang mit der Entwicklung, der Herstellung, der Wartung oder der Lagerung von Flugkörpern, die für die Ausbringung derartiger Waffen geeignet sind, und
2. gegenüber Ausländern erbracht wird, die nicht in einem Land ansässig sind, das in Anhang IIa Teil 2 der Verordnung (EG) Nr. 428/2009 genannt ist oder Mitglied der Europäischen Union ist.

(2) Technische Unterstützung im Inland durch einen Inländer bedarf der Genehmigung, wenn der Inländer vom Bundesamt für Wirtschaft und Ausfuhrkontrolle (BAFA) darüber unterrichtet worden ist, dass die technische Unterstützung im Zusammenhang mit einer militärischen Endverwendung steht, die nicht von Absatz 1 erfasst ist, und gegenüber Ausländern erbracht wird, die in einem Land im Sinne des Artikels 4 Absatz 2 der Verordnung (EG) Nr. 428/2009 ansässig sind.

§ 52 AWV 2013

Diese Vorschrift behandelt die technische Unterstützung im Zusammenhang oder dem Betrieb kerntechnischer Anlagen:

(2) Ist einem Deutschen oder einem Inländer bekannt, dass die technische Unterstützung, die er erbringen will, für einen in Absatz 1 genannten Zweck bestimmt ist, so hat er das Bundesamt für Wirtschaft und Ausfuhrkontrolle (BAFA) zu unterrichten. Dieses entscheidet, ob die technische Unterstützung genehmigungspflichtig ist. Die technische Unterstützung darf erst erbracht werden, wenn das Bundesamt für Wirtschaft und Ausfuhr-

kontrolle (BAFA) die technische Unterstützung genehmigt hat oder entschieden hat, dass sie keiner Genehmigung bedarf.

Der Zweck der Vorschrift ergibt sich aus Absatz 1:

(1) Technische Unterstützung durch einen Deutschen oder einen Inländer bedarf der Genehmigung, wenn der Deutsche oder der Inländer vom Bundesamt für Wirtschaft und Ausfuhrkontrolle (BAFA) darüber unterrichtet worden ist, dass die technische Unterstützung im Zusammenhang mit der Errichtung oder dem Betrieb von Anlagen für kerntechnische Zwecke im Sinne der Kategorie 0 des Anhangs I der Verordnung (EG)Nr. 428/2009 in den in § 9 Absatz 1 Satz 1 Nummer 2 genannten Ländern steht.

Die Vorschriften zur Technischen Unterstützung (Definition in § 2 Absatz 16 AWG 2013) enthalten noch viele Ausnahmen, beispielsweise in § 53 Ziffer 4 AWV die erstmalige Herstellung der Betriebsbereitschaft von Gütern, deren Ausfuhr genehmigt wurde oder die Weitergabe allgemein zugänglicher Informationen (§ 49 Abs. 3 Ziffer 2, gleichlautend in den §§ 50-52).

Gerade bei der Fallgruppe „positive Kenntnis" muss das Unternehmen die Behörde unterrichten, es kann aber nicht mehr autonom entscheiden, ob die Vorschrift für diesen Fall zutrifft; vielmehr muss es die konstitutive Entscheidung der Behörde abwarten.

6. Meldepflichten bei Erwerb eines inländischen Unternehmens durch einen Ausländer

§ 60 AWV 2013

Sektorspezifische Prüfung von Unternehmenserwerben

(3) Der Erwerb ist dem Bundesministerium für Wirtschaft und Technologie schriftlich zu melden. § 58 Absatz 1 Satz 2 gilt entsprechend. Die Meldung erfolgt ausschließlich durch den unmittelbaren Erwerber, auch wenn in dessen Person die Voraussetzungen des Absatzes 1 nicht vorliegen.

Der Zweck dieser Vorschrift ergibt sich aus Absatz 1:

(1) Das Bundesministerium für Wirtschaft und Technologie kann prüfen, ob der Erwerb eines inländischen Unternehmens oder einer unmittelbaren oder mittelbaren Beteiligung im Sinne des § 56 an einem inländischen Unternehmen durch einen Ausländer wesentliche Sicherheitsinteressen der Bundesrepublik Deutschland gefährdet, wenn das Unternehmen:

1. Güter im Sinne des Teils B der Kriegswaffenliste herstellt oder entwickelt,
2. besonders konstruierte Motoren oder Getriebe zum Antrieb von Kampfpanzern oder anderen gepanzerten militärischen Kettenfahrzeugen herstellt oder entwickelt oder
3. Produkte mit IT-Sicherheitsfunktionen zur Verarbeitung von staatlichen Verschlusssachen oder für die IT-Sicherheitsfunktion wesentliche Komponenten solcher Produkte herstellt oder hergestellt hat und noch über die Technologie verfügt, wenn das Gesamtprodukt mit Wissen des Unternehmens von dem Bundesamt für Sicherheit in der Informationstechnik zugelassen wurde.

VI. Eingriffsmöglichkeiten des Staates

Ohne eine auslösende Handlung eines Unternehmens (Antragstellung, Unterrichtung oder Meldung) stehen dem Staat verschiedene Eingriffsmöglichkeiten zur Verfügung. Dies betrifft zunächst die Fälle, die mit dem Mechanismus der „konstitutiven Unterrichtung" versehen worden sind. Dabei kann der Staat ohne Unterrichtung durch ein Unternehmen auch aus eigener Kenntnis tätig werden. Darüber hinaus bestehen noch folgende Möglichkeiten:

1. Durchfuhrverbot

Artikel 6 Absatz 1 Dual-use-VO Möglichkeit eines Durchfuhrverbots

Die Durchfuhr nichtgemeinschaftlicher Güter mit doppeltem Verwendungszweck, die in Anhang I aufgeführt sind, kann von den zuständigen Behörden des Mitgliedstaats, durch den die Güter durchgeführt werden, verboten werden, wenn die Güter ganz oder teilweise für einen der in Artikel 4 Absatz 1 genannten Verwendungszwecke bestimmt sind oder bestimmt sein können.

§ 44 AWV 2013 Durchfuhr

(3) Bevor das Bundesamt für Wirtschaft und Ausfuhrkontrolle (BAFA) nach Artikel 6 Abs. 1 der Verordnung (EG) Nr. 428/2009 über ein Durchfuhrverbot von nichtgemeinschaftlichen Gütern entscheidet, die in Anhang I dieser Verordnung in der jeweils geltenden Fassung aufgeführt sind, kann es im Einzelfall eine Genehmigungspflicht anordnen, wenn die Güter ganz oder teilweise für einen der Verwendungszwecke des Artikels 4 Abs. 1 der Verordnung (EG) Nr. 428/2009 bestimmt sind oder bestimmt sein können.

2. Verbot eines Unternehmenserwerbs

§ 59 AWV 2013 Untersagung oder Anordnungen bei der sektorübergreifenden Prüfung von Unternehmenserwerben durch Unionsfremde:

(1) Das Bundesministerium für Wirtschaft und Technologie kann einen Erwerb im Sinne des § 55 bis zum Ablauf von zwei Monaten nach Eingang der vollständigen Unterlagen gemäß § 57 gegenüber dem unmittelbaren Erwerber untersagen oder Anordnungen erlassen, um die öffentliche Ordnung oder Sicherheit der Bundesrepublik Deutschland zu gewährleisten. Für die Untersagung oder den Erlass von Anordnungen ist die Zustimmung der Bundesregierung erforderlich.

(2) Zur Durchsetzung einer Untersagung kann das Bundesministerium für Wirtschaft und Technologie insbesondere

1. die Ausübung der Stimmrechte an dem erworbenen Unternehmen, die einem unionsfremden Erwerber gehören oder ihm zuzurechnen sind, untersagen oder einschränken oder
2. einen Treuhänder bestellen, der die Rückabwicklung eines vollzogenen Erwerbs herbeiführt.

3. Einzeleingriff

§ 6 AWG 2013 Einzeleingriff

(1) Im Außenwirtschaftsverkehr können auch durch Verwaltungsakt Rechtsgeschäfte oder Handlungen beschränkt oder Handlungspflichten angeordnet werden, um eine im Einzelfall bestehende Gefahr für die in § 4 Absatz 1 genannten Rechtsgüter abzuwenden.

§ 7 Einzeleingriff im Seeverkehr außerhalb des deutschen Küstenmeeres

(1) Um eine im Einzelfall bestehende Gefahr für die in § 4 Absatz 1 genannten Rechtsgüter abzuwenden, welche seewärts der Grenze des deutschen Küstenmeeres durch die Beförderung von Gütern an Bord eines die Bundesflagge führenden Seeschiffes verursacht wird, können nach § 6 Absatz 1 insbesondere notwendige Maßnahmen zur Lenkung, Beschleunigung und Beschränkung der Beförderung der Güter sowie des Umschlags und der Entladung der Güter angeordnet werden.

(2) Die Maßnahmen nach Absatz 1 können gegen den Eigentümer, den Ausrüster, den Charterer, den Schiffsführer oder den sonstigen Inhaber der tatsächlichen Gewalt gerichtet werden.

(3) Der Eigentümer, Ausrüster, Charterer, Schiffsführer oder der sonstige Inhaber der tatsächlichen Gewalt ist verpflichtet, auf Verlangen unverzüglich Angaben zu machen über

1. Art und Umfang der Ladung,
2. den seit dem letzten Auslaufen zurückgelegten und den beabsichtigten Reiseweg,
3. die voraussichtliche Reisezeit sowie
4. den Bestimmungshafen.

(4) Der Eigentümer eines in der Seeschifffahrt unter ausländischer Flagge betriebenen Schiffs, das in ein deutsches Schiffsregister eingetragen ist, stellt sicher, dass zur Abwehr einer Gefahr für die in § 4 Absatz 1 genannten Rechtsgüter auf Verlangen die erforderlichen Angaben unverzüglich und im gleichen Umfang übermittelt werden, wie dies nach Absatz 3 für Schiffe unter der Bundesflagge vorgesehen ist.

Die Kenntnis dieser Befugnisse des Staates ist hilfreich, weil die Eingriffe wiederum das Unternehmen betreffen können. In diesen Fällen treffen den Adressaten auch Mitwirkungspflichten.

VII. Schlussbemerkungen

Sowohl die nach wie vor bestehende Unbestimmtheit vieler Vorschriften im Exportkontrollbereich als auch die „Entscheidungsprärogative" der Genehmigungsbehörde sind von den Unternehmen nur mit hohem Abstimmungsaufwand zu bewältigen, um nicht in die Gefahr strafrechtlicher Ermittlungen zu geraten. Aber auch die Strafrechtler haben große Probleme mit der Unbestimmtheit der Normen[40]. Im Bereich der Terroristenlisten wird dies durch die erforderlichen Transkriptionen beispielsweise aus der arabischen Sprache noch auf die Spitze getrieben.

Die verfassungsrechtlich gebotene „Gesetzmäßigkeit der Verwaltung" kann nur funktionieren, wenn die Gesetze ausreichend bestimmt sind. Für das Ermächtigungsgesetz „Außenwirtschaftsgesetz" (AWG) gibt es durch die Einschränkung des Regelungsgegenstandes auf die Rüstungsgüter erhebliche Zweifel, ob dieses die notwendigen Vorgaben nach Artikel 80 des Grundgesetzes enthält, ob also die Exekutive durch den Gesetzgeber ausreichend „programmiert" wird.

Das Außenwirtschaftsrecht ist ein dynamisches Rechtsgebiet. Es bleibt zu beobachten, ob durch eine neue Koalitionsregierung eine restriktivere Genehmigungspolitik implementiert werden wird.

40 Für das Problem der Definition der „auswärtigen Beziehungen" wurde strafrechtlich zwar eine Lösung gefunden, damit aber gleich neue Baustellen wie die Abgrenzung der groben Fahrlässigkeit vom bedingten Vorsatz geschaffen.

Zusammenspiel Europäische / Nationale Ebene
Pflichten bei Ausfuhr/Verbringung/Vermittlungstätigkeiten bzw. Handels- und Vermittlungsgeschäften

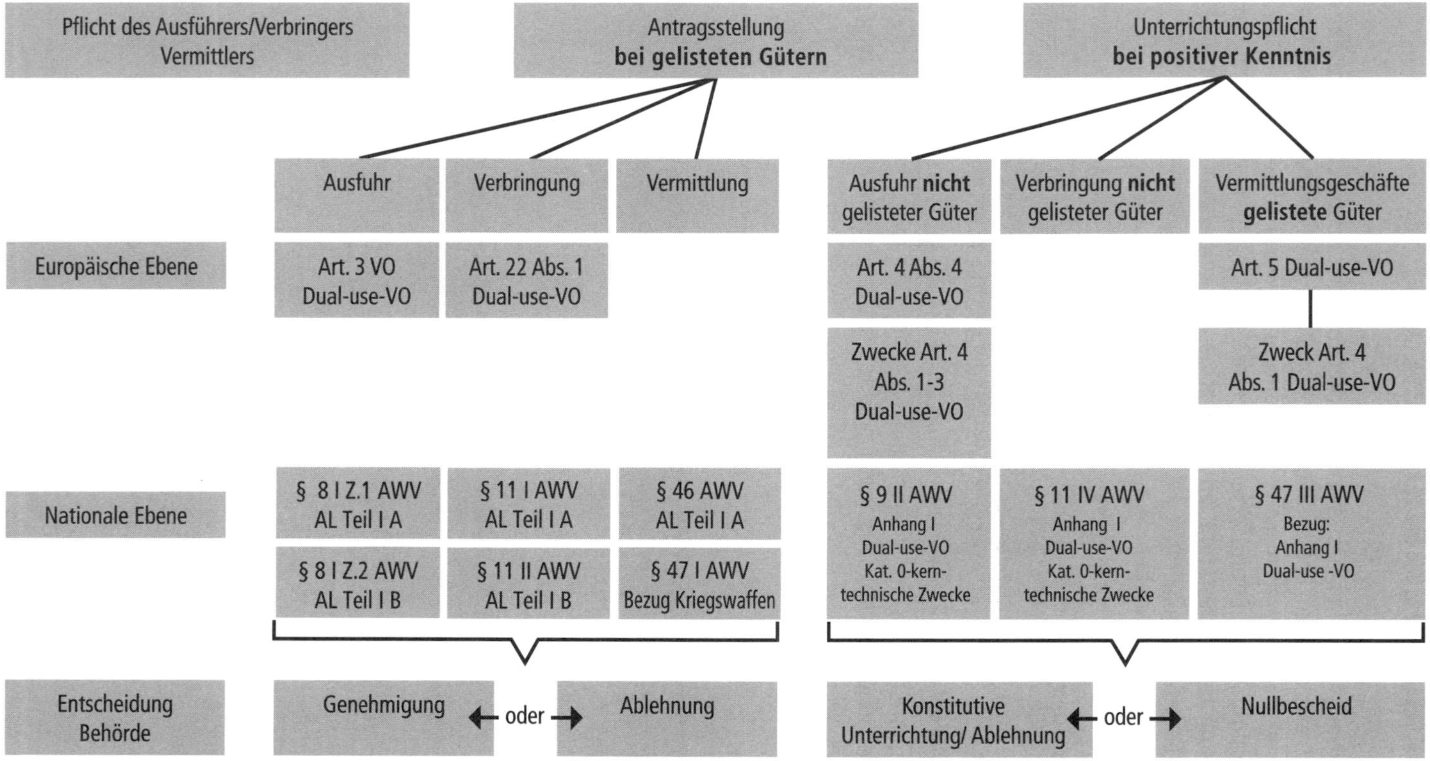

Bitte beachten: Die Genehmigungserfordernisse für die technische Unzerstützung (§§ 49-53 AWV 2013) sind ausschließlich in nationaler Kompetenz. Die Europäische Union ist – wegen des damit verbundenen Grenzübertritts von Personen – dafür **nicht** zuständig.

B. Textsammlung

I. Völkerrechtliche Vorgaben

Der Sicherheitsrat der Vereinten Nationen als Gesetzgeber

Generell abstrakte Normen

VN Resolution 1540/2004

Zur Regelung der Proliferation von Massenvernichtungswaffen

VN Resolution 1373/2001

Zur Regelung der Terrorismusgefahr

Stand: 11.3.2010

1. VN-Resolution 1540/2004 angenommen durch den Sicherheitsrat der Vereinten Nationen in seiner 4956. Sitzung des Sicherheitsrats am 28. April 2004 zur Regelung der Proliferation von Massenvernichtungswaffen

Der Sicherheitsrat, bekräftigend, dass die Verbreitung nuklearer, chemischer und biologischer Waffen und ihrer Trägersysteme[1] eine Bedrohung des Weltfriedens und der internationalen Sicherheit darstellt, in diesem Zusammenhang in Bekräftigung der Erklärung seines Präsidenten (S/23500), die auf der am 31. Januar 1992 auf der Ebene der Staats- und Regierungschefs abgehaltenen Ratssitzung verabschiedet wurde und in der es unter anderem heißt, dass alle Mitgliedstaaten ihre Verpflichtungen in Bezug auf Rüstungskontrolle und Abrüstung erfüllen und jede Verbreitung aller Arten von Massenvernichtungswaffen verhüten müssen, sowie unter Hinweis darauf, dass in der Erklärung die Notwendigkeit unterstrichen wurde, dass alle Mitgliedstaaten etwaige Probleme in diesem Zusammenhang, welche die Erhaltung der regionalen und weltweiten Stabilität bedrohen oder stören, auf friedlichem Wege im Einklang mit der Charta regeln, in Bekräftigung seiner Entschlossenheit, im Einklang mit den ihm nach der Charta der Vereinten Nationen obliegenden Hauptverantwortlichkeiten geeignete und wirksame Maßnahmen zur Abwehr jeder Bedrohung des Weltfriedens und der internationalen Sicherheit zu ergreifen, die durch die Verbreitung nuklearer, chemischer und biologischer Waffen und ihrer Trägersysteme verursacht wird, sowie in Bekräftigung seiner Unterstützung für die multilateralen Verträge, die die Beseitigung oder die Verhütung der Verbreitung nuklearer, chemischer oder biologischer Waffen zum Ziel haben, und erklärend, wie wichtig es ist, dass alle Vertragsstaaten dieser Verträge sie uneingeschränkt durchführen, um so die internationale Stabilität zu fördern, in diesem Zusammenhang unter Begrüßung der Maßnahmen der multilateralen Abmachungen, die zur Nichtverbreitung beitragen, erklärend, dass die Verhütung der Verbreitung nuklearer, chemischer und biologischer Waffen nicht die internationale Zusammenarbeit im Hinblick auf Materialien, Ausrüstung und Technologien für friedliche Zwecke behindern darf, dass jedoch die Ziele der friedlichen Nutzung nicht als Deckmantel für die Verbreitung dieser Waffen dienen dürfen, ernsthaft besorgt über die Bedrohung durch den Terrorismus und die Gefahr, dass nichtstaatliche Akteure* wie diejenigen, die in der vom Ausschuss des Sicherheitsrats nach Resolution 1267 (1999) erstellten und geführten Liste der Vereinten Nationen genannt werden, und diejenigen, auf die die Resolution 1373 (2001) Anwendung findet, nukleare, chemische und biologische Waffen und ihre Trägersysteme erwerben, entwickeln, mit ihnen handeln oder sie einsetzen könnten, ernsthaft besorgt über die Bedrohung durch den unerlaubten Handel mit nuklearen, chemischen oder biologischen Waffen und ihren Trägersystemen und damit verwandtem Material*, der die Frage der Verbreitung derartiger Waffen um eine neue Dimension erweitert und ebenso eine Bedrohung des Weltfriedens und der internationalen Sicherheit darstellt, in der Erkenntnis, dass es einer stärkeren Koordinierung der

1 Begriffsbestimmungen nur für die Zwecke dieser Resolution: Trägersysteme: Flugkörper, Raketen und andere unbemannte Systeme, die als Einsatzmittel für nukleare, chemische oder biologische Waffen dienen können und die speziell für diesen Verwendungszweck entwickelt wurden. Nichtstaatlicher Akteur: Person oder Organisation, die bei der Durchführung von Aktivitäten, die unter den Anwendungsbereich dieser Resolution fallen, nicht unter der rechtmäßigen Autorität eines Staates handelt. Verwandtes Material: Material, Ausrüstung und Technologien, die von den einschlägigen multilateralen Verträgen und Abmachungen erfasst sind oder auf nationalen Kontrolllisten stehen und die für die Konstruktion, Entwicklung, Herstellung oder Nutzung von nuklearen, chemischen und biologischen Waffen und ihren Trägersystemen verwendet werden könnten.

Anstrengungen auf nationaler, subregionaler, regionaler und internationaler Ebene bedarf, damit dieser ernsten Herausforderung und Gefahr für die internationale Sicherheit weltweit wirksamer entgegengetreten werden kann, sowie in der Erkenntnis, dass die meisten Staaten im Rahmen von Verträgen, deren Vertragspartei sie sind, verbindliche rechtliche Verpflichtungen eingegangen sind oder sonstige Zusagen gegeben haben, um die Verbreitung nuklearer, chemischer oder biologischer Waffen zu verhüten, und dass sie wirksame Maßnahmen ergriffen haben, um über sicherheitsempfindliches Material Buch zu führen, es zu sichern und physisch zu schützen, beispielsweise die Maßnahmen, die im Übereinkommen über den physischen Schutz von Kernmaterial verlangt werden, sowie diejenigen, die die Internationale Atomenergie-Organisation in ihrem Verhaltenskodex für die Sicherheit und Sicherung radioaktiver Strahlenquellen empfiehlt, ferner in der Erkenntnis, dass alle Staaten dringend weitere wirksame Maßnahmen ergreifen müssen, um die Verbreitung nuklearer, chemischer oder biologischer Waffen und ihrer Trägersysteme zu verhüten, allen Mitgliedstaaten nahe legend, die Abrüstungsverträge und -übereinkünfte, deren Vertragspartei sie sind, uneingeschränkt durchzuführen, in Bekräftigung der Notwendigkeit, durch terroristische Handlungen verursachte Bedrohungen des Weltfriedens und der internationalen Sicherheit mit allen Mitteln, im Einklang mit der Charta der Vereinten Nationen, zu bekämpfen, entschlossen, in Zukunft eine wirksame Antwort auf die globalen Bedrohungen auf dem Gebiet der Nichtverbreitung zu erleichtern, tätig werdend nach Kapitel VII der Charta der Vereinten Nationen,

1. beschließt, dass alle Staaten die Gewährung jeder Form von Unterstützung für nichtstaatliche Akteure unterlassen werden, die versuchen, nukleare, chemische oder biologische Waffen und ihre Trägersysteme zu entwickeln, zu erwerben, herzustellen, zu besitzen, zu transportieren, weiterzugeben oder einzusetzen;

2. beschließt außerdem, dass alle Staaten nach Maßgabe ihrer innerstaatlichen Verfahren geeignete wirksame Rechtsvorschriften erlassen und anwenden werden, die es jedem nichtstaatlichen Akteur untersagen, nukleare, chemische oder biologische Waffen und ihre Trägersysteme herzustellen, zu erwerben, zu besitzen, zu entwickeln, zu transportieren, weiterzugeben oder einzusetzen, insbesondere für terroristische Zwecke, und den Versuch verbieten, eine dieser Aktivitäten zu begehen, sich als Mittäter oder Gehilfe daran zu beteiligen, sie zu unterstützen oder sie zu finanzieren;

3. beschließt ferner, dass alle Staaten wirksame Maßnahmen ergreifen und durchsetzen werden, um innerstaatliche Kontrollen zur Verhütung der Verbreitung von nuklearen, chemischen oder biologischen Waffen und ihren Trägersystemen einzurichten, einschließlich angemessener Kontrollen über verwandtes Material, und dass sie zu diesem Zweck

   a) geeignete und wirksame Maßnahmen ausarbeiten und aufrechterhalten werden, um über die Herstellung, die Verwendung, die Lagerung und den Transport solcher Gegenstände Buch zu führen und ihre Sicherheit zu gewährleisten;

   b) geeignete und wirksame Maßnahmen zum physischen Schutz ausarbeiten und aufrechterhalten werden;

   c) geeignete und wirksame Grenzkontrollen und Strafverfolgungsmaßnahmen ausarbeiten und aufrechterhalten werden, um den unerlaubten Handel und Vermittlungsgeschäfte mit diesen Gegenständen im Einklang mit ihren nationalen rechtlichen Befugnissen und Rechtsvorschriften sowie dem Völkerrecht aufzudecken, abzuschrecken, zu verhüten und zu bekämpfen, erforderlichenfalls auch durch internationale Zusammenarbeit;

d) geeignete und wirksame einzelstaatliche Export- und Umschlagskontrollen für diese Gegenstände einrichten, ausarbeiten, überprüfen und aufrechterhalten werden, einschließlich geeigneter Gesetze und sonstiger Vorschriften zur Kontrolle der Ausfuhr, Durchfuhr, des Umschlags und der Wiederausfuhr sowie Kontrollen der Bereitstellung von Geldern und Dienstleistungen im Zusammenhang mit diesen Ausfuhren und Umschlagstätigkeiten, wie Finanzierung und Transportleistungen, die zur Verbreitung beitragen würden,

sowie Endverwenderkontrollen einrichten und angemessene straf- oder zivilrechtliche Sanktionen für Verstöße gegen derartige Ausfuhrkontrollgesetze und -vorschriften festlegen und anwenden;

4. beschließt, im Einklang mit Regel 28 seiner vorläufigen Geschäftsordnung für einen Zeitraum von nicht mehr als zwei Jahren einen aus allen Ratsmitgliedern bestehenden Ausschuss des Sicherheitsrats einzusetzen, der gegebenenfalls unter Heranziehung anderer Fachkenntnisse dem Sicherheitsrat zur Prüfung durch den Rat über die Durchführung dieser Resolution Bericht erstatten wird, und fordert zu diesem Zweck die Staaten auf, dem Ausschuss spätestens sechs Monate nach der Verabschiedung dieser Resolution einen ersten Bericht über die Maßnahmen vorzulegen, die sie zur Durchführung dieser Resolution ergriffen haben beziehungsweise zu ergreifen beabsichtigen;

5. beschließt, dass die in dieser Resolution festgelegten Verpflichtungen nicht so auszulegen sind, als stünden sie im Widerspruch zu den Rechten und Pflichten der Vertragsstaaten des Vertrages über die Nichtverbreitung von Kernwaffen, des Chemiewaffenübereinkommens und des Übereinkommens über biologische Waffen und Toxinwaffen oder als änderten sie diese, oder als änderten sie die Verantwortlichkeiten der Internationalen Atomenergie-Organisation oder der Organisation für das Verbot chemischer Waffen;

6. erkennt an, wie nützlich für die Durchführung dieser Resolution wirksame nationale Kontrolllisten sind, und fordert alle Mitgliedstaaten auf, erforderlichenfalls so bald wie möglich solche Listen zu erstellen;

7. ist sich dessen bewusst, dass manche Staaten bei der Durchführung der Bestimmungen dieser Resolution in ihrem Hoheitsgebiet möglicherweise Hilfe benötigen werden, und bittet die Staaten, die dazu in der Lage sind, den Staaten, die nicht über die erforderlichen rechtlichen und regulatorischen Infrastrukturen, Umsetzungserfahrung und/oder Ressourcen zur Durchführung der genannten Bestimmungen verfügen, auf deren konkretes Ersuchen gegebenenfalls Hilfe anzubieten;

8. fordert alle Staaten auf,

   a) die allgemeine Annahme und uneingeschränkte Durchführung sowie erforderlichenfalls die Stärkung der multilateralen Verträge zu fördern, deren Vertragspartei sie sind und die zum Ziel haben, die Verbreitung nuklearer, biologischer oder chemischer Waffen zu verhüten,

b) soweit noch nicht geschehen, innerstaatliche Regeln und Vorschriften zu erlassen, um die Einhaltung ihrer Verpflichtungen aus den wichtigsten multilateralen Nichtverbreitungsverträgen zu gewährleisten;

c) ihr Bekenntnis zur multilateralen Zusammenarbeit zu erneuern und umzusetzen, insbesondere im Rahmen der Internationalen Atomenergie-Organisation, der Organisation für das Verbot chemischer Waffen und des Übereinkommens über biologische Waffen und Toxinwaffen, die wichtige Mittel zur Verfolgung und Verwirklichung ihrer gemeinsamen Ziele auf dem Gebiet der Nichtverbreitung und zur Förderung der internationalen Zusammenarbeit für friedliche Zwecke sind;

d) geeignete Möglichkeiten zur Zusammenarbeit mit der Industrie und der Öffentlichkeit und zu ihrer Information über die Verpflichtungen zu entwickeln, die ihnen nach den entsprechenden Rechtsvorschriften obliegen;

9. fordert alle Staaten auf, den Dialog und die Zusammenarbeit auf dem Gebiet der Nichtverbreitung zu fördern, um der Bedrohung zu begegnen, die von der Verbreitung nuklearer, chemischer oder biologischer Waffen und ihrer Trägersysteme ausgeht;

10. fordert alle Staaten auf, zur weiteren Bekämpfung dieser Bedrohung im Einklang mit ihren nationalen rechtlichen Befugnissen und Rechtsvorschriften und in Übereinstimmung mit dem Völkerrecht gemeinschaftliche Maßnahmen zu ergreifen, um den unerlaubten Handel mit nuklearen, chemischen oder biologischen Waffen, ihren Trägersystemen und verwandtem Material zu verhüten;

11. bekundet seine Absicht, die Durchführung dieser Resolution genau zu verfolgen und auf geeigneter Ebene weitere Beschlüsse zu fassen, die gegebenenfalls zu diesem Zweck erforderlich sind;

12. beschließt, mit der Angelegenheit befasst zu bleiben.

Verlängerung der VN-Resolution 1540/2004

Resolution 2055/2012 verabschiedet auf der 6795. Sitzung des Sicherheitsrats am 29. Juni 2012

Der Sicherheitsrat,

in Bekräftigung seiner Resolutionen 1540 (2004) vom 28. April 2004, 1673 (2006) vom 27. April 2006, 1810 (2008) vom 25. April 2008 und 1977 (2011) vom 20. April 2011,

unter Hinweis auf seinen Beschluss in Resolution 1977 (2011), das Mandat des Ausschusses nach Resolution 1540 (2004), im Folgenden „1540-Ausschuss", bis zum 25. April 2021 zu verlängern,

betonend, dass die Arbeitsbelastung des 1540-Ausschusses im Verlauf seines Mandats beträchtlich gestiegen ist,

in dieser Hinsicht *unter Hinweis* auf seinen Beschluss in Ziffer 5 der Resolution 1977 (2011), dem 1540-Ausschuss auch weiterhin sachverständige Hilfe bereitzustellen,

ersucht den Generalsekretär, die Zahl der Mitglieder der in Ziffer 5 a) der Resolution 1977 (2011) genannten Sachverständigengruppe auf bis zu neun Sachverständige zu erhöhen.

2. VN-Resolution 1373/2001 angenommen durch den Sicherheitsrat der Vereinten Nationen in seiner 4385. Sitzung am 28. September 2001 zur Regelung der Terrorismusgefahr

Der Sicherheitsrat,

in Bekräftigung seiner Resolutionen 1269 (1999) vom 19. Oktober 1999 und 1368 (2001) vom 12. September 2001,

sowie in Bekräftigung seiner unmissverständlichen Verurteilung der Terroranschläge, die am 11. September 2001 in New York, Washington und Pennsylvania stattgefunden haben,

und *mit dem Ausdruck* seiner Entschlossenheit, alle derartigen Handlungen zu verhüten, *ferner in Bekräftigung* dessen, dass diese Handlungen, wie jede Handlung des internationalen Terrorismus, eine Bedrohung des Weltfriedens und der internationalen Sicherheit darstellen,

in Bekräftigung des naturgegebenen Rechts zur individuellen oder kollektiven Selbstverteidigung, das in der Charta der Vereinten Nationen anerkannt und in der Resolution 1368 (2001) bekräftigt wird,

in Bekräftigung der Notwendigkeit, durch terroristische Handlungen verursachte Bedrohungen des Weltfriedens und der internationalen Sicherheit mit allen Mitteln, im Einklang mit der Charta der Vereinten Nationen, zu bekämpfen,

zutiefst besorgt über die in verschiedenen Weltregionen zu verzeichnende Zunahme terroristischer Handlungen, die durch Intoleranz oder Extremismus motiviert sind,

mit der Aufforderung an die Staaten, dringend zusammenzuarbeiten, um terroristische Handlungen namentlich durch verstärkte Zusammenarbeit und durch die volle Durchführung der einschlägigen internationalen Übereinkünfte betreffend den Terrorismus zu verhüten und zu bekämpfen,

in der Erkenntnis, dass die Staaten die internationale Zusammenarbeit durch zusätzliche Maßnahmen ergänzen müssen, um die Finanzierung und Vorbereitung terroristischer Handlungen in ihrem Hoheitsgebiet mit allen rechtlich zulässigen Mitteln zu verhüten und zu bekämpfen,

in Bekräftigung des von der Generalversammlung in ihrer Erklärung vom Oktober 1970 (Resolution 2625 (XXV)) aufgestellten und vom Sicherheitsrat in seiner Resolution 1189 (1998) vom 13. August 1998 bekräftigten Grundsatzes, dass jeder Staat verpflichtet ist, die Organisierung, Anstiftung oder Unterstützung terroristischer Handlungen in einem anderen Staat oder die Teilnahme daran oder die Duldung organisierter Aktivitäten in seinem eigenen Hoheitsgebiet, die auf die Begehung solcher Handlungen gerichtet sind, zu unterlassen

tätig werdend nach Kapitel VII der Charta der Vereinten Nationen,

1. *beschließt*, dass alle Staaten
   a) die Finanzierung terroristischer Handlungen verhüten und bekämpfen werden;
   b) die vorsätzliche Bereitstellung oder Sammlung von Geldern, gleichviel durch welche Mittel und ob mittelbar oder unmittelbar, durch ihre Staatsangehörigen oder in ihrem Hoheitsgebiet mit der Absicht oder in Kenntnis dessen, dass diese Gelder zur Ausführung terroristischer Handlungen verwendet werden, unter Strafe stellen werden;
   c) unverzüglich Gelder und sonstige finanzielle Vermögenswerte oder wirtschaftliche Ressourcen von Personen, die terroristische Handlungen begehen, zu begehen versuchen oder sich an deren Begehung beteiligen oder diese erleichtern, sowie von Institutionen, die unmittelbar oder mittelbar im Eigentum oder unter der Kontrolle dieser Personen stehen, und von Personen und Institutionen, die im Namen oder auf Anweisung dieser Personen und Institutionen handeln, einfrieren werden, einschließlich der Gelder, die aus Vermögen stammen oder hervorgehen, das unmittelbar oder mittelbar im Eigentum oder unter der Kontrolle dieser Personen und mit ihnen verbundener Personen und Institutionen steht;
   d) ihren Staatsangehörigen oder allen Personen und Institutionen in ihrem Hoheitsgebiet untersagen werden, Gelder, finanzielle Vermögenswerte oder wirtschaftliche Ressourcen oder Finanz- oder damit zusammenhängende Dienstleistungen unmittelbar oder mittelbar zum Nutzen von Personen zur Verfügung zu stellen, die terroristische Handlungen begehen, zu begehen versuchen, erleichtern oder sich daran beteiligen, oder zum Nutzen von Institutionen, die unmittelbar oder mittelbar im Eigentum oder unter der Kontrolle dieser Personen stehen oder zum Nutzen von Personen und Institutionen, die im Namen oder auf Anweisung dieser Personen handeln;
2. *beschließt außerdem*, dass alle Staaten
   a) es unterlassen werden, Institutionen oder Personen, die an terroristischen Handlungen beteiligt sind, in irgendeiner Form aktiv oder passiv zu unterstützen, indem sie namentlich die Anwerbung von Mitgliedern terroristischer Gruppen unterbinden und die Belieferung von Terroristen mit Waffen beendigen;
   b) die erforderlichen Maßnahmen ergreifen werden, um die Begehung terroristischer Handlungen zu verhüten, namentlich durch die frühzeitige Warnung anderer Staaten im Wege des Informationsaustauschs;
   c) denjenigen, die terroristische Handlungen finanzieren, planen, unterstützen oder begehen oder die den Tätern Unterschlupf gewähren, einen sicheren Zufluchtsort verweigern werden;
   d) diejenigen, die terroristische Handlungen finanzieren, planen, erleichtern oder begehen, daran hindern werden, ihr Hoheitsgebiet für diese Zwecke gegen andere Staaten oder deren Angehörige zu nutzen;

e) sicherstellen werden, dass alle Personen, die an der Finanzierung, Planung, Vorbereitung oder Begehung terroristischer Handlungen oder an deren Unterstützung mitwirken, vor Gericht gestellt werden, dass diese terroristischen Handlungen zusätzlich zu allen sonstigen Gegenmaßnahmen als schwere Straftaten nach ihrem innerstaatlichen Recht umschrieben werden und dass die Strafe der Schwere dieser terroristischen Handlungen gebührend Rechnung trägt;

f) einander größtmögliche Hilfe bei strafrechtlichen Ermittlungen oder Strafverfahren im Zusammenhang mit der Finanzierung oder Unterstützung terroristischer Handlungen gewähren werden, einschließlich Hilfe bei der Beschaffung des für die Verfahren notwendigen Beweismaterials, das sich in ihrem Besitz befindet;

g) die Bewegung von Terroristen oder terroristischen Gruppen verhindern werden, indem sie wirksame Grenzkontrollen durchführen und die Ausgabe von Identitätsdokumenten und Reiseausweisen kontrollieren und Maßnahmen zur Verhütung der Nachahmung, Fälschung oder des betrügerischen Gebrauchs von Identitätsdokumenten und Reiseausweisen ergreifen;

3. *fordert* alle Staaten *auf*,

a) Wege zur Intensivierung und Beschleunigung des Austauschs operationaler Informationen zu finden, insbesondere im Bezug auf Handlungen oder Bewegungen von Terroristen oder Terroristennetzen, auf gefälschte oder verfälschte Reiseausweise, den Handel mit Waffen, Sprengstoffen oder sicherheitsempfindlichem Material, die Nutzung von Kommunikationstechnologien durch terroristische Gruppen und die Gefahr, die von Massenvernichtungswaffen im Besitz terroristischer Gruppen ausgeht;

b) im Einklang mit dem Völkerrecht und dem jeweiligen innerstaatlichen Recht Informationen auszutauschen und in Verwaltungs- und Justizfragen zusammenzuarbeiten, um die Begehung terroristischer Handlungen zu verhüten;

c) insbesondere im Rahmen bilateraler und multilateraler Regelungen und Vereinbarungen zusammenzuarbeiten, um Terroranschläge zu verhüten und zu bekämpfen und Maßnahmen gegen die Täter zu ergreifen;

d) so bald wie möglich Vertragsparteien der einschlägigen internationalen Übereinkünfte und Protokolle betreffend den Terrorismus zu werden, namentlich des Internationalen Übereinkommens zur Bekämpfung der Finanzierung des Terrorismus vom 9. Dezember 1999;

e) ihre Zusammenarbeit zu verstärken und die einschlägigen internationalen Übereinkünfte und Protokolle betreffend den Terrorismus sowie die Resolutionen des Sicherheitsrats 1269 (1999) und 1368 (2001) vollinhaltlich durchzuführen;

f) bevor sie einer Person Flüchtlingsstatus gewähren, im Einklang mit den entsprechenden Bestimmungen des innerstaatlichen Rechts und des Völkerrechts, einschließlich der internationalen Menschenrechtsnormen, geeignete Maßnahmen zu ergreifen, um sich zu vergewissern, dass der Asylsuchende keine terroristischen Handlungen geplant oder erleichtert oder sich daran beteiligt hat;

g) in Übereinstimmung mit dem Völkerrecht sicherzustellen, dass diejenigen, die terroristische Handlungen begehen, organisieren oder erleichtern, den Flüchtlingsstatus nicht missbrauchen und dass angebliche politische Beweggründe nicht als Grund anerkannt werden, Anträge auf die Auslieferung mutmaßlicher Terroristen abzuweisen;

4. *nimmt* mit Besorgnis *Kenntnis* von der engen Verbindung zwischen dem internationalen Terrorismus und der grenzüberschreitenden organisierten Kriminalität, unerlaubten Drogen, der Geldwäsche, dem unerlaubten Waffenhandel und der unerlaubten Verbringung nuklearer, chemischer, biologischer und anderer potenziell tödlicher Materialien und *betont* in diesem Zusammenhang, dass die Anstrengungen auf einzelstaatlicher, subregionaler, regionaler und internationaler Ebene besser koordiniert werden müssen, um die weltweite Reaktion auf diese ernste Herausforderung und Bedrohung der internationalen Sicherheit zu verstärken;

5. *erklärt*, dass die Handlungen, Methoden und Praktiken des Terrorismus im Widerspruch zu den Zielen und Grundsätzen der Vereinten Nationen stehen und dass die wissentliche Finanzierung und Planung terroristischer Handlungen sowie die Anstiftung dazu ebenfalls im Widerspruch zu den Zielen und Grundsätzen der Vereinten Nationen stehen;

6. *beschließt*, im Einklang mit Regel 28 seiner vorläufigen Geschäftsordnung einen aus allen Ratsmitgliedern bestehenden Ausschuss des Sicherheitsrats einzusetzen, der die Durchführung dieser Resolution unter Heranziehung geeigneten Sachverstands überwachen wird, und *fordert* alle Staaten *auf*, dem Ausschuss spätestens 90 Tage nach Verabschiedung dieser Resolution und anschließend nach einem von dem Ausschuss vorzuschlagenden Zeitplan über die Schritte Bericht zu erstatten, die sie zur Durchführung dieser Resolution ergriffen haben;

7. *weist* den Ausschuss *an*, seine Aufgaben festzulegen, binnen 30 Tagen nach Verabschiedung dieser Resolution ein Arbeitsprogramm vorzulegen und im Benehmen mit dem Generalsekretär zu erwägen, welche Unterstützung er benötigt;

8. *bekundet* seine Entschlossenheit, im Einklang mit seinen Verantwortlichkeiten nach der Charta alle notwendigen Schritte zu unternehmen, um die vollinhaltliche Durchführung dieser Resolution sicherzustellen;

9. *beschließt*, mit dieser Angelegenheit befasst zu bleiben.

3. Vertrag über den Waffenhandel (The Arms Trade Treaty) vom 02. April 2013

Quelle: BT-Drucksache 17/13708

Präambel

Die Vertragsstaaten dieses Vertrags –

geleitet von den Zielen und Grundsätzen der Charta der Vereinten Nationen,

eingedenk des Artikels 26 der Charta der Vereinten Nationen, der darauf abzielt, die Herstellung und Wahrung des Weltfriedens und der internationalen Sicherheit so zu fördern, dass von den menschlichen und wirtschaftlichen Hilfsquellen der Welt möglichst wenig für Rüstungszwecke abgezweigt wird,

unter Hervorhebung der Notwendigkeit, den unerlaubten Handel mit konventionellen Waffen zu verhüten und zu beseitigen und deren Umleitung auf den illegalen Markt oder für nicht genehmigte Endverwendung und Endverwender, einschließlich zu Zwecken der Begehung terroristischer Handlungen, zu verhüten,

in Anerkennung der berechtigten politischen Interessen, Sicherheitsinteressen, wirtschaftlichen Interessen und Handelsinteressen, welche die Staaten am internationalen Handel mit konventionellen Waffen haben, in Bekräftigung des souveränen Rechts eines jeden Staates, konventionelle Waffen im Einklang mit seinem eigenen Rechts- oder Verfassungssystem zu regeln und zu kontrollieren, sofern sie sich ausschließlich in seinem Hoheitsgebiet befinden,

anerkennend, dass Frieden und Sicherheit, Entwicklung und die Menschenrechte Säulen des Systems der Vereinten Nationen und Grundlagen der kollektiven Sicherheit sind und dass Entwicklung, Frieden und Sicherheit sowie die Menschenrechte miteinander verflochten sind und einander gegenseitig verstärken,

eingedenk der von der Abrüstungskommission der Vereinten Nationen aufgestellten Leitlinien für internationale Waffentransfers im Sinne der Resolution 46/36 H der Generalversammlung vom 6. Dezember 1991,

in Anbetracht des Beitrags des Aktionsprogramms der Vereinten Nationen zur Verhütung, Bekämpfung und Beseitigung des unerlaubten Handels mit Kleinwaffen und leichten Waffen unter allen Aspekten, des Zusatzprotokolls gegen die unerlaubte Herstellung von Feuerwaffen, deren Teilen, Komponenten und Munition sowie gegen den unerlaubten Handel damit zum Übereinkommen der Vereinten Nationen gegen die grenzüberschreitende organisierte Kriminalität wie auch des Internationalen Rechtsinstruments zur Ermöglichung der rechtzeitigen und zuverlässigen Identifikation und Rückverfolgung illegaler Kleinwaffen und leichter Waffen durch die Staaten,

in Erkenntnis der Auswirkungen des unerlaubten und ungeregelten Handels mit konventionellen Waffen auf die Sicherheit sowie seiner sozialen, wirtschaftlichen und humanitären Auswirkungen,

in Anbetracht dessen, dass Zivilpersonen, insbesondere Frauen und Kinder, die überwiegende Mehrheit der von bewaffneten Konflikten und bewaffneter Gewalt betroffenen Personen stellen, auch in Erkenntnis der Herausforderungen, denen Opfer bewaffneter Konflikte gegenüberstehen, und ihres Bedürfnisses nach angemessener Fürsorge, Rehabilitation und sozialer und wirtschaftlicher Eingliederung,

nachdrücklich darauf hinweisend, dass die Staaten durch diesen Vertrag nicht daran gehindert werden, zusätzliche wirksame Maßnahmen beizubehalten und zu ergreifen, um Ziel und Zweck dieses Vertrags zu fördern,

eingedenk des rechtmäßigen Handels mit bestimmten konventionellen Waffen, des rechtmäßigen Eigentums an ihnen und ihres Gebrauchs für Zwecke der Freizeitgestaltung und für kulturelle, geschichtliche und sportliche Betätigungen, wo dieser Handel, dieses Eigentum und dieser Gebrauch rechtlich zulässig oder geschützt sind,

auch eingedenk der Rolle, die regionale Organisationen dabei spielen können, die Vertragsstaaten auf Ersuchen bei der Durchführung dieses Vertrags zu unterstützen,

in Anerkennung der freiwilligen und aktiven Rolle, welche die Zivilgesellschaft, einschließlich nichtstaatlicher Organisationen, und die Industrie dabei spielen können, das Bewusstsein für Ziel und Zweck dieses Vertrags zu schärfen und seine Durchführung zu unterstützen,

in der Erkenntnis, dass die Regelung des internationalen Handels mit konventionellen Waffen und die Verhütung ihrer Umleitung nicht die internationale Zusammenarbeit und den rechtmäßigen Handel mit Material, Ausrüstung und Technologie für friedliche Zwecke behindern sollen,

nachdrücklich darauf hinweisend, dass es wünschenswert ist, die weltweite Befolgung dieses Vertrags zu erreichen,

entschlossen, nach den folgenden Grundsätzen zu handeln:

Grundsätze

- das naturgegebene Recht aller Staaten zur individuellen oder kollektiven Selbstverteidigung (wie in Artikel 51 der Charta der Vereinten Nationen anerkannt);
- die Beilegung internationaler Streitigkeiten durch friedliche Mittel in einer Weise, dass der Weltfriede, die internationale Sicherheit und die Gerechtigkeit nicht gefährdet werden (nach Artikel 2 Absatz3 der Charta der Vereinten Nationen);
- die Unterlassung jeder gegen die territoriale Unversehrtheit oder die politische Unabhängigkeit eines Staates gerichteten oder sonst mit den Zielen der Vereinten Nationen unvereinbaren Androhung oder Anwendung von Gewalt in den internationalen Beziehungen (nach Artikel 2 Absatz 4 der Charta der Vereinten Nationen);
- das Nichteingreifen in Angelegenheiten, die ihrem Wesen nach zur inneren Zuständigkeit eines Staates gehören (nach Artikel 2 Absatz 7 der Charta der Vereinten Nationen);
- die Einhaltung und die Durchsetzung der Einhaltung des humanitären Völkerrechts unter anderem nach den Genfer Abkommen von 1949 sowie die Achtung und die Durchsetzung der Achtung vor den Menschenrechten unter anderem nach der Charta der Vereinten Nationen und der Allgemeinen Erklärung der Menschenrechte;
- die Verantwortung aller Staaten im Einklang mit ihren jeweiligen internationalen Verpflichtungen, den internationalen Handel mit konventionellen Waffen wirksam zu regeln und deren Umleitung zu verhüten, sowie die von allen Staaten vorrangig

wahrzunehmende Verantwortung, ihre jeweiligen nationalen Kontrollsysteme zu schaffen und anzuwenden;

- die Achtung vor den berechtigten Interessen der Staaten, konventionelle Waffen zur Ausübung ihres Rechts auf Selbstverteidigung und für Friedenssicherungseinsätze zu erwerben sowie sie herzu stellen, auszuführen, einzuführen und zu transferieren;
- die Durchführung dieses Vertrags in einer einheitlichen, objektiven und nichtdiskriminierenden Art und Weise –

sind wie folgt übereingekommen:

Artikel 1
Ziel und Zweck

Ziel dieses Vertrags ist es,

- die höchstmöglichen gemeinsamen internationalen Normen für die Regelung oder die Verbesserung der Regelung des internationalen Handels mit konventionellen Waffen zu schaffen;
- den unerlaubten Handel mit konventionellen Waffen zu verhüten und zu beseitigen und deren Umleitung zu verhüten;

dies geschieht zu dem Zweck,

- zum Weltfrieden und zum regionalen Frieden sowie zur internationalen und regionalen Sicherheit und Stabilität beizutragen;
- menschliches Leid zu mindern;
- Zusammenarbeit, Transparenz und verantwortungsvolles Handeln durch die Vertragsstaaten im internationalen Handel mit konventionellen Waffen zu fördern und dadurch Vertrauen zwischen den Vertragsstaaten zu schaffen.

Artikel 2
Geltungsbereich

(1) Dieser Vertrag findet auf alle konventionellen Waffen innerhalb der folgenden Kategorien Anwendung:

a) Kampfpanzer;

b) gepanzerte Kampffahrzeuge;

c) großkalibrige Artilleriesysteme;

d) Kampfflugzeuge;

e) Angriffshubschrauber;

f) Kriegsschiffe;

g) Flugkörper und Abfeuereinrichtungen für Flugkörper;

h) Kleinwaffen und leichte Waffen.

(2) Für die Zwecke dieses Vertrags umfassen die Tätigkeiten des internationalen Handels die Ausfuhr, die Einfuhr, die Durchfuhr, die Umladung und die Vermittlungstätigkeit, die im Folgenden als „Transfer" bezeichnet werden.

(3) Dieser Vertrag findet keine Anwendung auf den internationalen Transport konventioneller Waffen durch einen Vertragsstaat selbst oder in seinem Namen zur eigenen Verwendung, vorausgesetzt, die konventionellen Waffen verbleiben im Eigentum dieses Vertragsstaats.

Artikel 3
Munition

Jeder Vertragsstaat schafft und unterhält ein nationales Kontrollsystem zur Regelung der Ausfuhr von Munition, die von den konventionellen Waffen im Sinne des Artikels 2 Absatz 1 abgefeuert, abgeschossen oder ausgebracht wird, und wendet die Artikel 6 und 7 vor Genehmigung der Ausfuhr dieser Munition an.

Artikel 4
Teile und Komponenten

Jeder Vertragsstaat schafft und unterhält ein nationales Kontrollsystem zur Regelung der Ausfuhr von Teilen und Komponenten, sofern die Ausfuhr in einer Art und Weise erfolgt, die den Zusammenbau der konventionellen Waffen im Sinne des Artikels 2 Absatz 1 ermöglicht, und wendet die Artikel 6 und 7 vor Genehmigung der Ausfuhr dieser Teile und Komponenten an.

Artikel 5
Allgemeine Durchführung

(1) Jeder Vertragsstaat führt diesen Vertrag in einer einheitlichen, objektiven und nichtdiskriminierenden Art und Weise durch und ist sich dabei der in diesem Vertrag genannten Grundsätze bewusst.

(2) Jeder Vertragsstaat schafft und unterhält ein nationales Kontrollsystem einschließlich einer nationalen Kontrollliste, um diesen Vertrag durchzuführen.

(3) Jeder Vertragsstaat wird ermutigt, diesen Vertrag auf die größtmögliche Bandbreite konventioneller Waffen anzuwenden. Nationale Begriffsbestimmungen der in Artikel 2 Absatz 1 Buchstaben a bis g bezeichneten Kategorien dürfen keinen begrenzteren Bedeutungsumfang haben als die zum Zeitpunkt des Inkrafttretens dieses Vertrags im Register der Vereinten Nationen für konventionelle Waffen verwendeten Beschreibungen. Was die in Artikel 2 Absatz1 Buchstabe h bezeichnete Kategorie anbelangt, so dürfen nationale Begriffsbestimmungen keinen begrenzteren Bedeutungsumfang haben als die zum Zeitpunkt des Inkrafttretens dieses Vertrags in einschlägigen Instrumenten der Vereinten Nationen verwendeten Beschreibungen.

(4) Jeder Vertragsstaat übermittelt dem Sekretariat im Einklang mit seinen innerstaatlichen Gesetzen seine nationale Kontrollliste, die das Sekretariat den anderen Vertragsstaaten zur Verfügung stellt. Die Vertragsstaaten werden ermutigt, ihre Kontrolllisten öffentlich zugänglich zu machen.

(5) Jeder Vertragsstaat ergreift die zur Durchführung dieses Vertrags erforderlichen Maßnahmen und bestimmt zuständige nationale Behörden, um über ein wirksames und transparentes nationales Kontrollsystem zu verfügen, durch das der Transfer von konventionellen Waffen im Sinne des Artikels 2 Absatz 1 und Gütern im Sinne der Artikel 3 und 4 geregelt wird.

(6) Jeder Vertragsstaat bestimmt eine oder mehrere nationale Kontaktstellen, um Informationen über Angelegenheiten betreffend die Durchführung dieses Vertrags auszutauschen. Jeder Vertragsstaat notifiziert dem nach Artikel 18 errichteten Sekretariat seine nationale(n) Kontaktstelle(n) und hält die entsprechenden Angaben auf dem neuesten Stand.

Artikel 6
Verbote

(1) Ein Vertragsstaat darf keinerlei Transfer von konventionellen Waffen im Sinne des Artikels 2 Absatz 1 oder Gütern im Sinne des Artikels 3 oder 4 genehmigen, wenn der Transfer die Verpflichtungen dieses Vertragsstaats aufgrund von Maßnahmen verletzen würde, die der Sicherheitsrat der Vereinten Nationen nach Kapitel VII der Charta der Vereinten Nationen beschlossen hat, insbesondere Waffenembargos.

(2) Ein Vertragsstaat darf keinerlei Transfer von konventionellen Waffen im Sinne des Artikels 2 Absatz 1 oder Gütern im Sinne des Artikels 3 oder 4 genehmigen, wenn dieser Transfer die einschlägigen völkerrechtlichen Verpflichtungen dieses Vertragsstaats verletzen würde, die sich aufgrund völkerrechtlicher Übereinkünfte, deren Vertragspartei er ist, insbesondere derjenigen betreffend den Transfer von oder den unerlaubten Handel mit konventionellen Waffen, ergeben.

(3) Ein Vertragsstaat darf keinerlei Transfer von konventionellen Waffen im Sinne des Artikels 2 Absatz 1 oder Gütern im Sinne des Artikels 3 oder 4 genehmigen, wenn er zum Zeitpunkt der Entscheidung über die Genehmigung Kenntnis davon hat, dass die Waffen oder Güter bei der Begehung von Völkermord, Verbrechen gegen die Menschlichkeit, schweren Verletzungen der Genfer Abkommen von 1949, Angriffen auf zivile Objekte oder Zivilpersonen, die als solche geschützt werden, oder anderen Kriegsverbrechen im Sinne völkerrechtlicher Übereinkünfte, deren Vertragspartei er ist, verwendet werden würden.

Artikel 7
Ausfuhr und deren Bewertung

(1) Ist die Ausfuhr nicht nach Artikel6 verboten, so bewertet jeder ausführende Vertragsstaat vor Erteilung der Genehmigung für die unter seiner Hoheitsgewalt erfolgende Ausfuhr von konventionellen Waffen im Sinne des Artikels 2 Absatz 1 oder Gütern im Sinne des Artikels 3 oder 4 in Übereinstimmung mit seinem nationalen Kontrollsystem, auf objektive und nicht diskriminierende Weise und unter Berücksichtigung entscheidungserheblicher Faktoren, einschließlich Informationen, die der einführende Staat nach Artikel 8 Absatz1 zur Verfügung gestellt hat, die Möglichkeit, dass die konventionellen Waffen oder die Güter

a) zu Frieden und Sicherheit beitragen oder diese untergraben würden;

b) dazu verwendet werden könnten,

   i) eine schwere Verletzung des humanitären Völkerrechts zu begehen oder zu erleichtern;

   ii) eine schwere Verletzung der internationalen Menschenrechtsnormen zu begehen oder zu erleichtern;

iii) eine Handlung vorzunehmen oder zu erleichtern, die nach völkerrechtlichen Übereinkommen oder Protokollen betreffend den Terrorismus, deren Vertragspartei der ausführende Staat ist, eine Straftat darstellt;

iv) eine Handlung vorzunehmen oder zu erleichtern, die nach völkerrechtlichen Übereinkommen oder Protokollen betreffend die grenzüberschreitende organisierte Kriminalität, deren Vertragspartei der ausführende Staat ist, eine Straftat darstellt.

(2) Der ausführende Vertragsstaat prüft auch, ob es Maßnahmen gibt, die zur Minderung der in Absatz 1 Buchstaben a und b bezeichneten Risiken ergriffen werden könnten, wie zum Beispiel vertrauensbildende Maßnahmen oder gemeinsam von den ausführenden und einführenden Staaten entwickelte und vereinbarte Programme.

(3) Stellt der ausführende Vertragsstaat nach Vornahme dieser Bewertung und Prüfung der verfügbaren Maßnahmen zur Risikominderung fest, dass ein eindeutiges Risiko besteht, dass eine der in Absatz1 genannten negativen Folgen eintritt, so darf er die Ausfuhr nicht genehmigen.

(4) Bei Vornahme dieser Bewertung berücksichtigt der ausführende Vertragsstaat das Risiko, dass die konventionellen Waffen im Sinne des Artikels 2 Absatz 1 oder die Güter im Sinne des Artikels 3 oder4 dazu verwendet werden, schwerwiegende Handlungen geschlechtsspezifischer Gewalt oder schwerwiegende gewalttätige Handlungen gegen Frauen und Kinder vorzunehmen oder zu erleichtern.

(5) Jeder ausführende Vertragsstaat ergreift Maßnahmen, um sicherzustellen, dass alle Genehmigungen für die Ausfuhr von konventionellen Waffen im Sinne des Artikels 2 Absatz 1 oder Gütern im Sinne des Artikels 3 oder 4 ausführlich sind und vor der Ausfuhr erteilt werden.

(6) Jeder ausführende Vertragsstaat stellt nach Maßgabe seiner innerstaatlichen Gesetze, seiner Verwaltungspraxis oder seiner Politik dem einführenden Vertragsstaat und den durchführenden oder umladenden Vertragsstaaten auf Ersuchen geeignete Informationen über die betreffende Genehmigung zur Verfügung.

(7) Erlangt ein ausführender Vertragsstaat nach Erteilung der Genehmigung Kenntnis von neuen entscheidungserheblichen Informationen, so wird er ermutigt, die Genehmigung, wenn angebracht nach Konsultierung des einführenden Staates, neu zu bewerten.

Artikel 8
Einfuhr

(1) Jeder einführende Vertragsstaat ergreift Maßnahmen, um sicherzustellen, dass im Einklang mit seinen innerstaatlichen Gesetzen dem ausführenden Vertragsstaat auf dessen Ersuchen geeignete und entscheidungserhebliche Informationen zur Verfügung gestellt werden, um ihn dabei zu unterstützen, seine nationale Ausfuhrbewertung nach Artikel 7 vorzunehmen. Zu diesen Maßnahmen kann die Übermittlung von Nachweisen über die Endverwendung oder den Endverwender gehören.

(2) Jeder einführende Vertragsstaat ergreift Maßnahmen, die es ihm erlauben, unter seiner Hoheitsgewalt erfolgende Einfuhren von konventionellen Waffen im Sinne des Artikels 2 Absatz 1 bei Bedarf zu regeln. Zu diesen Maßnahmen können Einfuhrsysteme gehören.

(3) Jeder einführende Vertragsstaat kann den ausführenden Vertragsstaat um Informationen über anhängige oder erteilte Genehmigungen für Ausfuhren, für die der einführende Vertragsstaat das Endbestimmungsland ist, ersuchen.

Artikel 9
Durchfuhr oder Umladung

Jeder Vertragsstaat ergreift geeignete Maßnahmen, um, wenn dies erforderlich und durchführbar ist, die unter seiner Hoheitsgewalt erfolgenden Durchfuhren oder Umladungen von konventionellen Waffen im Sinne des Artikels 2 Absatz 1 durch sein beziehungsweise in seinem Hoheitsgebiet in Übereinstimmung mit dem einschlägigen Völkerrecht zu regeln. Artikel 10 Vermittlungstätigkeit Jeder Vertragsstaat ergreift im Einklang mit seinen innerstaatlichen Gesetzen Maßnahmen, um Vermittlungstätigkeiten in Bezug auf konventionelle Waffen im Sinne des Artikels 2 Absatz 1, die unter seiner Hoheitsgewalt stattfinden, zu regeln. Zu diesen Maßnahmen kann gehören, dass vor Aufnahme ihrer Vermittlungstätigkeit von den Vermittlern die Registrierung oder die Einholung einer schriftlichen Genehmigung verlangt wird.

Artikel 11
Umleitung

(1) Jeder Vertragsstaat, der am Transfer von konventionellen Waffen im Sinne des Artikels 2 Absatz 1 beteiligt ist, ergreift Maßnahmen, um deren Umleitung zu verhüten.

(2) Der ausführende Vertragsstaat bemüht sich darum, die Umleitung des Transfers von konventionellen Waffen im Sinne des Artikels 2 Absatz 1 durch sein in Übereinstimmung mit Artikel 5 Absatz 2 geschaffenes nationales Kontrollsystem zu verhüten, indem er das Risiko der Umleitung der Ausfuhr bewertet und die Ergreifung von Maßnahmen zu dessen Minderung, wie zum Beispiel vertrauensbildenden Maßnahmen oder gemeinsam von den ausführenden und einführenden Staaten entwickelten und vereinbarten Programmen, prüft. Zu sonstigen Präventionsmaßnahmen kann geeignetenfalls Folgendes gehören: die Überprüfung von an der Ausfuhr beteiligten Parteien, das Erfordernis zusätzlicher Nachweise, Bescheinigungen oder Zusicherungen, die Versagung der Ausfuhrgenehmigung oder sonstige geeignete Maßnahmen.

(3) Im Einklang mit ihren innerstaatlichen Gesetzen und wenn dies angebracht und durchführbar ist, arbeiten einführende, durchführende, umladende und ausführende Vertragsstaaten zusammen und tauschen Informationen aus, um das Risiko der Umleitung des Transfers von konventionellen Waffen im Sinne des Artikels 2 Absatz1 zu mindern.

(4) Deckt ein Vertragsstaat die Umleitung von konventionellen Waffen im Sinne des Artikels 2 Absatz 1, die Gegenstand eines Transfers sind beziehungsweise waren, auf, so ergreift er im Einklang mit seinen innerstaatlichen Gesetzen und in Übereinstimmung mit dem Völkerrecht geeignete Maßnahmen, um dieser Umleitung zu begegnen. Zu derartigen Maßnahmen kann gehören, dass die möglicherweise betroffenen Vertragsstaaten gewarnt werden, dass die umgeleiteten Lieferungen der betreffenden konventionellen Waffen im Sinne des Artikels 2 Absatz 1 überprüft werden und dass Folgemaßnahmen in Form von Ermittlungen und Durchsetzungsmaßnahmen ergriffen werden.

(5) Um die Umleitung von konventionellen Waffen im Sinne des Artikels 2 Absatz1, die Gegenstand eines Transfers sind beziehungsweise waren, besser nachvollziehen und verhüten zu können, werden die Vertragsstaaten ermutigt, einschlägige Informationen über

wirksame Maßnahmen zur Begegnung der Umleitung auszutauschen. Zu diesen Informationen kann Folgendes gehören: Informationen über unerlaubte Tätigkeiten einschließlich der Korruption, über Wege des internationalen unerlaubten Handels, illegale Vermittler, Quellen unerlaubter Lieferungen, Verschleierungsmethoden, übliche Versendeorte oder über Bestimmungsorte, die von organisierten Gruppen genutzt werden, die an Umleitung beteiligt sind.

(6) Die Vertragsstaaten werden ermutigt, anderen Vertragsstaaten über das Sekretariat von Maßnahmen zur Begegnung der Umleitung von konventionellen Waffen im Sinne des Artikels 2 Absatz 1, die Gegenstand eines Transfers sind beziehungsweise waren, zu berichten.

Artikel 12
Führen von Aufzeichnungen

(1) Jeder Vertragsstaat führt im Einklang mit seinen innerstaatlichen Gesetzen und sonstigen Vorschriften innerstaatliche Aufzeichnungen über die durch ihn erteilten Genehmigungen für die Ausfuhr oder seine tatsächlich erfolgten Ausfuhren von konventionellen Waffen im Sinne des Artikels 2 Absatz 1.

(2) Jeder Vertragsstaat wird ermutigt, Aufzeichnungen über konventionelle Waffen im Sinne des Artikels 2 Absatz 1 zu führen, die in sein Hoheitsgebiet als Endbestimmungsort transferiert wurden oder deren Durchfuhr durch das beziehungsweise deren Umladung im Gebiet unter seiner Hoheitsgewalt genehmigt wurde.

(3) Jeder Vertragsstaat wird ermutigt, wo geeignet, Folgendes in diese Aufzeichnungen aufzunehmen: Menge, Wert, Modell-/Typenbezeichnung, genehmigte internationale Transfers von konventionellen Waffen im Sinne des Artikels 2 Absatz 1, tatsächlich transferierte konventionelle Waffen, Angaben über den/die ausführenden Staat(en), den/die einführenden Staat(en), den/die durchführenden und umladenden Staat(en) und die Endverwender.

(4) Die Aufzeichnungen werden mindestens zehn Jahre lang aufbewahrt.

Artikel 13
Berichterstattung

(1) Jeder Vertragsstaat legt dem Sekretariat innerhalb des ersten Jahres, nachdem dieser Vertrag in Übereinstimmung mit Artikel 22 für ihn in Kraft getreten ist, einen Erstbericht über die zur Durchführung dieses Vertrags ergriffenen Maßnahmen vor; hierzu gehören innerstaatliche Gesetze, nationale Kontrolllisten und sonstige Vorschriften und Verwaltungsmaßnahmen. Jeder Vertragsstaat berichtet dem Sekretariat zum geeigneten Zeitpunkt über neue Maßnahmen, die zur Durchführung dieses Vertrags ergriffen wurden. Die Berichte werden durch das Sekretariat zur Verfügung gestellt und an die Vertragsstaaten verteilt.

(2) Die Vertragsstaaten werden ermutigt, den anderen Vertragsstaaten über das Sekretariat von Maßnahmen zu berichten, die sich als wirksam bei der Begegnung der Umleitung von konventionellen Waffen im Sinne des Artikels 2 Absatz 1, die Gegenstand eines Transfers sind beziehungsweise waren, erwiesen haben.

(3) Jeder Vertragsstaat legt dem Sekretariat jährlich bis zum 31. Mai für das vorangegangene Kalenderjahr einen Bericht über genehmigte oder tatsächlich erfolgte Ausfuhren

und Einfuhren von konventionellen Waffen im Sinne des Artikels 2 Absatz 1 vor. Die Berichte werden durch das Sekretariat zur Verfügung gestellt und an die Vertragsstaaten verteilt. Der dem Sekretariat vorgelegte Bericht kann dieselben Informationen enthalten, die der Vertragsstaat im Rahmen einschlägiger Mechanismen der Vereinten Nationen, einschließlich des Registers der Vereinten Nationen für konventionelle Waffen, vorgelegt hat. Die Berichte können sensible Geschäftsinformationen oder Informationen, die die nationale Sicherheit betreffen, ausklammern.

Artikel 14
Durchsetzung

Jeder Vertragsstaat ergreift geeignete Maßnahmen, um die innerstaatlichen Gesetze und sonstigen Vorschriften, durch die dieser Vertrag durchgeführt wird, durchzusetzen.

Artikel 15
Internationale Zusammenarbeit

(1) Die Vertragsstaaten arbeiten in einer mit ihren jeweiligen Sicherheitsinteressen und innerstaatlichen Gesetzen vereinbaren Weise zusammen, um diesen Vertrag wirksam durchzuführen.

(2) Die Vertragsstaaten werden ermutigt, die internationale Zusammenarbeit zu erleichtern; dazu gehört der Austausch von Informationen über Angelegenheiten von gemeinsamem Interesse betreffend die Durchführung und Anwendung dieses Vertrags im Einklang mit ihren jeweiligen Sicherheitsinteressen und innerstaatlichen Gesetzen.

(3) Die Vertragsstaaten werden ermutigt, Konsultationen in Angelegenheiten gemeinsamen Interesses zu führen und, sofern angebracht, Informationen auszutauschen, um die Durchführung dieses Vertrags zu unterstützen.

(4) Die Vertragsstaaten werden ermutigt, im Einklang mit ihren innerstaatlichen Gesetzen zusammenzuarbeiten, um zur innerstaatlichen Durchführung dieses Vertrags beizutragen, auch durch den Austausch von Informationen über unerlaubte Tätigkeiten und illegal Handelnde und zur Verhütung und Beseitigung der Umleitung von konventionellen Waffen im Sinne des Artikels 2 Absatz 1.

(5) Wenn dies unter den Vertragsstaaten vereinbart wurde und mit ihren innerstaatlichen Gesetzen vereinbar ist, leisten die Vertragsstaaten einander im größtmöglichen Umfang Hilfe bei den Ermittlungen, der Strafverfolgung und den Gerichtsverfahren in Bezug auf Verletzungen innerstaatlicher Maßnahmen, die aufgrund dieses Vertrags festgelegt worden sind.

(6) Die Vertragsstaaten werden ermutigt, innerstaatliche Maßnahmen zu ergreifen und zusammenzuarbeiten, um zu verhüten, dass der Transfer von konventionellen Waffen im Sinne des Artikels 2 Absatz 1 Gegenstand von korrupten Praktiken wird.

(7) Die Vertragsstaaten werden ermutigt, Erfahrungen und Informationen über die Erkenntnisse auszutauschen, die sie bezüglich aller Aspekte dieses Vertrags gewonnen haben.

Artikel 16
Internationale Unterstützung

(1) Bei der Durchführung dieses Vertrags kann sich jeder Vertragsstaat um Unterstützung, einschließlich rechtlicher Unterstützung oder Hilfe bei der Gesetzgebung, Hilfe beim Aufbau institutioneller Kapazitäten sowie technischer, materieller oder finanzieller Hilfe, bemühen. Zu dieser Unterstützung kann Folgendes gehören: Lagerhaltung, Entwaffnungs-, Demobilisierungs- und Wiedereingliederungsprogramme, Mustergesetze und wirksame Durchführungsverfahren. Jeder Vertragsstaat, der dazu in der Lage ist, leistet diese Unterstützung auf Ersuchen.

(2) Jeder Vertragsstaat kann unter anderem über die Vereinten Nationen, internationale, regionale, subregionale oder nationale Organisationen, nichtstaatliche Organisationen oder auf zweiseitiger Grundlage um Unterstützung ersuchen, diese anbieten oder erhalten.

(3) Die Vertragsstaaten richten einen freiwilligen Treuhandfonds ein, der ersuchende Vertragsstaaten unterstützt, die internationale Unterstützung benötigen, um diesen Vertrag durchzuführen. Jeder Vertragsstaat wird ermutigt, Mittel zu diesem Fonds beizutragen.

Artikel 17
Konferenz der Vertragsstaaten

(1) Eine Konferenz der Vertragsstaaten wird spätestens ein Jahr nach Inkrafttreten dieses Vertrags von dem nach Artikel 18 eingerichteten vorläufigen Sekretariat einberufen und danach zu den Terminen, welche die Konferenz der Vertragsstaaten beschließen kann.

(2) Die Konferenz der Vertragsstaaten beschließt auf ihrer ersten Tagung durch Konsens ihre Geschäftsordnung.

(3) Die Konferenz der Vertragsstaaten beschließt eine Finanzordnung für sich selbst sowie eine Finanzordnung zur Finanzierung aller gegebenenfalls von ihr einzurichtenden Nebenorgane und Finanzvorschriften für die Arbeit des Sekretariats. Auf jeder ordentlichen Tagung verabschiedet sie einen Haushalt für die Finanzperiode bis zur nächsten ordentlichen Tagung.

(4) Die Konferenz der Vertragsstaaten

a) überprüft die Durchführung dieses Vertrags, einschließlich der Entwicklungen auf dem Gebiet der konventionellen Waffen;

b) prüft und beschließt Empfehlungen zur Durchführung und Wirkungsweise dieses Vertrags, insbesondere zur Förderung seiner weltweiten Geltung;

c) prüft Änderungen dieses Vertrags nach Artikel 20;

d) prüft Fragen, die sich aus der Auslegung dieses Vertrags ergeben;

e) prüft und entscheidet über die Aufgaben und den Haushalt des Sekretariats;

f) prüft die Einrichtung von Nebenorganen, die zur Verbesserung der Arbeitsweise dieses Vertrags gegebenenfalls notwendig sind;

g) nimmt alle sonstigen Aufgaben im Einklang mit diesem Vertrag wahr.

(5) Außerordentliche Sitzungen der Konferenz der Vertragsstaaten finden statt, wenn es die Konferenz der Vertragsstaaten für notwendig erachtet oder wenn es ein Vertragsstaat schriftlich beantragt, sofern dieser Antrag von mindestens zwei Dritteln der Vertragsstaaten unterstützt wird.

Artikel 18
Sekretariat

(1) Durch diesen Vertrag wird hiermit ein Sekretariat eingerichtet, das die Vertragsstaaten bei der wirksamen Durchführung dieses Vertrags unterstützt. Bis zur ersten Sitzung der Konferenz der Vertragsstaaten ist ein vorläufiges Sekretariat für die Verwaltungsaufgaben aufgrund dieses Vertrags zuständig.

(2) Das Sekretariat wird in angemessener Weise mit Personal ausgestattet. Das Personal muss über das erforderliche Fachwissen verfügen, um sicherzustellen, dass das Sekretariat die in Absatz 3 beschriebenen Verpflichtungen wirksam wahrnehmen kann.

(3) Das Sekretariat ist den Vertragsstaaten gegenüber verantwortlich. Das Sekretariat nimmt im Rahmen einer möglichst kleinen Struktur die folgenden Verpflichtungen wahr:

a) es nimmt die durch diesen Vertrag vorgeschriebenen Berichte entgegen, stellt sie zur Verfügung und verteilt sie;

b) es führt die Liste der nationalen Kontaktstellen und stellt sie den Vertragsstaaten zur Verfügung;

c) es erleichtert die Zusammenführung von Angeboten für und Ersuchen um Unterstützung bei der Durchführung des Vertrags und fördert auf Ersuchen die internationale Zusammenarbeit;

d) es erleichtert die Arbeit der Konferenz der Vertragsstaaten; hierzu gehört, dass es Vorkehrungen für die Abhaltung der im Rahmen dieses Vertrags vorgesehenen Sitzungen trifft und die dafür erforderlichen Dienste bereitstellt;

e) es nimmt sonstige Aufgaben wahr, die von der Konferenz der Vertragsstaaten beschlossen werden.

Artikel 19
Beilegung von Streitigkeiten

(1) Die Vertragsstaaten konsultieren einander und arbeiten, soweit Einvernehmen besteht, zusammen im Hinblick auf die Beilegung von etwa zwischen ihnen auftretenden Streitigkeiten über die Auslegung oder Anwendung dieses Vertrags, einschließlich im Wege von Verhandlungen, der Vermittlung, des Vergleichs, der gerichtlichen Entscheidung oder durch andere friedliche Mittel.

(2) Die Vertragsstaaten können einvernehmlich ein Schiedsverfahren einschlagen, um Streitigkeiten zwischen ihnen über Fragen der Auslegung oder Anwendung dieses Vertrags beizulegen.

Artikel 20
Änderungen

(1) Sechs Jahre nach Inkrafttreten dieses Vertrags kann jeder Vertragsstaat eine Änderung dieses Vertrags vorschlagen. Danach können Änderungsvorschläge von der Konferenz der Vertragsstaaten nur alle drei Jahre geprüft werden.

(2) Jeder Vorschlag zur Änderung dieses Vertrags wird dem Sekretariat schriftlich vorgelegt; dieses leitet ihn mindestens 180 Tage vor der nächsten Sitzung der Konferenz der Vertragsstaaten, bei der nach Absatz 1 Änderungen geprüft werden können, an alle Vertragsstaaten weiter. Die Änderung wird auf der nächsten Konferenz der Vertragsstaaten,

bei der nach Absatz 1 Änderungen geprüft werden können, geprüft, wenn spätestens 120 Tage nach Weiterleitung des Änderungsvorschlags durch das Sekretariat eine Mehrheit der Vertragsstaaten dem Sekretariat notifiziert hat, dass sie eine Prüfung des Vorschlags befürwortet.

(3) Die Vertragsstaaten bemühen sich nach Kräften, zu einem Konsens über jede Änderung zu kommen. Sind alle Bemühungen um einen Konsens erschöpft und wird keine Einigung erzielt, so wird als letztes Mittel die Änderung mit Dreiviertelmehrheit der auf der Sitzung der Konferenz der Vertragsstaaten anwesenden und abstimmenden Vertragsstaaten beschlossen. Im Sinne dieses Artikels bedeutet „anwesende und abstimmende Vertragsstaaten" die an wesenden Vertragsstaaten, die eine Ja-Stimme oder eine Nein-Stimme abgeben. Der Verwahrer übermittelt allen Vertragsstaaten jede beschlossene Änderung.

(4) Eine nach Absatz 3 beschlossene Änderung tritt für jeden Vertragsstaat, der seine Urkunde über die Annahme dieser Änderung hinterlegt hat, neunzig Tage nach dem Zeitpunkt in Kraft, zu dem die Mehrheit der Staaten, die bei der Beschlussfassung über die Änderung Vertragsstaaten waren, ihre Annahmeurkunden beim Verwahrer hinterlegt haben. Danach tritt sie für jeden weiteren Vertragsstaat neunzig Tage nach dem Zeitpunkt der Hinterlegung seiner Urkunde über die Annahme dieser Änderung in Kraft.

Artikel 21
Unterzeichnung, Ratifikation, Annahme, Genehmigung oder Beitritt

(1) Dieser Vertrag liegt für alle Staaten vom 3. Juni 2013 bis zu seinem Inkrafttreten am Sitz der Vereinten Nationen in New York zur Unterzeichnung auf.

(2) Dieser Vertrag bedarf der Ratifikation, Annahme oder Genehmigung durch jeden Unterzeichnerstaat.

(3) Nach seinem Inkrafttreten steht dieser Vertrag allen Staaten, die ihn nicht unterzeichnet haben, zum Beitritt offen.

(4) Die Ratifikations-, Annahme-, Genehmigungs- oder Beitrittsurkunden werden beim Verwahrer hinterlegt.

Artikel 22
Inkrafttreten

(1) Dieser Vertrag tritt neunzig Tage nach dem Zeitpunkt der Hinterlegung der fünfzigsten Ratifikations-, Annahme- oder Genehmigungsurkunde beim Verwahrer in Kraft.

(2) Für jeden Staat, der seine Ratifikations-, Annahme-, Genehmigungs- oder Beitrittsurkunde nach dem Inkrafttreten dieses Vertrags hinterlegt, tritt dieser Vertrag neunzig Tage nach dem Zeitpunkt der Hinterlegung seiner Ratifikations-, Annahme-, Genehmigungs- oder Beitrittsurkunde in Kraft.

Artikel 23
Vorläufige Anwendung

Jeder Staat kann zum Zeitpunkt der Unterzeichnung oder der Hinterlegung seiner Ratifikations-, Annahme-, Genehmigungs-oder Beitrittsurkunde erklären, dass er die Artikel 6 und 7 bis zum Inkrafttreten dieses Vertrags für ihn vorläufig anwenden wird.

Artikel 24
Geltungsdauer und Rücktritt

(1) Die Geltungsdauer dieses Vertrags ist unbegrenzt.

(2) Jeder Vertragsstaat hat in Ausübung seiner staatlichen Souveränität das Recht, von diesem Vertrag zurückzutreten. Diesen Rücktritt notifiziert er dem Verwahrer, der ihn allen anderen Vertragsstaaten notifiziert. Die Rücktrittsnotifikation kann eine Darlegung der Gründe für seinen Rücktritt enthalten. Die Rücktrittsanzeige wird neunzig Tage nach Eingang der Rücktrittsnotifikation beim Verwahrer wirksam, es sei denn, die Rücktrittsnotifikation sieht ein späteres Datum vor.

(3) Der Rücktritt entbindet einen Staat nicht von den Verpflichtungen, einschließlich etwaiger finanzieller Verpflichtungen, die ihm als Vertragsstaat dieses Vertrags erwachsen sind.

Artikel 25
Vorbehalte

(1) Zum Zeitpunkt der Unterzeichnung, der Ratifikation, der Annahme, der Genehmigung oder des Beitritts kann jeder Staat Vorbehalte anbringen, es sei denn, diese sind mit Ziel und Zweck dieses Vertrags unvereinbar.

(2) Jeder Vertragsstaat kann seinen Vorbehalt jederzeit durch eine an den Verwahrer gerichtete diesbezügliche Notifikation zurücknehmen.

Artikel 26
Verhältnis zu anderen völkerrechtlichen Übereinkünften

(1) Die Durchführung dieses Vertrags lässt die Verpflichtungen der Vertragsstaaten aus bestehenden oder zukünftigen völkerrechtlichen Übereinkünften, deren Vertragsparteien sie sind, unberührt, sofern diese Verpflichtungen mit diesem Vertrag vereinbar sind.

(2) Dieser Vertrag darf nicht als Begründung dafür herangezogen werden, zwischen Vertragsstaaten dieses Vertrags geschlossene Übereinkünfte über Verteidigungszusammenarbeit aufzulösen.

Artikel 27
Verwahrer

Der Generalsekretär der Vereinten Nationen ist der Verwahrer dieses Vertrags.

Artikel 28
Verbindliche Wortlaute

Die Urschrift dieses Vertrags, dessen arabischer, chinesischer, englischer, französischer, russischer und spanischer Wortlaut gleichermaßen verbindlich ist, wird beim Generalsekretär der Vereinten Nationen hinterlegt.

Geschehen zu New York am 2. April 2013.

II. Europäische Bestimmungen

Europäische Bestimmungen

Entwicklung des räumlichen Geltungsbereiches der Dual-use-Verordnungen (EG) Nr. 3381/94; Nr. 1334/2000 und Nr. 428/2009

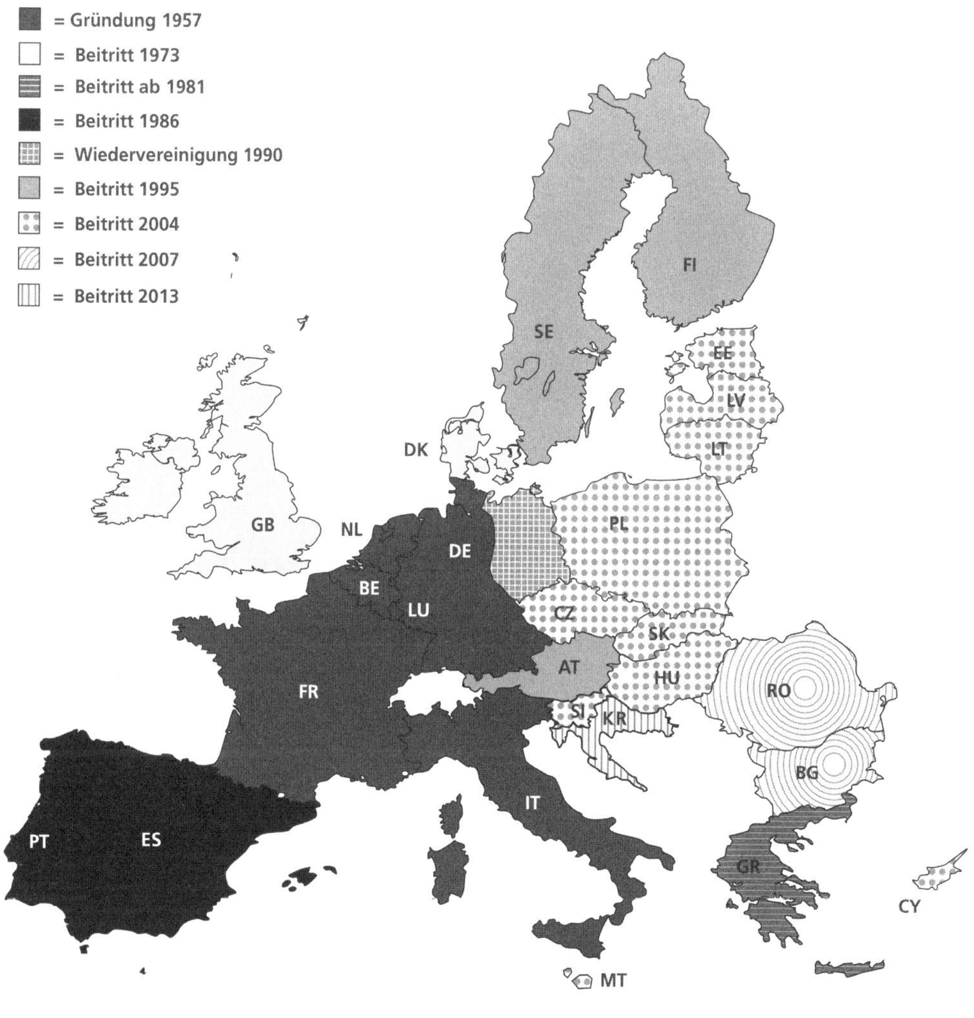

Liberalisierung des Handels durch Erweiterung des Binnenmarktes

1. Verordnung (EG) Nr. 428/2009 des Rates vom 5. Mai 2009 über eine Gemeinschaftsregelung für die Kontrolle der Ausfuhr, der Verbringung, der Vermittlung und der Durchfuhr von Gütern mit doppeltem Verwendungszweck (konsolidierte Fassung)

ABl. (EG) 2009, Nr. L 134/1

Zuletzt geändert durch:

4. Verordnung (EU) Nr. 388/2012 des Europäischen Parlaments und des Rates vom 19. April 2012 zur Änderung der Verordnung (EG) Nr. 428/2009 des Rates über eine Gemeinschaftsregelung für die Kontrolle der Ausfuhr, der Verbringung, der Vermittlung und der Durchfuhr von Gütern mit doppeltem Verwendungszweck

ABl. (EU) 2012, L 129/12

DER RAT DER EUROPÄISCHEN UNION

gestützt auf den Vertrag zur Gründung der Europäischen Gemeinschaft, insbesondere auf Artikel 133,

auf Vorschlag der Kommission,

in Erwägung nachstehender Gründe:

(1) Die Verordnung (EG) Nr. 1334/2000 des Rates vom 22. Juni 2000 über eine Gemeinschaftsregelung für die Kontrolle der Ausfuhr von Gütern und Technologien mit doppeltem Verwendungszweck[1] wurde mehrfach erheblich geändert. Da weitere Änderungen vorgenommen werden, sollte die Verordnung im Interesse der Klarheit neu gefasst werden.

(2) Güter mit doppeltem Verwendungszweck (einschließlich Software und Technologie) sollten bei ihrer Ausfuhr aus der Europäischen Gemeinschaft wirksam kontrolliert werden.

(3) Ein wirksames gemeinsames Ausfuhrkontrollsystem für Güter mit doppeltem Verwendungszweck ist erforderlich, um sicherzustellen, dass die internationalen Verpflichtungen und Verantwortlichkeiten der Mitgliedstaaten, insbesondere hinsichtlich der Nichtverbreitung, und die der Europäischen Union (EU) eingehalten werden.

(4) Das Bestehen eines gemeinsamen Kontrollsystems und harmonisierter Konzepte für die Durchführung und Überwachung in allen Mitgliedstaaten ist eine Voraussetzung für den freien Verkehr von Gütern mit doppeltem Verwendungszweck innerhalb der Gemeinschaft.

(5) Für Entscheidungen über Einzelgenehmigungen, Globalgenehmigungen oder nationale Allgemeingenehmigungen für die Ausfuhr, über Genehmigungen für Vermittlungstätigkeiten, über die Durchfuhr nichtgemeinschaftlicher Güter mit doppeltem Verwendungszweck oder über Genehmigungen für die Verbringung der in Anhang IV aufgeführten Güter mit doppeltem Verwendungszweck innerhalb der Gemeinschaft sind

1 ABl. L 159 vom 30.6.2000, S. 1.

die nationalen Behörden zuständig. Einzelstaatliche Vorschriften und Beschlüsse, die Ausfuhren von Gütern mit doppeltem Verwendungszweck betreffen, müssen im Rahmen der gemeinsamen Handelspolitik, insbesondere der Verordnung (EWG) Nr. 2603/69 des Rates vom 20. Dezember 1969 zur Festlegung einer gemeinsamen Ausfuhrregelung[2], erlassen werden.

(6) Entscheidungen zur Aktualisierung der gemeinsamen Liste von Gütern mit doppeltem Verwendungszweck, die der Ausfuhrkontrolle unterliegen, müssen im Einklang mit den Auflagen und Verpflichtungen stehen, die Mitgliedstaaten als Mitglieder der jeweiligen internationalen Nichtverbreitungsregime und Ausfuhrkontrollvereinbarungen oder durch die Ratifizierung einschlägiger internationaler Verträge übernommen haben.

(7) Gemeinsame Listen von Gütern mit doppeltem Verwendungszweck, von Bestimmungszielen und Leitlinien sind wesentliche Bestandteile einer wirksamen Ausfuhrkontrollregelung.

(8) Die Übertragung von Software und Technologie mittels elektronischer Medien, Telefax und Telefon nach Bestimmungszielen außerhalb der Gemeinschaft sollte ebenfalls kontrolliert werden.

(9) Der Wiederausfuhr und der Endverwendung muss besondere Aufmerksamkeit geschenkt werden.

(10) Am 22. September 1998 haben Vertreter der Mitgliedstaaten und der Europäischen Kommission Zusatzprotokolle zu den jeweiligen Übereinkünften über Sicherungsmaßnahmen zwischen den Mitgliedstaaten, der Europäischen Atomgemeinschaft und der Internationalen Atomenergie-Organisation unterzeichnet, in denen die Mitgliedstaaten unter anderem verpflichtet werden, Informationen in Bezug auf genau festgelegte Ausrüstung und nichtnukleares Material bereitzustellen.

(11) Die Gemeinschaft hat mit der Verordnung (EWG) Nr. 2913/92 des Rates vom 12. Oktober 1992 zur Festlegung des Zollkodex der Gemeinschaften[3] (im Folgenden als „Zollkodex der Gemeinschaften" bezeichnet) und der Verordnung (EWG) Nr. 2454/93 der Kommission[4] zur Durchführung der Verordnung (EWG) Nr. 2913/92 ein Regelwerk mit Zollvorschriften angenommen, die unter anderem Bestimmungen über die Ausfuhr und Wiederausfuhr von Waren enthalten. Durch die vorliegende Verordnung werden Befugnisse im Rahmen und nach Maßgabe des Zollkodex der Gemeinschaften und seiner Durchführungsbestimmungen in keiner Weise eingeschränkt.

(12) Gemäß Artikel 30 des Vertrags behalten die Mitgliedstaaten bis zu einer weitergehenden Harmonisierung innerhalb der durch diesen Artikel gesetzten Grenzen das Recht, die Verbringung von bestimmten Gütern mit doppeltem Verwendungszweck innerhalb der Gemeinschaft zum Schutz der öffentlichen Ordnung und der öffentlichen Sicherheit Kontrollen zu unterziehen. Diese Kontrollen sollten, soweit sie mit der Wirksamkeit der Kontrollen von Ausfuhren aus der Gemeinschaft im Zusammenhang stehen, vom Rat regelmäßig überprüft werden.

(13) Um sicherzustellen, dass diese Verordnung ordnungsgemäß angewandt wird, sollte jeder Mitgliedstaat Maßnahmen treffen, um den zuständigen Behörden die erforderlichen Befugnisse einzuräumen.

2 ABl. L 324 vom 27.12.1969, S. 25.
3 ABl. L 302 vom 19.10.1992, S. 1.
4 ABl. L 253 vom 11.10.1993, S. 1.

(14) Die Staats- und Regierungschefs der EU haben im Juni 2003 einen Aktionsplan zur Nichtverbreitung von Massenvernichtungswaffen (Aktionsplan von Thessaloniki) verabschiedet. Dieser Aktionsplan wurde durch die Strategie der EU gegen die Verbreitung von Massenvernichtungswaffen ergänzt, die der Europäische Rat am 12. Dezember 2003 angenommen hat (MVW-Strategie der EU). Nach Kapitel III dieser Strategie muss die Europäische Union alle verfügbaren Instrumente einsetzen, um Waffenverbreitungsprogramme, die weltweit Besorgnis erregen, zu verhindern bzw. zu stoppen und wenn möglich rückgängig zu machen. In Nummer 30 Buchstabe A Unternummer 4 des genannten Kapitels wird ausdrücklich die Verschärfung der Ausfuhrkontrollpolitik und -praxis angesprochen.

(15) In der Resolution 1540 vom 28. April 2004 hat der Sicherheitsrat der Vereinten Nationen beschlossen, dass alle Staaten wirksame Maßnahmen ergreifen und durchsetzen werden, um innerstaatliche Kontrollen zur Verhütung der Verbreitung von nuklearen, chemischen oder biologischen Waffen und ihren Trägersystemen einzurichten, einschließlich angemessener Kontrollen über verwandtes Material, und dass sie zu diesem Zweck unter anderem Kontrollen der Durchfuhr und von Vermittlungsgeschäften einrichten. Verwandtes Material umfasst Material, Ausrüstung und Technologien, die von den einschlägigen multilateralen Verträgen und Abmachungen erfasst sind oder auf nationalen Kontrolllisten stehen und die für die Konstruktion, Entwicklung, Herstellung oder Nutzung von nuklearen, chemischen und biologischen Waffen und ihren Trägersystemen verwendet werden können.

(16) Diese Verordnung gilt auch für Güter, die durch das Gebiet der Gemeinschaft lediglich durchgeführt werden, also Güter, die nicht einer anderen zollrechtlich zulässigen Behandlung oder Verwendung als dem externen Versandverfahren zugeführt werden oder die lediglich in eine Freizone oder ein Freilager verbracht werden, wo sie nicht in bewilligten Bestandsaufzeichnungen erfasst werden müssen. Daher sollte die Möglichkeit geschaffen werden, dass die Behörden der Mitgliedstaaten die Durchfuhr nichtgemeinschaftlicher Güter mit doppeltem Verwendungszweck im Einzelfall verbieten können, wenn aufgrund nachrichtendienstlicher Erkenntnisse oder von Erkenntnissen aus anderen Quellen der begründete Verdacht besteht, dass die Güter ganz oder teilweise für die Verbreitung von Massenvernichtungswaffen oder ihren Trägersystemen bestimmt sind oder bestimmt sein können.

(17) Auch für die Erbringung von Vermittlungstätigkeiten sollten Kontrollen eingeführt werden, wenn der Vermittler von den zuständigen nationalen Behörden darüber informiert wurde oder davon Kenntnis hat, dass die Vermittlung zur Herstellung oder Bereitstellung von Massenvernichtungswaffen in einem Drittland führen können.

(18) Eine EU-weit einheitliche und kohärente Durchführung der Kontrollen ist wünschenswert, um die europäische und internationale Sicherheit zu verbessern und gleiche Wettbewerbsbedingungen für EU-Ausführer zu schaffen. Daher ist es in Einklang mit den Empfehlungen des Aktionsplans von Thessaloniki und den Forderungen der MVW-Strategie der EU angezeigt, den Umfang der Konsultation zwischen Mitgliedstaaten vor Erteilung einer Ausfuhrgenehmigung auszuweiten. Einer der Vorteile dieses Ansatzes bestünde beispielsweise in der Gewissheit, dass die wesentlichen Sicherheitsinteressen eines Mitgliedstaats nicht durch Ausfuhren aus einem anderen Mitgliedstaat bedroht würden. Einheitlichere Bedingungen für die Durchführung nationaler Kontrollen bei Gütern mit doppeltem Verwendungszweck, die nicht in dieser Verordnung aufgeführt sind, und eine Harmonisierung der Bedingungen für die Verwendung der verschiedenen

Arten von Genehmigungen, die nach dieser Verordnung erteilt werden können, würden zu einer einheitlicheren und kohärenteren Durchführung der Kontrollen führen. Eine bessere Definition der nichtgegenständlichen Weitergabe von Technologie, die sich auch auf Fälle erstrecken würde, in denen Technologie, die der Kontrolle unterliegt, Personen außerhalb der EU zugänglich gemacht wird, würde die Bemühungen um mehr Sicherheit unterstützen. Gleiches gilt für die weitere Angleichung der Modalitäten für den Austausch sensibler Informationen unter Mitgliedstaaten an die Regelungen internationaler Ausfuhrkontrollregime, insbesondere indem vorgesehen wird, dass ein sicheres elektronisches System für den Austausch von Informationen zwischen Mitgliedstaaten eingerichtet werden kann.

(19) Jeder Mitgliedstaat sollte wirksame, verhältnismäßige und abschreckende Sanktionen festlegen, die bei Verstößen gegen die Bestimmungen dieser Verordnung zu verhängen sind –

HAT FOLGENDE VERORDNUNG ERLASSEN:

KAPITEL I
Gegenstand und Begriffsbestimmungen

Artikel 1

Mit dieser Verordnung wird eine Gemeinschaftsregelung für die Kontrolle der Ausfuhr, der Verbringung, der Vermittlung und der Durchfuhr von Gütern mit doppeltem Verwendungszweck festgelegt.

Artikel 2

Im Sinne dieser Verordnung bezeichnet der Begriff

1. „Güter mit doppeltem Verwendungszweck" Güter, einschließlich Datenverarbeitungsprogramme und Technologie, die sowohl für zivile als auch für militärische Zwecke verwendet werden können; darin eingeschlossen sind alle Waren, die sowohl für nichtexplosive Zwecke als auch für jedwede Form der Unterstützung bei der Herstellung von Kernwaffen oder sonstigen Kernsprengkörpern verwendet werden können;
2. „Ausfuhr"
   i. ein Ausfuhrverfahren im Sinne des Artikels 161 Der Verordnung (EWG) Nr. 2913/92 (Zollkodex der Gemeinschaften),
   ii. eine Wiederausfuhr im Sinne des Artikels 182 des Zollkodex der Gemeinschaften, jedoch nicht wenn Güter durchgeführt werden, und
   iii. die Übertragung von Software oder Technologie mittels elektronischer Medien wie Telefax, Telefon, elektronischer Post oder sonstiger elektronischer Träger nach einem Bestimmungsziel außerhalb der Europäischen Gemeinschaft; dies beinhaltet auch das Bereitstellen solcher Software oder Technologie in elektronischer Form für juristische oder natürliche Personen oder Personenvereinigungen außerhalb der Gemeinschaft. Als Ausfuhr gilt auch die mündliche Weitergabe von Technologie, wenn die Technologie am Telefon beschrieben wird;

3. „Ausführer" jede natürliche oder juristische Person oder Personenvereinigung,
   i. für die eine Ausfuhranmeldung abgegeben wird, d. h. die Person, die zum Zeitpunkt der Entgegennahme der Anmeldung Vertragspartner des Empfängers im Drittland ist und über die Versendung der Güter aus dem Zollgebiet der Gemeinschaft bestimmt. Wurde kein Ausfuhrvertrag geschlossen oder handelt der Vertragspartner nicht für sich selbst, so gilt als Ausführer, wer die Versendung der Güter aus dem Zollgebiet der Gemeinschaft tatsächlich bestimmt;
   ii. die entscheidet, Software oder Technologie mittels elektronischer Medien wie Telefax, Telefon, elektronischer Post oder sonstiger elektronischer Träger nach einem Bestimmungsziel außerhalb der Gemeinschaft zu übertragen oder für ein solches Bestimmungsziel bereitzustellen.

   Stehen nach dem Ausfuhrvertrag die Verfügungsrechte über die Güter mit doppeltem Verwendungszweck einer außerhalb der Gemeinschaft niedergelassenen Person zu, so gilt als Ausführer die in der Gemeinschaft niedergelassene Vertragspartei.
4. „Ausfuhranmeldung" die Rechtshandlung, durch die eine Person in der vorgeschriebenen Form und Weise den Willen bekundet, Güter mit doppeltem Verwendungszweck zu einem Ausfuhrverfahren anzumelden;
5. „Vermittlungstätigkeiten"
   - die Aushandlung oder das Herbeiführen von Transaktionen zum Kauf, zum Verkauf oder zur Lieferung von Gütern mit doppeltem Verwendungszweck von einem Drittland in ein anderes Drittland, oder
   - den Verkauf oder Kauf von Gütern mit doppeltem Verwendungszweck, die sich in Drittländern befinden, zwecks Verbringung in ein anderes Drittland.

   Für die Zwecke dieser Verordnung ist die ausschließliche Erbringung von Hilfsleistungen von dieser Definition ausgenommen. Als Hilfsleistungen gelten Beförderung, Finanzdienstleistungen, Versicherung oder Rückversicherung oder allgemeine Werbung oder Verkaufsförderung;
6. „Vermittler" eine natürliche oder juristische Person oder Personenvereinigung, die in einem Mitgliedstaat der Gemeinschaft ansässig oder niedergelassen ist und von der Gemeinschaft aus Leistungen im Sinne der Nummer 5 bezüglich des Gebiets eines Drittlandes durchführt;
7. „Durchfuhr" die Beförderung nichtgemeinschaftlicher Güter mit doppeltem Verwendungszweck in und durch das Zollgebiet der Gemeinschaft zu einem Bestimmungsziel außerhalb der Gemeinschaft;
8. „Einzelausfuhrgenehmigung" die einem bestimmten Ausführer erteilte Ausfuhrgenehmigung für die Lieferung eines oder mehrerer Güter mit doppeltem Verwendungszweck an einen Endverwender oder Empfänger in einem Drittland;
9. „allgemeine Ausfuhrgenehmigung der Gemeinschaft" die Genehmigung für Ausfuhren in bestimmte Bestimmungsländer, die allen Ausführern erteilt wird, sofern sie die in Anhang II genannten Voraussetzungen für die Inanspruchnahme dieser Genehmigung erfüllen;
10. „Globalausfuhrgenehmigung" die einem bestimmten Ausführer erteilte Ausfuhrgenehmigung für eine Art oder Kategorie von Gütern mit doppeltem Verwendungs-

zweck, die für die Ausfuhr zu einem oder mehreren genau bestimmten Endverwendern und/oder in ein oder mehrere genau festgelegte Drittländer gültig sein kann;

11. „nationale allgemeine Ausfuhrgenehmigung" eine Ausfuhrgenehmigung, die gemäß Artikel 9 Absatz 2 erteilt wird und in den einzelstaatlichen Rechtsvorschriften in Einklang mit Artikel 9 und Anhang IIIc festgelegt ist;

12. „Zollgebiet der Europäischen Union" das Gebiet im Sinne des Artikels 3 des Zollkodex der Gemeinschaften;

13. „nichtgemeinschaftliche Güter mit doppeltem Verwendungszweck" Güter, die den Status von Nichtgemeinschaftswaren im Sinne des Artikels 4 Nummer 8 des Zollkodex der Gemeinschaften haben.

KAPITEL II
Anwendungsbereich

Artikel 3

(1) Die Ausfuhr der in Anhang I aufgeführten Güter mit doppeltem Verwendungszweck ist genehmigungspflichtig.

(2) Gemäß Artikel 4 oder Artikel 8 kann auch für die Ausfuhr von bestimmten, nicht in Anhang I aufgeführten Gütern mit doppeltem Verwendungszweck nach allen oder bestimmten Bestimmungszielen eine Genehmigung vorgeschrieben werden.

Artikel 4

(1) Die Ausfuhr von Gütern mit doppeltem Verwendungszweck, die nicht in Anhang I aufgeführt sind, ist genehmigungspflichtig, wenn der Ausführer von den zuständigen Behörden des Mitgliedstaats, in dem er niedergelassen ist, davon unterrichtet worden ist, dass diese Güter ganz oder teilweise bestimmt sind oder bestimmt sein können zur Verwendung im Zusammenhang mit der Entwicklung, der Herstellung, der Handhabung, dem Betrieb, der Wartung, der Lagerung, der Ortung, der Identifizierung oder der Verbreitung von chemischen, biologischen oder Kernwaffen oder sonstigen Kernsprengkörpern oder zur Entwicklung, Herstellung, Wartung oder Lagerung von Flugkörpern für derartige Waffen.

(2) Die Ausfuhr von Gütern mit doppeltem Verwendungszweck, die nicht in Anhang I aufgeführt sind, ist auch genehmigungspflichtig, wenn gegen das Käuferland oder das Bestimmungsland ein Waffenembargo aufgrund eines vom Rat festgelegten Gemeinsamen Standpunkts oder einer vom Rat verabschiedeten Gemeinsamen Aktion oder einer Entscheidung der Organisation für Sicherheit und Zusammenarbeit in Europa (OSZE) oder ein Waffenembargo aufgrund einer verbindlichen Resolution des VN--Sicherheitsrates verhängt wurde und wenn der Ausführer von den in Absatz 1 genannten Behörden davon unterrichtet worden ist, dass diese Güter ganz oder teilweise für eine militärische Endverwendung bestimmt sind oder bestimmt sein können. Als „militärische Endverwendung" im Sinne dieses Absatzes gilt

a) der Einbau in militärische Güter, die in der Militärliste der Mitgliedstaaten aufgeführt sind;

b) die Verwendung von Herstellungs-, Test- oder Analyseausrüstung sowie Bestandteilen hierfür für die Entwicklung, die Herstellung oder die Wartung von militärischen Gütern, die in der oben genannten Liste aufgeführt sind;

c) die Verwendung von unfertigen Erzeugnissen in einer Anlage für die Herstellung von militärischen Gütern, die in der oben genannten Liste aufgeführt sind.

(3) Die Ausfuhr von Gütern mit doppeltem Verwendungszweck, die nicht in Anhang I aufgeführt sind, ist auch genehmigungspflichtig, wenn der Ausführer von den in Absatz 1 genannten Behörden davon unterrichtet worden ist, dass diese Güter ganz oder teilweise für die Verwendung als Bestandteile von militärischen Gütern bestimmt sind oder bestimmt sein können, die in der nationalen Militärliste aufgeführt sind und aus dem Hoheitsgebiet dieses Mitgliedstaats ohne Genehmigung oder unter Verstoß gegen eine aufgrund innerstaatlicher Rechtsvorschriften dieses Mitgliedstaats erteilte Genehmigung ausgeführt wurden.

(4) Ist einem Ausführer bekannt, dass Güter mit doppeltem Verwendungszweck, die er ausführen möchte und die nicht in Anhang I aufgeführt sind, ganz oder teilweise für eine der Verwendungen im Sinne der Absätze 1, 2 und 3 bestimmt sind, so hat er die in Absatz 1 genannten Behörden davon zu unterrichten; diese entscheiden, ob die Ausfuhr dieser Güter genehmigungspflichtig sein soll.

(5) Ein Mitgliedstaat kann einzelstaatliche Rechtsvorschriften erlassen oder beibehalten, in denen für die Ausfuhr von Gütern mit doppeltem Verwendungszweck, die nicht in Anhang I aufgeführt sind, eine Genehmigungspflicht vorgeschrieben wird, wenn der Ausführer Grund zu der Annahme hat, dass diese Güter ganz oder teilweise für einen der in Absatz 1 genannten Verwendungszwecke bestimmt sind oder bestimmt sein können.

(6) Ein Mitgliedstaat, der gemäß den Absätzen 1 bis 5 für die Ausfuhr eines Gutes mit doppeltem Verwendungszweck, das nicht in Anhang I aufgeführt ist, eine Genehmigungspflicht vorschreibt, teilt dies, soweit angebracht, den anderen Mitgliedstaaten und der Kommission mit. Die anderen Mitgliedstaaten berücksichtigen diese Information gebührend und unterrichten ihre Zollbehörden und anderen zuständigen nationalen Behörden.

(7) Artikel 13 Absätze 1, 2 und 5 bis 7 gelten für Fälle im Zusammenhang mit Gütern mit doppeltem Verwendungszweck, die nicht in Anhang I aufgeführt sind.

(8) Diese Verordnung lässt das Recht der Mitgliedstaaten unberührt, einzelstaatliche Maßnahmen gemäß Artikel 11 der Verordnung (EWG) Nr. 2603/69 zu ergreifen.

Artikel 5

(1) Für Vermittlungstätigkeiten in Bezug auf Güter mit doppeltem Verwendungszweck, die in Anhang I aufgeführt sind, ist eine Genehmigung erforderlich, wenn der Vermittler von den zuständigen Behörden des Mitgliedstaats, in dem er ansässig oder niedergelassen ist, darüber unterrichtet wurde, dass die betreffenden Güter ganz oder teilweise für einen der in Artikel 4 Absatz 1 genannten Verwendungszwecke bestimmt sind oder bestimmt sein können. Ist einem Vermittler bekannt, dass die in Anhang I aufgeführten Güter mit doppeltem Verwendungszweck, für die er Vermittlungstätigkeiten anbietet, ganz oder teilweise für einen der in Artikel 4 Absatz 1 genannten Verwendungszwecke bestimmt sind, so hat er die zuständigen Behörden davon zu unterrichten; diese entscheiden, ob die Erbringung dieser Vermittlungstätigkeiten genehmigungspflichtig sein soll.

(2) Ein Mitgliedstaat kann den Anwendungsbereich des Absatzes 1 auch auf nicht gelistete Güter mit doppeltem Verwendungszweck für Verwendungen im Sinne des Artikels 4 Absatz 1 und auf Güter mit doppeltem Verwendungszweck für militärische Endverwendungen und Bestimmungsziele gemäß Artikel 4 Absatz 2 ausweiten.

(3) Ein Mitgliedstaat kann einzelstaatliche Rechtsvorschriften erlassen oder beibehalten, in denen für Vermittlungstätigkeiten in Bezug auf Güter mit doppeltem Verwendungszweck eine Genehmigungspflicht vorgeschrieben wird, wenn der Vermittler Grund zu der Annahme hat, dass diese Güter für einen der in Artikel 4 Absatz 1 genannten Verwendungszwecke bestimmt sind oder bestimmt sein können.

(4) Artikel 8 Absätze 2, 3 und 4 gilt für die in den Absätzen 2 und 3 des vorliegenden Artikels genannten einzelstaatlichen Maßnahmen.

Artikel 6

(1) Die Durchfuhr nichtgemeinschaftlicher Güter mit doppeltem Verwendungszweck, die in Anhang I aufgeführt sind, kann von den zuständigen Behörden des Mitgliedstaats, durch den die Güter durchgeführt werden, verboten werden, wenn die Güter ganz oder teilweise für einen der in Artikel 4 Absatz 1 genannten Verwendungszwecke bestimmt sind oder bestimmt sein können. Bei der Entscheidung über ein solches Verbot tragen die Mitgliedstaaten ihren Verpflichtungen und Bindungen Rechnung, die sie als Parteien internationaler Verträge oder als Mitglieder internationaler Nichtverbreitungsregime eingegangen sind.

(2) Ein Mitgliedstaat kann vorsehen, dass, bevor eine Entscheidung über ein Durchfuhrverbot getroffen wird, seine zuständigen Behörden in Einzelfällen eine Genehmigungspflicht für die betreffende Durchfuhr von Gütern mit doppeltem Verwendungszweck, die in Anhang I aufgeführt sind, auferlegen können, wenn die Güter ganz oder teilweise für einen der in Artikel 4 Absatz 1 genannten Verwendungszwecke bestimmt sind oder bestimmt sein können.

(3) Ein Mitgliedstaat kann den Anwendungsbereich des Absatzes 1 auch auf nicht gelistete Güter mit doppeltem Verwendungszweck für Verwendungen im Sinne des Artikels 4 Absatz 1 sowie auf Güter mit doppeltem Verwendungszweck für militärische Endverwendungen und Bestimmungsziele gemäß Artikel 4 Absatz 2 ausweiten.

(4) Artikel 8 Absätze 2, 3 und 4 gilt für die in den Absätzen 2 und 3 des vorliegenden Artikels genannten einzelstaatlichen Maßnahmen.

Artikel 7

Diese Verordnung gilt nicht für die Erbringung von Dienstleistungen oder die Weitergabe von Technologie, wenn diese Erbringung oder Weitergabe mit einem Grenzübertritt von Personen verbunden ist.

Artikel 8

(1) Ein Mitgliedstaat kann die Ausfuhr von Gütern mit doppeltem Verwendungszweck, die nicht in Anhang I aufgeführt sind, aus Gründen der öffentlichen Sicherheit oder aus Menschenrechtserwägungen untersagen oder hierfür eine Genehmigungspflicht vorschreiben.

(2) Die Mitgliedstaaten unterrichten die Kommission unverzüglich nach deren Erlass über die gemäß Absatz 1 erlassenen Maßnahmen und geben dabei die genauen Gründe für diese Maßnahmen an.

(3) Die Mitgliedstaaten unterrichten ferner die Kommission unverzüglich über alle Änderungen der gemäß Absatz 1 erlassenen Maßnahmen.

(4) Die Kommission veröffentlicht die ihr gemäß den Absätzen 2 und 3 mitgeteilten Maßnahmen im *Amtsblatt der Europäischen Union,* Reihe C.

KAPITEL III
Ausfuhrgenehmigung und Genehmigung von Vermittlungstätigkeiten

Artikel 9

(1) Mit dieser Verordnung wird für bestimmte Ausfuhren eine Allgemeine Ausfuhrgenehmigung der Gemeinschaft gemäß Anhang II geschaffen.

(2) Für alle anderen nach dieser Verordnung genehmigungspflichtigen Ausfuhren wird die Genehmigung von den zuständigen Behörden des Mitgliedstaats erteilt, in dem der Ausführer niedergelassen ist. Vorbehaltlich der Einschränkungen des Absatzes 4 kann diese Genehmigung in Form einer Einzelgenehmigung, einer Globalgenehmigung oder einer Allgemeingenehmigung erteilt werden.

Alle Genehmigungen sind in der gesamten Gemeinschaft gültig.

Die Ausführer übermitteln den zuständigen Behörden alle erforderlichen Angaben zu ihrem Antrag auf Erteilung einer Einzel- oder Globalausfuhrgenehmigung, damit die zuständigen einzelstaatlichen Behörden in vollem Umfang insbesondere über den Endverwender, das Bestimmungsland und die Endverwendung der ausgeführten Güter unterrichtet sind. Die Genehmigung kann gegebenenfalls von der Vorlage einer Endverbleibserklärung abhängig gemacht werden.

(3) Die Mitgliedstaaten bearbeiten Anträge auf Einzel- oder Globalgenehmigungen innerhalb einer Frist, die sich nach den einzelstaatlichen Rechtsvorschriften oder Gepflogenheiten richtet.

(4) Nationale allgemeine Ausfuhrgenehmigungen

a) gelten nicht für Güter, die in Anhang II Teil 2 aufgeführt sind;

b) werden entsprechend den einzelstaatlichen Rechtsvorschriften oder Gepflogenheiten bestimmt. Sie können von allen Ausführern genutzt werden, die in dem Mitgliedstaat ansässig oder niedergelassen sind, der die Genehmigungen erteilt, wenn sie alle Anforderungen dieser Verordnung und der ergänzenden einzelstaatlichen Rechtsvorschriften erfüllen. Sie werden gemäß den Angaben in Anhang IIIc ausgestellt. Sie werden in Einklang mit den einzelstaatlichen Rechtsvorschriften oder Gepflogenheiten ausgestellt.

   Die Mitgliedstaaten unterrichten die Kommission unverzüglich über alle erteilten oder geänderten nationalen allgemeinen Ausfuhrgenehmigungen. Die Kommission veröffentlicht diese Mitteilungen im *Amtsblatt der Europäischen Union*, Reihe C.

c) dürfen nicht verwendet werden, wenn der Ausführer von seinen Behörden davon unterrichtet worden ist, dass die betreffenden Güter ganz oder teilweise für einen der in Artikel 4 Absätze 1 und 3 oder in Artikel 4 Absatz 2 genannten Verwendungszwecke oder in einem Land, gegen das ein Waffenembargo aufgrund eines vom Rat festgelegten Gemeinsamen Standpunkts oder einer vom Rat verabschiedeten Gemeinsamen Aktion oder einer Entscheidung der OSZE oder ein Waffenembargo aufgrund einer verbindlichen Resolution des VN-Sicherheitsrates verhängt wurde, für Verwendungen im Sinne des Artikels 4 Absatz 2 bestimmt sind oder bestimmt sein können, oder wenn dem Ausführer bekannt ist, dass die Güter für die oben genannten Verwendungszwecke bestimmt sind.

(5) Die Mitgliedstaaten müssen einzelstaatliche Rechtsvorschriften erlassen oder beibehalten, wonach einem bestimmten Ausführer eine Globalausfuhrgenehmigung erteilt werden kann.

(6) Die Mitgliedstaaten übermitteln der Kommission eine Liste der Behörden, die befugt sind,

a) Ausfuhrgenehmigungen für Güter mit doppeltem Verwendungszweck zu erteilen;

b) die Durchfuhr nichtgemeinschaftlicher Güter mit doppeltem Verwendungszweck im Rahmen dieser Verordnung zu verbieten.

Die Kommission veröffentlicht die Liste dieser Behörden im *Amtsblatt der Europäischen Union*, Reihe C.

Artikel 10

(1) Genehmigungen für Vermittlungstätigkeiten im Rahmen dieser Verordnung werden von den zuständigen Behörden des Mitgliedstaats erteilt, in dem der Vermittler ansässig oder niedergelassen ist. Diese Genehmigungen werden für eine vorgegebene Menge bestimmter Güter, die zwischen zwei oder mehr Drittländern verbracht werden, erteilt. Der Standort, an dem sich die Güter im Ursprungsdrittland befinden, der Endverwender und der genaue Standort des Endverwenders müssen unzweideutig angegeben werden. Die Genehmigungen sind in der gesamten Gemeinschaft gültig.

(2) Die Vermittler übermitteln den zuständigen Behörden alle erforderlichen Angaben zu ihrem Antrag auf Erteilung einer Genehmigung für Vermittlungstätigkeiten nach dieser Verordnung; dazu zählen insbesondere Angaben zum Standort, an dem sich die Güter im Ursprungsdrittland befinden, eine genaue Beschreibung der Güter, die betreffende Menge, die an der Transaktion beteiligten Parteien, das Bestimmungsdrittland, der Endverwender in diesem Land und sein genauer Standort.

(3) Die Mitgliedstaaten bearbeiten Anträge auf Genehmigungen für Vermittlungstätigkeiten innerhalb einer Frist, die sich nach den einzelstaatlichen Rechtsvorschriften oder Gepflogenheiten richtet.

(4) Die Mitgliedstaaten übermitteln der Kommission eine Liste der Behörden, die für die Erteilung von Genehmigungen für Vermittlungstätigkeiten im Rahmen dieser Verordnung zuständig sind. Die Kommission veröffentlicht die Liste dieser Behörden im *Amtsblatt der Europäischen Union*, Reihe C.

Artikel 11

(1) Wenn sich die Güter mit doppeltem Verwendungszweck, für die eine Einzelausfuhrgenehmigung beantragt wird, für ein in Anhang II nicht aufgeführtes Bestimmungsziel oder – im Fall der im Anhang IV aufgeführten Güter mit doppeltem Verwendungszweck – für alle Bestimmungsziele in einem oder mehreren anderen Mitgliedstaaten als dem oder

denjenigen, in dem bzw. denen der Antrag gestellt wurde, befinden oder befinden werden, ist dies in dem Antrag anzugeben. Die zuständigen Behörden des Mitgliedstaats, in dem die Genehmigung beantragt wurde, konsultieren unverzüglich die zuständigen Behörden des betreffenden Mitgliedstaats bzw. der betreffenden Mitgliedstaaten unter Übermittlung der sachdienlichen Angaben. Der konsultierte Mitgliedstaat bzw. die konsultierten Mitgliedstaaten teilen innerhalb von zehn Arbeitstagen etwaige Einwände gegen die Erteilung einer solchen Genehmigung mit, die den Mitgliedstaat, in dem der Antrag gestellt worden ist, binden.

Wenn innerhalb von zehn Arbeitstagen keine Einwände eingehen, so wird davon ausgegangen, dass der bzw. die konsultierten Mitgliedstaaten keine Einwände haben.

In Ausnahmefällen kann jeder konsultierte Mitgliedstaat die Verlängerung der Zehntagesfrist beantragen. Die Verlängerung darf jedoch 30 Arbeitstage nicht überschreiten.

(2) Wenn eine Ausfuhr den wesentlichen Sicherheitsinteressen eines Mitgliedstaats schaden könnte, kann dieser einen anderen Mitgliedstaat ersuchen, keine Ausfuhrgenehmigung zu erteilen oder, wenn eine derartige Genehmigung bereits erteilt worden ist, um deren Ungültigkeitserklärung, Aussetzung, Abänderung, Rücknahme oder Widerruf ersuchen. Der Mitgliedstaat, an den ein solches Ersuchen gerichtet wird, nimmt mit dem ersuchenden Mitgliedstaat unverzüglich unverbindliche Konsultationen auf, die innerhalb von zehn Arbeitstagen abgeschlossen sein müssen. Entschließt sich der ersuchte Mitgliedstaat, die Genehmigung zu erteilen, ist dies der Kommission und den anderen Mitgliedstaaten über das in Artikel 13 Absatz 6 genannte elektronische System mitzuteilen.

Artikel 12

(1) Bei der Entscheidung, ob eine Einzel- oder Globalausfuhrgenehmigung oder eine Genehmigung für die Erbringung von Vermittlungstätigkeiten gemäß dieser Verordnung erteilt wird, berücksichtigen die Mitgliedstaaten alle sachdienlichen Erwägungen, und zwar unter anderem folgende Punkte:

a) die Verpflichtungen und Bindungen, die jeder Mitgliedstaat als Mitglied der jeweiligen internationalen Nichtverbreitungsregime und Ausfuhrkontrollvereinbarungen oder durch die Ratifizierung einschlägiger internationaler Verträge übernommen hat;

b) ihre Verpflichtungen im Rahmen von Sanktionen, die aufgrund eines vom Rat festgelegten Gemeinsamen Standpunkts oder einer vom Rat verabschiedeten Gemeinsamen Aktion oder aufgrund einer Entscheidung der OSZE oder aufgrund einer verbindlichen Resolution des VN-Sicherheitsrats verhängt wurden;

c) Überlegungen der nationalen Außen- und Sicherheitspolitik, einschließlich der Aspekte, die vom Gemeinsamen Standpunkt 2008/944/GASP des Rates vom 8. Dezember 2008 betreffend gemeinsame Regeln für die Kontrolle der Ausfuhr von Militärtechnologie und Militärgütern[5] erfasst werden;

d) Überlegungen über die beabsichtigte Endverwendung und die Gefahr einer Umlenkung.

(2) Neben den in Absatz 1 genannten Kriterien berücksichtigen die Mitgliedstaaten bei der Bewertung eines Antrags auf eine Globalgenehmigung auch, ob der Ausführer angemessene und verhältnismäßige Mittel und Verfahren anwendet, um die Einhaltung der

5 ABl. L 335 vom 13.12.2008, S. 99.

Bestimmungen und Ziele dieser Verordnung und der Genehmigungsauflagen zu gewährleisten.

Artikel 13

(1) Die zuständigen Behörden der Mitgliedstaaten können in Übereinstimmung mit dieser Verordnung die Erteilung einer Ausfuhrgenehmigung verweigern und eine von ihnen bereits erteilte Ausfuhrgenehmigung für ungültig erklären, aussetzen, abändern, zurücknehmen oder widerrufen. Im Fall der Verweigerung, der Ungültigkeitserklärung, der Aussetzung, der wesentlichen Einschränkung, der Rücknahme oder des Widerrufs einer Ausfuhrgenehmigung oder der Entscheidung, die geplante Ausfuhr nicht zu genehmigen, unterrichten sie die zuständigen Behörden der anderen Mitgliedstaaten und die Kommission entsprechend und geben die sachdienlichen Informationen an sie weiter. Haben die zuständigen Behörden eines Mitgliedstaats eine Ausfuhrgenehmigung ausgesetzt, so wird die abschließende Bewertung den Mitgliedstaten und der Kommission am Ende der Aussetzungsfrist mitgeteilt.

(2) Die zuständigen Behörden der Mitgliedstaaten überprüfen verweigerte Genehmigungen, die gemäß Absatz 1 mitgeteilt wurden, binnen drei Jahren nach Mitteilung und widerrufen, ändern oder bestätigen sie. Die zuständigen Behörden der Mitgliedstaaten teilen die Ergebnisse der Überprüfung den zuständigen Behörden der anderen Mitgliedstaaten und der Kommission so rasch wie möglich mit. Wird eine Ablehnung nicht widerrufen, behält sie ihre Gültigkeit.

(3) Die zuständigen Behörden der Mitgliedstaaten unterrichten die Mitgliedstaaten und die Kommission unverzüglich über von ihnen verhängte Verbote der Durchfuhr von in Anhang I aufgeführten Gütern mit doppeltem Verwendungszweck nach Artikel 6. Diese Mitteilungen enthalten alle einschlägigen Informationen, einschließlich der Einstufung der Güter, ihrer technischen Parameter, des Bestimmungslandes und des Endverwenders.

(4) Die Absätze 1 und 2 gelten auch für Genehmigungen von Vermittlungstätigkeiten.

(5) Bevor die zuständigen Behörden eines Mitgliedstaats gemäß dieser Verordnung eine Ausfuhrgenehmigung oder eine Genehmigung zur Erbringung von Vermittlungstätigkeiten erteilen oder über eine Durchfuhr befinden, prüfen sie alle nach der vorliegenden Verordnung erlassenen geltenden Ablehnungen oder Verbote der Durchfuhr von in Anhang I aufgeführten Gütern mit doppeltem Verwendungszweck, um sich zu vergewissern, ob eine Genehmigung oder eine Durchfuhr von den zuständigen Behörden eines oder mehrerer anderer Mitgliedstaaten für einen im Wesentlichen identischen Vorgang (d. h. für ein Gut mit im Wesentlichen denselben Parametern oder technischen Eigenschaften für denselben Endverwender oder Empfänger) verweigert wurde. Außerdem konsultieren sie zunächst die zuständigen Behörden des Mitgliedstaats bzw. der Mitgliedstaaten, die die betreffende(n) Ablehnung(en) oder Durchfuhrverbote gemäß den Absätzen 1 und 3 erlassen haben. Beschließen die zuständigen Behörden des Mitgliedstaat s nach diesen Konsultationen, eine Genehmigung zu erteilen oder die Durchfuhr zu gestatten, so unterrichten sie die zuständigen Behörden der anderen Mitgliedstaaten und die Kommission und machen dabei alle einschlägigen Angaben zur Begründung der Entscheidung.

(6) Alle nach diesem Artikel erforderlichen Mitteilungen erfolgen über sichere elektronische Mittel; dazu kann auch ein sicheres System zählen, das nach Artikel 19 Absatz 4 eingerichtet werden kann.

(7) Die gemeinsame Nutzung aller Informationen nach diesem Artikel erfolgt in Einklang mit den Vorschriften des Artikels 19 Absätze 3, 4 und 6 über die Vertraulichkeit dieser Informationen.

Artikel 14

(1) Für die – schriftliche oder elektronische – Ausstellung aller Einzel- und Globalgenehmigungen für die Ausfuhr sowie aller Genehmigungen von Vermittlungstätigkeiten ist ein Formblatt zu verwenden, das mindestens alle Angaben nach den Mustern in den Anhängen IIIa und IIIb in der dort vorgegebenen Reihenfolge enthält.

(2) Auf Antrag des Ausführers werden Globalgenehmigungen für die Ausfuhr, die mengenmäßige Beschränkungen enthalten, aufgeteilt.

KAPITEL IV
Aktualisierung der Liste von Gütern mit doppeltem Verwendungszweck

Artikel 15

(1) Die Liste von Gütern mit doppeltem Verwendungszweck in Anhang I wird im Einklang mit den einschlägigen Verpflichtungen und Bindungen und deren Änderungen aktualisiert, die die Mitgliedstaaten als Mitglieder der internationalen Nichtverbreitungsregime und Ausfuhrkontrollvereinbarungen oder durch die Ratifizierung einschlägiger internationaler Verträge eingegangen sind.

(2) Anhang IV, bei dem es sich um eine Teilmenge von Anhang I handelt, wird unter Berücksichtigung des Artikels 30 des Vertrags zur Gründung der Europäischen Gemeinschaft, insbesondere der Interessen der Mitgliedstaaten in Bezug auf die öffentliche Ordnung und Sicherheit, aktualisiert.

KAPITEL V
Zollverfahren

Artikel 16

(1) Bei der Erledigung der Zollformalitäten für die Ausfuhr von Gütern mit doppeltem Verwendungszweck bei der für die Bearbeitung der Ausfuhranmeldung zuständigen Zollstelle erbringt der Ausführer den Nachweis, dass die Ausfuhr ordnungsgemäß genehmigt worden ist.

(2) Von dem Ausführer kann eine Übersetzung aller Belege in eine Amtssprache des Mitgliedstaats verlangt werden, in dem die Ausfuhranmeldung vorgelegt wird.

(3) Ein Mitgliedstaat kann außerdem unbeschadet der Befugnisse, die ihm in Rahmen und nach Maßgabe des Zollkodex der Gemeinschaften übertragen wurden, während eines Zeitraums, der die in Absatz 4 genannten Zeiträume nicht überschreitet, das Verfahren zur Ausfuhr aus seinem Hoheitsgebiet aussetzen oder erforderlichenfalls auf andere Weise verhindern, dass in Anhang I aufgeführte Güter mit doppeltem Verwendungszweck, für die eine gültige Ausfuhrgenehmigung vorliegt, die Gemeinschaft von seinem Hoheitsgebiet aus verlassen, wenn er Grund zu der Annahme hat, dass

a) bei Erteilung der Genehmigung sachdienliche Informationen nicht berücksichtigt wurden oder

b) die Lage sich seit Erteilung der Genehmigung wesentlich verändert hat.

(4) In dem in Absatz 3 genannten Fall sind die zuständigen Behörden des Mitgliedstaats, der die Ausfuhrgenehmigung erteilt hat, unverzüglich zu konsultieren, damit sie Maßnahmen gemäß Artikel 13 Absatz 1 treffen können. Wenn diese zuständigen Behörden beschließen, die Genehmigung aufrechtzuerhalten, ergeht ihre Antwort innerhalb von zehn Arbeitstagen, wobei diese Frist auf ihren Antrag hin unter außergewöhnlichen Umständen auf 30 Arbeitstage verlängert werden kann. Wird die Genehmigung aufrechterhalten oder ist innerhalb von zehn bzw. 30 Arbeitstagen keine Antwort eingegangen, so werden die Güter mit doppeltem Verwendungszweck unverzüglich freigegeben. Der Mitgliedstaat, der die Genehmigung erteilt hat, unterrichtet die anderen Mitgliedstaaten und die Kommission.

Artikel 17

(1) Die Mitgliedstaten können vorsehen, dass die Zollformalitäten für die Ausfuhr von Gütern mit doppeltem Verwendungszweck nur bei dazu ermächtigen Zollstellen erledigt werden können.

(2) Nehmen die Mitgliedstaaten die in Absatz 1 gebotene Möglichkeit in Anspruch, so teilen sie der Kommission mit, welche Zollstellen von ihnen ordnungsgemäß ermächtigt worden sind. Die Kommission veröffentlicht diese Angaben im *Amtsblatt der Europäischen Union, Reihe C*

Artikel 18

Die Bestimmungen des Artikels 843 und der Artikel 912a bis 912g der Verordnung (EWG) Nr. 2454/93 gelten für Beschränkungen der Ausfuhr, der Wiederausfuhr und des Verlassens des Zollgebiets von Gütern mit doppeltem Verwendungszweck, deren Ausfuhr nach dieser Verordnung genehmigungspflichtig ist.

KAPITEL VI
Zusammenarbeit der Verwaltungen

Artikel 19

(1) Die Mitgliedstaaten treffen in Zusammenarbeit mit der Kommission alle zweckdienlichen Maßnahmen für eine direkte Zusammenarbeit und einen Informationsaustausch zwischen den zuständigen Behörden, um auf diese Weise insbesondere die Gefahr auszuschließen, dass eine etwaige unterschiedliche Anwendung der Ausfuhrkontrollen für Güter mit doppeltem Verwendungszweck zu Handelsverlagerungen und so zu Schwierigkeiten für einen oder mehrere Mitgliedstaaten führen kann.

(2) Die Mitgliedstaaten treffen alle zweckdienlichen Maßnahmen für eine direkte Zusammenarbeit und einen Informationsaustausch zwischen den zuständigen Behörden, um die Wirksamkeit der gemeinschaftlichen Ausfuhrkontrollregelung zu verbessern. Zu diesen Informationen kann Folgendes zählen:

a) Angaben zu Ausführern, die aufgrund nationaler Sanktionen nicht mehr berechtigt sind, nationale allgemeine Ausfuhrgenehmigungen oder allgemeine Ausfuhrgenehmigungen der Gemeinschaft in Anspruch zu nehmen;

b) Angaben zu Endverwendern, bei denen Sicherheitsbedenken bestehen, Angaben zu Akteuren, die an verdächtigen Beschaffungsvorgängen beteiligt sind, und, soweit vorhanden, Angaben zu Beförderungswegen.

(3) Unbeschadet des Artikels 23 findet die Verordnung (EG) Nr. 515/97 des Rates vom 13. März 1997 über die gegenseitige Amtshilfe zwischen Verwaltungsbehörden der Mitgliedstaaten und die Zusammenarbeit dieser Behörden mit der Kommission im Hinblick auf die ordnungsgemäße Anwendung der Zoll- und der Agrarregelung[6] entsprechende Anwendung, insbesondere was die Vertraulichkeit der Angaben betrifft.

(4) Die Kommission kann im Benehmen mit der nach Artikel 23 eingesetzten Koordinierungsgruppe „Güter mit doppeltem Verwendungszweck" ein sicheres, verschlüsseltes System für den Austausch von Informationen zwischen den Mitgliedstaaten und gegebenenfalls der Kommission einrichten.

(5) Es liegt in der Verantwortung der Mitgliedstaaten, Ausführern und Vermittlern, die in ihrem Hoheitsgebiet ansässig oder niedergelassen sind, Leitlinien an die Hand zu geben. Die Kommission und der Rat können ebenfalls Leitlinien und/oder Empfehlungen in Bezug auf bewährte Verfahren für die in dieser Verordnung behandelten Aspekte zur Verfügung stellen.

(6) Die Verarbeitung personenbezogener Daten erfolgt in Einklang mit der Richtlinie 95/46/EG des Europäischen Parlaments und des Rates vom 24. Oktober 1995 zum Schutz natürlicher Personen bei der Verarbeitung personenbezogener Daten und zum freien Datenverkehr[7] und der Verordnung (EG) Nr. 45/2001 des Europäischen Parlaments und des Rates vom 18. Dezember 2000 zum Schutz natürlicher Personen bei der Verarbeitung personenbezogener Daten durch die Organe und Einrichtungen der Gemeinschaft und zum freien Datenverkehr[8].

KAPITEL VII
Kontrollmaßnahmen

Artikel 20

(1) Die Ausführer von Gütern mit doppeltem Verwendungszweck führen entsprechend den geltenden einzelstaatlichen Rechtsvorschriften oder Gepflogenheiten des betreffenden Mitgliedstaats ausführliche Register oder Aufzeichnungen über ihre Ausfuhren. Diese Register oder Aufzeichnungen müssen insbesondere Geschäftspapiere wie Rechnungen, Ladungsverzeichnisse, Beförderungs- oder sonstige Versandpapiere enthalten, anhand deren Folgendes festgestellt werden kann:

a) die Bezeichnung der Güter mit doppeltem Verwendungszweck,

b) die Menge dieser Güter,

c) Name und Anschrift des Ausführers und des Empfängers,

d) soweit bekannt, die Endverwendung und der Endverwender der Güter mit doppeltem Verwendungszweck.

(2) In Einklang mit den geltenden einzelstaatlichen Rechtsvorschriften oder Gepflogenheiten des betreffenden Mitgliedstaats führen die Vermittler Register oder Aufzeichnungen

6 ABl. L 82 vom 22.3.1997, S. 1.
7 ABl. L 281 vom 23.11.1995, S. 31.
8 ABl. L 8 vom 12.1.2001, S. 1.

über Vermittlungstätigkeiten, die in den Geltungsbereich des Artikels 5 fallen, damit sie auf Verlangen Nachweise zur Beschreibung der Güter mit doppeltem Verwendungszweck, die Gegenstand der Vermittlungstätigkeiten waren, zum Zeitraum, in dem Vermittlungstätigkeiten für diese Güter erbracht wurden, zu ihren Bestimmungszielen und zu den Ländern, auf die sich die Vermittlungstätigkeiten erstreckt haben, vorlegen können.

(3) Die Register oder Aufzeichnungen und die Papiere nach den Absätzen 1 und 2 sind nach Ende des Kalenderjahres, in dem die Ausfuhr erfolgt ist oder die Vermittlungstätigkeiten erbracht wurden, mindestens drei Jahre lang aufzubewahren. Sie sind auf Verlangen den zuständigen Behörden des Mitgliedstaats, in dem der Ausführer niedergelassen ist bzw. in dem der Vermittler ansässig oder niedergelassen ist, vorzulegen.

Artikel 21

Um die ordnungsgemäße Anwendung dieser Verordnung sicherzustellen, trifft jeder Mitgliedstaat die erforderlichen Maßnahmen, damit seine zuständige Behörden

a) Auskünfte über jede Bestellung oder jedes Geschäft im Zusammenhang mit Gütern mit doppeltem Verwendungszweck einholen können und

b) die einwandfreie Durchführung der Ausfuhrkontrollmaßnahmen überprüfen können, wobei dies insbesondere die Befugnis umfassen kann, sich Zugang zu den Geschäftsräumen von an Ausfuhrgeschäften beteiligten Personen oder von Vermittlern, die unter den in Artikel 5 beschriebenen Umständen an der Erbringung von Vermittlungstätigkeiten beteiligt sind, zu verschaffen.

KAPITEL VIII
Sonstige Bestimmungen

Artikel 22

(1) Die innergemeinschaftliche Verbringung der in Anhang IV aufgeführten Güter mit doppeltem Verwendungszweck ist genehmigungspflichtig. Für die in Anhang IV Teil 2 aufgeführten Güter darf keine Allgemeingenehmigung erteilt werden.

(2) Ein Mitgliedstaat kann für die Verbringung von anderen Gütern mit doppeltem Verwendungszweck aus seinem Hoheitsgebiet in einen anderen Mitgliedstaat in den Fällen eine Genehmigungspflicht vorschreiben, in denen zum Zeitpunkt der Verbringung

- dem Verbringer bekannt ist, dass das endgültige Bestimmungsziel der betreffenden Güter außerhalb der Gemeinschaft liegt;
- die Ausfuhr dieser Güter nach diesem endgültigen Bestimmungsziel einer Genehmigungspflicht gemäß Artikel 3, 4 oder 8 in dem Mitgliedstaat, aus dem die Güter verbracht werden sollen, unterliegt und für eine derartige Ausfuhr unmittelbar von seinem Hoheitsgebiet aus keine Allgemeingenehmigung oder Globalgenehmigung vorliegt;
- die Güter in dem Mitgliedstaat, in den sie verbracht werden sollen, keiner Verarbeitung oder Bearbeitung im Sinne des Artikels 24 des Zollkodex der Gemeinschaften unterzogen werden sollen.

(3) Der Antrag auf Genehmigung der Verbringung ist in dem Mitgliedstaat zu stellen, aus dem die Güter mit doppeltem Verwendungszweck verbracht werden sollen.

(4) In den Fällen, in denen die nachfolgende Ausfuhr der Güter mit doppeltem Verwendungszweck im Rahmen der Konsultationsverfahren gemäß Artikel 11 von dem Mitgliedstaat, aus dem die Güter verbracht werden sollen, bereits befürwortet wurde, wird die Genehmigung für die Verbringung dem Verbringer unverzüglich ausgestellt, es sei denn, die Umstände haben sich wesentlich geändert.

(5) Ein Mitgliedstaat, der Rechtsvorschriften erlässt, in denen eine derartige Genehmigungspflicht vorgeschrieben wird, unterrichtet die Kommission und die anderen Mitgliedstaaten über die von ihm getroffenen Maßnahmen. Die Kommission veröffentlicht diese Angaben im *Amtsblatt der Europäischen Union*, Reihe C.

(6) Die Maßnahmen gemäß den Absätzen 1 und 2 dürfen keine Durchführung von Kontrollen an den Binnengrenzen der Gemeinschaft beinhalten, sondern lediglich Kontrollen, die als Teil der üblichen Kontrollverfahren in nichtdiskriminierender Weise im gesamten Gebiet der Gemeinschaft durchgeführt werden.

(7) Die Durchführung der Maßnahmen gemäß den Absätzen 1 und 2 darf auf keinen Fall dazu führen, dass die Verbringung von einem Mitgliedstaat in einen anderen Mitgliedstaat strengeren Bedingungen unterliegt als die Ausfuhren der gleichen Güter nach Drittländern.

(8) Die Papiere und Aufzeichnungen zur innergemeinschaftlichen Verbringung der in Anhang I aufgeführten Güter mit doppeltem Verwendungszweck sind nach Ende des Kalenderjahres, in dem die Verbringung stattgefunden hat, mindestens drei Jahre lang aufzubewahren und den zuständigen Behörden des Mitgliedstaats, aus dem diese Güter verbracht wurden, auf Verlangen vorzulegen.

(9) Ein Mitgliedstaat kann in seinen innerstaatlichen Rechtsvorschriften vorschreiben, dass bei einer aus diesem Mitgliedstaat erfolgenden innergemeinschaftlichen Verbringung von Gütern, die in Anhang I Kategorie 5 Teil 2, nicht aber in Anhang IV aufgeführt sind, den zuständigen Behörden dieses Mitgliedstaats zusätzliche Angaben zu diesen Gütern vorzulegen sind.

(10) In den einschlägigen Geschäftspapieren in Bezug auf die innergemeinschaftliche Verbringung der in Anhang I aufgeführten Güter mit doppeltem Verwendungszweck ist ausdrücklich zu vermerken, dass diese Güter bei der Ausfuhr aus der Gemeinschaft einer Kontrolle unterliegen. Zu diesen einschlägigen Geschäftspapieren zählen insbesondere Kaufverträge, Auftragsbestätigungen, Rechnungen oder Versandanzeigen.

Artikel 23

(1) Es wird eine Koordinierungsgruppe „Güter mit doppeltem Verwendungszweck" eingesetzt, in der der Vertreter der Kommission den Vorsitz führt. Jeder Mitgliedstaat entsendet einen Vertreter in diese Gruppe.

Sie prüft alle Fragen im Zusammenhang mit der Anwendung dieser Verordnung, die entweder vom Vorsitzenden oder von einem Vertreter eines Mitgliedstaats vorgelegt werden.

(2) Der Vorsitzende der Koordinierungsgruppe „Güter mit doppeltem Verwendungszweck" oder die Koordinierungsgruppe konsultiert Ausführer, Vermittler und sonstige Interessenträger, die von dieser Verordnung betroffen sind, wann immer dies für erforderlich gehalten wird.

Artikel 24

Jeder Mitgliedstaat trifft geeignete Maßnahmen, um die ordnungsgemäße Durchführung aller Bestimmungen dieser Verordnung sicherzustellen. Er legt insbesondere Sanktionen fest, die bei einem Verstoß gegen diese Verordnung und ihre Durchführungsvorschriften zu verhängen sind. Die Sanktionen müssen wirksam, verhältnismäßig und abschreckend sein.

Artikel 25

Jeder Mitgliedstaat unterrichtet die Kommission über die Rechtsund Verwaltungsvorschriften, die er zur Durchführung dieser Verordnung erlässt, einschließlich der Maßnahmen gemäß Artikel 24. Die Kommission übermittelt diese Angaben den übrigen Mitgliedstaaten.

Die Kommission überprüft alle drei Jahre die Durchführung dieser Verordnung und legt dem Europäischen Parlament und dem Rat einen Bericht über ihre Anwendung vor; dieser Bericht kann Vorschläge zur Änderung der Verordnung enthalten. Die Mitgliedstaaten übermitteln der Kommission alle sachdienlichen Angaben zur Ausarbeitung dieses Berichts.

Artikel 26

Diese Verordnung berührt nicht

- die Anwendung von Artikel 296 des Vertrags zur Gründung der Europäischen Gemeinschaft,
- die Anwendung des Vertrags zur Gründung der Europäischen Atomgemeinschaft.

Artikel 27

Die Verordnung (EG) Nr. 1334/2000 wird mit Wirkung vom 27. August 2009 aufgehoben.

Für Anträge auf Erteilung einer Ausfuhrgenehmigung, die vor dem 27. August 2009 gestellt wurden, gelten jedoch weiterhin die einschlägigen Bestimmungen der Verordnung (EG) Nr. 1334/2000.

Verweisungen auf die aufgehobene Verordnung gelten als Verweisungen auf die vorliegende Verordnung und sind nach Maßgabe der Entsprechungstabelle in Anhang VI zu lesen.

Artikel 28

Diese Verordnung tritt am 90. Tag nach ihrer Veröffentlichung im *Amtsblatt der Europäischen Union* in Kraft.

Diese Verordnung ist in allen ihren Teilen verbindlich und gilt unmittelbar in jedem Mitgliedstaat.

Geschehen zu Brüssel am 5. Mai 2009.

Im Namen des Rates
Der Präsident
M. KALOUSEK

2. Verordnung (EG) Nr. 2580/2001 des Rates vom 27. Dezember 2001 über spezifische, gegen bestimmte Personen und Organisationen gerichtete restriktive Maßnahmen zur Bekämpfung des Terrorismus

ABl. (EG) 2001, Nr. L 344/70 vom 28. 12. 2001

DER RAT DER EUROPÄISCHEN UNION –

gestützt auf den Vertrag zur Gründung der Europäischen Gemeinschaft, insbesondere auf die Artikel 60, 301 und 308,

gestützt auf den vom Rat am 27. Dezember 2001 angenommenen Gemeinsamen Standpunkt 2001/931/GASP über die Anwendung besonderer Maßnahmen zur Bekämpfung des Terrorismus[1],

auf Vorschlag der Kommission,

nach Stellungnahme des Europäischen Parlaments[2],

in Erwägung nachstehender Gründe:

(1) Der Europäische Rat hat auf seiner außerordentlichen Tagung am 21. September 2001 erklärt, dass der Terrorismus eine wirkliche Herausforderung für die Welt und für Europa darstellt und dass die Bekämpfung des Terrorismus eines der vorrangigen Ziele der Europäischen Union sein wird.

(2) Der Europäische Rat hat ferner erklärt, dass die Verhinderung der Finanzierung des Terrorismus ein entscheidender Aspekt im Kampf gegen den Terrorismus ist, und den Rat ersucht, die erforderlichen Maßnahmen zur Bekämpfung aller Formen der Finanzierung terroristischer Aktivitäten zu treffen.

(3) Der Sicherheitsrat der Vereinten Nationen hat am 28. September 2001 in seiner Resolution 1373 (2001) beschlossen, dass alle Staaten Gelder und sonstige finanzielle Vermögenswerte oder wirtschaftliche Ressourcen von Personen einfrieren sollten, die terroristische Handlungen begehen, zu begehen versuchen oder sich an deren Begehung beteiligen oder diese erleichtern.

(4) Ferner hat der Sicherheitsrat beschlossen, dass Maßnahmen getroffen werden sollen, um zu untersagen, dass Gelder und sonstige finanzielle Vermögenswerte oder wirtschaftliche Ressourcen zum Nutzen dieser Personen zur Verfügung gestellt werden und Finanzdienstleistungen oder damit zusammenhängende Dienstleistungen zum Nutzen dieser Personen erbracht werden.

(5) Es ist erforderlich, dass die Gemeinschaft tätig wird, um die GASP-Aspekte des Gemeinsamen Standpunkts 2001/931/GASP umzusetzen.

(6) Diese Verordnung ist eine auf Gemeinschaftsebene erforderliche Maßnahme, die die Verwaltungs- und Gerichtsverfahren gegen terroristische Organisationen in der Europäischen Union und in Drittländern ergänzt.

---

1 Siehe Seite 93 dieses Amtsblatts.
2 Stellungnahme vom 13. Dezember 2001 (noch nicht im Amtsblatt veröffentlicht).

(7) Als Gebiet der Gemeinschaft gilt für die Zwecke dieser Verordnung die Gesamtheit des Staatsgebiets der Mitgliedstaaten, auf die der Vertrag nach Maßgabe des Vertrags Anwendung findet.

(8) Im Hinblick auf den Schutz der Interessen der Gemeinschaft können bestimmte Ausnahmen gewährt werden.

(9) Der Rat sollte hinsichtlich des Verfahrens zur Erstellung und Änderung der Liste nach Artikel 2 Absatz 3 dieser Verordnung die entsprechenden Durchführungsbefugnisse in Anbetracht der besonderen Mittel, die seinen Mitgliedern zu diesem Zweck zur Verfügung stehen, selbst ausüben.

(10) Die Umgehung dieser Verordnung sollte durch ein angemessenes Informationsverfahren und gegebenenfalls durch geeignete Abhilfemaßnahmen einschließlich weiterer Rechtsvorschriften der Gemeinschaft verhindert werden.

(11) Die zuständigen Behörden der Mitgliedstaaten sind gegebenenfalls zu ermächtigen, die Einhaltung dieser Verordnung zu gewährleisten.

(12) Die Mitgliedstaaten sollten Bestimmungen über Sanktionen für Verstöße gegen die Bestimmungen dieser Verordnung erlassen und ihre Anwendung gewährleisten. Diese Sanktionen müssen wirksam, verhältnismäßig und abschreckend sein.

(13) Die Kommission und die Mitgliedstaaten sollten einander über die im Rahmen dieser Verordnung getroffenen Maßnahmen unterrichten und andere ihnen vorliegende sachdienliche Informationen im Zusammenhang mit dieser Verordnung austauschen.

(14) Die Liste nach Artikel 2 Absatz 3 dieser Verordnung kann sowohl Personen und Körperschaften umfassen, die mit Drittstaaten in Verbindung oder in Bezug zu Drittstaaten stehen, als auch solche, die in anderer Weise im Mittelpunkt der GASP-Aspekte des Gemeinsamen Standpunkts 2001/931/GASP stehen. Im Vertrag sind für den Erlass der diesbezüglichen Bestimmungen in dieser Verordnung nur die Befugnisse des Artikels 308 vorgesehen.

(15) Die Europäische Gemeinschaft hat bereits die UNSC-Resolutionen 1267 (1999) und 1333 (2000) umgesetzt, indem sie die Verordnung (EG) Nr. 467/2001[3] über das Einfrieren von Vermögenswerten bestimmter Personen und Vereinigungen erlassen hat; diese Personen und Vereinigungen fallen daher nicht unter die vorliegende Verordnung –

HAT FOLGENDE VERORDNUNG ERLASSEN:

Artikel 1

Für die Zwecke dieser Verordnung gelten folgende Begriffsbestimmungen:

1. „Gelder, andere finanzielle Vermögenswerte und wirtschaftliche Ressourcen" sind Vermögenswerte jeder Art, unabhängig davon, ob sie materiell oder immateriell und beweglich oder unbeweglich sind und wie sie erworben wurden, sowie Rechtsdokumente und Urkunden in jeder Form, auch in elektronischer oder digitaler Form, zum Nachweis des Eigentums oder der Beteiligung an diesen Vermögenswerten, unter anderem Bankkredite, Reiseschecks, Bankschecks, Zahlungsanweisungen, Anteile, Wertpapiere, Obligationen, Wechsel und Akkreditive.
2. „Einfrieren von Geldern, anderen finanziellen Vermögenswerten und wirtschaftlichen Ressourcen" ist die Verhinderung jeglicher Form von Bewegungen, Transfers,

3 ABl. L 67 vom 9. 3. 2001, S. 1.

Veränderungen, Verwendung von Geldmitteln und Handel mit ihnen, die deren Volumen, Beträge, Belegenheit, Eigentum, Besitz, Eigenschaften oder Zweckbestimmung verändern oder andere Veränderungen bewirken, mit denen eine Nutzung der Mittel einschließlich der Vermögensverwaltung ermöglicht wird.

3. „Finanzdienstleistungen" sind alle Dienstleistungen finanzieller Art, einschließlich aller Versicherungsdienstleistungen und versicherungsbezogenen Dienstleistungen und aller Bank- und sonstigen Finanzdienstleistungen (ausgenommen Versicherungsdienstleistungen):

Versicherungsdienstleistungen und versicherungsbezogene Dienstleistungen

i. Direktversicherung (einschließlich Mitversicherung):

a) Lebensversicherung,

b) Sachversicherung;

ii. Rückversicherung und Folgerückversicherung;

iii. Versicherungsvermittlung wie Leistungen von Versicherungsmaklern und -agenturen;

iv. Versicherungsbezogene Hilfsdienstleistungen wie Beratung, Versicherungsmathematik, Risikobewertung und Schadensregulierung.

Bank- und sonstige Finanzdienstleistungen (ausgenommen Versicherungsdienstleistungen)

v. Annahme von Spar- und sonstigen rückzahlbaren Einlagen;

vi. Ausreichung von Krediten jeder Art, einschließlich Verbraucherkredit, Hypothekenkredit, Factoring und Finanzierung von Handelsgeschäften;

vii. Finanzleasing;

viii. sämtliche Zahlungs- und Überweisungsdienstleistungen einschließlich Kredit- und Scheckkarten, Reiseschecks und Bankwechsel;

ix. Bürgschaften und Verpflichtungen;

x. Geschäfte für eigene und für Kundenrechnung an Börsen, im Schalterverkehr oder in sonstiger Form mit Folgendem:

a) Geldmarkttitel (einschließlich Schecks, Wechsel, Einlagenzertifikate),

b) Devisen,

c) derivative Instrumente, darunter Futures und Optionen,

d) Wechselkurs- und Zinstitel einschließlich Swaps, Kurssicherungsvereinbarungen,

e) begehbare Wertpapiere,

f) sonstige begehbare Titel und Finanzanlagen einschließlich ungeprägtes Gold;

xi. Beteiligung an Emissionen von Wertpapieren jeder Art einschließlich Übernahme und Platzierung von Emissionen als (öffentlicher oder privater) Finanzmakler sowie Erbringung von Dienstleistungen im Zusammenhang mit derartigen Emissionen;

xii. Geldmaklergeschäfte;

xiii. Vermögensverwaltung wie Kassenhaltung und Bestandsverwaltung, alle Formen von kollektivem Anlagemanagement, Pensionsfondsverwaltung, Depotverwahrung, Auftrags- und treuhänderische Verwaltung;

xiv. Saldenausgleichs- und Verrechnungsdienstleistungen im Zusammenhang mit Finanzanlagen einschließlich Wertpapieren, derivativen Instrumenten und sonstigen begehbaren Instrumenten;

xv. Bereitstellung und Übermittlung von Finanzinformationen, Verarbeitung von Finanzdaten und dazugehörender Datenträger von Erbringern anderer Finanzdienstleistungen;

xvi. Beratungs-, Vermittlungs- und sonstige Zusatzfinanzdienstleistungen in Bezug auf sämtliche unter den Ziffern v) bis xv) aufgeführte Tätigkeiten einschließlich Kreditauskunft und Bonitätsprüfung, Anlage- und Vermögensbestandsanalyse und -beratung, Beratung über Akquisition, Unternehmensumstrukturierung und -strategien.

1. Für die Zwecke dieser Verordnung gilt die in Artikel 1 Absatz 3 des Gemeinsamen Standpunkts 2001/931/GASP enthaltene Bestimmung des Begriffs „terroristische Handlung".

2. „Eigentum an einer juristischen Person, Vereinigung oder Körperschaft" ist der Besitz von mindestens 50 % der Eigentumsrechte oder eine Mehrheitsbeteiligung an der juristischen Person, Vereinigung oder Körperschaft.

3. „Kontrolle über eine juristische Person, Vereinigung oder Körperschaft" ist

   a) das Recht, die Mehrheit der Mitglieder des Verwaltungs-, Leitungs- oder Aufsichtsorgans der juristischen Person, Vereinigung oder Körperschaft zu bestellen oder abzurufen;

   b) die Tatsache, allein durch die Ausübung seiner Stimmrechte die Mehrheit der Mitglieder des Verwaltungs-, Leitungs- oder Aufsichtsorgans der juristischen Person, Vereinigung oder Körperschaft für das laufende oder das vorhergehende Geschäftsjahr bestellt zu haben;

   c) die alleinige Verfügung über die Mehrheit der Stimmrechte der Anteilseigner bzw. Mitglieder der juristischen Person, Vereinigung oder Körperschaft aufgrund einer Vereinbarung mit anderen Anteilseignern bzw. Mitgliedern derselben;

   d) das Recht, auf die juristische Person, Vereinigung oder Körperschaft einen beherrschenden Einfluss aufgrund eines mit dieser juristischen Person, Vereinigung oder Körperschaft geschlossenen Vertrages oder aufgrund einer in ihrer Gründungsurkunde oder Satzung niedergelegten Bestimmung auszuüben, sofern das Recht, dem die juristische Person, Vereinigung oder Körperschaft unterliegt, es zulässt, dass, diese solchen Verträgen oder Bestimmungen unterworfen wird;

   e) die Befugnis, von dem Recht zur Ausübung eines beherrschenden Einflusses im Sinne des Buchstaben d) Gebrauch zu machen, ohne dieses Recht selbst innezuhaben;

   f) das Recht, alle oder einen Teil der Vermögenswerte der juristischen Person, Vereinigung oder Körperschaft zu verwenden;

g) die Führung der Geschäfte der juristischen Person, Vereinigung oder Körperschaft auf einer einheitlichen Grundlage mit Erstellung eines konsolidierten Abschlusses;

h) die gesamtschuldnerische Erfüllung der finanziellen Verbindlichkeiten der juristischen Person, Vereinigung oder Körperschaft oder das Bürgen für sie.

Artikel 2

(1) Sofern nicht eine Ausnahme nach Artikel 5 oder 6 vorliegt,

a) werden alle Gelder, andere finanzielle Vermögenswerte und wirtschaftliche Ressourcen, die einer in der Liste nach Artikel 2 Absatz 3 aufgeführten natürlichen oder juristischen Person, Vereinigung oder Körperschaft gehören oder in deren Eigentum stehen oder von ihr verwahrt werden, eingefroren;

b) werden weder direkt noch indirekt Gelder, andere finanzielle Vermögenswerte und wirtschaftliche Ressourcen für eine in der Liste nach Artikel 2 Absatz 3 aufgeführte natürliche oder juristische Person, Vereinigung oder Körperschaft oder zu ihren Gunsten bereitgestellt.

(2) Sofern nicht eine Ausnahme nach Artikel 5 oder 6 vorliegt, ist die Erbringung von Finanzdienstleistungen für eine in der Liste nach Artikel 2 Absatz 3 aufgeführte natürliche oder juristische Person, Vereinigung oder Körperschaft oder zu ihren Gunsten untersagt.

(3) Der Rat erstellt, überprüft und ändert einstimmig und im Einklang mit Artikel 1 Absätze 4, 5 und 6 des Gemeinsamen Standpunkts 2001/931/GASP die Liste der dieser Verordnung unterfallenden Personen, Vereinigungen oder Körperschaften. In dieser Liste sind aufgeführt:

i. natürliche Personen, die eine terroristische Handlung begehen oder zu begehen versuchen oder sich an deren Begehung beteiligen oder diese erleichtern;

ii. juristische Personen, Vereinigungen oder Körperschaften, die eine terroristische Handlung begehen oder zu begehen versuchen oder sich an deren Begehung beteiligen oder diese erleichtern;

iii. juristische Personen, Vereinigungen oder Körperschaften, die im Eigentum oder unter der Kontrolle einer oder mehrerer der unter Ziffer i) oder ii) genannten natürlichen oder juristischen Personen, Vereinigungen oder Körperschaften stehen, oder

iv. natürliche oder juristische Personen, Vereinigungen oder Körperschaften, die im Namen oder auf Anweisung einer oder mehrerer der unter Ziffer i) oder ii) genannten natürlichen oder juristischen Personen, Vereinigungen oder Körperschaften handeln.

Artikel 3

(1) Die wissentliche und beabsichtigte Beteiligung an Maßnahmen, deren Ziel oder Folge direkt oder indirekt die Umgehung des Artikels 2 ist, ist untersagt.

(2) Informationen darüber, dass die Bestimmungen dieser Verordnung umgangen werden oder wurden, sind den im Anhang aufgeführten zuständigen Behörden der Mitgliedstaaten und der Kommission zu übermitteln.

Artikel 4

(1) Unbeschadet der geltenden Vorschriften über die Anzeigepflicht, die Vertraulichkeit und das Berufsgeheimnis sowie des Artikels 284 des Vertrags

- übermitteln Banken, sonstige Finanzinstitute, Versicherungsgesellschaften und sonstige Einrichtungen und Personen Angaben, die die Anwendung dieser Verordnung erleichtern, z. B. über die nach Artikel 2 eingefrorenen Konten und Beträge und die nach den Artikeln 5 und 6 getätigten Geschäfte, unverzüglich
  - den im Anhang aufgeführten zuständigen Behörden der Mitgliedstaaten, in denen sie ihren Sitz bzw. Wohnsitz haben, und
  - über diese zuständigen Behörden der Kommission;
- arbeiten Banken, sonstige Finanzinstitute, Versicherungsgesellschaften und sonstige Einrichtungen und Personen mit den im Anhang aufgeführten zuständigen Behörden bei der Überprüfung dieser Angaben zusammen.

(2) Die aufgrund dieses Artikels bereitgestellten oder eingegangenen Angaben dürfen nur für die Zwecke verwendet werden, zu denen sie bereitgestellt wurden bzw. eingegangen sind.

(3) Angaben, die direkt bei der Kommission eingehen, werden den zuständigen Behörden der betreffenden Mitgliedstaaten und dem Rat zur Verfügung gestellt.

Artikel 5

(1) Artikel 2 Absatz 1 Buchstabe b) gilt nicht für die Gutschrift fälliger Zinsen auf den eingefrorenen Konten. Diese Zinsen werden ebenfalls eingefroren.

(2) Die im Anhang aufgeführten zuständigen Behörden der Mitgliedstaaten können unter Bedingungen, die sie zur Verhinderung der Finanzierung terroristischer Handlungen für zweckdienlich erachten, spezifische Genehmigungen erteilen für

1. die Verwendung eingefrorener Gelder innerhalb der Gemeinschaft zur Deckung der Grundbedürfnisse einer in der Liste nach Artikel 2 Absatz 3 aufgeführten natürlichen Person oder ihrer Familienmitglieder, insbesondere Zahlungen für Lebensmittel, Arzneimittel, die Miete oder Hypothek für die Familienwohnung und Gebühren und Honorare für ärztliche Behandlungen der Familienmitglieder;
2. Zahlungen von eingefrorenen Konten für folgende Zwecke:
   a) Zahlung innerhalb der Gemeinschaft von Steuern, Pflichtversicherungsprämien und Gebühren für öffentliche Versorgungsleistungen wie Gas, Wasser, Strom und Telekommunikation und
   b) Zahlung von Kontoführungsgebühren an ein Finanzinstitut in der Gemeinschaft;
3. Zahlungen an eine in der Liste nach Aritkel 2 Absatz 3 aufgeführte Person, Körperschaft oder Gruppierung aufgrund von Verträgen, Vereinbarungen oder Verpflichtungen, die vor Inkrafttreten dieser Verordnung geschlossen bzw. eingegangen wurden, sofern diese Zahlungen auf ein eingefrorenes Konto in der Gemeinschaft geleistet werden.

(3) Genehmigungsanträge werden bei der zuständigen Behörde des Mitgliedstaats gestellt, in dessen Hoheitsgebiet die Gelder, sonstigen Vermögenswerte oder wirtschaftlichen Ressourcen eingefroren sind.

Artikel 6

(1) Unbeschadet der Bestimmungen des Artikels 2 und zum Schutz der Interessen der Gemeinschaft, die auch die Interessen der Bürger und Gebietsansässigen umfassen, können die zuständigen Behörden eines Mitgliedstaats spezifische Genehmigungen erteilen für

- die Freigabe eingefrorener Gelder, sonstiger Vermögenswerte oder wirtschaftlicher Ressourcen,
- die Beteiligung von Geldern, sonstigen Vermögenswerten oder wirtschaftlichen Ressourcen für eine in der Liste nach Artikel 2 Absatz 3 aufgeführte Person, Körperschaft oder Gruppierung oder
- die Erbringung von Finanzdienstleistungen für eine solche Person, Körperschaft oder Gruppierung,

nachdem gemäß Absatz 2 Konsultationen mit anderen Mitgliedstaaten, dem Rat und der Kommission stattgefunden haben.

(2) Eine zuständige Behörde, bei der ein Genehmigungsantrag nach Absatz 1 gestellt worden ist, informiert die im Anhang aufgeführten zuständigen Behörden der anderen Mitgliedstaaten, den Rat und die Kommission über die Gründe, aus denen sie entweder den Antrag zurückzuweisen oder eine spezifische Genehmigung zu erteilen gedenkt, sowie über die Bedingungen, die ihres Erachtens erfüllt sein müssen, um die Finanzierung terroristischer Handlungen zu verhindern.

Die zuständige Behörde, die eine spezifische Genehmigung zu erteilen beabsichtigt, trägt Bemerkungen, die andere Mitgliedstaaten, der Rat und die Kommission innerhalb von zwei Wochen vortragen, gebührend Rechnung.

Artikel 7

Die Kommission ist befugt, den Anhang auf der Grundlage der von den Mitgliedstaaten übermittelten Informationen zu ändern.

Artikel 8

Die Mitgliedstaaten, der Rat und die Kommission unterrichten einander über die nach dieser Verordnung getroffenen Maßnahmen und tauschen die ihnen vorliegenden sachdienlichen Informationen im Zusammenhang mit dieser Verordnung aus, insbesondere Informationen, die sie nach den Artikeln 3 und 4 erhalten haben, und Informationen über Verstöße, Vollzugsprobleme und Urteile der einzelstaatlichen Gerichte.

Artikel 9

Jeder Mitgliedstaat legt die Sanktionen fest, die bei Verstößen gegen die Bestimmungen dieser Verordnung zu verhängen sind. Diese Sanktionen müssen wirksam, verhältnismäßig und abschreckend sein.

Artikel 10

Diese Verordnung gilt

1. im Gebiet der Gemeinschaft einschließlich ihres Luftraums,
2. an Bord der Flugzeuge und Schiffe, die der Hoheitsgewalt der Mitgliedstaaten unterstehen,
3. für sich anderswo aufhaltende Personen, die die Staatsangehörigkeit eines Mitgliedstaates besitzen,
4. für nach dem Recht eines Mitgliedstaats gegründete oder eingetragene juristische Personen, Vereinigungen oder Körperschaften,
5. für juristische Personen, Vereinigungen oder Körperschaften, die in der Gemeinschaft tätig sind.

Artikel 11

(1) Diese Verordnung tritt am Tag ihrer Veröffentlichung im Amtsblatt der Europäischen Gemeinschaften in Kraft.

(2) Die Kommission legt innerhalb eines Jahres nach dem Inkrafttreten dieser Verordnung einen Bericht über die Auswirkungen dieser Verordnung und gegebenenfalls Vorschläge für ihre Änderung vor.

Diese Verordnung ist in allen ihren Teilen verbindlich und gilt unmittelbar in jedem Mitgliedstaat.

Geschehen zu Brüssel am 27. Dezember 2001.

Im Namen des Rates
Der Präsident
L. Michel

Anhang

Liste der zuständigen Behörden nach den Artikeln 3, 4 und 5

BELGIEN

Ministère des finances
Trèsorerie
avenue des Arts 30
B-1040 Bruxelles
Fax (32-2) 2 33 75 18

DÄNEMARK

Erhvervsfremmestyrelsen
Dahlerups Pakhus
Langelinie Alle 17
DK-2100 København Ø
Tel. (45) 35 46 60 00
Fax (45) 35 46 60 01

DEUTSCHLAND

– *betreffend das Einfrieren von Geldern:*
  Deutsche Bundesbank
  Wilhelm Eppsteinstr. 14
  D-60431 Frankfurt/Main
  Tel. (00-49-69) 95 66
– *betreffend Versicherungen:*
  Bundesaufsichtsamt für das Versicherungswesen (BAV)
  Graurheindorfer Str. 108
  D-53117 Bonn
  Tel. (00-49-228) 42 28

GRIECHENLAND

Ministry of National Economy
General Directorate of Economic Policy
5 Nikis str.
GR-105 63 Athens
Tel. (00-30-1) 3 33 27 81-2
Fax (00-30-1) 3 33 27 93
Υπουργείο Ευνικήs Οικονομίαs
Γενική Διεύυνση Οικονομικήs Πολιτικήs
Νίκηs 5, 10562 **ΑΦΗΝΑ**
Τηλ. (00-30-1) 3 33 27 81-2
Φαξ (00-30-1) 3 33 27 93

SPANIEN

Dirección General de Comercio e Inversiones
Subdirección General de Inversiones Exteriores
Ministerio de Economía
Paseo de la Castellana, 162
E-28046 Madrid
Tel. (00 – 34) 9 13 49 39 83
Fax (00 – 34) 9 13 49 35 62

Dirección General del Tesoro y Política Financiera
Subdirección General de Inspección y Control de Movimientos de Capitales
Ministerio de Economía
Paseo del Prado, 6
E-28 014 Madrid
Tel. (00-34) 9 12 09 95 11
Fax (00-34) 9 12 09 96 56

FRANKREICH

Ministère de l'économie, des finances et de l'industrie
Direction du Trésor
Service des affaires européennes et internationales
Sous-direction E
139, rue du Bercy
F-75 572 Paris Cedex 12
Tel. (33-1) 44 87 17 17
Fax (33-1) 53 18 36 15

IRLAND

Central Bank of Ireland
Financial Markets Department
PO Box 559
Dame Street
Dublin 2
Tel. (3 53-1) 6 71 66 66

Department of Foreign Affairs
Bilateral Economic Relations Division
76 –78 Harcourt Street
Dublin 2
Tel. (3 53-1) 4 08 24 92

ITALIEN

Ministero dell'Economia e delle Finanze

...

LUXEMBURG

Ministère des affaires étrangères, du commerce extérieur, de la coopération, de l'action humanitaire et de la défense Direction des relations économiques internationales
BP 1602
L-1016 Luxembourg
Tel. (3 52) 4 78-1 oder 4 78-23 50
Fax (3 52) 22 20 48

Ministère des Finances
3, rue de la Congrégation
L-1352 Luxembourg
Tel. (3 52) 4 78-27 12
Fax (3 52) 47 52 41

NIEDERLANDE

Ministerie van Financiën
Directie Wetgeving, Juridische en Bestuurlijke Zaken
Postbus 20 201
2500 EE Den Haag
Nederland
Tel. (31-70) 3 42 82 27
Fax (31-70) 3 42 79 05

ÖSTERREICH

– *Artikel 3*
Bundesministerium für Inneres – Bundeskriminalamt
A-1090 Wien
Josef-Holaubek-Platz 1
Tel. (+ 4 31) 3 13 45-0
Fax (4 31) 3 13 45 – 8 52 90

– *Artikel 4*
Östereichische Nationalbank
A-1090 Wien
Otto-Wagner-Platz 3
Tel. (+ 4 31) 4 04 20-0
Fax (4 31) 4 04 20-73 99

Bundesministerium für Inneres – Bundeskriminalamt
A-1090 Wien
Josef-Holaubek-Platz 1
Tel. (+ 4 31) 3 13 45-0
Fax (4 31) 3 13 45-8 52 90

– *Artikel 5*
Östereichische Nationalbank
A-1090 Wien
Otto-Wagner-Platz 3
Tel. (+ 4 31) 4 04 20-0
Fax (4 31) 4 04 20-73 99

PORTUGAL

Ministério das Finanças
Direcção Geral dos Assuntos Europeus e Relações Internacionais
Avenida Infante D. Henrique, n.° 1, C 2.°
P-1100 Lisboa
Tel. (3 51-1) 8 82 32 40/47
Fax (3 51-1) 8 82 32 49

Ministério dos Negócios Estrangeiros
Direcção Geral dos Assuntos Multilaterias/
Direcção
dos Serviços das Organizações Políticas Internacionais
Largo do Rilvas
P-1350-179 Lisboa
Tel. (3 51 21) 3 94 60 72
Fax (3 51 21) 3 94 60 73

FINNLAND

Ulkoasiainministeriö/Utrikesministeriet
PL 176
SF-00 161 Helsinki
Tel. (3 58-9) 13 41 51
Fax (3 58-9) 13 41 57 07 und (3 58-9) 62 98 40

SCHWEDEN

- *Artikel 3*
  Rikspolisstyrelsen (RPS)
  Bos 12256
  102 26 Stockholm
  Tel 08-4 01 90 00
  Fax 08-4 01 99 00
- *Articles 4 und 6*
  Finansinspektionen
  Box 7831
  S-103 98 Stockholm
  Tel. 08-7 87 80 00
  Fax 08-24 13 35
- *Article 5*
  Riksförsäkringsverket (RFV)
  S-103 51 Stockholm
  Tel. 08-7 86 90 00
  Fax 08-4 11 27 89

VEREINIGTES KÖNIGREICH

HM Treasury
International Financial Services Team
19 Allington Towers
London SW1E 5EB
United Kingdom
Tel. (44-2 07) 2 70 55 50
Fax (44-2 07) 2 70 43 65

Bank of England
Financial Sanctions Unit
Threadneedle Street
London EC2R 8AH
United Kingdom
Tel. (44-2 07) 6 01 46 07
Fax (44-2 07) 6 01 43 09

EUROPÄISCHE GEMEINSCHAFT

Commission of the European Communities
Directorate-General for External Relations
Directorate CFSP
Unit A.2/Mr A. de Vries
Rue de la Loi/Wetstraat 200
B-1049 Bruxelles/Brussel
Tel. (32-2) 2 95 68 80
Fax (32-2) 2 96 75 63
E-Mail: anthonius.de-vries@cec.eu.int

3. Verordnung (EG) Nr. 881/2002 des Rates vom 27. Mai 2002 über die Anwendung bestimmter spezifischer restriktiver Maßnahmen gegen bestimmte Personen und Organisationen, die mit Osama bin Laden, dem Al-Qaida-Netzwerk und den Taliban in Verbindung stehen, und zur Aufhebung der Verordnung (EG) Nr. 467/2001 des Rates über das Verbot der Ausfuhr bestimmter Waren und Dienstleistungen nach Afghanistan, über die Ausweitung des Flugverbots und des Einfrierens von Geldern und anderen Finanzmitteln betreffend die Taliban von Afghanistan

BAnz. 179 vom 24.09.2002, 22473

DER RAT DER EUROPÄISCHEN UNION –

gestützt auf den Vertrag zur Gründung der Europäischen Gemeinschaft, insbesondere auf die Artikel 60, 301 und 308,

gestützt auf den Gemeinsamen Standpunkt 2002/402/GASP zu den restriktiven Maßnahmen gegen Osama bin Laden, Mitglieder der Organisation Al-Qaida und die Taliban sowie andere Einzelpersonen, Gruppen, Unternehmen und Organisationen, die mit ihnen in Verbindung stehen, mit dem die Gemeinsamen Standpunkte 96/746/GASP, 1999/727/GASP, 2001/154/GASP und 2001/771/GASP[1] aufgehoben wurden,

auf Vorschlag der Kommission[2],

nach Stellungnahme des Europäischen Parlaments[3],

in Erwägung nachstehender Gründe:

(1) Am 16. Januar 2002 nahm der Sicherheitsrat der Vereinten Nationen die Resolution 1390 (2002) an, in der er feststellte, dass die Taliban auf die in mehreren vorausgegangenen Resolutionen gestellten Forderungen nicht reagiert hatten, und die Taliban dafür verurteilte, dass sie die Nutzung Afghanistans als Basis für die Ausbildung von Terroristen und terroristische Aktivitäten zugelassen haben, und in der er ferner das Al-Qaida-Netzwerk und andere mit ihm in Verbindung stehende terroristische Gruppen für ihre terroristischen Handlungen und die Zerstörung von Sachwerten verurteilte.

(2) Der Sicherheitsrat beschloss unter anderem, dass das nach seinen Resolutionen 1267 (1999) und 1333 (2000) verhängte Flugverbot und einige der Afghanistan auferlegten Ausfuhrbeschränkungen aufgehoben und der Anwendungsbereich des Einfrierens von Geldern und das Verbot der Bereitstellung von Mitteln, die nach diesen Resolutionen auferlegt worden waren, angepasst werden sollen. Ferner beschloss der Sicherheitsrat, dass die Bereitstellung von bestimmten Dienstleistungen im Zusammenhang mit militärischen Aktivitäten für die Taliban und die Al-Qaida-Organisation verboten werden soll. Diese

1 Siehe Seite 4 dieses Amtsblattes.
2 Vorschlag vom 6. März 2002 (noch nicht im Amtsblatt veröffentlicht).
3 Stellungnahme vom 11. April 2002 (noch nicht im Amtsblatt veröffentlicht).

Maßnahmen werden vom Sicherheitsrat gemäß Absatz 3 der Resolution 1390 (2002) 12 Monate nach deren Annahme überprüft; nach Ablauf dieser Frist entscheidet der Sicherheitsrat, ob die Maßnahmen unverändert weiter angewandt werden oder ob sie verbessert werden müssen.

(3) In diesem Zusammenhang erinnerte der Sicherheitsrat an die Verpflichtung, seine Resolution 1373 (2001) gegenüber allen Mitgliedern der Taliban und der Al-Qaida-Organisation, jedoch auch ihren Verbündeten, die an der Finanzierung, Planung, Erleichterung, Vorbereitung und Durchführung terroristischer Handlungen beteiligt waren, uneingeschränkt umzusetzen.

(4) Diese Maßnahmen fallen in den Geltungsbereich des Vertrags, und daher ist insbesondere zur Vermeidung von Wettbewerbsverzerrungen ein Rechtsakt der Gemeinschaft erforderlich, um die einschlägigen Beschlüsse des Sicherheitsrates umzusetzen, soweit sie das Gebiet der Gemeinschaft betreffen. Für die Zwecke dieser Verordnung gilt als Gebiet der Gemeinschaft die Gesamtheit der Hoheitsgebiete der Mitgliedstaaten, auf die der Vertrag nach Maßgabe seiner Bestimmungen Anwendung findet.

(5) Um innerhalb der Gemeinschaft ein Höchstmaß an Rechtssicherheit zu erreichen, müssen die Namen und übrigen sachdienlichen Angaben zu den von den VN-Behörden benannten natürlichen und juristischen Personen, Gruppen oder Organisationen, deren Gelder eingefroren werden sollen, öffentlich bekannt gemacht und ein Verfahren zur Änderung der betreffenden Liste innerhalb der Gemeinschaft festgelegt werden.

(6) Die zuständigen Behörden der Mitgliedstaaten sind gegebenenfalls zu ermächtigen, die Einhaltung dieser Verordnung zu gewährleisten.

(7) In der Resolution 1267 (1999) des Sicherheitsrates der Vereinten Nationen ist festgelegt, dass der zuständige VN-Sanktionsausschuss in bestimmten Fällen aus humanitären Erwägungen Ausnahmen von einem Einfrieren der Gelder zulassen kann. Daher müssen Vorschriften erlassen werden, um die Anwendung solcher Ausnahmen innerhalb der Gemeinschaft zu ermöglichen.

(8) Aus Gründen der Zweckmäßigkeit sollte die Kommission ermächtigt werden, die Anhänge dieser Verordnung auf der Grundlage einschlägiger Mitteilungen und Informationen seitens des Sicherheitsrates der Vereinten Nationen, des VN-Sanktionsausschusses und der Mitgliedstaaten gegebenenfalls zu ändern.

(9) Die Kommission und die Mitgliedstaaten sollten einander über die im Rahmen dieser Verordnung ergriffenen Maßnahmen unterrichten und andere sachdienliche Informationen austauschen, die ihnen im Zusammenhang mit dieser Verordnung vorliegen; sie sollten mit dem zuständigen VN-Sanktionsausschuss zusammenarbeiten, was insbesondere die Übermittlung von Informationen an den Ausschuss einschließt.

(10) Die Mitgliedstaaten sollten Vorschriften über Sanktionen für Verstöße gegen die Bestimmungen dieser Verordnung erlassen und ihre Anwendung gewährleisten. Diese Sanktionen müssen wirksam, verhältnismäßig und abschreckend sein.

(11) Da das Einfrieren der Gelder angepasst werden muss, muss gewährleistet werden, dass Sanktionen für Verstöße gegen diese Verordnung mit deren Inkrafttreten auferlegt werden können.

(12) Angesichts der mit der Resolution 1390 (2002) auferlegten Maßnahmen sind die in der Gemeinschaft festgelegten Maßnahmen durch die Aufhebung der Verordnung (EG) Nr. 467/2001 des Rates[4] und den Erlass einer neuen Verordnung anzupassen –

HAT FOLGENDE VERORDNUNG ERLASSEN:

Artikel 1

Für die Zwecke dieser Verordnung bezeichnet der Ausdruck:

1. „Gelder" finanzielle Vermögenswerte oder wirtschaftliche Vorteile jeder Art einschließlich von – aber nicht beschränkt auf – Bargeld, Schecks, Geldforderungen, Wechsel, Geldanweisungen oder andere Zahlungsmittel, Guthaben bei Finanzinstituten oder anderen Einrichtungen, Guthaben auf Konten, Schulden und Schuldverschreibungen, öffentlich und privat gehandelte Wertpapiere und Schuldtitel einschließlich Aktien und Anteilen, Wertpapierzertifikate, Obligationen, Schuldscheine, Optionsscheine, Pfandbriefe, Derivate; Zinserträge, Dividenden oder andere Einkünfte oder Wertzuwächse aus Vermögenswerten; Kredite, Rechte auf Verrechnung, Bürgschaften, Vertragserfüllungsgarantien oder andere finanzielle Zusagen; Akkreditive, Konnossemente, Sicherungsübereignungen, Dokumente zur Verbriefung von Anteilen an Fondsvermögen oder anderen Finanzressourcen und jedes andere Finanzierungsinstrument für Ausfuhren;
2. „wirtschaftliche Ressourcen" Vermögenswerte jeder Art, unabhängig davon, ob sie materiell oder immateriell und beweglich oder unbeweglich sind, die keine Gelder sind, aber für den Erwerb von Geldern, Waren oder Dienstleistungen verwendet werden können;
3. „Einfrieren von Geldern" die Verhinderung jeglicher Form von Bewegungen, Transfers, Veränderungen, Verwendung von Geldmitteln und Handel mit ihnen, die deren Volumen, Beträge, Belegenheit, Eigentum, Besitz, Eigenschaften, Zweckbestimmung verändern oder andere Veränderungen bewirken, mit denen eine Verwendung der Gelder einschließlich der Vermögensverwaltung ermöglicht wird;
4. „Einfrieren von wirtschaftlichen Ressourcen" die Verhinderung ihrer Verwendung für jeden Erwerb von Geldern, Waren oder Dienstleistungen, einschließlich von – aber nicht beschränkt auf – den Verkauf, das Vermieten oder das Verpfänden dieser Ressourcen.

Artikel 2

(1) Alle Gelder und wirtschaftlichen Ressourcen, die einer vom Sanktionsausschuss benannten und in Anhang I aufgeführten natürlichen oder juristischen Person, Gruppe oder Organisation gehören oder in deren Eigentum stehen oder von ihr verwahrt werden, werden eingefroren.

(2) Den vom Sanktionsausschuss benannten und in Anhang I aufgeführten natürlichen oder juristischen Personen, Gruppen oder Organisationen dürfen Gelder weder direkt noch indirekt zur Verfügung gestellt werden oder zugute kommen.

(3) Den vom Sanktionsausschuss benannten und in Anhang I aufgeführten natürlichen oder juristischen Personen, Gruppen oder Organisationen dürfen weder direkt noch indirekt wirtschaftliche Ressourcen zur Verfügung gestellt werden oder zugute kommen, wodurch diese Personen, Gruppen oder Organisationen Gelder, Waren oder Dienstleistungen erwerben könnten.

---

4 ABl. L67 vom 9.3.2001, S. 1.

Artikel 3

Unbeschadet der Befugnisse der Mitgliedstaaten zur Ausübung ihrer Hoheitsgewalt ist die Lieferung, der Verkauf und die Weitergabe, auf unmittelbarem oder mittelbarem Weg, von technischer Beratung, Hilfe oder Ausbildung im Zusammenhang mit militärischen Tätigkeiten, insbesondere Ausbildung und Hilfe im Zusammenhang mit der Herstellung und Instandhaltung und Verwendung von Waffen und anderem damit verbundenem Material jeder Art an alle vom Sanktionsausschuss benannten und in Anhang I aufgeführten natürlichen und juristischen Personen, Gruppen und Organisationen verboten.

Artikel 4

(1) Die wissentliche und beabsichtigte Beteiligung an Tätigkeiten, deren Ziel oder Folge direkt oder indirekt die Umgehung des Artikels 2 oder die Förderung der in Artikel 3 genannten Transaktionen ist, ist untersagt.

(2) Informationen darüber, dass die Bestimmungen dieser Verordnung umgangen werden oder wurden, sind den zuständigen Behörden der Mitgliedstaaten und – direkt oder über diese zuständigen Behörden – der Kommission zu übermitteln.

Artikel 5

(1) Unbeschadet der für die Berichterstattung, die Vertraulichkeit und das Berufsgeheimnis geltenden Bestimmungen und des Artikels 284 des Vertrags sind natürliche und juristische Personen, Organisationen und Einrichtungen verpflichtet,

a) den in Anhang II aufgeführten zuständigen Behörden der Mitgliedstaaten, in denen sie ihren Sitz oder eine Niederlassung haben, sowie – direkt oder über diese zuständigen Behörden – der Kommission unverzüglich alle Informationen zu übermitteln, die die Einhaltung dieser Verordnung erleichtern würden, z. B. über gemäß Artikel 2 eingefrorene Konten und Guthaben.

   Insbesondere sind die verfügbaren Informatioen im Zusammenhang mit Geldern, anderen finanziellen Vermögenswerten und wirtschaftlichen Ressourcen, die während der sechs Monate vor Inkrafttreten dieser Verordnung im Eigentum oder unter der Kontrolle einer der vom Sanktionsausschuss benannten und in Anhang I genannten Person standen, zu übermitteln;

b) mit den in Anhang II aufgeführten zuständigen Behörden bei der Überprüfung dieser Informationen zusammenzuarbeiten.

(2) Die entsprechend diesem Artikel übermittelten oder erhaltenen Informationen dürfen nur für die Zwecke verwendet werden, für die sie übermittelt oder entgegengenommen wurden.

(3) Zusätzliche Informationen, die der Kommission direkt zugehen, werden den zuständigen Behörden der betroffenen Mitgliedstaaten zugänglich gemacht.

Artikel 6

Weder die natürlichen oder juristischen Personen, Gruppen oder Organisationen, die Gelder, andere finanzielle Vermögenswerte und wirtschaftliche Ressourcen in dem Glauben einfrieren, dass derartige Handlungen mit dieser Verordnung im Einklang stehen, noch deren Direktoren oder Beschäftigte können auf irgendeine Weise hierfür haftbar gemacht werden, sofern das Einfrieren nicht erwiesenermaßen auf Nachlässigkeit zurückzuführen ist.

Artikel 7

(1) Die Kommission wird ermächtigt,

- Anhang I auf der Grundlage der Entscheidungen des Sicherheitsrates der Vereinten Nationen oder des Sanktionsausschusses zu ändern oder zu ergänzen, und
- Anhang II auf der Grundlage der von den Mitgliedstaaten übermittelten Informationen zu ändern.

(2) Unbeschadet der Rechte und Pflichten der Mitgliedstaaten nach der Charta der Vereinten Nationen wird die Kommission ermächtigt, die für die wirksame Durchführung dieser Verordnung erforderlichen Kontakte zum Sanktionsausschuss zu unterhalten.

Artikel 8

Die Kommission und die Mitgliedstaaten unterrichten einander unverzüglich über die im Rahmen dieser Verordnung ergriffenen Maßnahmen und tauschen die ihnen im Zusammenhang mit dieser Verordnung vorliegenden sachdienlichen Informationen, insbesondere gemäß Artikel 5 eingegangene Informationen und Informationen über Verstöße gegen diese Verordnung, Probleme bei ihrer Durchsetzung und Urteile nationaler Gerichte, aus.

Artikel 9

Diese Verordnung gilt ungeachtet etwaiger Rechte und Pflichten, die sich aus vor ihrem Inkrafttreten unterzeichneten internationalen Übereinkünften, geschlossenen Verträgen oder erteilten Lizenzen oder Genehmigungen ergeben.

Artikel 10

(1) Jeder Mitgliedstaat legt die Sanktionen fest, die bei Verstößen gegen die Bestimmungen dieser Verordnung zu verhängen sind. Diese Sanktionen müssen wirksam, verhältnismäßig und abschreckend sein.

(2) Bis zur Annahme gegebenenfalls erforderlicher Rechtsvorschriften werden im Falle von Verstößen gegen diese Verordnung Sanktionen verhängt, wie sie von den Mitgliedstaaten im Einklang mit Artikel 13 der Verordnung (EG) Nr. 467/2001 festgelegt wurden.

(3) Jeder Mitgliedstaat ist dafür verantwortlich, gegen alle natürlichen oder juristischen Personen, Gruppen oder Organisationen vorzugehen, die seiner Rechtshoheit unterliegen und die gegen die in dieser Verordnung erlassenen Verbote verstoßen haben.

Artikel 11

Diese Verordnung gilt

- im Gebiet der Gemeinschaft, einschließlich ihres Luftraums,
- an Bord jedes Luft- und Wasserfahrzeugs, das der Rechtshoheit eines Mitgliedstaats unterliegt,
- für jede anderswo befindliche Person, die die Staatsangehörigkeit eines Mitgliedstaats besitzt, sowie

- für jede nach dem Recht eines Mitgliedstaats gegründete juristische Person, Gruppe oder Organisation und
- für jede juristische Person, Gruppe oder Organisation, die in der Gemeinschaft tätig ist.

Artikel 12

Die Verordnung (EG) Nr. 467/2001 wird aufgehoben.

Artikel 13

Diese Verordnung tritt am Tag nach ihrer Veröffentlichung im Amtsblatt der Europäischen Gemeinschaften in Kraft.

Diese Verordnung ist in allen ihren Teilen verbindlich und gilt unmittelbar in jedem Mitgliedstaat.

Geschehen zu Brüssel am 27. Mai 2002.

Im Namen des Rates
Der Präsident
M. ARIAS CAÑETE

Anhang I
Liste der Personen, Gruppen und Organisationen nach Artikel 2

Juristische Personen, Gruppen und Organisationen

Aaran Money Wire Service, Inc., 1806, Riverside Avenue, zweiter Stock, Minneapolis, Minnesota, USA.

Abu Sayyaf Gruppe (auch bekannt als Al Harakat Al Islamiyya).

Afghan Support Committee (ASC), auch bekannt als Lajnat Ul Masa Eidatul Afghania, Jamiat Ayat-Ur-Rhas Al Islamia, Jamiat Ihya Ul Turath Al Islamia und Ahya Ul Turas; Büros: Hauptsitz – G. T. Road (wahrscheinlich Grand Trunk Road), nahe Pushtoon Garhi Pabbi, Peshawar, Pakistan; Cheprahar Hadda, Mia Omar Sabaqah School, Jalabad, Afghanistan.

Al Baraka Exchange L. L. C., PO Box 3313, Deira, Dubai, Vereinigte Arabische Emirate; PO Box 20 066, Dubai, Vereinigte Arabische Emirate.

Al Qaida/Islamic Army (auch bekannt als „The Base", Al Qaeda, Islamic Salvation Foundation, The Group for the Preservation of the Holy Sites, The Islamic Army for the Liberation of Holy Places, The World Islamic Front for Jihad Against Jews and Crusaders, Osama bin Laden-Netzwerk, Osama bin Laden-Organisation).

Al Rashid Trust (auch bekannt als Al-Rasheed Trust):

- Kitas Ghar, Nazimabad 4, Dahgel-Iftah, Karachi, Pakistan;
- Jamia Maajid, Sulalman Park, Melgium Pura, Lahore, Pakistan;
- Büro Dha'rbi M'unin, gegenüber der Khyber Bank, Abbottabad Road, Mansehra, Pakistan;
- Büro Dhar'bi M'unin ZR Brothers, Katcherry Road, Chowk Yadgaar, Peshawar, Pakistan;
- Büro Dha'rbi-M'unin, Büro Nr. 3 Moti Plaza, nahe Liaquat Bagh, Muree Road, Rawalpindi, Pakistan;
- Büro Dha'rbi-M'unin, oberster Stock, Dr. Dawa Khan, Chirurg einer Zahnklinik, Main Baxae, Mingora, Swat, Pakistan;
- Operationen in Afghanistan: Herat, Jalalabad, Kabul, Kandahar, Mazar Sherif;
- Weitere Operationen in Kosovo, Tschetschenien.

Al Taqwa Trade, Property and Industry Company Limited (früher bekannt als Al Taqwa Trade, Property and Industry) (früher bekannt als Al Taqwa Trade, Property and Industry Establishment) (früher bekannt als Himmat Establishment), c/o Asat Trust Reg., Altenbach 8, FL-9490 Vaduz, Liechtenstein.

Al-Barakaat Bank, Mogadischu, Somalia.

Al-Barakaat Wiring Service, 2940, Pillsbury Avenue, Suite 4, Minneapolis, Minnesota 55408, USA.

Al-Barakaat, Mogadischu, Somalia; Dubai, Vereinigte Arabische Emirate.

Al-Barakat Bank of Somalia (BSS) (auch bekannt als Barakat Bank of Somalia), Mogadischu, Somalia; Bossasso, Somalia.

Al-Barakat Finance Group, Dubai, Vereinigte Arabische Emirate; Mogadischu, Somalia.

Al-Barakat Financial Holding Co., Dubai, Vereinigte Arabische Emirate; Mogadischu, Somalia.

Al-Barakat Global Telecommunications (auch bekannt als Barakaat Globetelcompany), PO Box 3313, Dubai, Vereinigte Arabische Emirate; Mogadischu, Somalia; Hargeysa, Somalia.

Al-Barakat Group of Companies Somalia Limited (auch bekannt als Al-Barakat Financial Company), PO Box 3313, Dubai, Vereinigte Arabische Emirate; Mogadischu, Somalia.

Al-Barakat International (auch bekannt als Baraco Co.), PO Box 2923, Dubai, Vereinigte Arabische Emirate.

Al-Barakat Investments, PO Box 3313, Deira, Dubai, Vereinigte Arabische Emirate.

Al-Hamati Sweets Bakeries, Al-Mukallah, Hadhramawt Governorate, Jemen.

Al-Itihaad Al-Islamiya (AIAI).

Al-Jihad/Egyptian Islamic Jihad (auch bekannt als Egyptian Al-Jihad, Egyptian Islamic Jihad, Jihad Group, New Jihad).

Al-Nur Honey Press Shops (auch bekannt als Al-Nur Honey Center), Sanaa, Jemen.

Al-Shifa Honey Press For Industry And Commerce, PO Box 8089, Al-Hasabah, Sanaa, Jemen; beim Schrein neben der Tankstelle, Jamal Street, Taiz, Jemen; Al-Arudh Square, Khur Maksa, Aden, Jemen; Al-Nasr Street, Doha, Katar.

Armed Islamic Group (GIA) (auch bekannt als Al Jamm'ah Al Islamiah Al-Musallah, GIA, Groupement Islamique Armé).

Asat Trust Reg., Altenbach 8, FL-9490 Vaduz, Liechtenstein.

Asbat al-Ansar.

Bank Al Taqwa Limited (auch bekannt als Al Taqwa Bank) (auch bekannt als Bank Al Taqwa), PO Box N-4877, Nassau, Bahamas; c/o Arthur D. Hanna & Company 10, Deveaux Street, Nassau, Bahamas.

Baraka Trading Company, PO Box 3313, Dubai, Vereinigte Arabische Emirate.

Barakaat Boston, 266, Neponset Avenue, Apt. 43, Dorchester, Massachusetts 0 21 22–32– 24, USA.

Barakaat Construction Company, PO Box 3313, Dubai, Vereinigte Arabische Emirate.

Barakaat Group of Companies, PO Box 3313, Dubai, Vereinigte Arabische Emirate; Mogadischu, Somalia.

Barakaat International Foundation, Box 4036, Spanga, Stockholm, Schweden; Rinkebytorget 1, 04, Spanga, Schweden.

Barakaat International, Hallbybacken 15, 70 Spanga, Schweden.

Barakaat International, Inc., 1929, South 5th Street, Suite 205, Minneapolis, Minnesota, USA.

Barakaat North America, Inc., 925, Washington Street, Dorchester, Massachusetts, USA; 2019, Bank Street, Ottawa, Ontario, Kanada.

Barakaat Red Sea Telecommunications, Bossaso, Somalia; Nakhiil, Somalia; Huruuse, Somalia; Raxmo, Somalia; Ticis, Somalia; Kowthar, Somalia; Noobir, Somalia; Bubaarag, Somalia; Gufure, Somalia; Xuuxuule, Somalia; Ala Aamin, Somalia; Guureeye, Somalia; Najax, Somalia; Carafaat, Somalia.

Barakaat Telecommunications Co. Somalia, Ltd. PO Box 3313, Dubai, Vereinigte Arabische Emirate.

Barakaat Wire Transfer Company, 4419, South Brandon Street, Seattle, Washington, USA.

Barakat Banks and Remittances, Mogadischu, Somalia; Dubai, Vereinigte Arabische Emirate.

Barakat Computer Consulting (BCC), Mogadischu, Somalia.

Barakat Consulting Group (BCG), Mogadischu, Somalia.

Barakat Enterprise, 1762, Huy Road, Columbus, Ohio, USA.

Barakat Global Telephone Company, Mogadischu, Somalia; Dubai, Vereinigte Arabische Emirate.

Barakat International Companies (BICO), Mogadischu, Somalia; Dubai, Vereinigte Arabische Emirate.

Barakat Post Express (BPE), Mogadischu, Somalia.

Barakat Refreshment Company, Mogadischu, Somalia; Dubai, Vereinigte Arabische Emirate.

Barakat Telecommunications Company Limited (auch bekannt als BTELCO), Bakara Market, Dar Salaam Buildings, Mogadischu, Somalia; Kievitlaan 16, 't Veld, Noord-Holland, Niederlande.

Barako Trading Company, L. L. C., PO Box 3313, Dubai, Vereinigte Arabische Emirate.

De Afghanistan Momtaz Bank.

Global Service International, 1929 5th Street, Suite 204, Minneapolis, Minnesota, USA.

Harakat Ul-Mujahidin/HUM (auch bekannt als Al-Faran, Al-Hadid, Al-Hadith, Harakat Ul-Ansar, HUA, Harakat Ul-Mujahideen).

Heyatul Ulya, Mogadischu, Somalia.

Islamic Army of Aden.

Islamic Movement of Uzbekistan (IMU) (auch bekannt als IMU).

Jaish-I-Momhammed (auch bekannt als ARMY OF MOHAMMED), Pakistan.

Jamyah Taawun Al-Islamia (auch bekannt als SOCIETY OF ISLAMIC COOPERATION; auch bekannt als JAMIYAT AL TAAWUN AL ISLAMIYYA; auch bekannt als JIT), Kandahar Stadt, Afghanistan.

Libyan Islamic Fighting Group.

Mamoun Darkazanli Import-Export Company (auch bekannt als Darkazanli Company, Darkazanli Export-Import Sonderposten). Uhlenhorster Weg 34, 22085 Hamburg, Deutschland.

Nada Management Organisation S. A. (früher bekannt als Al Taqwa Management Organisation S. A.), Viale Stefano Franscini 22, CH-6900 Lugano (TI), Schweiz.

Parka Trading Company, PO Box 3313, Deira, Dubai, Vereinigte Arabische Emirate.

RABITA TRUST, Büro 9A, zweiter Stock, Wahdat Road, Education Town, Lahore, Pakistan; Wares Colony, Lahore, Pakistan.

Red Sea Barakat Company Limited, Mogadischu, Somalia; Dubai, Vereinigte Arabische Emirate.

Revival Of Islamic Heritage Society (RIHS), auch bekannt als Jamiat Ihia Al-Turath Al-Islamiya, Revival of Islamic Society Heritage On The African Continent, Jamia Ihya Ul Turath; Büros: Pakistan und Afghanistan. Anmerkung: nur die Büros dieser Organisation in Pakistan und Afghanistan werden benannt.

Salafist group for Call and Combat (GSPC) (auch bekannt als Le Groupe Salafiste pour la Prédiction et le Combat).

Somali International Relief Organization, 1806, Riverside Avenue, zweiter Stock, Minneapolis, Minnesota, USA.

Somali Internet Company, Mogadischu, Somalia.

Somali Network AB, Hallybybacken 15, 70 Spanga, Schweden.

Wafa Humanitarian Organisation (auch bekannt als Al Wafa, Al Wafa Organisation, Wafa Al-Igatha Al-Islamia) Jordan house No 125, Street 54, Phase II. Hayatabad, Peshawar, Pakistan. Büros in Saudi-Arabien, Kuwait und den Vereinigten Arabischen Emiraten.

Youssef M. Nada & Co. Gesellschaft m. b. H., Kaerntner Ring 2/2/5/22, A-1010 Wien, Österreich.

Youssef M. Nada, Via Riasc 4, CH-6911 Campione d'Italia I, Schweiz.

Natürliche Personen

(die in Klammern genannten Funktionen entsprechen denen unter dem ehemaligen Taliban-Regime in Afghanistan)

Aazem, Abdul Haiy, Maulavi (Erster Sekretär, Taliban-„Generalkonsulat", Quetta)

Abd al-Hadi al-Iraqi (auch bekannt als Abu Abdallah, Abdal Al-Hadi Al-Iraqi)

Abdul Rahman Yasin (auch bekannt als TAHA, Abdul Rahman S.; auch bekannt als TAHER, Abdul Rahman S.; auch bekannt als YASIN, Abdul Rahman Said; auch bekannt als YASIN, Aboud); geboren am 10.4.1960, Bloomington, Indiana, USA; Sozialversicherungsnummer 156–92–9858 (USA); Pass Nr. 27 082 171 (USA) (ausgestellt am 21.6.1992 in Amman, Jordanien) oder Pass Nr. M0 887 925 (Irak); Staatsangehöriger der USA

Abdullah Ahmed Abdullah (auch bekannt als ABU MARIAM; auch bekannt als AL-MASRI, Abu Mohamed; auch bekannt als SALEH), Afghanistan; geboren 1963, Ägypten; ägyptischer Staatsangehöriger

Abdullkadir, Hussein Mahamud, Florenz, Italien

Abu Hafs the Mauritanian (auch bekannt als Mahfouz Ould al-Walid, Khalid Al-Shanqiti, Mafouz Walad Al-Walid, Mahamedou Ouid Slahi). Geboren 1.1.1975

Abu Zubaydah (auch bekannt als Abu Zubaida, Abd Al-Hadi Al Wahab, Zain Al-Abidin Muhahhad Husain, Zayn Al-Abidin Muhammad Husain, Tariq). Geboren am 12.3.1971, Riad, Saudi-Arabien

Aden, Adirisak, Skaftingebakken 8, 16367 Spanga, Schweden, Geburtsdatum 1. Juni 1968

Agha, Abdul Rahman (Oberster Richter des Militärgerichts)

Agha, Haji Abdul Manan (auch bekannt als Saiyid; Abd Al-Manam), Pakistan Agha, Saed M. Azim, Maulavi (Abteilung für Pass- und Visa-Angelegenheiten)

Agha, Sayyed Ghiassouddine, Maulavi (Minister für Pilger und religiöse Angelegenheiten)

Ahmadi, Haji M., Mullah (Präsident der Da Afghanistan Bank)

Ahmadulla, Qari (Minister für Sicherheit (Intelligence))

Ahmed Khalfan Ghailani (auch bekannt als AHMED THE TANZANIAN; auch bekannt als FOOPIE; auch bekannt als FUPI; auch bekannt als AHMAD, Abu Bakr; auch bekannt als AHMED, A; auch bekannt als AHMED, Abubakar; auch bekannt als AHMED, Abubakar K.; auch bekannt als AHMED, Abubakar Khalfan; auch bekannt als AHMED, Abubakary K.; auch bekannt als AHMED, Ahmed Khalfan; auch bekannt als AL TANZANI, Ahmad; auch bekannt als ALI, Ahmed Khalfan; auch bekannt als BAKR, Abu; auch bekannt als GHAILANI, Abubakary Khalfan Ahmed; auch bekannt als GHAILANI, Ahmed; auch bekannt als GHILANI, Ahmad Khalafan; auch bekannt als HUSSEIN, Mahafudh Abubakar Ahmed Abdallah; auch bekannt als KHABAR, Abu; auch bekannt als KHALFAN, Ahmed; auch bekannt als MOHAMMED, Shariff Omar); geboren am 14.3.1974 oder 13.4.1974 oder 14.4.1974 oder 1.8.1970, Sansibar, Tansania; Staatsangehöriger Tansanias

Ahmed Mohammed Hamed Ali (auch bekannt als ABDUREHMAN, Ahmed Mohammed; auch bekannt als ABU FATIMA; auch bekannt als ABU ISLAM; auch bekannt als ABU KHADIIJAH; auch bekannt als AHMED HAMED; auch bekannt als Ahmed The Egyptian; auch bekannt als AHMED, Ahmed; auch bekannt als AL-MASRI, Ahmad; auch bekannt als AL-SURIR, Abu Islam; auch bekannt als ALI, Mohammed; auch bekannt als ALI, Hamed; auch bekannt als HEMED, Ahmed; auch bekannt als SHIEB, Ahmed; auch bekannt als SHUAIB), Afghanistan; geboren 1965, Ägypten, ägyptischer Staatsangehöriger

Akhund, Ahmed Jan Mullah (Minister für Wasser und Elektrizität)

Akhund, Alhaj Mohammad Essa, Mullah (Minister für Bergbau und Industrie)

Akhund, Attiqullah, Maulavi (Stellvertretender Minister für Landwirtschaft)

Akhund, Dadullah, Maulavi (Minister für Bauwesen)

Akhund, Hadji Ubaidullah, Mullah (Minister für Verteidigung)

Akhund, Mohammad Abbas, Mullah (Minister für Volksgesundheit)

Akhundzada, Mohammad Sediq (Stellvertretender Minister für Märtyrer und Repatriierung)

Al-Hamati, Muhammad (auch bekannt als AL-AHDAL, Mohammad Hamdi Sadiq; auch bekannt als AL-MAKKI, Abu Asim), Jemen

Al-Haq, Amin (auch bekannt als AMIN, Muhammad); auch bekannt als AH HAQ, Dr. Amin; auch bekannt als UL-HAQ, Dr. Amin); geboren 1960, Provinz Nangahar, Afghanistan

Ali, Abbas Abdi, Mogadischu, Somalia

Ali, Abdi Abdulaziz, Drabantvagen 21, 17 750 Spanga, Schweden, geboren am 1. Januar 1955

Ali, Yusaf Ahmed, Hallbybybacken 15, 70 Spanga, Schweden, geboren am 20. November 1974

Al-Jadawi, Saqar. Geboren ca. 1965. Vermutlich jemenitischer und saudischer Staatsangehöriger. Berater von Osama bin Laden

Al-Jaziri, Abu Bakr; Staatsangehörigkeit: Algerisch, Anschrift: Peshawar, Pakistan – verbunden mit dem Afghan Support Committee

Al-Kadr, Ahmad Said (auch bekannt als Abu Abd Al-Rahman, Al-Kanadi). Geboren am 1.3.1948, Kairo, Ägypten. Vermutlich ägyptischer und kanadischer Staatsangehöriger

Allamuddin, Syed (Zweiter Sekretär, Taliban „Generalkonsulat", Peshawar)

Al-Libi Abd Al Mushin, auch bekannt als Ibrahim Ali Muhammad Abu Bakr – verbunden mit dem Afghan Support Committee und der Revival Of Islamic Heritage Society

Al-Qadi, Yasin (auch bekannt als Kadi, Shaykh Yassin Abdullah; auch bekannt als Kahdi, Yasin), Jeddah, Saudi-Arabien

Al-Sharif, Sa'd. geboren ca. 1969, Saudi-Arabien. Schwager und enger Verbündeter von Osama bin Laden. Angeblich Leiter der Finanzorganisation von Osama bin Laden

Amin, Aminullah, Maulavi (Gouverneur der Provinz Saripul)

Aminzai, Shams-us-Safa (Pressezentrum, Außenministerium)

Anafi, Nazirullah, Maulavi (Handelsattaché, Taliban-„Botschaft", Islamabad)

Anas al-Liby (auch bekannt als AL-LIBI, Anas; auch bekannt als AL-RAGHIE, Nazih; auch bekannt als ALRAGHIE, Nazih Abdul Hamed; auch bekannt als AL-SABAI, Anas), Afghanistan; geboren am 30.3.1964 oder 14.5.1964, Tripolis, Libyen; Staatsangehöriger Libyens (Einzelperson)

Anwari, Mohammad Tahre, Mullah (Verwaltungsangelegenheiten)

Aref, Arefullah, Mullah (Stellvertretender Finanzminister)

Asem, Esmatullah, Maulavi, Generalsekretär der Afghan Red Crescent Society (ARCS)

Asem, Sayed Esmatullah, Maulavi (Stellvertretender Minister für die Prävention von Lastern und Propagierung von Tugend)

Atiqullah, Hadji Molla (Stellvertretender Minister für öffentliche Arbeiten)

Aweys, Dahir Ubeidullahi, Via Cipriano Facchinetti 84, Rom, Italien

Aweys, Hassan Dahir (auch bekannt als Ali, Sheikh Hassan Dahir Aweys) (auch bekannt als Awes, Shaykh Hassan Dahir), Geburtsdatum 1935, Staatsangehöriger Somalias

Ayman Al-Zawahari (auch bekannt als Ahmed Fuad Salim, Aiman Muhammad Rabi Al-Zawahiri), Operationeller und militärischer Führer der Jihad-Gruppe. Geboren am 19.6.1951, Gizeh, Ägypten. Pass Nr. 1084010 (Ägypten); alternative Nr. 19820215

Azizirahman (Dritter Sekretär, Botschaft der Taliban, Abu Dhabi)

Baqi, Abdul, Maulavi (Konsularabteilung, Außenministerium)

Baqi, Abdul, Mullah (Stellvertretender Minister für Information und Kultur)

Baradar, Mullah (Stellvertretender Minister für Verteidigung)

Bari, Abdul, Maulavi (Gouverneur der Provinz Helmand)

Bin Marwan, Bilal; geboren 1947

Bin Muhammad, Ayadi Chafiq (auch bekannt als AYADI SHAFIQ, Ben Muhammad; auch bekannt als AYADI CHAFIK, Ben Muhammad; auch bekannt als AIADI, Ben Muhammad; auch bekannt als AIADY, Ben Muhammad), Helene Meyer Ring 10–1415–80809, München, Deutschland; 129 Park Road, London NW8, England; 28 Chaussee De Lille, Mouscron, Belgien; Darvingasse 1/2/58–60, Wien, Österreich; Tunesien; geboren am 21.1.1963, Safais (Sfax), Tunesien

Darkazanli, Mamoun, Uhlenhorster Weg 34, 22085 Hamburg, Deutschland; geboren am 4.8.1958, Aleppo, Syrien; Pass Nr. 1 310 636 262 (Deutschland)

Daud, Mohammad (Verwaltungsattaché, Taliban-„Botschaft", Islamabad)

Delawar, Shahabuddin, Maulavi (Stellvertreter, Oberstes Gericht)

Ehsanullah, Maulavi (Stellvertretender Minister für Sicherheit (Intelligence))

Elmi, Mohammad Azam, Maulavi (Stellvertretender Minister für Bergbau und Industrie)

Eshaq M. (Gouverneur der Provinz Laghman)

Ezatullah, Maulavi (Stellvertretender Minister für Planung)

Fahid Mohammed Ally Msalam (auch bekannt als AL-KINI, Usama; auch bekannt als ALLY, Fahid Mohammed; auch bekannt als MSALAM, Fahad Ally; auch bekannt als MSALAM, Fahid Mohammed Ali; auch bekannt als MSALAM, Mohammed Ally, auch bekannt als MUSALAAM, Fahid Mohammed Ali; auch bekannt als SALEM, Fahid Muhamad Ali); geboren am 19.2.1976, Mombasa, Kenia; Staatsangehöriger Kenias

Faiz, Maulavi (Informationsabteilung, Außenministerium)

Faizan, Faiz Mohammad, Maulavi (Stellvertretender Minister für Handel)

Fauzi, Habibullah (Erster Sekretär, Stellvertretender Missionschef, Taliban-„Botschaft", Islamabad)

Fazul Abdullah Mohammed (auch bekannt als ABDALLA, Fazul; auch bekannt als ADBALLAH, Fazul; auch bekannt als AISHA, Abu; auch bekannt als AL SUDANI, Abu Seif; auch bekannt als ALI, Fadel Abdallah Mohammed; auch bekannt als FAZUL, Abdalla; auch bekannt als FAZUL, Abdallah; auch bekannt als FAZUL, Abdallah

Anhang II
Verzeichnis der zuständigen Behörden nach Artikel 5

BELGIEN

Ministère des finances
Trésorerie
Avenue des Arts 30
B-1040 Bruxelles
Fax (32-2) 233 75 18

Ministère des affaires économiques
Administration des relations économiques
Service Licences
60, rue Général Léman
B-1040 Bruxelles
Tel. (32-2) 206 58 11
Fax (32-2) 230 83 22

DÄNEMARK

Erhvervs-og Boligstyrelsen
Dahlerups Pakhus
Langelinie Alle 17
DK-2100 København Ø
Tel. (45) 35 46 60 00
Fax (45) 35 46 60 01

DEUTSCHLAND

Deutsche Bundesbank
Postfach 10 06 02
D-60006 Frankfurt/Main
Tel. (49-69) 95 66-01
Fax (49-69) 5 60 10 71

GRIECHENLAND

Ministry of National Economy
General Directorate of Economic Policy
5–7 Nikis Street
GR-101 80 Athens
Tel. (30-10) 333 27 81-2
Fax (30-10) 333 28 10, 3 33 27 93
Υπουργείο Εθνικής Οικονομίας
Γενική Διεύθυνση Οικονομικής Πολιτικής
Νίκης 5-7
GR-101 80 Αθήνα
Τηλ.: (00-30-10) 333 27 81-2
Φάξ.: (00-30-10) 333 28 10 / 333 27 93

SPANIEN

Dirección General de Comercio Inversiones
Subdirección General de Inversiones Exteriores
Ministerio de Economía
Paseo de la Castellana, 162
E-28046 Madrid
Tel. (34) 913 49 39 83
Fax (34) 913 49 35 62

Dirección General del Tesoro y Política Financiera
Subdirección General de Inspección y Control de Movimientos de Capitales
Ministerio de Economía
Paseo del Prado, 6
E-28014 Madrid
Tel. (34) 912 09 95 11
Fax (34) 912 09 96 56

FRANKREICH

Ministère de l'économie, des finances et de l'industrie
Direction du Trésor
Service des affaires européennes et internationales
Sous-direction E
139, rue du Bercy
F-75572 Paris Cedex 12
Tel. (33-1) 44 87 17 17
Fax (33-1) 53 18 36 15

IRLAND

Central Bank of Ireland
Financial Markets Department
PO Box 559
Dame Street
Dublin 2
Ireland
Tel. (353-1) 671 66 66

Department of Foreign Affairs
Bilateral Economic Relations Division
76–78 Harcourt Street

Dublin 2
Ireland
Tel. (353-1) 408 24 92

ITALIEN

Ministero dell'Economia e delle Finanze
Comitato di sicurezza finanziaria
Via XX Settembre 97
I-00187 Roma
E-Mail: csf@tesoro.it
Tel. (39 06) 4 761 39 21
Fax (39 06) 4 761 39 32

LUXEMBURG

Ministère des affaires étrangères, du commerce extérieur,
de la coopération, de l'action humanitaire et de la défense
Direction des relations économiques internationales
BP 1602
L-1016 Luxembourg
Tel. (352) 478-1 ou 478-23 50
Fax (352) 22 20 48

Ministère des finances
3, rue de la Congrégation
L-1352 Luxembourg
Tel. (352) 478-27 12
Fax (352) 47 52 41

NIEDERLANDE

Ministerie van Financiën
Directie Wetgeving, Juridische en Bestuurlijke Zaken
Postbus 20 201
2500 EE Den Haag
Nederland
Tel. (31-70) 342 82 27
Fax (31-70) 342 79 05

ÖSTERREICH

Österreichische Nationalbank
Otto-Wagner-Platz 3
A-1090 Wien
Tel. (43-1) 404 20-0
Fax (43-1) 404 20-73 99

Bundesministerium für Inneres – Bundeskriminalamt
Josef-Holaubek-Platz 1
A-1090 Wien
Tel. (43-1) 313 45-0
Fax (43-1) 313 45-852 90

PORTUGAL

Ministério das Finanças
Direcção Geral dos Assuntos Europeus
Relações Internacionais
Avenida Infante D. Henrique, n.o 1, C 2.o
P-1100 Lisboa
Tel. (351-1) 882 32 40/47
Fax (351-1) 882 32 49

Ministério dos Negócios Estrangeiros
Direcção Geral dos Assuntos Multilaterias/
Direcção dos Serviços
das Organizações Políticas Internacionais
Largo do Rilvas
P-1350-179 Lisboa
Tel. (351-21) 394 60 72
Fax (351-21) 394 60 73

FINNLAND

Ulkoasiainministeriö/Utrikesministeriet
PL 176
FIN-00161 Helsinki
Tel. (358-9) 16 05 59 00
Fax (358-9) 16 05 57 07

SCHWEDEN

In Bezug auf Artikel 4:

Rikspolisstyrelsen (RPS)
Box 12256
SE-10226 Stockholm
Tel. (46-8) 401 90 00
Fax (46-8) 401 99 00

In Bezug auf Artikel 5:

Finansinspektionen
Box 7831
SE-10398 Stockholm

Tel. (46-8) 787 80 00
Fax (46-8) 24 13 35

VEREINIGTES KÖNIGREICH

HM Treasury
International Financial Services Team
19 Allington Towers
London SW1E 5EB
United Kingdom
Tel. (44-207) 270 55 50
Fax (44-207) 270 43 65

Export Control and Non-Proliferation Directorate
Department of Trade and Industry
3–4 Abbey Orchard Street
London SW1P 2JJ
United Kingdom
Tel. (44-207) 215 05 10
Fax (44-207) 215 05 11

Bank of England
Financial Sanctions Unit
Threadneedle Street
London EC2R 8AH
United Kingdom
Tel. (44-207) 601 46 07
Fax (44-207) 601 43 09

EUROPÄISCHE GEMEINSCHAFT

Commission of the European Communities
Directorate-General for External Relations
Directorate CFSP
Unit A.2/Mr. A. de Vries
Rue de la Loi/Wetstraat 200
B-1049 Bruxelles/Brussel
Tel. (32-2) 295 68 80
Fax (32-2) 296 75 63
E-Mail: anthonius.de-vries@cec.eu.int

4. Verordnung (EU) Nr. 267/2012 des Rates vom 23. März 2012 über restriktive Maßnahmen gegen Iran und zur Aufhebung der Verordnung (EU) Nr. 961/2010

ABl. (EU) 2012, Nr. L 87/90

Änderungsübersicht

Art der Änderung	Vorschrift, Beschluss oder GASP
Durchführung	VO (EU) Nr. 350/2012
Änderung	VO (EU) Nr. 708/2012
Durchführung	VO (EU) Nr. 709/2012
Durchführung	VO (EU) Nr. 945/2012
Durchführung	VO (EU) Nr. 1016/2012
Änderung	VO (EU) Nr. 1067/2012
Berichtigung	Ber. d. VO (EU) Nr. 267/2012
Änderung	VO (EU) Nr. 1263/2012
Durchführung	VO (EU) Nr. 1264/2012
Durchführung	VO (EU) Nr. 522/2013

DER RAT DER EUROPÄISCHEN UNION —

gestützt auf den Vertrag über die Arbeitsweise der Europäischen Union, insbesondere auf Artikel 215,

gestützt auf den Beschluss 2012/35/GASP des Rates vom 23. Januar 2012 zur Änderung des Beschlusses 2010/413/GASP über restriktive Maßnahmen gegen Iran[1],

auf gemeinsamen Vorschlag der Hohen Vertreterin der Union für Außen- und Sicherheitspolitik und der Europäischen Kommission,

in Erwägung nachstehender Gründe:

(1) Am 25. Oktober 2010 hat der Rat die Verordnung (EU) Nr. 961/2010 über restriktive Maßnahmen gegen Iran und zur Aufhebung der Verordnung (EG) Nr. 423/2007[2] erlassen, um den Beschluss 2010/413/GASP des Rates[3] umzusetzen.

(2) Am 23. Januar 2012 hat der Rat den Beschluss 2012/35/GASP erlassen, in dem, wie vom Europäischen Rat am 9. Dezember 2011 gefordert, zusätzliche restriktive Maßnahmen gegen die Islamische Republik Iran (im Folgenden „Iran") vorgesehen sind.

(3) Zu diesen restriktiven Maßnahmen gehören insbesondere zusätzliche Handelsbeschränkungen für Güter und Technologien mit doppeltem Verwendungszweck sowie für Schlüsselausrüstung und -technologien, die in der petrochemischen Industrie genutzt

1 ABl. L 19 vom 24.1.2012, S. 22.
2 ABl. L 281 vom 27.10.2010, S. 1.
3 ABl. L 195 vom 27.7.2010, S. 39.

werden könnten, ein Einfuhrverbot für iranisches Rohöl, iranische Erdölerzeugnisse und iranische petrochemische Erzeugnisse sowie ein Verbot von Investitionen in die petrochemische Industrie. Ferner sollte der Gold-, Edelmetall- und Diamantenhandel mit der iranischen Regierung sowie die Lieferung neu gedruckter bzw. geprägter Banknoten und Münzen an die iranische Zentralbank oder zu deren Gunsten verboten werden.

(4) Einige technische Änderungen an bestehenden Maßnahmen sind ebenfalls erforderlich geworden. Insbesondere sollte die Definition von „Vermittlungsdienste" präzisiert werden. In den Fällen, in denen der Kauf, der Verkauf, die Lieferung, die Weitergabe oder die Ausfuhr von Gütern und Technologie oder von Finanzdienstleistungen und technischen Dienstleistungen von einer zuständigen Behörde genehmigt werden kann, ist eine gesonderte Genehmigung der zugehörigen Vermittlungsdienste nicht erforderlich.

(5) Die Definition von „Geldtransfers" sollte auf nichtelektronische Transfers ausgedehnt werden, um Versuche zur Umgehung der restriktiven Maßnahmen zu vereiteln.

(6) Die geänderten restriktiven Maßnahmen, die Güter mit doppeltem Verwendungszweck betreffen, sollten alle Güter und Technologien erfassen, die in Anhang I der Verordnung (EG) Nr. 428/2009 des Rates vom 5. Mai 2009 über eine Gemeinschaftsregelung für die Kontrolle der Ausfuhr, der Verbringung, der Vermittlung und der Durchfuhr von Gütern mit doppeltem Verwendungszweck[4] festgelegt sind, mit Ausnahme bestimmter für öffentliche Kommunikationsdienste in Iran verwendeter Artikel der Kategorie 5 Teil 2. Die Verbote gemäß Artikel 2 der vorliegenden Verordnung finden keine Anwendung auf den Verkauf, die Lieferung, die Weitergabe und den Export von neu in den Anhängen I und II der vorliegenden Verordnung aufgeführten Gütern und Technologie, für die vor Inkrafttreten der vorliegenden Verordnung von den zuständigen Behörden der Mitgliedstaaten bereits eine Genehmigung gemäß Artikel 3 der Verordnung (EU) Nr. 961/2010 gewährt wurde.

(7) Zur Sicherstellung der wirksamen Umsetzung des Verbots des Verkaufs, der Lieferung, der Weitergabe und der Ausfuhr nach Iran von bestimmter Schlüsselausrüstung oder -technologien, die in Schlüsselbranchen der Öl-, Erdgas- und petrochemischen Industrie verwendet werden könnten, sollten Listen dieser Schlüsselausrüstung und -technologien aufgestellt werden.

(8) Aus demselben Grund sollten Listen der Artikel aufgestellt werden, die den Handelsbeschränkungen für Rohöl, Erdölerzeugnisse, petrochemische Erzeugnisse, Gold, Edelmetalle und Diamanten unterliegen.

(9) Außerdem sollten Beschränkungen für Investitionen in den iranischen Öl- und Gassektor, damit sie wirksam sind, bestimmte Schlüsseltätigkeiten erfassen, wie beispielsweise Dienstleistungen des Erdgasferntransports zum Zwecke der Durchleitung oder Lieferung an unmittelbar miteinander verbundene Leitungsnetze, und sollten sowohl für Joint Ventures als auch für andere Formen der Vereinigung und Zusammenarbeit mit Iran im Sektor des Erdgastransports gelten.

(10) Damit die Beschränkungen für iranische Investitionen in der Union Wirkung entfalten, müssen Maßnahmen getroffen werden, um zu verbieten, dass der Hoheitsgewalt der Mitgliedstaaten unterstehende natürliche oder juristische Personen, Organisationen oder Einrichtungen solche Investitionen ermöglichen oder genehmigen.

4 ABl. L 134 vom 29.5.2009, S. 1.

(11) Mit dem Beschluss 2012/35/GASP wird zudem das Einfrieren von Vermögenswerten auf weitere Personen, Organisationen und Einrichtungen ausgeweitet, die die iranische Regierung unter anderem finanziell, logistisch oder materiell unterstützen oder mit diesen Personen, Organisationen und Einrichtungen in Verbindung stehen. Mit dem Beschluss werden die Maßnahmen zum Einfrieren von Vermögenswerten auch auf andere Mitglieder des Korps der Iranischen Revolutionsgarde (Iranian Revolutionary Guard Corps – IRGC) ausgeweitet.

(12) Ferner sieht der Beschluss 2012/35/GASP das Einfrieren der Vermögenswerte der iranischen Zentralbank vor. Angesichts der möglichen Beteiligung der iranischen Zentralbank an der Finanzierung des Außenhandels werden Ausnahmeregelungen für notwendig erachtet, da diese gezielte finanzielle Maßnahme nicht Handelsgeschäfte einschließlich Verträge betreffend Lebensmittel, Gesundheitsleistungen und medizinische Ausrüstung sowie für humanitäre Zwecke verhindern sollte, die mit dieser Verordnung im Einklang stehen. Die Ausnahmen nach den Artikeln 12 und 14 dieser Verordnung betreffend Verträge über die Einfuhr, den Erwerb oder die Beförderung iranischen Rohöls, Erdölerzeugnisse und petrochemischer Erzeugnisse, die rechtmäßig vor dem 23. Januar 2012 geschlossen wurden, finden auch auf akzessorische Verträge, einschließlich Beförderungs-, Versicherungs- oder Inspektionsverträge Anwendung, die für die Ausführung solcher Verträge notwendig sind. Darüber hinaus gelten iranisches Rohöl, Erdölerzeugnisse und petrochemische Erzeugnisse, die rechtmäßig gemäß den Ausnahmen nach den Artikeln 12 und 14 dieser Verordnung in einen Mitgliedstaat eingeführt werden, als im freien Verkehr innerhalb der Union befindlich.

(13) Aufgrund der Verpflichtung, die Vermögenswerte der Islamic Republic of Iran Shipping Line (IRISL) und der im Eigentum oder unter der Kontrolle der IRISL stehenden Organisationen einzufrieren, ist es verboten, Schiffe, die im Eigentum der IRISL oder dieser Organisationen stehen oder von dieser bzw. diesen gechartert sind, in Häfen der Mitgliedstaaten zu be- und zu entladen. Darüber hinaus ist im Zusammenhang mit dem Einfrieren der Vermögenswerte der IRISL auch die Übertragung des Eigentums an Schiffen, die im Eigentum oder unter der Kontrolle von Unternehmen der IRISL stehen oder von diesen gechartert sind, an andere Organisationen verboten. Die Verpflichtung, die Gelder und wirtschaftlichen Ressourcen der IRISL und der im Eigentum oder unter der Kontrolle der IRISL stehenden Organisationen einzufrieren, erfordert jedoch weder die Beschlagnahme oder das Festhalten von im Eigentum dieser Organisationen stehenden Schiffen oder deren Ladung, sofern diese Ladung Dritten gehört, noch das Festhalten der von ihnen unter Vertrag genommenen Mannschaft.

(14) Angesichts der Versuche Irans zur Umgehung der Sanktionen sollte klargestellt werden, dass sämtliche Gelder und wirtschaftlichen Ressourcen, die Eigentum oder Besitz der in Anhang I oder II des Beschlusses 2010/413/GASP aufgeführten Personen, Organisationen und Einrichtungen sind oder von diesen gehalten oder kontrolliert werden, unverzüglich einzufrieren sind, einschließlich der Gelder und wirtschaftlichen Ressourcen von Nachfolgeorganisationen, die gegründet wurden, um die in dieser Verordnung festgelegten Maßnahmen zu umgehen.

(15) Es sollte auch klargestellt werden, dass es kein Zurverfügungstellen von Geldern im Sinne dieser Verordnung darstellt, einer Bank die für die Veranlassung einer nach dieser Verordnung zulässigen Zahlung erforderlichen Unterlagen zum Zwecke der endgültigen Übergabe an eine nicht in der Liste aufgeführte Person, Organisation oder Einrichtung vorzulegen oder zu übermitteln.

(16) Es sollte präzisiert werden, dass Gelder und wirtschaftliche Ressourcen für amtliche Zwecke diplomatischer oder konsularischer Vertretungen oder internationaler Organisationen, die nach dem Völkerrecht Immunität genießen, im Einklang mit dieser Verordnung freigegeben werden können sollten.

(17) Die Anwendung gezielter finanzieller Maßnahmen für Anbieter spezialisierter Nachrichtenübermittlungsdienste für den Zahlungsverkehr sollte im Einklang mit dieser Verordnung weiterentwickelt werden.

Es sollte klargestellt werden, dass die Vermögenswerte nicht benannter Personen, Organisationen oder Einrichtungen bei benannten Kredit- und Finanzinstituten nicht in Anwendung der gezielten finanziellen Maßnahmen eingefroren bleiben sollten, sondern unter den in dieser Verordnung vorgesehenen Bedingungen freigegeben werden können sollten.

Angesichts der Versuche Irans, sein Finanzsystem zur Umgehung der Sanktionen zu nutzen, ist es notwendig besondere Wachsamkeit hinsichtlich der Aktivitäten der iranischen Kredit- und Finanzinstitute zu verlangen, um die Umgehung dieser Verordnung, einschließlich des Einfrierens der Vermögenswerte der iranischen Zentralbank, zu verhindern. Diese Pflichten zu besonderer Wachsamkeit der Kredit- und Finanzinstitute ergänzen die bestehenden Verpflichtungen, die sich aus der Verordnung (EG) Nr. 1781/2006 des Europäischen Parlaments und des Rates vom 15. November 2006 über die Übermittlung von Angaben zum Auftraggeber bei Geldtransfers[5] und aus der Umsetzung der Richtlinie 2005/60/EG des Europäischen Parlaments und des Rates vom 26. Oktober 2005 zur Verhinderung der Nutzung des Finanzsystems zum Zwecke der Geldwäsche und der Terrorismusfinanzierung[6] ergeben.

(18) Bestimmte Regelungen über die Kontrolle von Geldtransfers sollten geändert werden, um ihre Anwendung durch die zuständigen Behörden und Wirtschaftsbeteiligten zu erleichtern und die Umgehung der Bestimmungen dieser Verordnung, einschließlich des Einfrierens der Vermögenswerte der iranischen Zentralbank, zu verhindern.

(19) Ferner sollten die Beschränkungen für Versicherungen angepasst werden, insbesondere um klarzustellen, dass die Versicherung diplomatischer und konsularischer Vertretungen in der Union gestattet ist, und um die Bereitstellung von Haftpflicht- und Umwelthaftpflichtversicherungen zu ermöglichen.

(20) Zudem sollte die Pflicht zur Übermittlung von Vorabinformationen über das Eintreffen oder den Abgang von Waren aktualisiert werden, da diese Pflicht infolge der vollständigen Umsetzung der zollrechtlichen Sicherheitsmaßnahmen nach den einschlägigen Bestimmungen der Verordnungen (EWG) Nr. 2913/92[7] und (EWG) Nr. 2454/93[8] über summarische Eingangs- und Ausgangsanmeldungen seit dem 1. Januar 2012 allgemein für alle Waren gilt, die in das oder aus dem Zollgebiet der Union verbracht werden.

(21) Anpassungen sollten auch hinsichtlich der Erbringung von Bunker- und Versorgungsdiensten für Schiffe, der Betreiberhaftung und des Verbots der Umgehung der einschlägigen restriktiven Maßnahmen vorgenommen werden.

---

5 ABl. L 345 vom 8.12.2006, S. 1.
6 ABl. L 309 vom 25.11.2005, S. 15.
7 ABl. L 302 vom 19.10.1992, S. 1.
8 ABl. L 253 vom 11.10.1993, S. 1.

(22) Die Mechanismen für den Informationsaustausch zwischen den Mitgliedstaaten und der Kommission sollten geändert werden, um die wirksame Anwendung und einheitliche Auslegung dieser Verordnung zu gewährleisten.

(23) Das Verbot in Bezug auf Ausrüstungen, die zur internen Repression verwendet werden können, sollte in Anbetracht seiner Ziele nicht in dieser Verordnung, sondern in der Verordnung (EU) Nr. 359/2011 über restriktive Maßnahmen gegen bestimmte Personen, Organisationen und Einrichtungen angesichts der Lage in Iran[9] geregelt werden.

(24) Aus Gründen der Klarheit sollte die Verordnung (EU) Nr. 961/2010 aufgehoben und durch die vorliegende Verordnung ersetzt werden.

(25) Da die in dieser Verordnung vorgesehenen restriktiven Maßnahmen in den Geltungsbereich des Vertrags über die Arbeitsweise der Europäischen Union fallen, sind für ihre Umsetzung Rechtsvorschriften auf Unionsebene erforderlich, insbesondere, um ihre einheitliche Anwendung durch die Wirtschaftsbeteiligten in allen Mitgliedstaaten zu gewährleisten.

(26) Diese Verordnung steht mit den Grundrechten und Grundsätzen im Einklang, die insbesondere mit der Charta der Grundrechte der Europäischen Union anerkannt wurden, insbesondere mit dem Recht auf einen wirksamen Rechtsbehelf und ein unparteiisches Gericht, dem Eigentumsrecht und dem Recht auf Schutz personenbezogener Daten. Diese Verordnung sollte unter Wahrung dieser Rechte und Grundsätze angewandt werden.

(27) Diese Verordnung achtet ferner die Verpflichtungen der Mitgliedstaaten im Rahmen der Charta der Vereinten Nationen sowie den rechtlich bindenden Charakter der Resolutionen des Sicherheitsrats der Vereinten Nationen.

(28) Im Rahmen des Verfahrens für die Benennung von Personen, deren Vermögenswerte nach dieser Verordnung eingefroren werden, sollte unter anderem vorgesehen werden, dass den benannten natürlichen und juristischen Personen, Organisationen und Einrichtungen die Gründe für ihre Aufnahme in die Listen mitgeteilt werden, um ihnen Gelegenheit zur Stellungnahme zu geben. Wenn Stellungnahmen unterbreitet oder stichhaltige neue Beweise vorgelegt werden, sollte der Rat seinen Beschluss im Lichte dieser Stellungnahmen überprüfen und die betreffenden Personen, Organisationen und Einrichtungen unterrichten.

(29) Zur Durchführung dieser Verordnung sollten im Interesse größtmöglicher Rechtssicherheit in der Union die Namen und die übrigen sachdienlichen Angaben zu den natürlichen und juristischen Personen, Organisationen und Einrichtungen, deren Gelder und wirtschaftliche Ressourcen nach der Verordnung einzufrieren sind, veröffentlicht werden. Die Verarbeitung personenbezogener Daten natürlicher Personen nach dieser Verordnung sollte im Einklang mit der Verordnung (EG) Nr. 45/2001 des Europäischen Parlaments und des Rates vom 18. Dezember 2000 zum Schutz natürlicher Personen bei der Verarbeitung personenbezogener Daten durch die Organe und Einrichtungen der Gemeinschaft und zum freien Datenverkehr[10] und der Richtlinie 95/46/EG des Europäischen Parlaments und des Rates vom 24. Oktober 1995 zum Schutz natürlicher Personen bei der Verarbeitung personenbezogener Daten und zum freien Datenverkehr[11] erfolgen.

9 ABl. L 100 vom 14.4.2011, S. 1.
10 ABl. L 8 vom 12.1.2001, S. 1.
11 ABl. L 281 vom 23.11.1995, S. 31.

(30) Damit die Wirksamkeit der in dieser Verordnung vorgesehenen Maßnahmen gewährleistet ist, sollte diese Verordnung am Tag ihrer Veröffentlichung in Kraft treten

HAT FOLGENDE VERORDNUNG ERLASSEN:

KAPITEL I
BEGRIFFSBESTIMMUNGEN

Artikel 1

Im Sinne dieser Verordnung bezeichnet der Ausdruck

a) „Zweigniederlassung" eines Finanz- oder Kreditinstituts eine Betriebsstelle, die einen rechtlich unselbständigen Teil eines Finanz- oder Kreditinstituts bildet und unmittelbar sämtliche oder einen Teil der Geschäfte betreibt, die mit der Tätigkeit eines Finanz- oder Kreditinstituts verbunden sind;

b) „Vermittlungsdienste"

   i. die Aushandlung oder Veranlassung von Transaktionen zum Kauf, zum Verkauf oder zur Lieferung von Gütern und Technologien oder von Finanzdienstleistungen oder technischen Dienstleistungen, auch von einem Drittland aus in ein anderes Drittland, oder

   ii. den Verkauf oder Kauf von Gütern und Technologien oder von Finanzdienstleistungen oder technischen Dienstleistungen, auch dann wenn sie sich in Drittländern befinden, zwecks Verbringung in ein anderes Drittland;

c) „Anspruch" jede vor oder nach Inkrafttreten dieser Verordnung erhobene Forderung, die mit der Durchführung eines Vertrags oder einer Transaktion im Zusammenhang steht, und unabhängig davon, ob sie gerichtlich geltend gemacht wird oder wurde, und umfasst insbesondere

   i. Forderungen auf Erfüllung einer Verpflichtung aus oder in Verbindung mit einem Vertrag oder einer Transaktion,

   ii. Forderungen auf Verlängerung oder Zahlung einer finanziellen Garantie oder Gegengarantie in jeglicher Form,

   iii. Ansprüche auf Schadensersatz in Verbindung mit einem Vertrag oder einer Transaktion,

   iv. Gegenansprüche,

   v. Forderungen auf Anerkennung oder Vollstreckung – auch im Wege der Zwangsvollstreckung – von Gerichtsurteilen, Schiedssprüchen oder gleichwertigen Entscheidungen, ungeachtet des Ortes, an dem sie ergangen sind;

d) „Vertrag oder Transaktion" jedes Geschäft, ungeachtet der Form und des anwendbaren Rechts, bei dem dieselben oder verschiedene Parteien einen oder mehrere Verträge abschließen oder vergleichbare Verpflichtungen eingehen; als „Vertrag" gelten auch alle Garantien, insbesondere finanzielle Garantien und Gegengarantien, sowie Kredite, rechtlich unabhängig oder nicht, ebenso alle Nebenvereinbarungen, die auf einem solchen Geschäft beruhen oder mit diesem im Zusammenhang stehen;

e) „zuständige Behörden" die auf den in Anhang X aufgeführten Websites angegebenen zuständigen Behörden der Mitgliedstaaten;

f) „Kreditinstitut" ein Kreditinstitut im Sinne von Artikel 4 Nummer 1 der Richtlinie 2006/48/EG des Europäischen Parlaments und des Rates vom 14. Juni 2006 über die Aufnahme und Ausübung der Tätigkeit der Kreditinstitute[12] einschließlich seiner Zweigniederlassungen innerhalb und außerhalb der Union;

g) „Zollgebiet der Union" das Gebiet im Sinne von Artikel 3 der Verordnung (EWG) Nr. 2913/92 des Rates vom 12. Oktober 1992 zur Festlegung des Zollkodex der Gemeinschaften[13] und der Verordnung (EWG) Nr. 2454/93 der Kommission vom 2. Juli 1993 mit Durchführungsvorschriften zur Verordnung (EWG) Nr. 2913/92[14];

h) „Kreditinstitut" ein Kreditinstitut im Sinne von Artikel 4 Nummer 1 der Richtlinie 2006/48/EG des Europäischen Parlaments und des Rates vom 14. Juni 2006 über die Aufnahme und Ausübung der Tätigkeit der Kreditinstitute;

i) „Zollgebiet der Union" das Gebiet im Sinne von Artikel 3 der Verordnung (EWG) Nr. 2913/92 des Rates vom 12. Oktober 1992 zur Festlegung des Zollkodex der Gemeinschaften und der Verordnung (EWG) Nr. 2454/93 der Kommission vom 2. Juli 1993 mit Durchführungsvorschriften zur Verordnung (EWG) Nr. 2913/92;

j) „wirtschaftliche Ressourcen" Vermögenswerte jeder Art, unabhängig davon, ob sie materiell oder immateriell, beweglich oder unbeweglich sind, bei denen es sich nicht um Gelder handelt, die aber für den Erwerb von Geldern, Waren oder Dienstleistungen verwendet werden können;

k) „Finanzinstitut"

   i. ein anderes Unternehmen als ein Kreditinstitut, das eines oder mehrere der unter Nummern 2 bis 12, 14 und 15 des Anhangs I der Richtlinie 2006/48/EG aufgeführten Geschäfte tätigt, einschließlich der Tätigkeiten einer Wechselstube (bureau de change),

   ii. ein Versicherungsunternehmen, das nach der Richtlinie 2009/138/EG des Europäischen Parlaments und des Rates vom 25. November 2009 betreffend die Aufnahme und Ausübung der Versicherungs- und der Rückversicherungstätigkeit (Solvabilität II)[15] ordnungsgemäß zugelassen ist, soweit es Tätigkeiten ausübt, die unter jene Richtlinie fallen,

   iii. eine Wertpapierfirma im Sinne von Artikel 4 Absatz 1 Nummer 1 der Richtlinie 2004/39/EG des Europäischen Parlaments und des Rates vom 21. April 2004 über Märkte für Finanzinstrumente[16],

   iv. einen Organismus für die gemeinsame Anlage in Wertpapieren, der seine Anteilscheine oder Anteile vertreibt, oder

   v. einen Versicherungsvermittler im Sinne von Artikel 2 Nummer 5 der Richtlinie 2002/92/EG des Europäischen Parlaments und des Rates vom 9. Dezember 2002 über Versicherungsvermittlung[17] mit Ausnahme der in Artikel 2 Nummer 7 jener Richtlinie genannten Versicherungsvermittler, wenn sie im

12 ABl. L 177 vom 30.6.2006, S. 1.
13 ABl. L 302 vom 19.10.1992, S. 1.
14 ABl. L 253 vom 11.10.1993, S. 1.
15 ABl. L 335 vom 17.12.2009, S. 1.
16 ABl. L 145 vom 30.4.2004, S. 1.
17 ABl. L 9 vom 15.1.2003, S. 3.

Zusammenhang mit Lebensversicherungen und anderen Dienstleistungen mit Anlagezweck tätig werden,

einschließlich seine bzw. ihre Zweigniederlassungen innerhalb und außerhalb der Union;

l) „Einfrieren von wirtschaftlichen Ressourcen" die Verhinderung ihrer Verwendung für den Erwerb von Geldern, Waren oder Dienstleistungen, die auch den Verkauf, das Vermieten oder das Verpfänden dieser Ressourcen einschließt, sich aber nicht darauf beschränkt;

m) „Einfrieren von Geldern" die Verhinderung jeglicher Form der Bewegung, des Transfers, der Veränderung und der Verwendung von Geldern sowie des Zugangs zu ihnen oder ihres Einsatzes, wodurch das Volumen, die Höhe, die Belegenheit, das Eigentum, der Besitz, die Eigenschaften oder die Zweckbestimmung der Gelder verändert oder sonstige Veränderungen bewirkt werden, die eine Nutzung der Gelder einschließlich der Vermögensverwaltung ermöglichen;

n) „Gelder" finanzielle Vermögenswerte und Vorteile jeder Art, die Folgendes einschließen, aber nicht darauf beschränkt sind:

   i. Bargeld, Schecks, Geldforderungen, Wechsel, Zahlungsanweisungen und andere Zahlungsmittel,

   ii. Einlagen bei Finanzinstituten oder anderen Einrichtungen, Guthaben auf Konten, Zahlungsansprüche und verbriefte Forderungen,

   iii. öffentlich und privat gehandelte Wertpapiere und Schuldtitel einschließlich Aktien und Anteilen, Wertpapierzertifikate, Obligationen, Schuldscheine, Optionsscheine, Pfandbriefe und Derivate,

   iv. Zinserträge, Dividenden und andere Einkünfte oder Wertzuwächse aus Vermögenswerten,

   v. Kredite, Rechte auf Verrechnung, Bürgschaften, Vertragserfüllungsgarantien und andere finanzielle Ansprüche,

   vi. Akkreditive, Konnossemente, Übereignungsurkunden und

   vii. Dokumente zur Verbriefung von Anteilen an Fondsvermögen oder anderen Finanzressourcen;

o) „Güter" auch Artikel, Materialien und Ausrüstung;

p) „Versicherung" eine verbindliche oder vertragliche Verpflichtung, wonach eine natürliche oder juristische Person oder mehrere natürliche oder juristische Personen gegen Entrichtung eines Entgelts einer anderen Person oder anderen Personen im Falle des Eintretens des Versicherungsfalls eine in der Verpflichtung festgelegte Entschädigungs- oder Versicherungsleistung zu erbringen hat bzw. haben;

q) „iranische Person, Organisation oder Einrichtung"

   i. den iranischen Staat und jede Behörde dieses Staates,

   ii. jede natürliche Person mit Aufenthaltsort oder Wohnsitz in Iran,

   iii. jede juristische Person, Organisation oder Einrichtung mit Sitz in Iran,

   iv. jede juristische Person, Organisation oder Einrichtung innerhalb oder außerhalb Irans, die sich im Eigentum oder unter der direkten oder indirekten Kontrolle einer oder mehrerer der vorgenannten Personen oder Einrichtungen befinden;

r) „Rückversicherung" die Tätigkeit der Übernahme von Risiken, die von einem Versicherungsunternehmen oder einem anderen Rückversicherungsunternehmen abgegeben werden, oder im Falle der als Lloyd's bezeichneten Vereinigung von Versicherern die Tätigkeit der Übernahme von Risiken, die von einem Mitglied von Lloyd's abgetreten werden, durch ein nicht der als Lloyd's bezeichneten Vereinigung von Versicherern angehörendes Versicherungs- oder Rückversicherungsunternehmen;

s) „Sanktionsausschuss" den Ausschuss des Sicherheitsrats der Vereinten Nationen, der mit Nummer 18 der Resolution 1737 (2006) des Sicherheitsrats der Vereinten Nationen („VN-Sicherheitsrat") eingesetzt wurde;

t) „technische Hilfe" jede technische Unterstützung im Zusammenhang mit Reparaturen, Entwicklung, Herstellung, Montage, Erprobung, Wartung oder jeder anderen technischen Dienstleistung, wobei diese in Form von Anleitung, Beratung, Ausbildung, Weitergabe von praktischen Kenntnissen oder Fertigkeiten oder in Form von Beratungsdiensten erfolgen kann, einschließlich Hilfe in verbaler Form;

u) „Gebiet der Union" die Hoheitsgebiete der Mitgliedstaaten, in denen der Vertrag Anwendung findet, nach Maßgabe der im Vertrag festgelegten Bedingungen, einschließlich ihres Luftraums;

v) „Geldtransfer"

   i. jede Transaktion, die im Namen eines Auftraggebers über einen Zahlungsverkehrsdienstleister auf elektronischem Weg mit dem Ziel abgewickelt wird, einem Begünstigten bei einem Zahlungsverkehrsdienstleister einen Geldbetrag zur Verfügung zu stellen, unabhängig davon, ob Auftraggeber und Begünstigter dieselbe Person sind. Dabei gelten für die Begriffe „Auftraggeber", „Begünstigter" und „Zahlungsverkehrsdienstleister" die Begriffsbestimmungen der Richtlinie 2007/64/EG des Europäischen Parlaments und des Rates vom 13. November 2007 über Zahlungsdienste im Binnenmarkt[18],

   ii. jede Transaktion, die auf nichtelektronischem Weg wie Bargeld, Schecks oder Buchführungsanweisungen mit dem Ziel abgewickelt wird, einem Begünstigten einen Geldbetrag zur Verfügung zu stellen, unabhängig davon, ob Auftraggeber und Begünstigter dieselbe Person sind.

KAPITEL II
AUSFUHR- UND EINFUHRBESCHRÄNKUNGEN

Artikel 2

(1) Es ist verboten, die in Anhang I oder II aufgeführten Güter und Technologien mit oder ohne Ursprung in der Union unmittelbar oder mittelbar an iranische Personen, Organisationen oder Einrichtungen oder zur Verwendung in Iran zu verkaufen, zu liefern, weiterzugeben oder auszuführen.

(2) In Anhang I werden Güter und Technologien, einschließlich Software, aufgeführt, bei denen es sich um Güter oder Technologien mit doppeltem Verwendungszweck im Sinne

18 ABl. L 319 vom 5.12.2007, S. 1.

der Verordnung (EG) Nr. 428/2009 handelt, mit Ausnahme bestimmter Güter und Technologien, die in Anhang I Teil A der vorliegenden Verordnung aufgeführt sind.

(2a) Der betreffende Mitgliedstaat unterrichtet die anderen Mitgliedstaaten und die Kommission innerhalb von vier Wochen von den gemäß der Verordnung (EG) Nr. 428/2009 gewährten Genehmigungen hinsichtlich der Güter und Technologien nach Anhang I Teil A dieser Verordnung.

(3) In Anhang II werden sonstige Güter und Technologien aufgeführt, die zu Tätigkeiten Irans im Zusammenhang mit Anreicherung, Wiederaufbereitung oder Schwerwasser, zur Entwicklung von Trägersystemen für Kernwaffen oder zu Tätigkeiten im Zusammenhang mit anderen Fragen, bezüglich derer die Internationale Atomenergie-Organisation (IAEO) Besorgnis geäußert hat oder die von ihr als noch offen bezeichnet werden, beitragen könnten, einschließlich der vom VN-Sicherheitsrat der Vereinten Nationen oder vom Sanktionsausschuss bestimmten Güter und Technologien.

(4) In den Anhängen I und II werden keine Güter und Technologien aufgeführt, die in der Gemeinsamen Militärgüterliste der Europäischen Union[19] („Gemeinsame Militärgüterliste") aufgeführt sind.

Artikel 3

(1) Die in Anhang III aufgeführten Güter und Technologien mit oder ohne Ursprung in der Union dürfen nur mit vorheriger Genehmigung unmittelbar oder mittelbar an iranische Personen, Organisationen oder Einrichtungen oder zur Verwendung in Iran verkauft, geliefert, weitergegeben oder ausgeführt werden.

(2) Für alle nach diesem Artikel genehmigungspflichtigen Ausfuhren wird die Genehmigung von den zuständigen Behörden des Mitgliedstaats, in dem der Ausführer niedergelassen ist, und nach den Vorgaben des Artikels 11 der Verordnung (EG) Nr. 428/2009 erteilt. Die Genehmigung ist in der gesamten Union gültig.

(3) In Anhang III sind andere als die in den Anhängen I und II aufgeführten Güter und Technologien aufgeführt, die zu Tätigkeiten im Zusammenhang mit Anreicherung, Wiederaufbereitung oder Schwerwasser, zur Entwicklung von Trägersystemen für Kernwaffen oder zu Tätigkeiten im Zusammenhang mit anderen Fragen, bezüglich derer die IAEO Besorgnis geäußert hat oder die von ihr als noch offen bezeichnet werden, beitragen könnten.

(4) Die Ausführer übermitteln den zuständigen Behörden alle erforderlichen Angaben zu ihrem Antrag auf Erteilung einer Ausfuhrgenehmigung.

(5) Die zuständigen Behörden erteilen keine Genehmigung für den Verkauf, die Lieferung, die Weitergabe oder die Ausfuhr der in Anhang III aufgeführten Güter und Technologien, wenn sie hinreichende Gründe für die Feststellung haben, dass der Verkauf, die Lieferung, die Weitergabe oder die Ausfuhr dieser Güter und Technologien dazu bestimmt ist oder dazu bestimmt sein kann, zu einer der folgenden Tätigkeiten beizutragen:

a) Tätigkeiten Irans im Zusammenhang mit Anreicherung, Wiederaufbereitung oder Schwerwasser,

b) Entwicklung von Trägersystemen für Kernwaffen durch Iran oder

19 ABl. C 69 vom 18.3.2010, S. 19.

c) Tätigkeiten Irans im Zusammenhang mit anderen Fragen, bezüglich deren die IAEO Besorgnis geäußert hat oder die von ihr als noch offen bezeichnet werden.

(6) Unter den Voraussetzungen des Absatzes 5 können die zuständigen Behörden eine von ihnen erteilte Ausfuhrgenehmigung für ungültig erklären, aussetzen, ändern oder widerrufen.

(7) Sofern eine zuständige Behörde nach Absatz 5 oder 6 eine Genehmigung ablehnt, für ungültig erklärt, aussetzt, erheblich einschränkt oder widerruft, so meldet der betreffende Mitgliedstaat dies den anderen Mitgliedstaaten und der Kommission und macht ihnen die einschlägigen Informationen zugänglich; dabei beachtet er die die Vertraulichkeit dieser Informationen betreffenden Bestimmungen der Verordnung (EG) Nr. 515/97 des Rates vom 13. März 1997 über die gegenseitige Amtshilfe zwischen Verwaltungsbehörden der Mitgliedstaaten und die Zusammenarbeit dieser Behörden mit der Kommission im Hinblick auf die ordnungsgemäße Anwendung der Zoll- und der Agrarregelung[20].

(8) Bevor ein Mitgliedstaat eine Genehmigung nach Absatz 5 für eine Transaktion erteilt, die im Wesentlichen die gleiche ist wie eine Transaktion, die einer noch gültigen Ablehnung unterliegt, die von einem anderen Mitgliedstaat oder von anderen Mitgliedstaaten nach den Absätzen 6 und 7 erteilt wurde, konsultiert er zunächst die Mitgliedstaaten, die die Ablehnung erteilt haben. Beschließt der betroffene Mitgliedstaat nach diesen Konsultationen, die Genehmigung zu erteilen, so unterrichtet er die anderen Mitgliedstaaten und die Kommission hiervon und übermittelt ihnen alle zur Erläuterung seines Beschlusses sachdienlichen Informationen.

Artikel 4

Es ist verboten, die in Anhang I oder II aufgeführten Güter und Technologien unmittelbar oder mittelbar von Iran zu erwerben, aus Iran einzuführen oder aus Iran zu befördern, unabhängig davon, ob es sich um Ursprungserzeugnisse Irans handelt oder nicht.

Artikel 5

(1) Es ist verboten,

a) für iranische Personen, Organisationen oder Einrichtungen oder zur Verwendung in Iran unmittelbar oder mittelbar technische Hilfe im Zusammenhang mit den in der Gemeinsamen Militärgüterliste aufgeführten Gütern und Technologien oder im Zusammenhang mit der Bereitstellung, Herstellung, Wartung und Verwendung der in dieser Liste aufgeführten Güter zu erbringen,

b) für iranische Personen, Organisationen oder Einrichtungen oder zur Verwendung in Iran unmittelbar oder mittelbar technische Hilfe oder Vermittlungsdienste im Zusammenhang mit den in Anhang I oder II aufgeführten Gütern und Technologien oder im Zusammenhang mit der Bereitstellung, Herstellung, Wartung und Verwendung der in Anhang I oder II aufgeführten Güter zu erbringen, und

c) für iranische Personen, Organisationen oder Einrichtungen oder zur Verwendung in Iran unmittelbar oder mittelbar Finanzmittel oder Finanzhilfe, insbesondere in Form von Zuschüssen, Darlehen und Ausfuhrkreditversicherungen, für den Verkauf, die Lieferung, die Weitergabe oder die Ausfuhr von in der

20 ABl. L 82 vom 22.3.1997, S. 1.

Gemeinsamen Militärgüterliste oder in Anhang I oder II aufgeführten Gütern und Technologien oder für die Erbringung von damit verbundener technischer Hilfe bereitzustellen.

(2) Einer Genehmigung durch die betreffende zuständige Behörde bedarf

a) die unmittelbare und mittelbare Erbringung von technischer Hilfe oder Vermittlungsdiensten im Zusammenhang mit den in Anhang III aufgeführten Gütern und Technologien und mit der Bereitstellung, Herstellung, Wartung und Verwendung dieser Artikel für iranische Personen, Organisationen oder Einrichtungen oder zur Verwendung in Iran,

b) die unmittelbare oder mittelbare Bereitstellung von Finanzmitteln oder Finanzhilfe, insbesondere in Form von Zuschüssen, Darlehen und Ausfuhrkreditversicherungen, im Zusammenhang mit den in Anhang III aufgeführten Gütern und Technologien, die für den Verkauf, die Lieferung, die Weitergabe oder die Ausfuhr dieser Artikel oder für die Erbringung von damit verbundener technischer Hilfe bestimmt sind, für iranische Personen, Organisationen oder Einrichtungen oder zur Verwendung in Iran.

(3) Die zuständigen Behörden erteilen keine Genehmigung für die in Absatz 2 genannten Transaktionen, wenn sie hinreichende Gründe für die Feststellung haben, dass die Handlung dazu bestimmt ist oder dazu bestimmt sein kann, zu einer der folgenden Tätigkeiten beizutragen:

a) Tätigkeiten Irans im Zusammenhang mit Anreicherung, Wiederaufbereitung oder Schwerwasser,

b) Entwicklung von Trägersystemen für Kernwaffen durch Iran oder

c) Tätigkeiten Irans im Zusammenhang mit anderen Fragen, bezüglich deren die IAEO Besorgnis geäußert hat oder die von ihr als noch offen bezeichnet werden.

Artikel 6

Artikel 2 Absatz 1 und Artikel 5 Absatz 1 gelten nicht für

a) die unmittelbare oder mittelbare Weitergabe von unter Anhang I Teil B fallenden Gütern über das Hoheitsgebiet von Mitgliedstaaten, wenn diese Güter für einen Leichtwasserreaktor in Iran, mit dessen Bau vor Dezember 2006 begonnen wurde, an Iran oder zur Verwendung in Iran verkauft, geliefert, weitergegeben oder ausgeführt werden,

b) Transaktionen, die vom IAEO-Programm für technische Zusammenarbeit in Auftrag gegeben werden, oder

c) Güter, die aufgrund von Verpflichtungen der Vertragsstaaten im Rahmen des Pariser Übereinkommens vom 13. Januar 1993 über das Verbot der Entwicklung, Herstellung, Lagerung und des Einsatzes chemischer Waffen und über die Vernichtung solcher Waffen an Iran geliefert oder übertragen werden bzw. zur Verwendung in Iran bestimmt sind.

d) die Erfüllung bis zum 15. April 2013 von vor dem 22 Dezember 2012 geschlossenen Verträgen über den Verkauf, die Lieferung, die Weitergabe oder die Ausfuhr von in Anhang I Teil C aufgeführten Gütern und Technologien oder von akzessorischen Verträgen, die für die Erfüllung solcher Verträge erforderlich sind,

e) die Erfüllung bis zum 15. April 2013 von vor dem 22. Dezember 2012 geschlossenen Verträgen über die Bereitstellung von technischer Hilfe oder von Finanzmitteln oder Finanzhilfe im Zusammenhang mit in Anhang I Teil C aufgeführten Gütern und Technologien.

Artikel 7

(1) Unbeschadet des Artikels 1 Buchstabe b der Verordnung (EU) Nr. 359/2011 können die zuständigen Behörden die Genehmigung für eine Güter und Technologien betreffende Transaktion im Sinne von Artikel 2 Absatz 1 der vorliegenden Verordnung oder für Hilfe oder Vermittlungsdienste im Sinne von Artikel 5 Absatz 1 unter ihnen geeignet erscheinenden Bedingungen erteilen, vorausgesetzt,

a) die Güter und Technologien bzw. die Hilfe oder die Vermittlungsdienste dienen Nahrungszwecken, landwirtschaftlichen, medizinischen oder humanitären Zwecken und

b) der Sanktionsausschuss hat in den Fällen, in denen die Transaktion Güter oder Technologien betrifft, die in den Listen der Gruppe der Kernmaterial-Lieferländer oder des Trägertechnologie-Kontrollregimes aufgeführt sind, vorher im Einzelfall festgestellt, dass die Transaktion eindeutig nicht zur Entwicklung von Technologien, die die proliferationsrelevanten nuklearen Tätigkeiten Irans unterstützen, oder zur Entwicklung von Trägersystemen für Kernwaffen beitragen würde.

(2) Der betreffende Mitgliedstaat unterrichtet die anderen Mitgliedstaaten und die Kommission innerhalb von vier Wochen von den nach diesem Artikel gewährten Genehmigungen.

Artikel 8

(1) Es ist verboten, die in den Anhängen VI und VIa aufgeführte Schlüsselausrüstung oder -technologie unmittelbar oder mittelbar an iranische Personen, Organisationen oder Einrichtungen oder zur Verwendung in Iran zu verkaufen, zu liefern, weiterzugeben oder auszuführen.

(2) In den Anhängen VI und VIa sind Schlüsselausrüstung und -technologie für die folgenden Schlüsselbranchen der Öl- und Gasindustrie in Iran aufgeführt:

a) Exploration von Erdöl und Erdgas,

b) Förderung von Erdöl und Erdgas,

c) Raffination,

d) Verflüssigung von Erdgas.

(3) In den Anhängen VI und VIa sind auch Schlüsselausrüstung und -technologie für die petrochemische Industrie in Iran aufgeführt.

(4) In den Anhängen VI und VIa sind keine Artikel aufgeführt, die in der Gemeinsamen Militärgüterliste oder in Anhang I, II oder III aufgeführt sind.

Artikel 9

Es ist verboten,

a) für iranische Personen, Organisationen oder Einrichtungen oder zur Verwendung in Iran unmittelbar oder mittelbar technische Hilfe oder Vermittlungsdienste im Zusammenhang mit Schlüsselausrüstung und -technologien, die in den Anhängen VI und VIa aufgeführt sind, oder im Zusammenhang mit der Bereitstellung, Herstellung, Wartung und Verwendung der in Anhang VI aufgeführten Güter zu erbringen;

b) für iranische Personen, Organisationen oder Einrichtungen oder zur Verwendung in Iran unmittelbar oder mittelbar Finanzmittel oder Finanzhilfe im Zusammenhang mit der in den Anhängen VI und VIa aufgeführten Schlüsselausrüstung und -technologien bereitzustellen.

Artikel 10

(1) Die Verbote der Artikel 8 und 9 gelten nicht für

a) die Durchführung von Transaktionen bis zum 15. April 2013, die aufgrund eines Handelsvertrags, der vor dem 27. Oktober 2010 geschlossen wurde und die in Anhang VI aufgeführte Schlüsselausrüstung oder -technologie für die Exploration von Erdöl und Erdgas, die Förderung von Erdöl und Erdgas, die Raffination und die Verflüssigung von Erdgas betrifft, oder akzessorischer Verträge, die für die Erfüllung solcher Verträge erforderlich sind, oder aufgrund eines Vertrags oder einer Vereinbarung, der bzw. die vor dem 26. Juli 2010 geschlossen wurde und eine vor dem 26. Juli 2010 getätigte Investition in Iran betrifft, verpflichtend sind, und stehen auch nicht der Erfüllung von Verpflichtungen aus diesen Verträgen bzw. Vereinbarungen entgegen,

b) die Durchführung von Transaktionen bis zum 15. April 2013, die aufgrund eines Handelsvertrags, der vor dem 24. März 2012 geschlossen wurde und die in Anhang VI aufgeführte Schlüsselausrüstung oder -technologie für die petrochemische Industrie betrifft, oder akzessorischer Verträge, die für die Erfüllung solcher Verträge erforderlich sind, oder aufgrund eines Vertrags oder einer Vereinbarung, der bzw. die vor dem 23. Januar 2012 geschlossen wurde und eine vor dem 23. Januar 2012 getätigte Investition in Iran betrifft, verpflichtend sind, und stehen auch nicht der Erfüllung von Verpflichtungen aus diesen Verträgen bzw. Vereinbarungen entgegen,

c) die Durchführung von Transaktionen bis zum 15. April 2013, die aufgrund eines Handelsvertrags verpflichtend sind, der die in Anhang VIa aufgeführte Schlüsselausrüstung oder -technologie für die Exploration von Erdöl und Erdgas, die Förderung von Erdöl und Erdgas, die Raffination und die Verflüssigung von Erdgas und für die petrochemische Industrie betrifft, vor dem 16. Oktober geschlossen wurde und der eine Investition in Iran in die Exploration von Erdöl und Erdgas, die Förderung von Erdöl und Erdgas und die Raffination und Verflüssigung von Erdgas vor dem 26. Juli 2010 oder der eine vor dem 23. Januar 2012 getätigte Investition in Iran in die petrochemische Industrie betrifft, und stehen auch nicht der Erfüllung von Verpflichtungen aus diesen Verträgen bzw. Vereinbarungen entgegen oder

d) die Erbringung technischer Hilfe, die ausschließlich für den Aufbau von in Einklang mit Buchstaben a, b und c gelieferter Ausrüstung oder Technologie bestimmt ist, sofern die natürliche oder juristische Person, Organisation oder Einrichtung, die eine solche Transaktion vornehmen oder Hilfe zu einer solchen Transaktion leisten will, die Transaktion bzw. Hilfe mindestens 20 Arbeitstage vorher bei der zuständigen Behörde des Mitgliedstaats, in dem sie niedergelassen ist, gemeldet hat.

(2) Die Verbote gemäß Artikeln 8 und 9 lassen die Erfüllung von Verpflichtungen aus den in Artikel 12 Absatz 1 Buchstabe b und Artikel 14 Absatz 1 Buchstabe b genannten Verträgen unberührt, sofern sich diese Verpflichtungen aus Dienstleistungsverträgen oder akzessorischen Verträgen, die für ihre Erfüllung erforderlich sind, ergeben und sofern die Erfüllung dieser Verpflichtungen vorher von der betreffenden zuständigen Behörde genehmigt wurde und der betreffende Mitgliedstaat den anderen Mitgliedstaaten und die Kommission von ihrer Absicht, die Genehmigung zu erteilen, unterrichtet hat.

Artikel 10a

(1) Es ist verboten, die in Anhang VIb aufgeführte Marine-Schlüsselausrüstung oder Technologie unmittelbar oder mittelbar an iranische Personen, Organisationen oder Einrichtungen oder zur Verwendung in Iran zu verkaufen, zu liefern, weiterzugeben oder auszuführen.

(2) In Anhang VIb sind wesentliche Schiffsausrüstung und -technologie für den Bau, die Instandhaltung oder die Umrüstung von Schiffen einschließlich Ausrüstung und Technologie für den Bau von Öltankschiffen aufgeführt.

Artikel 10b

(1) Es ist verboten,

a) für iranische Personen, Organisationen oder Einrichtungen oder zur Verwendung in Iran unmittelbar oder mittelbar technische Hilfe oder Vermittlungsdienste im Zusammenhang mit der in Anhang VIb aufgeführten Schlüsselausrüstung und -technologie oder im Zusammenhang mit der Bereitstellung, Herstellung, Wartung und Verwendung der in Anhang VIb aufgeführten Güter zu erbringen;

b) für iranische Personen, Organisationen oder Einrichtungen oder zur Verwendung in Iran unmittelbar oder mittelbar Finanzmittel oder Finanzhilfe im Zusammenhang mit der in Anhang VIb aufgeführten Schlüsselausrüstung und -technologie bereitzustellen.

Artikel 10c

(1) Die Verbote der Artikel 10a und 10b lassen die Lieferung von Schlüsselausrüstung und -technologie für ein Schiff unberührt, das nicht im Eigentum oder unter der Kontrolle von iranischen Personen, Organisationen oder Einrichtungen steht und das aufgrund höherer Gewalt einen Hafen in Iran anlaufen oder in die iranischen Hoheitsgewässer einlaufen musste.

(2) Die Verbote der Artikel 10a und 10b gelten nicht für die Erfüllung bis zum 15. Februar 2013 von vor dem 22. Dezember 2012 geschlossenen Verträgen oder von akzessorischen Verträgen, die für die Erfüllung solcher Verträge erforderlich sind.

Artikel 10d

(1) Es ist verboten, in Anhang VIIa aufgeführte Software unmittelbar oder mittelbar an iranische Personen, Organisationen oder Einrichtungen oder zur Verwendung in Iran zu verkaufen, zu liefern, weiterzugeben oder auszuführen.

(2) In Anhang VIIa ist Software für die Integration industrieller Prozesse aufgeführt, die für unter der direkten oder indirekten Kontrolle des Korps der Islamischen Revolutionsgarde stehende Branchen relevant ist oder die für das Nuklear- oder Militärprogramm Irans oder sein Programm für ballistische Raketen relevant ist.

Artikel 10e

(1) Es ist verboten,

a) für iranische Personen, Organisationen oder Einrichtungen oder zur Verwendung in Iran unmittelbar oder mittelbar technische Hilfe oder Vermittlungsdienste im Zusammenhang mit der in Anhang VIIa aufgeführten Software oder im Zusammenhang mit der Bereitstellung, Herstellung, Wartung und Verwendung der in Anhang VIIa aufgeführten Güter zu erbringen;

b) für iranische Personen, Organisationen oder Einrichtungen oder zur Verwendung in Iran unmittelbar oder mittelbar Finanzmittel oder Finanzhilfe im Zusammenhang mit der in Anhang VIIa aufgeführten Software bereitzustellen.

Artikel 10f

(1) Die Verbote der Artikel 10d und 10e gelten nicht für die Erfüllung bis zum 15. Januar 2013 von vor dem 22. Dezember 2012 geschlossenen Verträgen oder von akzessorischen Verträgen, die für die Erfüllung solcher Verträge erforderlich sind.

Artikel 11

(1) Es ist verboten,

a) Rohöl oder Erdölerzeugnisse in die Union einzuführen,
   i. bei denen es sich um Ursprungserzeugnisse Irans handelt oder
   ii. die aus Iran ausgeführt wurden,

b) Rohöl oder Erdölerzeugnisse zu erwerben, die sich in Iran befinden oder bei denen es sich um Ursprungserzeugnisse Irans handelt,

c) Rohöl oder Erdölerzeugnisse zu befördern, bei denen es sich um Ursprungserzeugnisse Irans handelt oder die aus Iran in ein anderes Land ausgeführt werden, und

d) unmittelbar oder mittelbar Finanzmittel oder Finanzhilfe, einschließlich Finanzderivaten, sowie Versicherungen und Rückversicherungen im Zusammenhang mit der Einfuhr, dem Erwerb oder der Beförderung von Rohöl und Erdölerzeugnissen, die iranischen Ursprungs sind oder aus Iran eingeführt wurden, bereitzustellen.

(2) Der Ausdruck „Rohöl und Erdölerzeugnisse" bezeichnet die in Anhang IV aufgeführten Erzeugnisse.

Artikel 12

(1) Die Verbote des Artikels 11 gelten nicht für:

a) die Erfüllung bis zum 1. Juli 2012 von vor dem 23. Januar 2012 geschlossenen Handelsverträgen und von akzessorischen Verträgen, die für die Erfüllung dieser Verträge erforderlich sind,

b) die Erfüllung von vor dem 23. Januar 2012 geschlossenen Verträgen oder von akzessorischen Verträgen, die für die Erfüllung dieser Verträge erforderlich sind, wenn in einem solchen Vertrag ausdrücklich vorgesehen ist, dass die Lieferung iranischen Rohöls und iranischer Erdölerzeugnisse oder die Erlöse aus ihrer Lieferung der Zahlung ausstehender Beträge an Personen, Organisationen oder Einrichtungen, die der Hoheitsgewalt der Mitgliedstaaten unterstehen, dient,

c) Rohöl oder Erdölerzeugnisse, die vor dem 23. Januar 2012 bzw. im Falle einer Ausfuhr nach Buchstabe a am oder vor dem 1. Juli 2012 aus Iran ausgeführt wurden, oder wenn die Ausfuhr gemäß Buchstabe b erfolgte,

d) den Erwerb von Bunkeröl, das von einem anderen Drittland als Iran hergestellt und geliefert wurde und das für den Antrieb von Schiffsmotoren bestimmt ist,

e) den Erwerb von Bunkeröl für den Antrieb von Schiffsmotoren, der durch höhere Gewalt in einen Hafen in Iran oder in iranische Hoheitsgewässer verbracht worden ist.

vorausgesetzt, die Person, Organisation oder Einrichtung, die den betreffenden Vertrag gemäß Buchstaben a, b und c erfüllen will, hat die Tätigkeit oder Transaktion mindestens 20 Arbeitstage vorher bei der zuständigen Behörde des Mitgliedstaats, in dem sie niedergelassen ist, gemeldet.

(2) Das Verbot nach Artikel 11 Absatz 1 Buchstabe d gilt bis zum 1. Juli 2012 weder unmittelbar noch mittelbar für Haftpflicht- und Umwelthaftpflichtversicherungen sowie Rückversicherungen.

Artikel 13

(1) Es ist verboten,

a) petrochemische Erzeugnisse in die Union einzuführen,

   i. bei denen es sich um Ursprungserzeugnisse Irans handelt oder

   ii. die aus Iran ausgeführt wurden,

b) petrochemische Erzeugnisse zu erwerben, die sich in Iran befinden oder bei denen es sich um Ursprungserzeugnisse Irans handelt,

c) petrochemische Erzeugnisse zu befördern, sofern es sich um Ursprungserzeugnisse Irans handelt oder sie aus Iran in ein anderes Land ausgeführt werden, und

d) unmittelbar oder mittelbar Finanzmittel oder Finanzhilfe, einschließlich Finanzderivaten, sowie Versicherungen und Rückversicherungen, im Zusammenhang mit der Einfuhr, dem Erwerb oder der Beförderung von petrochemischen Erzeugnissen, bei denen es sich um Ursprungserzeugnisse Irans handelt oder die aus dem Iran eingeführt wurden.

(2) Petrochemische Erzeugnisse bezeichnet die in Anhang V aufgeführten Erzeugnisse.

Artikel 14

(1) Die Verbote des Artikels 13 gelten nicht für

a) die Erfüllung von vor dem 23. Januar 2012 geschlossenen Handelsverträgen und von akzessorischen Verträgen, die für die Erfüllung dieser Verträge erforderlich sind, bis zum 1. Mai 2012,

b) die Erfüllung von vor dem 23. Januar 2012 geschlossenen Verträgen und von akzessorischen Verträgen, einschließlich Beförderungs- und Versicherungsverträgen, die für die Erfüllung dieser Verträge erforderlich sind, wenn in einem Vertrag ausdrücklich vorgesehen ist, dass die Lieferung iranischer petrochemischer Erzeugnisse oder die Erlöse aus ihrer Lieferung der Zahlung ausstehender Beträge an Personen, Organisationen oder Einrichtungen dient, die der Hoheitsgewalt der Mitgliedstaaten unterstehen,

c) petrochemische Erzeugnisse, die vor dem 23. Januar 2012 bzw. im Falle einer Ausfuhr nach Buchstabe a am oder vor dem 1. Mai 2012 aus Iran ausgeführt wurden, oder wenn die Ausfuhr gemäß Buchstabe b erfolgte,

vorausgesetzt, die Person, Organisation oder Einrichtung, die den betreffenden Vertrag erfüllen will, hat die Tätigkeit oder Transaktion mindestens 20 Arbeitstage vorher bei der zuständigen Behörde des Mitgliedstaats, in dem sie niedergelassen ist, gemeldet.

(2) Das Verbot nach Artikel 13 Absatz 1 Buchstabe d gilt bis zum 1. Mai 2012 weder unmittelbar noch mittelbar für Haftpflicht- und Umwelthaftpflichtversicherungen sowie Rückversicherungen.

Artikel 14a

(1) Es ist verboten,

a) Erdgas, bei dem es sich um ein Ursprungserzeugnis Irans handelt oder das aus Iran ausgeführt worden ist, zu erwerben, zu befördern oder in die Union einzuführen,

b) Tauschgeschäfte mit Erdgas vorzunehmen, bei dem es sich um ein Ursprungserzeugnis Irans handelt oder das aus Iran ausgeführt worden ist,

c) unmittelbar oder mittelbar Vermittlungsdienste, Finanzmittel oder Finanzhilfe, einschließlich Finanzderivaten, sowie Versicherungen und Rückversicherungen und Vermittlungsdienste für Versicherungen und Rückversicherungen im Zusammenhang mit den Tätigkeiten nach Buchstaben a oder b anzubieten.

(2) Das Verbot gemäß Absatz 1 gilt nicht für:

a) Erdgas, das aus einem anderen Staat als Iran ausgeführt worden ist, wenn das ausgeführte Gas mit Gas, bei dem es sich um ein Ursprungserzeugnis Irans handelt, innerhalb der Infrastruktur eines anderen Staates als Iran verbunden worden ist,

b) den Erwerb von Erdgas innerhalb Irans durch Staatsangehörige der Mitgliedstaaten zu zivilen Zwecken, einschließlich Wohnraumbeheizung oder -stromversorgung oder zur Versorgung von diplomatischen Missionen, oder

c) die Erfüllung von Verträgen für die Lieferung von Erdgas, bei dem es sich um ein Ursprungserzeugnis eines anderen Staates als Irans handelt, in die Union.

(3) Der Ausdruck „Erdgas" bezeichnet die in Anhang IVa aufgeführten Erzeugnisse.

(4) Für die Zwecke des Absatzes 1 bedeutet „Vornahme eines Tauschgeschäfts" den Austausch von Erdgasströmen unterschiedlichen Ursprungs.

Artikel 15

(1) Es ist verboten,

a) Gold, Edelmetalle und Diamanten, die in Anhang VII aufgeführt sind, mit oder ohne Ursprung in der Union unmittelbar oder mittelbar an die iranische Regierung, ihre öffentlichen Einrichtungen, Unternehmen und Agenturen, jegliche Personen, Organisationen oder Einrichtungen, die in ihrem Namen oder auf ihre Anweisung handeln, oder Organisationen oder Einrichtungen, die in ihrem Eigentum oder unter ihrer Kontrolle stehen, zu verkaufen, zu liefern, weiterzugeben oder auszuführen,

b) Gold, Edelmetalle und Diamanten, die in Anhang VII aufgeführt sind, mit oder ohne Ursprung in der Union unmittelbar oder mittelbar von der iranischen Regierung, ihren öffentlichen Einrichtungen, Unternehmen und Agenturen, und jegliche Personen, Organisationen oder Einrichtungen, die in ihrem Namen oder auf ihre Anweisung handeln, oder Organisationen oder Einrichtungen, die in ihrem Eigentum oder unter ihrer Kontrolle stehen, zu erwerben, einzuführen oder zu befördern, und

c) für die iranische Regierung, ihre öffentlichen Einrichtungen, Unternehmen und Agenturen und jegliche Personen, Organisationen oder Einrichtungen, die in ihrem Namen oder auf ihre Anweisung handeln, oder Organisationen oder Einrichtungen, die in ihrem Eigentum oder unter ihrer Kontrolle stehen, unmittelbar oder mittelbar technische Hilfe, Vermittlungsdienste, Finanzmittel oder Finanzhilfe im Zusammenhang mit den unter den Buchstaben a und b genannten Gütern bereitzustellen.

(2) In Anhang VII werden Gold, Edelmetalle und Diamanten aufgeführt, für die die Verbote des Absatzes 1 gelten.

Artikel 15a

(1) Es ist verboten, Grafit und Rohmetalle oder Metallhalberzeugnisse, die in Anhang VIIb aufgeführt sind, unmittelbar oder mittelbar an iranische Personen, Organisationen oder Einrichtungen oder zur Verwendung in Iran zu verkaufen, zu liefern, weiterzugeben oder auszuführen.

(2) In Anhang VIIB sind Grafit und Rohmetalle oder Metallhalberzeugnisse wie Aluminium und Stahl aufgeführt, die für unter der direkten oder indirekten Kontrolle des Korps der Islamischen Revolutionsgarde stehende Branchen relevant sind oder die für das Nuklear- oder Militärprogramm Irans oder sein Programm für ballistische Raketen relevant sind.

(3) Das Verbot des Absatzes 1 gilt nicht für die in den Anhängen I, II und III aufgeführten Güter.

Artikel 15b

(1) Es ist verboten,

a) für iranische Personen, Organisationen oder Einrichtungen oder zur Verwendung in Iran unmittelbar oder mittelbar technische Hilfe oder Vermittlungsdienste im Zusammenhang mit den in Anhang VIIb aufgeführten Gütern oder im Zusammenhang mit der Bereitstellung, Herstellung, Wartung und Verwendung der in Anhang VIIb aufgeführten Güter zu erbringen;

b) für iranische Personen, Organisationen oder Einrichtungen oder zur Verwendung in Iran unmittelbar oder mittelbar Finanzmittel oder Finanzhilfe im Zusammenhang mit den in Anhang VIIb aufgeführten Gütern bereitzustellen.

(2) Das Verbot des Absatzes 1 gilt nicht für die in den Anhängen I, II und III aufgeführten Güter.

Artikel 15c

Die Verbote des Artikels 15a gelten nicht für die Erfüllung bis zum 15. April 2013 von vor dem 22. Dezember 2012 geschlossenen Verträgen oder von akzessorischen Verträgen, die für die Erfüllung solcher Verträge erforderlich sind.

Artikel 16

Es ist verboten, auf die iranische Landeswährung lautende neu gedruckte bzw. geprägte oder noch nicht ausgegebene Banknoten und geprägte Münzen unmittelbar oder mittelbar an die iranische Zentralbank oder zu deren Gunsten zu verkaufen, zu liefern, weiterzugeben oder auszuführen.

KAPITEL III
FINANZIERUNGSBESCHRÄNKUNGEN FÜR BESTIMMTE UNTERNEHMEN

Artikel 17

(1) Folgendes ist verboten:

a) die Gewährung von Darlehen oder Krediten an in Absatz 2 genannte iranische Personen, Organisationen oder Einrichtungen,

b) der Erwerb oder die Ausweitung von Beteiligungen an in Absatz 2 genannten iranischen Personen, Organisationen oder Einrichtungen,

c) die Gründung von Joint Ventures mit in Absatz 2 genannten iranischen Personen, Organisationen oder Einrichtungen.

(2) Das Verbot des Absatzes 1 gilt für iranische Personen, Organisationen und Einrichtungen, die beteiligt sind

a) an der Herstellung von in der Gemeinsamen Militärgüterliste oder in Anhang I oder II aufgeführten Gütern oder Technologien,

b) an der Exploration oder Förderung von Erdöl und Erdgas, der Raffination von Brennstoffen oder der Verflüssigung von Erdgas, oder

c) an der petrochemischen Industrie.

(3) Nur für die Zwecke des Absatzes 2 Buchstabe b und c gelten folgende Begriffsbestimmungen:

a) „Exploration von Erdöl und Erdgas" umfasst die Exploration, Prospektion und Bewirtschaftung von Erdöl- und Erdgasvorkommen sowie das Bereitstellen geologischer Dienstleistungen bezüglich solcher Vorkommen;

b) „Förderung von Erdöl und Erdgas" umfasst Dienstleistungen des Erdgasferntransports zum Zwecke der Durchleitung oder Lieferung an unmittelbar miteinander verbundene Leitungsnetze;

c) „Raffination" bezeichnet die Verarbeitung, Aufbereitung oder Vorbereitung für den abschließenden Verkauf von Brennstoffen an den Endverbraucher;

d) „petrochemische Industrie" bezeichnet die Produktionsanlagen zur Herstellung von Erzeugnissen in Anhang V.

(4) Es ist verboten, eine Zusammenarbeit mit iranischen Personen, Organisationen oder Einrichtungen aufzunehmen, die im Bereich des Erdgastransports im Sinne von Absatz 3 Buchstabe b tätig sind.

(5) Für die Zwecke des Absatzes 4 bezeichnet der Ausdruck „Zusammenarbeit"

a) die Teilung der Investitionskosten in einer integrierten oder gesteuerten Lieferkette für die Belieferung mit oder die Lieferung von Erdgas unmittelbar aus dem oder in das Hoheitsgebiet Irans und

b) die unmittelbare Zusammenarbeit für die Zwecke der Tätigung von Investitionen in Erdgasverflüssigungsanlagen, die sich im Hoheitsgebiet Irans befinden oder direkt mit dem Hoheitsgebiet Irans verbunden sind.

Artikel 18

(1) Für im Wege der in Artikel 17 Absatz 1 genannten Transaktionen getätigte Investitionen in iranische Personen, Organisationen oder Einrichtungen, die an der Herstellung von in Anhang III aufgeführten Gütern oder Technologien beteiligt sind, ist eine Genehmigung durch die zuständige Behörde erforderlich.

(2) Die zuständigen Behörden erteilen die Genehmigung für die in Absatz 1 genannten Transaktionen nicht, wenn sie hinreichende Gründe für die Feststellung haben, dass die Handlung zu einer der folgenden Tätigkeiten beitragen würde:

a) Tätigkeiten Irans im Zusammenhang mit Anreicherung, Wiederaufbereitung oder Schwerwasser,

b) Entwicklung von Trägersystemen für Kernwaffen durch Iran oder

c) Tätigkeiten Irans im Zusammenhang mit anderen Fragen, bezüglich deren die IAEO Besorgnis geäußert hat oder die von ihr als noch offen bezeichnet werden.

Artikel 19

(1) Abweichend von Artikel 17 Absatz 2 Buchstabe a können die zuständigen Behörden die Genehmigung für eine im Wege der in Artikel 17 Absatz 1 genannten Transaktionen getätigte Investition unter ihnen geeignet erscheinenden Bedingungen erteilen, sofern die folgenden Voraussetzungen erfüllt sind:

a) die Investition dient Nahrungszwecken, landwirtschaftlichen, medizinischen oder anderen humanitären Zwecken, und

b) der Sanktionsausschuss hat in den Fällen, in denen es um eine Investition in eine iranische Person, Organisation oder Einrichtung geht, die an der Herstellung von Gütern oder Technologien beteiligt ist, die in den Listen der Gruppe der Kernmaterial-Lieferländer und des Trägertechnologie-Kontrollregimes aufgeführt sind, vorher im Einzelfall festgestellt, dass die Transaktion eindeutig nicht zur Entwicklung von Technologien, die die proliferationsrelevanten nuklearen Tätigkeiten Irans unterstützen, oder zur Entwicklung von Trägersystemen für Kernwaffen beitragen würde.

(2) Der betreffende Mitgliedstaat unterrichtet die anderen Mitgliedstaaten und die Kommission innerhalb von vier Wochen von den nach diesem Artikel gewährten Genehmigungen.

Artikel 20

Artikel 17 Absatz 2 Buchstabe b gilt nicht für die Gewährung von Darlehen oder Krediten oder den Erwerb oder die Ausweitung von Beteiligungen, wenn die folgenden Voraussetzungen erfüllt sind:

a) die Transaktion ist aufgrund einer Vereinbarung oder eines Vertrags erforderlich, die bzw. der vor dem 26. Juli 2010 geschlossen wurde, und

b) die zuständige Behörde ist über die Vereinbarung oder den Vertrag mindestens 20 Arbeitstage vorher unterrichtet worden.

Artikel 21

Artikel 17 Absatz 2 Buchstabe c gilt nicht für die Gewährung von Darlehen oder Krediten oder den Erwerb oder die Ausweitung von Beteiligungen, wenn die folgenden Voraussetzungen erfüllt sind:

a) die Transaktion ist aufgrund einer Vereinbarung oder eines Vertrags erforderlich, die bzw. der vor dem 23. Januar 2012 geschlossen wurde, und

b) die zuständige Behörde ist über die Vereinbarung oder den Vertrag mindestens 20 Arbeitstage vorher unterrichtet worden.

Artikel 22

Es ist verboten, durch Abschluss einer Vereinbarung oder auf sonstige Weise zu akzeptieren oder zu genehmigen, dass eine oder mehrere iranische Personen, Organisationen oder Einrichtungen einem Unternehmen, das eine der nachstehend aufgeführten Tätigkeiten ausübt, ein Darlehen oder einen Kredit gewähren, eine Beteiligung an einem solchen Unternehmen erwerben bzw. ausweiten oder ein Joint Venture mit einem solchen Unternehmen gründen:

a) Abbau von Uran,

b) Anreicherung von Uran und Wiederaufbereitung von Uran,

c) Herstellung von Gütern oder Technologien, die in den Listen der Gruppe der Kernmaterial-Lieferländer oder des Trägertechnologie-Kontrollregimes aufgeführt sind.

KAPITEL IV
EINFRIEREN VON GELDERN UND WIRTSCHAFTLICHEN RESSOURCEN

Artikel 23

(1) Sämtliche Gelder und wirtschaftlichen Ressourcen, die Eigentum oder Besitz der in Anhang VIII aufgeführten Personen, Organisationen und Einrichtungen sind oder von diesen gehalten oder kontrolliert werden, werden eingefroren. In Anhang VIII sind die vom VN-Sicherheitsrat oder vom Sanktionsausschuss nach Nummer 12 der Resolution 1737 (2006) des VN-Sicherheitsrats, Nummer 7 der Resolution 1803 (2008) des VN-Sicherheits-

rats oder Nummer 11, 12 oder 19 der Resolution 1929 (2010) des VN-Sicherheitsrats benannten Personen, Organisationen und Einrichtungen aufgeführt.

(2) Sämtliche Gelder und wirtschaftlichen Ressourcen, die Eigentum oder Besitz der in Anhang IX aufgeführten Personen, Organisationen und Einrichtungen sind oder von diesen gehalten oder kontrolliert werden, werden eingefroren. In Anhang IX sind die natürlichen und juristischen Personen, Organisationen und Einrichtungen aufgeführt, in Bezug auf die festgestellt wurde, dass sie im Sinne von Artikel 20 Absatz 1 Buchstaben b und c des Beschlusses 2010/413/GASP des Rates

a) an den proliferationsrelevanten nuklearen Tätigkeiten Irans oder der Entwicklung von Trägersystemen für Kernwaffen durch Iran beteiligt sind, direkt damit in Verbindung stehen oder Unterstützung dafür bereitstellen, auch durch die Beteiligung an der Beschaffung verbotener Güter und Technologien, oder im Eigentum oder unter der Kontrolle einer solchen Person, Organisation oder Einrichtung stehen

b) natürliche oder juristische Personen, Organisationen oder Einrichtungen sind, die einer in der Liste aufgeführten Person, Organisation oder Einrichtung bei der Umgehung oder Verletzung dieser Verordnung, des Beschlusses 2010/413/GASP des Rates oder der Resolutionen 1737 (2006), 1747 (2007), 1803 (2008) und 1929 (2010) des VN-Sicherheitsrats behilflich waren;

c) Mitglieder des Korps der Islamischen Revolutionsgarde sind oder juristische Personen, Organisationen oder Einrichtungen, die im Eigentum oder unter der Kontrolle des Korps der Islamischen Revolutionsgarde oder eines oder mehrerer seiner Mitglieder stehen, oder natürliche oder juristische Personen, die in ihrem Namen handeln oder Versicherungs- oder sonstige wesentliche Dienstleistungen für sie erbringen;

d) sonstige Personen, Organisationen oder Einrichtungen sind, die die iranische Regierung beispielsweise materiell, logistisch oder finanziell unterstützen, oder Organisationen, die in ihrem Eigentum oder unter ihrer Kontrolle stehen, oder Personen, die mit ihnen in Verbindung stehen;

e) juristische Personen, Organisationen oder Einrichtungen sind, die im Eigentum oder unter der Kontrolle der Islamic Republic of Iran Shipping Lines (IRISL) stehen oder natürliche oder juristische Personen, Organisationen oder Einrichtungen, die in ihrem Namen handeln.

Aufgrund der Verpflichtung, die Gelder und wirtschaftlichen Ressourcen der IRISL und der im Eigentum oder unter der Kontrolle der IRISL stehenden benannten Organisationen einzufrieren, ist es verboten, Schiffe, die im Eigentum der IRISL oder dieser Organisationen stehen oder von dieser bzw. diesen gechartert sind, in Häfen der Mitgliedstaaten zu be- und zu entladen.

Die Verpflichtung, die Gelder und wirtschaftlichen Ressourcen der IRISL und der im Eigentum oder unter der Kontrolle der IRISL stehenden benannten Organisationen einzufrieren, erfordert weder die Beschlagnahme oder das Festhalten von im Eigentum dieser Organisationen stehenden Schiffen oder deren Ladung, sofern diese Ladung Dritten gehört, noch das Festhalten der von ihnen unter Vertrag genommenen Mannschaft.

(3) Den in Anhang VIII und IX aufgeführten natürlichen und juristischen Personen, Organisationen und Einrichtungen dürfen weder unmittelbar noch mittelbar Gelder oder wirtschaftliche Ressourcen zur Verfügung gestellt werden oder zugutekommen.

(4) Unbeschadet der in Artikel 24, 25, 26, 27, 28, 28a oder 29 vorgesehenen Ausnahmeregelungen ist es verboten, den in den Anhängen VIII und IX aufgeführten natürlichen und juristischen Personen, Organisationen und Einrichtungen spezialisierte Nachrichtenübermittlungsdienste für den Zahlungsverkehr zu erbringen, die für den Austausch von Finanzdaten verwendet werden.

(5) Die Anhänge VIII und IX enthalten die vom Sicherheitsrat oder vom Sanktionsausschuss angegebenen Gründe für die Aufnahme der betreffenden Personen, Organisationen und Einrichtungen in die Liste.

(6) Die Anhänge VIII und IX enthalten, soweit verfügbar, auch die vom Sicherheitsrat oder vom Sanktionsausschuss bereitgestellten Angaben, die für die Identifizierung der betreffenden natürlichen und juristischen Personen, Organisationen oder Einrichtungen erforderlich sind. In Bezug auf natürliche Personen können diese Angaben Namen, einschließlich Aliasnamen, Geburtsdatum und -ort, Staatsangehörigkeit, Reisepass- und Personalausweisnummern, Geschlecht, Anschrift, soweit bekannt, sowie Funktion oder Beruf umfassen. In Bezug auf juristische Personen, Organisationen und Einrichtungen können diese Angaben Namen, Ort und Datum der Registrierung, Registriernummer und Geschäftsort umfassen. In Bezug auf Luftverkehrs- und Schifffahrtsgesellschaften enthalten die Anhänge VIII und IX, soweit verfügbar, auch die Angaben, die für die Identifizierung der Schiffe oder Luftfahrzeuge, die einem in der Liste aufgeführten Unternehmen gehören, erforderlich sind, zum Beispiel Registriernummer oder Name. Die Anhänge VIII und IX enthalten auch den Tag der Benennung.

Artikel 24

(1) Abweichend von Artikel 23 können die zuständigen Behörden die Freigabe bestimmter eingefrorener Gelder oder wirtschaftlicher Ressourcen genehmigen, wenn die folgenden Voraussetzungen erfüllt sind:

a) die Gelder oder wirtschaftlichen Ressourcen sind Gegenstand eines Sicherungs- oder Zurückbehaltungsrechts, das vor dem Tag, an dem die in Artikel 23 genannte Person, Organisation oder Einrichtung vom Sanktionsausschuss, vom Sicherheitsrat oder vom Rat benannt wurde, von einem Gericht, einer Verwaltungsstelle oder einem Schiedsgericht angeordnet oder festgestellt wurde, oder sie sind Gegenstand einer vor diesem Tag ergangenen Entscheidung eines Gerichts, einer Verwaltungsstelle oder eines Schiedsgerichts,

b) die Gelder oder wirtschaftlichen Ressourcen werden im Rahmen der geltenden Gesetze und sonstigen Rechtsvorschriften über die Rechte des Gläubigers ausschließlich für die Erfüllung der Ansprüche verwendet, die durch ein solches Sicherungs- oder Zurückbehaltungsrecht gesichert sind oder deren Bestehen in einer solchen Entscheidung festgestellt worden ist,

c) das Sicherungs- oder Zurückbehaltungsrecht oder die Entscheidung kommt nicht einer in Anhang VIII oder IX aufgeführten Person, Organisation oder Einrichtung zugute,

d) die Feststellung des Sicherungs- oder Zurückbehaltungsrechts oder der Entscheidung steht nicht im Widerspruch zur öffentlichen Ordnung des betreffenden Mitgliedstaats, und

e) im Falle des Artikels 23 Absatz 1 hat der Mitgliedstaat das Sicherungs- oder Zurückbehaltungsrecht bzw. die Entscheidung dem Sanktionsausschuss notifiziert.

Artikel 25

Schuldet eine in Anhang VIII oder IX aufgeführte Person, Organisation oder Einrichtung Zahlungen aufgrund von Verträgen, Vereinbarungen oder Verpflichtungen, die von der betreffenden Person, Organisation oder Einrichtung vor dem Tag geschlossen wurden bzw. für sie entstanden sind, an dem diese Person, Organisation oder Einrichtung vom Sanktionsausschuss, vom Sicherheitsrat oder vom Rat benannt wurde, so können die zuständigen Behörden abweichend von Artikel 23 die Freigabe bestimmter eingefrorener Gelder oder wirtschaftlicher Ressourcen unter ihnen geeignet erscheinenden Bedingungen genehmigen, wenn die folgenden Voraussetzungen erfüllt sind:

a) die betreffende zuständige Behörde hat festgestellt, dass
   i. die Gelder oder wirtschaftlichen Ressourcen für eine von einer in Anhang VIII oder IX aufgeführten Person, Organisation oder Einrichtung geschuldete Zahlung verwendet werden sollen,
   ii. die Zahlung nicht zu einer nach dieser Verordnung verbotenen Tätigkeit beiträgt. Wenn die Zahlung als Gegenleistung für eine Handelstätigkeit, die bereits ausgeführt worden ist, dient und die zuständige Behörde eines anderen Mitgliedstaats zuvor bestätigt hatte, dass die Tätigkeit zu der Zeit ihrer Ausführung nicht verboten war, wird nach dem ersten Anschein davon ausgegangen, dass die Zahlung nicht zu einer verbotenen Tätigkeit beiträgt, und
   iii. die Zahlung nicht gegen Artikel 23 Absatz 3 verstößt, und

b) im Falle des Artikels 23 Absatz 1 hat der betreffende Mitgliedstaat diese Feststellung und seine Absicht, die Genehmigung zu erteilen, dem Sanktionsausschuss notifiziert, und dieser hat nicht innerhalb von zehn Arbeitstagen nach dieser Notifizierung Einwände dagegen erhoben.

Artikel 26

(1) Abweichend von Artikel 23 können die zuständigen Behörden die Freigabe bestimmter eingefrorener Gelder oder wirtschaftlicher Ressourcen oder die Bereitstellung bestimmter Gelder oder wirtschaftlicher Ressourcen unter ihnen geeignet erscheinenden Bedingungen genehmigen, wenn die folgenden Voraussetzungen erfüllt sind:

a) die betreffende zuständige Behörde hat festgestellt, dass die Gelder oder wirtschaftlichen Ressourcen
   i. für die Befriedigung der Grundbedürfnisse der in Anhang VIII oder IX aufgeführten Personen und ihrer unterhaltsberechtigten Familienangehörigen, unter anderem für die Bezahlung von Nahrungsmitteln, Mieten oder Hypotheken, Medikamenten und medizinischer Behandlung, Steuern, Versicherungsprämien und Gebühren öffentlicher Versorgungseinrichtungen, erforderlich sind,
   ii. ausschließlich der Bezahlung angemessener Honorare und der Erstattung von Ausgaben im Zusammenhang mit der Bereitstellung rechtsbesorgender Dienstleistungen dienen,

iii. ausschließlich der Bezahlung von Gebühren oder Dienstleistungskosten für die routinemäßige Verwahrung oder Verwaltung eingefrorener Gelder oder wirtschaftlicher Ressourcen dienen, oder

iv. ausschließlich der Zahlung von Gebühren dienen, die im Zusammenhang mit der Ausflaggung von Schiffen anfallen, und

b) in dem Falle, dass die Genehmigung eine in Anhang VIII aufgeführte Person, Organisation oder Einrichtung betrifft, hat der betreffende Mitgliedstaat die Feststellung nach Buchstabe a und seine Absicht, die Genehmigung zu erteilen, dem Sanktionsausschuss notifiziert, und dieser hat nicht innerhalb von fünf Arbeitstagen nach der Notifikation Einwände dagegen erhoben.

(2) Abweichend von Artikel 23 können die zuständigen Behörden die Freigabe bestimmter eingefrorener Gelder oder wirtschaftlicher Ressourcen oder die Bereitstellung bestimmter Gelder oder wirtschaftlicher Ressourcen genehmigen, wenn sie festgestellt haben, dass diese Gelder oder wirtschaftlichen Ressourcen für außerordentliche Ausgaben oder für die Bezahlung oder die Weitergabe von Gütern, die für einen Leichtwasserreaktor in Iran beschafft werden, mit dessen Bau vor Dezember 2006 begonnen wurde, oder für jegliche Güter zu den in Artikel 6 Buchstaben b und c genannten Zwecken erforderlich sind, sofernfür den Fall, dass die Genehmigung eine in Anhang VIII aufgeführte Person, Organisation oder Einrichtung betrifft, der betreffende Mitgliedstaat diese Feststellung dem Sanktionsausschuss notifiziert hat, und dieser sie gebilligt hat.

Artikel 27

Abweichend von Artikel 23 Absätze 2 und 3 können die zuständigen Behörden die Freigabe bestimmter eingefrorener Gelder oder wirtschaftlicher Ressourcen oder die Bereitstellung bestimmter Gelder oder wirtschaftlicher Ressourcen unter ihnen geeignet erscheinenden Bedingungen genehmigen, wenn sie festgestellt haben, dass diese Gelder oder wirtschaftlichen Ressourcen für die amtliche Tätigkeit diplomatischer oder konsularischer Vertretungen oder internationaler Organisationen erforderlich sind, die nach dem Völkerrecht Immunität genießen.

Artikel 28

Abweichend von Artikel 23 Absatz 2 können die zuständigen Behörden unter ihnen geeignet erscheinenden Bedingungen auch Folgendes genehmigen:

a) die Freigabe bestimmter eingefrorener Gelder oder wirtschaftlicher Ressourcen der iranischen Zentralbank, wenn sie festgestellt haben, dass diese Gelder oder wirtschaftlichen Ressourcen dafür erforderlich sind, Kredit- oder Finanzinstitute mit Liquidität für die Finanzierung von Handelsgeschäften zu versorgen, oder die Bedienung sogenannter „trade loans" oder

b) die Freigabe bestimmter eingefrorener Gelder oder wirtschaftlicher Ressourcen, die von der iranischen Zentralbank gehalten werden, wenn sie festgestellt haben, dass die Gelder oder wirtschaftlichen Ressourcen für die Zahlung einer Forderung aus von vor dem 16. Oktober 2012 von iranischen Personen, Organisationen oder Einrichtungen geschlossenen Verträgen oder Vereinbarungen erforderlich sind, wenn in solchen Verträgen oder Vereinbarungen die Zahlung ausstehender Beträge an Personen, Organisationen oder Einrichtungen, die der Hoheitsgewalt der Mitgliedstaaten unterstehen, vorgesehen ist, vorausgesetzt, dass der betreffende Mitgliedstaat seine Absicht, die Genehmigung zu erteilen, mindestens zehn Arbeitstage vor Erteilung der Genehmigung den anderen Mitgliedstaaten und der Kommission gemeldet hat.

Artikel 28a

Die Verbote des Artikels 23 Absätze 2 und 3 gelten nicht für Handlungen und Transaktionen, die in Bezug auf die in Anhang IX aufgeführten Einrichtungen ausgeführt werden,

a) die Inhaber von Rechten sind, die auf einen ursprünglich vor dem 27. Oktober 2010 von einem anderen souveränen Staat als Iran vergebenen Vertrag über gemeinsame Produktion gemäß Artikel 39 zurückgehen, soweit diese Handlungen und Transaktionen in Bezug zu der Beteiligung dieser Einrichtungen an dem genannten Abkommen stehen,

b) soweit sie bis zum 31. Dezember 2014 zur Erfüllung von Pflichten aus Verträgen nach Artikel 12 Absatz 1 Buchstabe b erforderlich sind und unter der Voraussetzung, dass sie von der zuständigen Behörde im Voraus einzeln genehmigt worden sind und der betreffende Mitgliedstaat die anderen Mitgliedstaaten und die Kommission von ihrer Absicht, eine Genehmigung zu erteilen, in Kenntnis gesetzt hat.

Artikel 29

(1) Artikel 23 Absatz 3 hindert die Finanz- und Kreditinstitute nicht daran, Gelder, die auf das Konto einer in der Liste aufgeführten natürlichen oder juristischen Person, Organisation oder Einrichtung überwiesen werden, auf den eingefrorenen Konten gutzuschreiben, sofern die auf diesen Konten gutgeschriebenen Beträge ebenfalls eingefroren werden. Die Finanz- und Kreditinstitute unterrichten unverzüglich die zuständigen Behörden über diese Transaktionen.

(2) Artikel 23 Absatz 3 gilt nicht für die Gutschrift auf den eingefrorenen Konten von

a) Zinsen oder sonstigen Erträgen dieser Konten oder

b) Zahlungen aufgrund von Verträgen, Vereinbarungen oder Verpflichtungen, die vor dem Tag, an dem die Person, Organisation oder Einrichtung nach Artikel 23 vom Sanktionsausschuss, vom Sicherheitsrat oder vom Rat benannt wurde, geschlossen wurden bzw. entstanden sind,

vorausgesetzt, diese Zinsen, sonstigen Erträge und Zahlungen werden nach Artikel 23 Absatz 1 oder 2 eingefroren.

(3) Dieser Artikel ist nicht so auszulegen, als gestatte er die in Artikel 30 genannten Geldtransfers.

KAPITEL V
BESCHRÄNKUNGEN FÜR GELDTRANSFERS UND FINANZDIENSTLEISTUNGEN

Artikel 30

(1) Verboten sind Geldtransfers zwischen einerseits Finanz- und Kreditinstituten, die gemäß Artikel 49 unter diese Verordnung fallen, und andererseits:

a) Kredit- und Finanzinstituten und Wechselstuben („bureaux de change") mit Sitz in Iran,

b) unter diese Verordnung fallenden Zweigniederlassungen und Tochtergesellschaften von Kredit- und Finanzinstituten und Wechselstuben („bureaux de change“) mit Sitz in Iran,

c) nicht unter diese Verordnung fallenden Zweigniederlassungen und Tochtergesellschaften von Kredit- und Finanzinstituten und Wechselstuben („bureaux de change“) mit Sitz in Iran und

d) Kredit- und Finanzinstituten und Wechselstuben („bureaux de change“), die ihren Sitz nicht in Iran haben, aber von Personen, Organisationen oder Einrichtungen mit Sitz in Iran kontrolliert werden,

es sei denn diese Transfers fallen in den Anwendungsbereich des Absatz 2 und sind gemäß Absatz 3 verarbeitet worden.

(2) Die folgenden Transfers können gemäß Absatz 3 genehmigt werden:

a) Transfers betreffend Lebensmittel, Gesundheitsleistungen und medizinische Ausrüstung oder für landwirtschaftliche oder humanitäre Zwecke,

b) Transfers betreffend Überweisungen persönlicher Gelder/ Heimatüberweisungen,

c) Transfers im Zusammenhang mit einem spezifischen Handelsvertrag, sofern die Transfers nicht nach dieser Verordnung verboten ist,

d) Transfers betreffend diplomatische Missionen, konsularische Vertretungen oder internationale Organisationen, die nach dem Völkerrecht Befreiungen genießen, soweit solche Transfers für amtliche Zwecke der diplomatischen Missionen, konsularischen Vertretungen oder internationalen Organisationen, die nach dem Völkerrecht Befreiungen genießen, verwendet werden sollen,

e) im Einzelfall Transfers betreffend Zahlungen zur Erfüllung von Ansprüchen von oder gegen eine iranische Person, Organisation oder Einrichtung oder Transfers ähnlicher Art, die nicht zu den nach dieser Verordnung verbotenen Tätigkeiten beitragen, sofern der betreffende Mitgliedstaat mindestens zehn Tage im Voraus seine Absicht, die Genehmigung zu erteilen, den anderen Mitgliedstaaten und der Kommission gemeldet hat,

f) Transfers, die für die Erfüllung von Verpflichtungen aus Verträgen gemäß Artikel 12 Absatz 1 Buchstabe b notwendig sind.

(3) Geldtransfers, die nach Absatz 2 genehmigt werden können, werden wie folgt bearbeitet:

a) Transfers, die aufgrund von Transaktionen betreffend Lebensmittel, Gesundheitsleistungen und medizinische Ausrüstung oder für landwirtschaftliche oder humanitäre Zwecke geschuldet sind, von unter 100 000 EUR oder einem entsprechendem Betrag, und Transfers, die aufgrund von Transaktionen betreffend Überweisungen persönlicher Gelder/Heimatüberweisungen geschuldet sind, von unter 40 000 EUR oder einem entsprechendem Betrag, werden ohne vorherige Genehmigung ausgeführt.

   Diese Transfers sind der zuständigen Behörde des betreffenden Mitgliedstaats vorher schriftlich zu melden, wenn sie mindestens 10 000 EUR oder einem entsprechenden Betrag entsprechen.

b) Für Transfers, die aufgrund von Transaktionen betreffend Lebensmittel, Gesundheitsleistungen und medizinische Ausrüstung oder für landwirtschaftliche oder humanitäre Zwecke geschuldet sind, von mindestens 100 000 EUR oder einem entsprechenden Betrag und für Transfers, die aufgrund von Transaktionen betreffend Überweisungen persönlicher Gelder/Heimatüberweisungen geschuldet sind, von über 40 000 EUR oder einem entsprechenden Betrag ist eine vorherige Genehmigung der zuständigen Behörde des betreffenden Mitgliedstaats nach Absatz 2 erforderlich.

Die Mitgliedstaaten unterrichten einander in dreimonatigen Abständen über die erteilten Genehmigungen.

c) Für sonstige Transfers von mindestens 10 000 EUR oder einem entsprechenden Betrag ist eine vorherige Genehmigung der zuständigen Behörde des betreffenden Mitgliedstaats nach Absatz 2 erforderlich.

Die zuständigen Behörden unterrichten einander in dreimonatigen Abständen über die erteilten Genehmigungen.

(4) Für Geldtransfers von unter 10 000 EUR oder einem gleichwertigen Betrag ist keine vorherige Genehmigung oder Meldung erforderlich.

(5) Meldungen und Anträge auf Genehmigung von Geldtransfers an eine unter Absatz 1 Buchstaben a bis d fallende Einrichtung werden vom Zahlungsverkehrsdienstleister des Auftraggebers oder in seinem Namen an die zuständigen Behörden des Mitgliedstaates gerichtet, in dem der Zahlungsverkehrsdienstleister niedergelassen ist.

Meldungen und Anträge auf Genehmigung von Geldtransfers von einer unter Absatz 1 Buchstaben a bis d fallenden Einrichtung werden vom Zahlungsverkehrsdienstleister des Begünstigten oder in seinem Namen an die zuständigen Behörden des Mitgliedstaates gerichtet, in dem der Zahlungsverkehrsdienstleister niedergelassen ist.

Fällt der Zahlungsverkehrsdienstleister des Auftraggebers oder des Begünstigten nicht in den Anwendungsbereich dieser Verordnung, sind Meldungen und Anträge auf Genehmigung im Falle eines Transfers an eine unter Absatz 1 Buchstaben a bis d fallende Einrichtung durch den Auftraggeber und im Falle eines Transfers von einer unter Absatz 1 Buchstaben a bis d fallenden Einrichtung durch den Begünstigten an die zuständigen Behörden des Mitgliedstaates zu richten, in dem der Auftraggeber bzw. der Begünstigte seinen Wohnsitz hat.

(6) Um Verstöße gegen diese Verordnung zu verhindern, üben die Kredit- und Finanzinstitute, die in den Anwendungsbereich dieser Verordnung fallen, im Rahmen ihrer Tätigkeiten mit den in Absatz 1 Buchstaben a bis d genannten Organisationen besondere Wachsamkeit wie folgt:

a) sie üben ständige Wachsamkeit in Bezug auf Kontenbewegungen, insbesondere im Rahmen ihrer Sorgfaltspflichten gegenüber Kunden;

b) sie bestehen darauf, dass alle Felder von Zahlungsanweisungen, in denen Angaben zum Auftraggeber und zum Begünstigten der betreffenden Transaktion zu machen sind, ausgefüllt werden, und lehnen bei Fehlen dieser Angaben die Durchführung der Transaktion ab;

c) sie bewahren alle Aufzeichnungen von Transaktionen über einen Zeitraum von fünf Jahren auf und stellen sie den einzelstaatlichen Behörden auf Anfrage zur Verfügung;

d) wenn sie Grund zu der Annahme haben, dass Tätigkeiten mit Kredit- und Finanzinstituten gegen diese Verordnung verstoßen könnten, melden sie dies unbeschadet der Artikel 5 und 23 unverzüglich der zentralen Meldestelle (Financial Intelligence Unit).

Artikel 30a

(1) Geldtransfers an eine iranische Person, Organisation oder Einrichtung oder von einer iranischen Person, Organisation oder Einrichtung, die nicht unter Artikel 30 Absatz 1 fallen, werden wie folgt bearbeitet:

a) Transfers, die aufgrund von Transaktionen betreffend Lebensmittel, Gesundheitsleistungen und medizinische Ausrüstung oder für landwirtschaftliche oder humanitäre Zwecke geschuldet sind, werden ohne vorherige Genehmigung ausgeführt.

   Diese Transfers sind der zuständigen Behörde des betreffenden Mitgliedstaats vorher schriftlich zu melden, wenn sie mindestens 10 000 EUR oder einem entsprechenden Betrag entsprechen.

b) Sonstige Transfers von unter 40 000 EUR oder einem entsprechenden Betrag werden ohne vorherige Genehmigung ausgeführt.

   Diese Transfers sind der zuständigen Behörde des betreffenden Mitgliedstaats vorher schriftlich zu melden, wenn sie mindestens 10 000 EUR oder einem entsprechenden Betrag entsprechen.

c) Für sonstige Transfers von mindestens 40 000 EUR oder einem entsprechenden Betrag ist eine vorherige Genehmigung der zuständigen Behörde des betreffenden Mitgliedstaats erforderlich.

Die Mitgliedstaaten unterrichten einander in dreimonatigen Abständen über die abgelehnten Genehmigungen.

(2) Für Geldtransfers von unter 10 000 EUR oder einem entsprechenden Betrag ist keine vorherige Genehmigung oder Meldung erforderlich.

(3) Meldungen und Anträge auf Genehmigung von Geldtransfers werden wie folgt bearbeitet:

a) Im Falle elektronischer Geldtransfers, die von Kredit- oder Finanzinstituten bearbeitet werden:

   i. werden Meldungen und Anträge auf Genehmigung von Geldtransfers an eine iranische Person, Organisation oder Einrichtung, die außerhalb der Union ansässig ist, vom Zahlungsverkehrsdienstleister des Auftraggebers oder in seinem Namen an die zuständigen Behörden des Mitgliedstaats gerichtet, in dem der Zahlungsverkehrsdienstleister niedergelassen ist.

   ii. werden Meldungen und Anträge auf Genehmigung von Geldtransfers von einer iranischen Person, Organisation oder Einrichtung, die außerhalb der Union ansässig ist, vom Zahlungsverkehrsdienstleister des Begünstigten oder in seinem Namen an die zuständigen Behörden des Mitgliedstaats gerichtet, in dem der Zahlungsverkehrsdienstleister niedergelassen ist.

   iii. fällt in den Fällen der Ziffern i und ii der Zahlungsverkehrsdienstleister des Auftraggebers oder des Begünstigten nicht unter diese Verordnung, so werden die Meldungen und Genehmigungsanträge im Falle eines Transfers an eine iranische Person, Organisation oder Einrichtung vom Auftraggeber und im Falle eines Transfers von einer iranischen Person, Organisation oder Einrichtung vom Begünstigten an die zuständigen Behörden des Mitgliedstaats gerichtet, in dem der Auftraggeberoder der Begünstigte seinen Wohnsitz hat.

iv. Meldungen und Anträge auf Genehmigung von Geldtransfers an eine iranische Person, Organisation oder Einrichtung, die innerhalb der Union ansässig ist, werden vom Zahlungsverkehrsdienstleister des Begünstigten oder in seinem Namen an die zuständigen Behörden des Mitgliedstaats gerichtet, in dem der Zahlungsverkehrsdienstleister niedergelassen ist.

v. Meldungen und Anträge auf Genehmigung von Geldtransfers von einer iranischen Person, Organisation oder Einrichtung, die innerhalb der Union ansässig ist, werden vom Zahlungsverkehrsdienstleister des Auftraggebers oder in seinem Namen an die zuständigen Behörden des Mitgliedstaats gerichtet, in dem der Zahlungsverkehrsdienstleister niedergelassen ist.

vi. fällt in den Fällen der Ziffern iv und v der Zahlungsverkehrsdienstleister des Auftraggebers oder des Begünstigten nicht unter diese Verordnung, so werden die Meldungen und Genehmigungsanträge im Falle eines Transfers an eine iranische Person, Organisation oder Einrichtung vom Auftraggeber und im Falle eines Transfers von einer iranischen Person, Organisation oder Einrichtung vom Begünstigten an die zuständigen Behörden des Mitgliedstaats gerichtet, in dem der Auftraggeber oder der Begünstigte seinen Wohnsitz hat.

vii. Fallen in Bezug auf einen Geldtransfer an eine iranische Person, Organisation oder Einrichtung oder von einer iranischen Person, Organisation oder Einrichtung weder der Auftraggeber noch der Begünstigte noch ihre jeweiligen Zahlungsverkehrsdienstleister unter diese Verordnung, tritt jedoch ein unter diese Verordnung fallender Zahlungsverkehrsdienstleister als Vermittler auf, so muss dieser Zahlungsverkehrsdienstleister die Verpflichtung zur Meldung bzw. Beantragung einer Genehmigung erfüllen, wenn er weiß oder Grund zu der Annahme hat, dass es sich um einen Transfer an eine iranische Person, Organisation oder Einrichtung oder von einer iranischen Person, Organisation oder Einrichtung handelt. Tritt mehr als ein Zahlungsverkehrsdienstleister als Vermittler auf, so muss nur derjenige Zahlungsverkehrsdienstleister die Verpflichtung zur Meldung bzw. Beantragung einer Genehmigung erfüllen, der den Transfer als Erster bearbeitet. Die Meldungen und Genehmigungsanträge müssen an die zuständigen Behörden des Mitgliedstaats gerichtet werden, in dem der Zahlungsverkehrsdienstleister niedergelassen ist.

viii. Ist mehr als ein Zahlungsverkehrsdienstleister an einer Reihe zusammenhängender Geldtransfers beteiligt, so ist bei den Transfers innerhalb der Union auf die nach diesem Artikel erteilte Genehmigung Bezug zu nehmen.

b) Im Falle von Geldtransfers, die auf nicht elektronischem Weg ausgeführt werden, werden Meldungen und Anträge auf Genehmigung der Geldtransfers wie folgt bearbeitet:

i. Meldungen und Anträge auf Genehmigung von Transfers an eine iranische Person, Organisation oder Einrichtung werden vom Auftraggeber an die zuständigen Behörden des Mitgliedstaats gerichtet, in dem der Auftraggeber seinen Wohnsitz hat.

ii. Meldungen und Anträge auf Genehmigung von Transfers von einer iranischen Person, Organisation oder Einrichtung werden vom Begünstigten an die zuständigen Behörden des Mitgliedstaats gerichtet, in dem der Begünstigte seinen Wohnsitz hat.

Artikel 30b

(1) Ist eine Genehmigung nach Artikel 24, 25, 26, 27, 28 oder 28a erteilt worden, so finden die Artikel 30 und 30a keine Anwendung.

Das Erfordernis einer vorherigen Genehmigung der Transfers gemäß Artikel 30 Absatz 3 Buchstaben b und c lässt die Ausführung von Geldtransfers, die im Voraus vor dem 22. Dezember 2012 den zuständigen Behörden gemeldet oder von ihnen genehmigt worden sind unberührt. Diese Geldtransfers sind vor dem 15. April 2013 auszuführen.

Die Artikel 30 und 30a finden keine Anwendung auf Geldtransfers gemäß Artikel 29.

(2) Artikel 30 Absatz 3 und Artikel 30a Absatz 1 gelten unabhängig davon, ob der Geldtransfer in einem einzigen Vorgang oder in mehreren, offensichtlich zusammenhängenden Vorgängen durchgeführt wird. Für die Zwecke dieser Verordnung umfasst der Ausdruck „offensichtlich zusammenhängende Vorgänge"

a) eine Reihe aufeinanderfolgender Transfers von demselben Finanz- oder Kreditinstitut, die unter Artikel 30 Absatz 1 Buchstaben a bis d fallen, oder an dasselbe Finanz- oder Kreditinstitut im Sinne des Artikels 30 Absatz 1 Buchstaben a bis d von derselben iranischen Person, Organisation oder Einrichtung oder an dieselbe iranische Person, Organisation oder Einrichtung, die im Zusammenhang mit einer einzigen Verpflichtung zu einem Geldtransfer durchgeführt werden und die einzeln den einschlägigen in den Artikeln 30 und 30a festgelegten Schwellenwert nicht überschreiten, zusammen jedoch die Voraussetzungen für eine Meldung oder Genehmigung erfüllen, oder

b) eine Kette von Transfers unter Beteiligung verschiedener Zahlungsverkehrsdienstleister oder natürlicher oder juristischer Personen, die eine einzige Verpflichtung zu einem Geldtransfer bewirkt.

(3) Für die Zwecke des Artikels 30 Absatz 3 Buchstabe b und des Artikels 30 Absatz 3 Buchstaben c und des Artikels 30a Absatz 1 Buchstabe c erteilen die zuständigen Behörden die Genehmigung unter ihnen geeignet erscheinenden Bedingungen, es sei denn, sie haben Grund zu der Annahme, dass der Geldtransfer, dessen Genehmigung beantragt wird, gegen Verbote oder Verpflichtungen in dieser Verordnung verstoßen könnte.

Die zuständige Behörde kann für die Prüfung der Genehmigungsanträge eine Gebühr erheben.

(4) Für die Zwecke des Artikels 30 Absatz 1 Buchstabe c gilt die Genehmigung als erteilt, wenn eine zuständige Behörde einen schriftlichen Genehmigungsantrag erhalten und nicht innerhalb von vier Wochen schriftlich Einwände gegen den Geldtransfer erhoben hat. Werden die Einwände erhoben, weil eine Untersuchung im Gange ist, so gibt die zuständige Behörde dies an und teilt ihre Entscheidung unverzüglich mit. Die zuständigen Behörden erhalten rechtzeitig unmittelbar oder mittelbar Zugang zu den Finanz-, Verwaltungs- und Strafverfolgungsdaten, die für die Durchführung der Untersuchung erforderlich sind.

(5) Die folgenden Personen, Organisationen und Einrichtungen fallen nicht unter die Artikel 30 und 30a:

a) Personen, Organisationen und Einrichtungen, die nur Papierdokumente in elektronische Daten umwandeln und im Rahmen eines Vertrags mit einem Kredit- oder Finanzinstitut tätig sind,

b) Personen, Organisationen und Einrichtungen, die Kredit- oder Finanzinstituten lediglich ein Nachrichten- oder sonstiges System zur Unterstützung der Übermittlung von Geldern zur Verfügung stellen und

c) Personen, Organisationen und Einrichtungen, die Kredit- oder Finanzinstituten lediglich Clearing- und Abrechnungssysteme zur Verfügung stellen.

Artikel 31

(1) Die in den Anwendungsbereich dieser Verordnung im Sinne des Artikels 49 fallenden Zweigniederlassungen und Tochtergesellschaften von Kredit- und Finanzinstituten mit Sitz in Iran melden der zuständigen Behörde des Mitgliedstaats, in dem sie niedergelassen sind, alle von ihnen durchgeführten oder erhaltenen Geldtransfers, die Namen der Beteiligten sowie die Höhe und das Datum der Transaktion innerhalb von fünf Arbeitstagen nach Durchführung oder Erhalt des betreffenden Geldtransfers. Sind entsprechende Angaben verfügbar, so ist in der Meldung die Art der Transaktion anzugeben sowie gegebenenfalls die Art der Güter, auf die sich die Transaktion bezieht, insbesondere, ob die Güter unter die Anhänge I, II, III, IV, IVa, V, VI, VIa, VIb, VII, VIIa oder VIIb fallen, und, falls ihre Ausfuhr genehmigungspflichtig ist, die Nummer der für sie erteilten Genehmigung.

(2) Vorbehaltlich und nach Maßgabe der Regelungen für den Informationsaustausch übermitteln die zuständigen Behörden, die eine Meldung erhalten haben, die Informationen über die Meldungen nach Absatz 1 falls erforderlich unverzüglich den zuständigen Behörden der anderen Mitgliedstaaten, in denen die anderen an der Transaktion Beteiligten niedergelassen sind, um Transaktionen zu verhindern, die zu proliferationsrelevanten nuklearen Tätigkeiten oder zur Entwicklung von Trägersystemen für Kernwaffen beitragen könnten.

Artikel 32

(gestrichen)

Artikel 33

(1) Den unter Artikel 49 fallenden Kredit- und Finanzinstituten ist es verboten,

a) neue Bankkonten bei einem Kredit- oder Finanzinstitut mit Sitz in Iran oder bei einem in Artikel 30 Absatz 1 genannten Kredit- oder Finanzinstitut zu eröffnen;

b) neue Korrespondenzbankbeziehungen zu einem Kredit- oder Finanzinstitut mit Sitz in Iran oder zu einem in Artikel 30 Absatz 1 genannten Kredit- oder Finanzinstitut aufzunehmen;

c) neue Repräsentanzen in Iran zu eröffnen oder neue Zweigniederlassungen oder Tochtergesellschaften in Iran zu gründen;

d) neue Joint Ventures mit einem Kredit- oder Finanzinstitut mit Sitz in Iran oder mit einem in Artikel 30 Absatz 1 genannten Kredit- oder Finanzinstitut zu gründen.

(2) Es ist verboten,

a) die Eröffnung einer Repräsentanz oder die Gründung einer Zweigniederlassung oder Tochtergesellschaft eines Kredit- oder Finanzinstituts mit Sitz in Iran oder eines in Artikel 30 Absatz 1 genannten Kredit- oder Finanzinstituts in der Union zu genehmigen;

b) für oder im Namen eines Kredit- oder Finanzinstituts mit Sitz in Iran oder für oder im Namen eines in Artikel 30 Absatz 1 genannten Kredit- oder Finanzinstituts Vereinbarungen zu schließen, die die Eröffnung einer Repräsentanz oder die Gründung einer Zweigniederlassung oder Tochtergesellschaft in der Union betreffen;

c) einer Repräsentanz, Zweigniederlassung oder Tochtergesellschaft eines Kredit- oder Finanzinstituts mit Sitz in Iran oder eines in Artikel 30 Absatz 1 genannten Kredit- oder Finanzinstituts die Genehmigung für die Aufnahme und Ausübung der Tätigkeit als Kreditinstitut oder für eine sonstige Tätigkeit, für die eine vorherige Genehmigung erforderlich ist, zu erteilen, wenn die Repräsentanz, Zweigniederlassung oder Tochtergesellschaft ihre Tätigkeit vor dem 26. Juli 2010 noch nicht aufgenommen hatte;

d) ein in Artikel 30 Absatz 1 genanntes Kredit- oder Finanzinstitut eine Beteiligung an einem unter Artikel 49 fallenden Kredit- oder Finanzinstitut erwerben oder ausweiten oder ein sonstiges Eigentumsrecht an einem solchen Kredit- oder Finanzinstitut erwerben zu lassen.

Artikel 34

Es ist verboten,

a) nach dem 26. Juli 2010 ausgegebene staatliche oder staatlich garantierte Anleihen unmittelbar oder mittelbar an die Folgenden zu verkaufen oder von ihnen zu kaufen:

  i. Iran oder seine Regierung und seine öffentlichen Einrichtungen, Unternehmen und Agenturen,

  ii. Kredit- oder Finanzinstitute mit Sitz in Iran oder in Artikel 30 Absatz 1 genannte Kredit- oder Finanzinstitute,

  iii. natürliche oder juristische Personen, Organisationen oder Einrichtungen, die im Namen oder auf Anweisung einer unter Ziffer i oder ii genannten juristischen Person, Organisation oder Einrichtung handeln,

  iv. juristische Personen, Organisationen oder Einrichtungen, die im Eigentum oder unter der Kontrolle einer unter Ziffer i, ii oder iii genannten Person, Organisation oder Einrichtung stehen;

b) für eine unter Buchstabe a genannte Person, Organisation oder Einrichtung Vermittlungsdienste im Zusammenhang mit nach dem 26. Juli 2010 ausgegebenen staatlichen oder staatlich garantierten Anleihen zu erbringen;

c) eine unter Buchstabe a genannte Person, Organisation oder Einrichtung bei der Ausgabe staatlicher oder staatlich garantierter Anleihen durch Vermittlungsdienste, Werbung oder sonstige Dienstleistungen im Zusammenhang mit diesen Anleihen zu unterstützen.

Artikel 35

(1) Es ist verboten, Versicherungen oder Rückversicherungen bereitzustellen oder die Bereitstellung von Versicherungen oder Rückversicherungen zu vermitteln für

a) Iran oder seine Regierung und seine öffentlichen Einrichtungen, Unternehmen und Agenturen,

b) iranische Personen, Organisationen oder Einrichtungen, die keine natürlichen Personen sind, oder

c) natürliche oder juristische Personen, Organisationen oder Einrichtungen, wenn sie im Namen oder auf Anweisung einer unter Buchstabe a oder b genannten juristischen Person, Organisation oder Einrichtung handeln.

(2) Absatz 1 Buchstaben a und b gilt weder für die Bereitstellung oder Vermittlung von Pflicht-, Haftpflichtversicherungen oder Rückversicherungen für iranische Personen, Organisationen und Einrichtungen in der Union noch für die Bereitstellung von Versicherungen für diplomatische oder konsularische Vertretungen Irans in der Union.

(3) Absatz 1 Buchstabe c gilt nicht für die Bereitstellung oder Vermittlung von Versicherungen, einschließlich Kranken- und Reiseversicherungen oder Rückversicherungen, für Privatpersonen, mit Ausnahme der in den Anhängen VIII und IX aufgeführten Personen.

Absatz 1 Buchstabe c steht der Bereitstellung von Versicherungen oder Rückversicherungen oder Vermittlung von Versicherungen für die Eigentümer von Schiffen, Luftfahrzeugen oder Kraftfahrzeugen, die von einer in Absatz 1 Buchstabe a oder b genannten Person, Organisation oder Einrichtung gechartert bzw. angemietet wurden, nicht entgegen.

Für die Zwecke des Absatzes 1 Buchstabe c wird davon ausgegangen, dass eine Person, Organisation oder Einrichtung nicht auf Anweisung einer in Absatz 1 Buchstabe a oder b genannten Person, Organisation oder Einrichtung handelt, wenn diese Anweisung dem Landen, Beladen, Entladen oder sicheren Transit von Schiffen oder Luftfahrzeugen dient, die sich vorübergehend in den Gewässern oder im Luftraum Irans aufhalten.

(4) Dieser Artikel verbietet die Verlängerung und Erneuerung von Versicherungs- und Rückversicherungsvereinbarungen, die vor dem 27. Oktober 2010 geschlossen wurden, verbietet jedoch unbeschadet des Artikels 23 Absatz 3 nicht, vor diesem Tag geschlossene Vereinbarungen zu erfüllen.

KAPITEL VI
VERKEHRSBESCHRÄNKUNGEN

Artikel 36

(1) Zur Verhinderung der Weitergabe von Gütern und Technologien, die unter die Gemeinsame Militärgüterliste fallen oder deren Lieferung, Verkauf, Weitergabe, Ausfuhr oder Einfuhr nach dieser Verordnung verboten ist, und zusätzlich zu der Verpflichtung, den zuständigen Zollbehörden Vorabinformationen über das Eintreffen oder den Abgang der Waren nach den einschlägigen Bestimmungen der Verordnungen (EWG) Nr. 2913/92[21] und (EWG) Nr. 2454/93[22] über summarische Eingangs- und Ausgangsanmeldungen sowie Zollanmeldungen zu übermitteln, hat die Person, die die in Absatz 2 dieses Artikels

21 ABl. L 302 vom 19.10.1992, S. 1.
22 ABl. L 253 vom 11.10.1993, S. 1.

genannten Informationen übermittelt, zu erklären, ob die Waren unter die Gemeinsame Militärgüterliste oder unter diese Verordnung fallen, und, falls ihre Ausfuhr genehmigungspflichtig ist, die Einzelheiten der für sie erteilten Ausfuhrgenehmigung anzugeben.

(2) Die nach diesem Artikel erforderlichen zusätzlichen Angaben sind entweder schriftlich oder gegebenenfalls unter Verwendung einer Zollanmeldung zu übermitteln.

Artikel 37

(1) Die Erbringung von Bunker-, Versorgungs- oder Wartungsdiensten für im Eigentum oder unter der direkten oder indirekten Kontrolle von iranischen Personen, Organisationen oder Einrichtungen stehende Schiffe ist verboten, sofern dem Leistungserbringer Informationen – einschließlich Informationen der zuständigen Zollbehörden auf der Grundlage der in Artikel 36 genannten Vorabinformationen über das Eintreffen oder den Abgang der Waren – vorliegen, die hinreichende Gründe für die Feststellung liefern, dass das Schiff Güter befördert, die unter die Gemeinsame Militärgüterliste fallen, oder Güter, deren Lieferung, Verkauf, Weitergabe oder Ausfuhr nach dieser Verordnung verboten ist, es sei denn, die Erbringung dieser Dienste ist für humanitäre Zwecke oder aus Sicherheitsgründen erforderlich.

(2) Die Erbringung von technischen und Wartungsdiensten für im Eigentum oder unter der direkten oder indirekten Kontrolle von iranischen Personen, Organisationen oder Einrichtungen stehende Frachtflugzeuge ist verboten, sofern dem Leistungserbringer Informationen – unter anderem Informationen der zuständigen Zollbehörden auf der Grundlage der in Artikel 36 genannten Vorabinformationen über das Eintreffen oder den Abgang der Waren – vorliegen, die hinreichende Gründe für die Feststellung liefern, dass das Frachtflugzeug Güter befördert, die unter die Gemeinsame Militärgüterliste fallen, oder Güter, deren Lieferung, Verkauf, Weitergabe oder Ausfuhr nach dieser Verordnung verboten ist, es sei denn, die Erbringung dieser Dienste ist für humanitäre Zwecke oder aus Sicherheitsgründen erforderlich.

(3) Die Verbote der Absätze 1 und 2 diese Artikels gelten, bis die Ladung überprüft und erforderlichenfalls beschlagnahmt oder entsorgt worden ist.

Die durch die Beschlagnahme und Entsorgung entstehenden Kosten können im Einklang mit den einzelstaatlichen Rechtsvorschriften oder dem Beschluss einer zuständigen Behörde dem Einführer auferlegt oder von jeder anderen Person oder Organisation eingefordert werden, die für die versuchte illegale Lieferung, den versuchten illegalen Verkauf oder die versuchte illegale Weitergabe oder Ausfuhr verantwortlich ist.

Artikel 37a

(1) Die Erbringung der folgenden Dienstleistungen für Öltank- und Frachtschiffe, die unter der Flagge der Islamischen Republik Iran fahren oder im Eigentum von iranischen Personen, Organisationen oder Einrichtungen stehen oder von diesen gechartert werden oder unmittelbar oder mittelbar von diesen betrieben werden, ist verboten:

a) die Erbringung von Klassifikationsdiensten jeder Art, unter anderem:

   i. die Erstellung und Anwendung von Klassifikationsvorschriften oder technischen Spezifikationen für den Entwurf, den Bau, die Ausrüstung und die Instandhaltung von Schiffen sowie von Schiffsmanagement-Systemen,

ii. die Durchführung von Besichtigungen und Überprüfungen im Einklang mit Klassifikationsvorschriften und -verfahren,

iii. die Zuweisung eines Klassenzeichens und die Ausstellung, Bestätigung oder Erneuerung von Zertifikaten über die Einhaltung von Klassifikationsvorschriften oder Spezifikationen,

b) die Überwachung der Erarbeitung des Entwurfs, des Baus und der Reparatur von Schiffen und ihren Teilen, einschließlich der Blöcke, Elemente, Maschinen, elektrischen Anlagen und Steuerungsanlagen und die Teilnahme daran sowie im Zusammenhang stehende technische Hilfe, Finanzmittel oder Finanzhilfe,

c) die Inspektion, Prüfung und Zertifizierung von Schiffsausrüstung, -material und -komponenten sowie die Überwachung des Einbaus an Bord und der Überwachung der Systemintegration,

d) die Durchführung von Besichtigungen, Überprüfungen, Prüfungen und Besuchen und die Ausstellung, Erneuerung oder Bestätigung der relevanten Zertifikate und Zeugnisse über die Erfüllung der einschlägigen Vorschriften für die Verwaltung des Flaggenstaats im Einklang mit dem Internationalen Übereinkommen von 1974 zum Schutz des menschlichen Lebens auf See in der geänderten Fassung (SOLAS 1974) und dem dazugehörigen Protokoll von 1988, dem internationalen Übereinkommen von 1973 zur Verhütung von Meeresverschmutzung durch Schiffe, geändert durch das dazugehörige Protokoll von 1978, in der geänderten Fassung (MARPOL 73/78), dem Übereinkommen von 1972 über die Internationalen Regeln zur Verhütung von Zusammenstößen auf See in der geänderten Fassung (COLREG 1972), dem Internationalen Freibord-Übereinkommen von 1966 (LL 1966) und dem dazugehörigen Protokoll von 1988, dem Internationalen Übereinkommen von 1978 über Normen für die Ausbildung, die Erteilung von Befähigungszeugnissen und den Wachdienst von Seeleuten in der geänderten Fassung (STCW) und dem Internationalen Schiffsvermessungs-Übereinkommen von 1969 (TONNAGE 1969).

(2) Das Verbot des Absatzes 1 gilt ab 15. Januar 2013.

Artikel 37b

(1) Es ist verboten, Schiffe, die für die Beförderung oder Lagerung von Öl und petrochemischen Erzeugnissen konstruiert sind, zur Verfügung zu stellen:

i. an eine iranische Person, Organisation oder Einrichtung oder

ii. an jedwede andere Person, Organisation oder Einrichtung, es sei denn die Anbieter von Schiffen haben geeignete Maßnahmen ergriffen, um zu verhindern, dass das Schiff für die Beförderung oder die Lagerung von Öl oder petrochemischen Erzeugnissen, bei denen es sich um Ursprungserzeugnisse Irans handelt oder die aus Iran ausgeführt wurden, verwendet wird.

(2) Das Verbot des Absatzes 1 lässt die Erfüllung von Verpflichtungen aus den in Artikel 12 Absatz 1 Buchstabe b und c und in Artikel 14 Absatz 1 Buchstabe b und c genannten Verträgen und akzessorische Verträge unberührt, sofern die Einfuhr und die Beförderung von iranischem Rohöl, Erdöl und petrochemischen Erzeugnissen der zuständigen Behörde gemäß Artikel 12 Absatz 1 oder Artikel 14 Absatz 1 gemeldet worden sind.

KAPITEL VII
ALLGEMEINE UND SCHLUSSBESTIMMUNGEN

Artikel 38

(1) Ansprüche im Zusammenhang mit Verträgen und Transaktionen, deren Erfüllung bzw. Durchführung von den mit dieser Verordnung verhängten Maßnahmen unmittelbar oder mittelbar, ganz oder teilweise betroffen ist, einschließlich Schadensersatzansprüchen und ähnlichen Ansprüchen, wie etwa Entschädigungsansprüche oder Garantieansprüche, vor allem Ansprüche auf Verlängerung oder Zahlung einer insbesondere finanziellen Garantie oder Gegengarantie in jeglicher Form, werden nicht erfüllt, sofern sie von einer der folgenden Personen, Organisationen oder Einrichtungen geltend gemacht werden:

a) in den Anhängen VIII und IX aufgeführte Personen, Organisationen und Einrichtungen,

b) sonstigen iranischen Personen, Organisationen und Einrichtungen, einschließlich der iranischen Regierung,

c) sonstigen Personen, Organisationen und Einrichtungen, die über eine der in Buchstaben a und b genannten Personen, Organisationen oder Einrichtungen oder in deren Namen handeln.

(2) Die Erfüllung eines Vertrags oder die Durchführung einer Transaktion gilt als von den mit dieser Verordnung verhängten Maßnahmen betroffen, wenn das Bestehen oder der Inhalt des Anspruchs unmittelbar oder mittelbar auf diese Maßnahmen zurückgeht.

(3) In Verfahren zur Durchsetzung eines Anspruchs trägt die Person, die den Anspruch geltend macht, die Beweislast dafür, dass die Erfüllung des Anspruchs nicht nach Absatz 1 verboten ist.

(4) Dieser Artikel berührt nicht das Recht der in Absatz 1 genannten Personen, Organisationen und Einrichtungen auf gerichtliche Überprüfung der Rechtmäßigkeit der Nichterfüllung vertraglicher Pflichten nach dieser Verordnung.

Artikel 39

Für die Zwecke der Artikel 8 und 9, des Artikels 17 Absatz 2 Buchstabe b sowie der Artikel 30 und 35 gelten Einrichtungen, Organisationen oder Rechteinhaber, deren Bestehen auf einen ursprünglich vor dem 27. Oktober 2010 von einem anderen souveränen Staat als Iran vergebenen Vertrag über gemeinsame Produktion zurückgeht, nicht als iranische Personen, Organisationen oder Einrichtungen. In diesen Fällen kann die zuständige Behörde des Mitgliedstaats in Bezug auf Artikel 8 von einer Organisation oder Einrichtung geeignete Endverwendergarantien für den Verkauf, die Lieferung, die Weitergabe oder die Ausfuhr von Schlüsselausrüstung oder -technologien verlangen, die in Anhang VI aufgeführt sind.

Artikel 40

(1) Unbeschadet der geltenden Vorschriften über die Anzeigepflicht, die Vertraulichkeit und das Berufsgeheimnis sind natürliche und juristische Personen, Einrichtungen und Organisationen verpflichtet,

a) Informationen, die die Anwendung dieser Verordnung erleichtern, wie etwa Informationen über die nach Artikel 23 eingefrorenen Konten und Beträge, unverzüglich den zuständigen Behörden der Mitgliedstaaten, in denen sie ihren Sitz bzw. Wohnsitz haben, und

b) mit den zuständigen Behörden bei der Überprüfung dieser Informationen zusammenzuarbeiten.

(2) Zusätzliche Informationen, die direkt bei der Kommission eingehen, werden dem betreffenden Mitgliedstaat zur Verfügung gestellt.

(3) Die nach diesem Artikel übermittelten oder entgegengenommenen Informationen dürfen nur für die Zwecke verwendet werden, für die sie übermittelt oder entgegengenommen wurden.

Artikel 41

Es ist verboten, sich wissentlich und vorsätzlich an Tätigkeiten zu beteiligen, mit denen die Umgehung der in Maßnahmen gemäß Artikel 2, 5 Absatz 1, 8, 9, 10a, 10b, 10d, 10e, 11, 13, 14a, 15a, 15b, 17, 22, 23, 30, 30a, 34, 35, 37a oder 37b bezweckt oder bewirkt wird.

Artikel 42

(1) Natürliche und juristische Personen, Organisationen und Einrichtungen sowie ihre Führungskräfte und Beschäftigten, die im guten Glauben, im Einklang mit dieser Verordnung zu handeln, Gelder oder wirtschaftliche Ressourcen einfrieren oder ihre Bereitstellung ablehnen, können hierfür nicht haftbar gemacht werden, es sei denn, es ist nachgewiesen, dass das Einfrieren oder das Zurückhalten der Gelder oder wirtschaftlichen Ressourcen auf Fahrlässigkeit beruht.

(2) Die betreffenden natürlichen und juristischen Personen, Organisationen und Einrichtungen können im Zusammenhang mit den Maßnahmen nach dieser Verordnung nicht haftbar gemacht werden, wenn sie nicht wussten und keinen Grund zu der Annahme hatten, dass sie mit ihrem Handeln gegen diese Verbote verstoßen.

(3) Teilen unter diese Verordnung fallende Personen, Organisationen oder Einrichtungen bzw. Beschäftigte oder Führungskräfte dieser Personen, Organisationen oder Einrichtungen im guten Glauben nach den Artikeln 30, 31 und 32 die in den Artikeln 30, 31 und 32 genannten Informationen mit, so können die Personen, Organisationen oder Einrichtungen bzw. ihre Führungskräfte oder Beschäftigten hierfür nicht haftbar gemacht werden.

Artikel 43

(1) Ein Mitgliedstaat kann alle Maßnahme treffen, die er für erforderlich hält, um sicherzustellen, dass die auf internationaler, Unions- und einzelstaatlicher Ebene bestehenden einschlägigen rechtlichen Verpflichtungen bezüglich der Sicherheit und des Gesundheitsschutzes der Arbeitnehmer und des Umweltschutzes eingehalten werden, wenn die Zusammenarbeit mit einer iranischen Person, Organisation oder Einrichtung von der Anwendung dieser Verordnung betroffen sein könnte.

(2) Für die Zwecke der nach Absatz 1 getroffenen Maßnahmen gelten die Verbote der Artikel 8 und 9, des Artikels 17 Absatz 2 Buchstabe b, des Artikels 23 Absatz 2 und der Artikel 30 und 35 nicht.

(3) Der betreffende Mitgliedstaat notifiziert die Feststellung nach Absatz 1 und seine Absicht, die Genehmigung zu erteilen, mindestens zehn Arbeitstage vor Erteilung der

Genehmigung den anderen Mitgliedstaaten und der Kommission. Im Fall einer Bedrohung für die Umwelt und/oder die Gesundheit und Sicherheit der Arbeitnehmer in der Union, die dringende Maßnahmen erforderlich macht, kann der betreffende Mitgliedstaat ohne vorherige Notifikation eine Genehmigung erteilen und unterrichtet die anderen Mitgliedstaaten und die Kommission innerhalb von drei Arbeitstagen nach Erteilung der Genehmigung.

Artikel 43a

(1) Abweichend von den Artikeln 8 und 9, von Artikel 17 Absatz 1 hinsichtlich einer in Artikel 17 Absatz 2 Buchstabe b genannten iranischen Person, Organisation oder Einrichtung, abweichend von Artikel 23 Absätze 2 und 3, soweit sie sich auf die in Anhang IX aufgeführten Personen, Organisationen und Einrichtungen beziehen, sowie von den Artikeln 30 und 35 können die zuständigen Behörden eines Mitgliedstaats unter den ihnen angemessen erscheinenden Bedingungen Tätigkeiten im Zusammenhang mit der Exploration oder Gewinnung von Kohlenwasserstoffen innerhalb der Union entsprechend einer Lizenz für eine solche Exploration oder Gewinnung, die einer in Anhang IX aufgeführten Person, Organisation oder Einrichtung von einem Mitgliedstaat erteilt wurde, genehmigen, wenn die folgenden Voraussetzungen erfüllt sind:

a) Die Lizenz für die Exploration oder Gewinnung von Kohlenwasserstoffen innerhalb der Union wurde vor dem Tag erteilt, an dem die in Anhang IX aufgeführte Person, Organisation oder Einrichtung benannt wurde, und

b) die Genehmigung ist erforderlich, um Umweltschäden in der Union zu vermeiden oder abzumildern oder die dauerhafte Zerstörung des Werts der Lizenz zu verhindern, einschließlich durch die vorübergehende Sicherstellung der im Zusammenhang mit der genehmigten Tätigkeit verwendeten Rohrleitung und Infrastruktur. Eine solche Genehmigung kann Maßnahmen, die nach nationalen Rechtsvorschriften getroffen wurden, enthalten.

(2) Die in Absatz 1 vorgesehene Ausnahmeregelung wird nur so lange wie notwendig genehmigt und ihre Gültigkeit darf die Gültigkeit der Lizenz, die der in Anhang IX aufgeführten Person, Organisation oder Einrichtung erteilt wurde, nicht überschreiten. Ist die zuständige Behörde der Auffassung, dass die Übernahme von Verträgen oder die Gewährung von Schadensersatz erforderlich sind, darf die Gültigkeit der Ausnahmeregelung fünf Jahre nicht überschreiten.

(3) Der betreffende Mitgliedstaat notifiziert seine Absicht, die Genehmigung zu erteilen, mindestens zehn Arbeitstage vor Erteilung der Genehmigung den anderen Mitgliedstaaten und der Kommission. Im Fall einer Bedrohung für die Umwelt in der Union, die dringende Maßnahmen erforderlich macht, um Umweltschäden zu verhindern, kann der betreffende Mitgliedstaat ohne vorherige Notifikation eine Genehmigung erteilen und unterrichtet die anderen Mitgliedstaaten und die Kommission innerhalb von drei Arbeitstagen nach Erteilung der Genehmigung.

Artikel 44

(1) Die Kommission und die Mitgliedstaaten informieren sich untereinander über die nach dieser Verordnung getroffenen Maßnahmen und übermitteln einander in dreimonatigen Abständen ihnen im Zusammenhang mit dieser Verordnung vorliegende sonstige sachdienliche Informationen, insbesondere über

a) nach Artikel 23 eingefrorene Gelder und nach den Artikeln 24, 25, 26 und 27 gewährte Genehmigungen,

b) Verstöße, Vollzugsprobleme und Urteile einzelstaatlicher Gerichte.

(2) Die Mitgliedstaaten übermitteln einander und der Kommission unverzüglich ihnen vorliegende sonstige sachdienliche Informationen, die die wirksame Anwendung dieser Verordnung berühren könnten.

Artikel 45

Die Kommission ändert

a) Anhang II auf der Grundlage der vom VN-Sicherheitsrat oder vom Sanktionsausschuss getroffenen Feststellungen oder auf der Grundlage der von den Mitgliedstaaten übermittelten Informationen;

b) die Anhänge III, IV, IVa, V, VI, VIa, VIb, VII, VIIa, VIIb und X auf der Grundlage der von den Mitgliedstaaten übermittelten Informationen.

Artikel 46

(1) Nimmt der Sicherheitsrat oder der Sanktionsausschuss eine natürliche oder juristische Person, Organisation oder Einrichtung in die Liste auf, so nimmt der Rat diese natürliche oder juristische Person, Organisation oder Einrichtung in Anhang VIII auf.

(2) Beschließt der Rat, die in Artikel 23 Absätze 2 und 3 genannten Maßnahmen auf eine natürliche oder juristische Person, Organisation oder Einrichtung anzuwenden, so ändert er Anhang IX entsprechend.

(3) Der Rat setzt die in Absatz 1 oder 2 genannten natürlichen oder juristischen Personen, Organisationen oder Einrichtungen entweder auf direktem Weg, falls die Anschrift bekannt ist, oder durch Veröffentlichung einer Bekanntmachung von seinem Beschluss und den Gründen für ihre Aufnahme in die Liste in Kenntnis und gibt dabei diesen natürlichen oder juristischen Personen, Organisationen oder Einrichtungen Gelegenheit zur Stellungnahme.

(4) Wird eine Stellungnahme unterbreitet oder werden stichhaltige neue Beweise vorgelegt, so überprüft der Rat seinen Beschluss und unterrichtet die natürliche oder juristische Person, Organisation oder Einrichtung.

(5) Beschließen die Vereinten Nationen, eine natürliche oder juristische Person, Organisation oder Einrichtung von der Liste zu streichen oder die der Identifizierung dienenden Angaben zu einer in der Liste aufgeführten natürlichen oder juristischen Person, Organisation oder Einrichtung zu ändern, so ändert der Rat Anhang VIII entsprechend.

(6) Die Liste in Anhang IX wird in regelmäßigen Abständen, mindestens aber alle 12 Monate überprüft.

Artikel 47

(1) Die Mitgliedstaaten erlassen Vorschriften über die bei einem Verstoß gegen diese Verordnung zu verhängenden Sanktionen und treffen alle erforderlichen Maßnahmen, um sicherzustellen, dass diese Sanktionen angewandt werden. Die Sanktionen müssen wirksam, verhältnismäßig und abschreckend sein.

(2) Die Mitgliedstaaten notifizieren der Kommission diese Vorschriften unverzüglich nach Inkrafttreten dieser Verordnung und notifizieren ihr jede spätere Änderung.

Artikel 48

(1) Die Mitgliedstaaten benennen die in dieser Verordnung genannten zuständigen Behörden und geben sie auf den Websites in Anhang X an. Die Mitgliedstaaten notifizieren der Kommission jede Änderung der Adressen ihrer Websites in Anhang X.

(2) Die Mitgliedstaaten notifizieren der Kommission ihre zuständigen Behörden einschließlich der Kontaktdaten unverzüglich nach Inkrafttreten dieser Verordnung und notifizieren ihr jede spätere Änderung.

(3) Enthält diese Verordnung eine Notifikations-, Informations- oder sonstige Mitteilungspflicht gegenüber der Kommission, so werden dazu die Anschrift und die anderen Kontaktdaten verwendet, die Anhang X angegeben sind.

Artikel 49

Diese Verordnung gilt

a) im Gebiet der Union einschließlich ihres Luftraums,

b) an Bord von Luftfahrzeugen und Schiffen, die der Hoheitsgewalt eines Mitgliedstaats unterstehen,

c) für Personen, die die Staatsangehörigkeit eines Mitgliedstaats besitzen, innerhalb und außerhalb des Gebiets der Union,

d) für nach dem Recht eines Mitgliedstaats gegründete oder eingetragene juristische Personen, Organisationen und Einrichtungen innerhalb und außerhalb des Gebiets der Union,

e) für juristische Personen, Organisationen und Einrichtungen in Bezug auf Geschäfte, die ganz oder teilweise in der Union getätigt werden.

Artikel 50

Die Verordnung (EU) Nr. 961/2010 wird aufgehoben. Verweisungen auf die aufgehobene Verordnung gelten als Verweisungen auf die vorliegende Verordnung.

Artikel 51

Diese Verordnung tritt am Tag ihrer Veröffentlichung im Amtsblatt der Europäischen Union in Kraft.

Diese Verordnung ist in allen ihren Teilen verbindlich und gilt unmittelbar in jedem Mitgliedstaat.

Geschehen zu Brüssel am 23. März 2012.

Im Namen des Rates
Die Präsidentin
C. ASHTON

5. Gemeinsamer Standpunkt 2008/944/GASP des Rates vom 8. Dezember 2008 betreffend gemeinsame Regeln für die Kontrolle der Ausfuhr von Militärtechnologie und Militärgütern

ABl. (EU) 2008, Nr. L 335

DER RAT DER EUROPÄISCHEN UNION –

gestützt auf den Vertrag über die Europäische Union, insbesondere auf Artikel 15,

in Erwägung nachstehender Gründe:

(1) Die Mitgliedstaaten beabsichtigen, die vom Europäischen Rat auf seinen Tagungen in Luxemburg und Lissabon in den Jahren 1991 und 1992 vereinbarten gemeinsamen Kriterien und den vom Rat 1998 angenommenen EU-Verhaltenskodex für Waffenexporte als Grundlage zu nutzen.

(2) Die Mitgliedstaaten erkennen die besondere Verantwortung der Militärtechnologie und Militärgüter exportierenden Staaten an.

(3) Die Mitgliedstaaten wollen mit Entschlossenheit hohe gemeinsame Maßstäbe setzen, die als Mindeststandards für die beim Transfer von Militärtechnologie und Militärgütern von allen Mitgliedstaaten zu befolgende zurückhaltende Praxis angesehen werden sollten, und den Austausch relevanter Informationen verstärken, um größere Transparenz zu erreichen.

(4) Die Mitgliedstaaten wollen mit Entschlossenheit verhindern, dass Militärtechnologie und Militärgüter ausgeführt werden, die zu interner Repression oder internationaler Aggression eingesetzt werden könnten oder zu regionaler Instabilität beitragen könnten.

(5) Die Mitgliedstaaten wollen die Zusammenarbeit verstärken und die Konvergenz auf dem Gebiet der Ausfuhr von Militärtechnologie und Militärgütern im Rahmen der Gemeinsamen Außen- und Sicherheitspolitik (GASP) fördern.

(6) Ergänzend sind mit dem EU-Programm zur Verhütung und Bekämpfung des illegalen Handels mit konventionellen Waffen Maßnahmen gegen unerlaubte Transfers eingeleitet worden.

(7) Der Rat hat am 12. Juli 2002 die Gemeinsame Aktion 2002/589/GASP ([1]) betreffend den Beitrag der Europäischen Union zur Bekämpfung der destabilisierenden Anhäufung und Verbreitung von Handfeuerwaffen und leichten Waffen angenommen.

(8) Der Rat hat am 23. Juni 2003 den Gemeinsamen Standpunkt 2003/468/GASP ([2]) betreffend die Überwachung von Waffenvermittlungstätigkeiten angenommen.

(9) Der Europäische Rat hat im Dezember 2003 eine Strategie gegen die Verbreitung von Massenvernichtungswaffen und im Dezember 2005 eine Strategie zur Bekämpfung der Anhäufung von Kleinwaffen und leichten Waffen und dazugehöriger Munition sowie des unerlaubten Handels damit angenommen, die ein erhöhtes Interesse der Mitgliedstaaten der Europäischen Union an einer koordinierten Herangehensweise an die Kontrolle der Ausfuhr von Militärtechnologie und Militärgütern bedingen.

1 ABl. L 191 vom 19.7.2002, S. 1.
2 ABl. L 156 vom 25.6.2003, S. 79.

(10) Im Jahr 2001 wurde das Aktionsprogramm der Vereinten Nationen zur Verhütung, Bekämpfung und Beseitigung des unerlaubten Handels mit Kleinwaffen und leichten Waffen unter allen Aspekten angenommen.

(11) 1992 wurde das Register der Vereinten Nationen für konventionelle Waffen eingerichtet.

(12) Die Staaten haben im Einklang mit dem durch die VN-Charta anerkannten Recht auf Selbstverteidigung das Recht, Mittel zur Selbstverteidigung zu transferieren.

(13) Der Wunsch der Mitgliedstaaten, eine Rüstungsindustrie als Teil ihrer industriellen Basis wie auch ihrer Verteidigungsanstrengungen aufrechtzuerhalten, wird anerkannt.

(14) Die Stärkung einer europäischen industriellen und technologischen Verteidigungsbasis, die zur Umsetzung der Gemeinsamen Außen- und Sicherheitspolitik und insbesondere der Europäischen Sicherheits- und Verteidigungspolitik beiträgt, sollte mit Zusammenarbeit und Konvergenz im Bereich der Militärtechnologie und der Militärgüter einhergehen.

(15) Die Mitgliedstaaten wollen die Politik der Europäischen Union zur Kontrolle der Ausfuhr von Militärtechnologie und Militärgütern durch die Annahme dieses Gemeinsamen Standpunkts, der den vom Rat am 8. Juni 1998 angenommenen Verhaltenskodex der Europäischen Union für Waffenausfuhren aktualisiert und ersetzt, verstärken.

(16) Der Rat hat am 13. Juni 2000 die Gemeinsame Militärgüterliste der Europäischen Union angenommen, die regelmäßig überarbeitet wird, wobei gegebenenfalls entsprechende nationale und internationale Listen berücksichtigt werden ([3]).

(17) Die Union muss gemäß Artikel 3 Absatz 2 des Vertrags auf die Kohärenz aller von ihr ergriffenen außenpolitischen Maßnahmen im Rahmen ihrer Außenpolitik achten; diesbezüglich nimmt der Rat Kenntnis von dem Vorschlag der Kommission zur Änderung der Verordnung (EG) Nr. 1334/2000 des Rates vom 22. Juni 2000 über eine Gemeinschaftsregelung für die Kontrolle der Ausfuhr von Gütern und Technologien mit doppeltem Verwendungszweck ([4]) –

HAT FOLGENDEN GEMEINSAMEN STANDPUNKT ANGENOMMEN:

Artikel 1

(1) Jeder Mitgliedstaat prüft die ihm vorgelegten Anträge auf Ausfuhrgenehmigung für Gegenstände der in Artikel 12 genannten Gemeinsamen Militärgüterliste der EU in jedem Einzelfall anhand der Kriterien nach Artikel 2.

(2) Die in Absatz 1 genannten Anträge auf Ausfuhrgenehmigung umfassen Folgendes:

- Genehmigungsanträge für tatsächliche Ausfuhren, auch wenn diese zum Zwecke der Lizenzproduktion von Militärgütern in Drittländern erfolgen;
- Anträge auf Lizenzen für Waffenvermittlertätigkeiten;
- Anträge auf Lizenzen für „Durchfuhr" oder „Umladung";
- Lizenzanträge für immaterielle Software- und Technologietransfers, z. B. mittels elektronischer Medien, Fax oder Telefon.

3 Zuletzt geändert am 10. März 2008, ABl. C 98 vom 18.4.2008, S. 1.
4 ABl. L 159 vom 30.6.2000, S. 1.

In den Rechtsvorschriften der Mitgliedstaaten wird festgelegt, in welchen Fällen eine Ausfuhrgenehmigung für diese Anträge erforderlich ist.

Artikel 2
Kriterien

(1) Kriterium 1: Einhaltung der internationalen Verpflichtungen der Mitgliedstaaten, insbesondere der vom VN-Sicherheitsrat oder der Europäischen Union verhängten Sanktionen, der Übereinkünfte zur Nichtverbreitung und anderen Themen sowie sonstiger internationaler Verpflichtungen

Eine Ausfuhrgenehmigung wird verweigert, wenn ihre Erteilung im Widerspruch stünde unter anderem zu

a) den internationalen Verpflichtungen der Mitgliedstaaten sowie ihren Verpflichtungen zur Durchsetzung von Waffenembargos der Vereinten Nationen, der Europäischen Union oder der Organisation für Sicherheit und Zusammenarbeit in Europa;

b) den internationalen Verpflichtungen der Mitgliedstaaten aus dem Vertrag über die Nichtverbreitung von Kernwaffen, dem Übereinkommen über biologische und Toxinwaffen und dem Chemiewaffenübereinkommen;

c) der Verpflichtung der Mitgliedstaaten, keinerlei Antipersonenminen auszuführen;

d) den Verpflichtungen der Mitgliedstaaten im Rahmen der Australischen Gruppe, des Trägertechnologie-Kontrollregimes, des Zangger-Ausschusses, der Gruppe der Kernmaterial-Lieferländer (NSG), des Wassenaar-Arrangements und des Haager Verhaltenskodex gegen die Proliferation ballistischer Raketen.

(2) Kriterium 2: Achtung der Menschenrechte und des humanitären Völkerrechts durch das Endbestimmungsland

– Die Mitgliedstaaten bewerten die Haltung des Empfängerlandes zu den einschlägigen Grundsätzen der internationalen Menschenrechtsübereinkünfte und

a) verweigern eine Ausfuhrgenehmigung, wenn eindeutig das Risiko besteht, dass die Militärtechnologie oder die Militärgüter, die zur Ausfuhr bestimmt sind, zur internen Repression benutzt werden könnten;

b) lassen besondere Vorsicht und Wachsamkeit bei der Erteilung von Ausfuhrgenehmigungen an Länder walten, in denen von den zuständigen Gremien der Vereinten Nationen, der Europäischen Union oder des Europarates schwerwiegende Menschenrechtsverletzungen festgestellt wurden, und nehmen dabei eine Einzelfallprüfung unter Berücksichtigung der Art der Militärtechnologie oder der Militärgüter vor.

Hierfür gelten als Militärtechnologie oder Militärgüter, die zu interner Repression benutzt werden könnten, unter anderem Militärtechnologie oder Militärgüter, die vom angegebenen Endverwender in dieser oder einer ähnlichen Form nachweislich zu interner Repression benutzt worden sind oder bei denen Grund zu der Annahme besteht, dass sie an der angegebenen Endverwendung bzw. am angegebenen Endverwender vorbeigeleitet werden und zu interner Repression genutzt werden. Gemäß Artikel 1 ist die Art der Militärtechnologie oder der Militärgüter sorgfältig zu prüfen, insbesondere wenn sie für Zwecke der inneren Sicherheit bestimmt sind. Interne Repression umfasst unter anderem Folter sowie andere grausame, unmenschliche und erniedrigende Behandlung oder Bestrafung, willkürliche oder Schnell-Hinrichtungen, das Verschwindenlassen von Personen, willkürliche Verhaftungen und andere schwere Verletzungen der Menschenrechte und Grundfreiheiten, wie sie in den einschlägigen Menschenrechtsübereinkünften, einschließlich der Allgemeinen Erklärung der Menschenrechte und des Internationalen Pakts über bürgerliche und politische Rechte, niedergelegt sind.

– Die Mitgliedstaaten bewerten die Haltung des Empfängerlandes zu den einschlägigen Grundsätzen der Übereinkünfte des humanitären Völkerrechts und

c) verweigern eine Ausfuhrgenehmigung, wenn eindeutig das Risiko besteht, dass die Militärtechnologie oder die Militärgüter, die zur Ausfuhr bestimmt sind, verwendet werden, um schwere Verstöße gegen das humanitäre Völkerrecht zu begehen.

(3) Kriterium 3: Innere Lage im Endbestimmungsland als Ergebnis von Spannungen oder bewaffneten Konflikten

Die Mitgliedstaaten verweigern eine Ausfuhrgenehmigung für Militärtechnologie oder Militärgüter, die im Endbestimmungsland bewaffnete Konflikte auslösen bzw. verlängern würden oder bestehende Spannungen oder Konflikte verschärfen würden.

(4) Kriterium 4: Aufrechterhaltung von Frieden, Sicherheit und Stabilität in einer Region

Die Mitgliedstaaten verweigern eine Ausfuhrgenehmigung, wenn eindeutig das Risiko besteht, dass der angegebene Empfänger die Militärtechnologie oder die Militärgüter, die zur Ausfuhr bestimmt sind, zum Zwecke der Aggression gegen ein anderes Land oder zur gewaltsamen Durchsetzung eines Gebietsanspruchs benutzt. Bei der Abwägung dieser Risiken berücksichtigen die Mitgliedstaaten unter anderem

a) das Bestehen oder die Wahrscheinlichkeit eines bewaffneten Konflikts zwischen dem Empfängerland und einem anderen Land;

b) Ansprüche auf das Hoheitsgebiet eines Nachbarlandes, deren gewaltsame Durchsetzung das Empfängerland in der Vergangenheit versucht bzw. angedroht hat;

c) die Wahrscheinlichkeit, dass die Militärtechnologie oder die Militärgüter zu anderen Zwecken als für die legitime nationale Sicherheit und Verteidigung des Empfängerlandes verwendet wird;

d) das Erfordernis, die regionale Stabilität nicht wesentlich zu beeinträchtigen.

(5) Kriterium 5: Nationale Sicherheit der Mitgliedstaaten und der Gebiete, deren Außenbeziehungen in die Zuständigkeit eines Mitgliedstaats fallen, sowie nationale Sicherheit befreundeter und verbündeter Länder

Die Mitgliedstaaten berücksichtigen

a) die möglichen Auswirkungen der Militärtechnologie oder der Militärgüter, die zur Ausfuhr bestimmt sind, auf ihre Verteidigungs- und Sicherheitsinteressen sowie auf die anderer Mitgliedstaaten und befreundeter oder verbündeter Länder, wobei sie anerkennen, dass hierdurch die Berücksichtigung der Kriterien betreffend die Achtung der Menschenrechte und die Aufrechterhaltung von Frieden, Sicherheit und Stabilität in einer Region nicht beeinträchtigt werden darf;

b) das Risiko, dass diese Militärtechnologie oder diese Militärgüter gegen ihre eigenen Streitkräfte oder die anderer Mitgliedstaaten oder befreundeter oder verbündeter Länder eingesetzt werden.

(6) Kriterium 6: Verhalten des Käuferlandes gegenüber der internationalen Gemeinschaft, unter besonderer Berücksichtigung seiner Haltung zum Terrorismus, der Art der von ihm eingegangenen Bündnisse und der Einhaltung des Völkerrechts

Die Mitgliedstaaten berücksichtigen unter anderem das bisherige Verhalten des Käuferlandes in Bezug auf

a) eine Unterstützung oder Förderung des Terrorismus und der internationalen organisierten Kriminalität;

b) die Einhaltung seiner internationalen Verpflichtungen, insbesondere im Hinblick auf die Nichtanwendung von Gewalt, und der Bestimmungen des humanitären Völkerrechts;

c) sein Engagement im Bereich der Nichtverbreitung und anderen Bereichen der Rüstungskontrolle und Abrüstung, insbesondere die Unterzeichnung, Ratifizierung und Durchführung der bei Kriterium 1 unter Buchstabe b aufgeführten einschlägigen Rüstungskontroll- und Abrüstungsübereinkommen.

(7) Kriterium 7: Risiko der Abzweigung von Militärtechnologie oder Militärgütern im Käuferland oder der Wiederausfuhr von Militärgütern unter unerwünschten Bedingungen

Bei der Beurteilung der Auswirkungen der Militärtechnologie oder der Militärgüter, die zur Ausfuhr bestimmt sind, auf das Empfängerland und des Risikos, dass diese Technologie oder Güter auf Umwegen zu einem unerwünschten Endverwender oder zu einer unerwünschten Endverwendung gelangen könnten, wird Folgendes berücksichtigt:

a) die legitimen Interessen der Verteidigung und der inneren Sicherheit des Empfängerlandes, einschließlich einer etwaigen Beteiligung an friedenserhaltenden Maßnahmen der Vereinten Nationen oder anderer Art;

b) die technische Fähigkeit des Empfängerlandes, diese Technologie oder diese Güter zu benutzen;

c) die Fähigkeit des Empfängerlandes, wirksame Ausfuhrkontrollen durchzuführen;

d) das Risiko, dass solche Technologie oder solche Güter mit unerwünschtem Ziel wieder ausgeführt werden, und die bisherige Befolgung etwaiger Wiederausfuhrbestimmungen bzw. vorheriger Genehmigungspflichten, die vom Ausfuhrmitgliedstaat gegebenenfalls festgelegt wurden, durch das Empfängerland;

e) das Risiko, dass solche Technologie oder solche Güter zu terroristischen Vereinigungen oder einzelnen Terroristen umgeleitet werden;

f) die Gefahr eines Reverse Engineering oder eines unbeabsichtigten Technologietransfers.

(8) Kriterium 8: Vereinbarkeit der Ausfuhr von Militärtechnologie oder Militärgütern mit der technischen und wirtschaftlichen Leistungsfähigkeit des Empfängerlandes, wobei zu berücksichtigen ist, dass die Staaten bei der Erfüllung ihrer legitimen Sicherheits- und Verteidigungsbedürfnisse möglichst wenige Arbeitskräfte und wirtschaftliche Ressourcen für die Rüstung einsetzen sollten

Die Mitgliedstaaten beurteilen anhand von Informationen aus einschlägigen Quellen, wie z. B. Entwicklungsprogramm der Vereinten Nationen, Weltbank, Internationaler Währungsfonds und Organisation für wirtschaftliche Zusammenarbeit und Entwicklung, ob die geplante Ausfuhr die nachhaltige Entwicklung des Empfängerlandes ernsthaft beeinträchtigen würde. Sie prüfen in diesem Zusammenhang den jeweiligen Anteil der Rüstungs- und der Sozialausgaben des Empfängerlandes und berücksichtigen dabei auch jedwede EU- oder bilaterale Hilfe.

Artikel 3

Dieser Gemeinsame Standpunkt lässt das Recht der Mitgliedstaaten unberührt, auf nationaler Ebene eine restriktivere Politik zu verfolgen.

Artikel 4

(1) Die Mitgliedstaaten informieren einander detailliert über Anträge auf Ausfuhrgenehmigungen, die entsprechend den Kriterien dieses Gemeinsamen Standpunkts verweigert wurden, und geben die Gründe für die Verweigerung an. Bevor ein Mitgliedstaat eine Genehmigung erteilt, die von einem oder mehreren anderen Mitgliedstaaten innerhalb der letzten drei Jahre für eine im Wesentlichen gleichartige Transaktion verweigert worden ist, konsultiert er zunächst den bzw. die Mitgliedstaaten, die die Genehmigung verweigert haben. Beschließt der betreffende Mitgliedstaat nach den Konsultationen dennoch, die Genehmigung zu erteilen, so teilt er dies dem bzw. den Mitgliedstaaten, die die Genehmigung verweigert haben, mit und erläutert ausführlich seine Gründe.

(2) Ob der Transfer von Militärtechnologie oder Militärgütern genehmigt oder verweigert wird, bleibt dem nationalen Ermessen eines jeden Mitgliedstaats überlassen. Eine Genehmigung gilt als verweigert, wenn der Mitgliedstaat die Genehmigung des tatsächlichen Verkaufs oder der Ausfuhr der Militärtechnologie oder der Militärgüter verweigert hat und es andernfalls zu einem Verkauf oder zum Abschluss des entsprechenden Vertrags gekommen wäre. Für diese Zwecke kann eine notifizierbare Verweigerung gemäß den nationalen Verfahren auch die Verweigerung der Zustimmung zur Aufnahme von Verhandlungen oder einen abschlägigen Bescheid auf eine förmliche Voranfrage zu einem bestimmten Auftrag umfassen.

(3) Die Mitgliedstaaten behandeln derartige Verweigerungen und die entsprechenden Konsultationen vertraulich und ziehen daraus keine wirtschaftlichen Vorteile.

Artikel 5

Ausfuhrgenehmigungen werden nur auf der Grundlage einer zuverlässigen vorherigen Kenntnis der Endverwendung im Endbestimmungsland erteilt. Hierfür sind in der Regel eine gründlich überprüfte Endverbleibserklärung oder entsprechende Unterlagen und/ oder eine vom Endbestimmungsland erteilte offizielle Genehmigung erforderlich. Bei der Bewertung der Anträge auf Ausfuhrgenehmigungen für Militärtechnologie oder Militärgüter zum Zwecke der Produktion in Drittländern berücksichtigen die Mitgliedstaaten insbesondere die mögliche Verwendung des Endprodukts im Erzeugerland sowie das Risiko, dass das Endprodukt zu einem unerwünschten Endverwender umgeleitet oder ausgeführt werden könnte.

Artikel 6

Unbeschadet der Verordnung (EG) Nr. 1334/2000 gelten die in Artikel 2 dieses Gemeinsamen Standpunktes aufgeführten Kriterien und das Konsultationsverfahren nach Artikel 4 für die Mitgliedstaaten auch in Bezug auf Güter und Technologie mit doppeltem Verwendungszweck gemäß Anhang I der Verordnung (EG) Nr. 1334/2000, wenn schwerwiegende Gründe für die Annahme bestehen, dass die Endverwender solcher Güter und solcher Technologie die Streitkräfte, die internen Sicherheitskräfte oder ähnliche Einheiten des Empfängerlandes sein werden. Wird in diesem Gemeinsamen Standpunkt auf Militärtechnologie oder Militärgüter Bezug genommen, so sind darunter auch solche Güter und solche Technologie zu verstehen.

Artikel 7

Damit dieser Gemeinsame Standpunkt die größtmögliche Wirkungskraft hat, streben die Mitgliedstaaten im Rahmen der GASP nach einer Verstärkung ihrer Zusammenarbeit und einer Förderung ihrer Konvergenz im Bereich der Ausfuhr von Militärtechnologie und Militärgütern.

Artikel 8

(1) Jeder Mitgliedstaat übermittelt den anderen Mitgliedstaaten jährlich einen vertraulichen Bericht über seine Ausfuhren von Militärtechnologie und Militärgütern und seine Umsetzung des Gemeinsamen Standpunkts.

(2) Ein Jahresbericht der EU, der auf den Beiträgen aller Mitgliedstaaten beruht, wird dem Rat vorgelegt und in der Reihe C des Amtsblatts der Europäischen Union veröffentlicht.

(3) Außerdem veröffentlicht jeder Mitgliedstaat, der Technologie oder Güter der Gemeinsamen Militärgüterliste der EU ausführt, gegebenenfalls im Einklang mit nationalen Rechtsvorschriften, einen Bericht über seine Ausfuhren von Militärtechnologie und Militärgütern und stellt nach Maßgabe des Benutzerleitfadens Informationen für den Jahresbericht der EU über die Umsetzung des Gemeinsamen Standpunkts bereit.

Artikel 9

Die Mitgliedstaaten beurteilen gegebenenfalls gemeinsam im Rahmen der GASP anhand der Grundsätze und Kriterien dieses Gemeinsamen Standpunkts die Lage potenzieller oder tatsächlicher Empfänger der von den Mitgliedstaaten ausgeführten Militärtechnologie und Militärgüter.

Artikel 10

Die Mitgliedstaaten können zwar gegebenenfalls die Auswirkungen geplanter Ausfuhren auf ihre wirtschaftlichen, sozialen, kommerziellen und industriellen Interessen berücksichtigen, doch dürfen diese Faktoren die Anwendung der oben angeführten Kriterien nicht beeinträchtigen.

Artikel 11

Die Mitgliedstaaten setzen sich nach Kräften dafür ein, andere Militärtechnologie und Militärgüter exportierende Staaten zu ermutigen, die Grundsätze dieses Gemeinsamen Standpunkts anzuwenden. Sie betreiben mit den Drittstaaten, die die Kriterien anwenden, einen regelmäßigen Erfahrungsaustausch über ihre Politik zur Kontrolle der Ausfuhr von Militärtechnologie und Militärgütern und über die Anwendung der Kriterien.

Artikel 12

Die Mitgliedstaaten stellen sicher, dass ihre nationalen Rechtsvorschriften es ihnen erlauben, die Ausfuhr der Technologie und der Güter kontrollieren zu können, die auf der Gemeinsamen Militärgüterliste der EU verzeichnet sind. Die Gemeinsame Militärgüterliste der EU dient als Bezugspunkt für die nationalen Listen der Mitgliedstaaten für Militärtechnologie und Militärgüter, ersetzt diese aber nicht unmittelbar.

Artikel 13

Der Benutzerleitfaden zum Verhaltenskodex der Europäischen Union für die Ausfuhr von Militärgütern, der regelmäßig aktualisiert wird, dient als Orientierungshilfe bei der Anwendung dieses Gemeinsamen Standpunkts.

Artikel 14

Dieser Gemeinsame Standpunkt wird am Tag seiner Annahme wirksam.

Artikel 15

Dieser Gemeinsame Standpunkt wird drei Jahre nach seiner Annahme überprüft.

Artikel 16

Dieser Gemeinsame Standpunkt wird im Amtsblatt der Europäischen Union veröffentlicht.

Geschehen zu Brüssel am 8. Dezember 2008.

Im Namen des Rates
Der Präsident
B. KOUCHNER

6. Beschluss des Rates 2009/1012/GASP vom 22. Dezember 2009 zur Unterstützung der Maßnahmen der Europäischen Union zur Förderung der Waffenausfuhrkontrolle und der Anwendung der Grundsätze und Kriterien des Gemeinsamen Standpunkts 2008/944/GASP in Drittländern

DER RAT DER EUROPÄISCHEN UNION –

gestützt auf den Vertrag über die Europäische Union, insbesondere auf Artikel 26 Absatz 2 und Artikel 31 Absatz 1,

in Erwägung nachstehender Gründe:

(1) Der Rat hat am 26. Juni 1997 das EU-Programm zur Verhütung und Bekämpfung des illegalen Handels mit konventionellen Waffen angenommen, mit dem sich die Europäische Union und ihre Mitgliedstaaten verpflichten, abgestimmte Maßnahmen zur Unterstützung anderer Staaten bei der Verhütung und Bekämpfung des illegalen Handels mit Waffen zu ergreifen.

(2) Am 8. Dezember 2008 hat der Rat den Gemeinsamen Standpunkt 2008/944/GASP betreffend gemeinsame Regeln für die Kontrolle der Ausfuhr von Militärtechnologie und Militärgütern angenommen, in dem acht Kriterien für die Ausfuhr konventioneller Waffen festgelegt werden[1] und ein Konsultations- und Mitteilungsverfahren für Genehmigungsverweigerungen sowie ein Transparenzverfahren, das die Veröffentlichung von Jahresberichten der EU über Waffenausfuhren vorsieht, eingeführt werden. Dieser Gemeinsame Standpunkt trägt erheblich zur Harmonisierung der einzelstaatlichen Politik im Bereich der Waffenausfuhrkontrolle bei, und seine Grundsätze und Kriterien sind von mehreren Drittländern offiziell übernommen worden.

(3) In Artikel 11 des Gemeinsamen Standpunkts 2008/944/GASP heißt es, dass die Mitgliedstaaten sich nach Kräften dafür einsetzen werden, andere rüstungsexportierende Staaten zu ermutigen, die Kriterien dieser Gemeinsamen Standpunkts anzuwenden.

(4) In der Europäischen Sicherheitsstrategie, die von den Staats- und Regierungschefs am 12. Dezember 2003 angenommen wurde, werden fünf wesentliche Herausforderungen genannt, mit denen sich die EU seit dem Ende des Kalten Krieges konfrontiert sieht: Terrorismus, Verbreitung von Massenvernichtungswaffen, regionale Konflikte, Staatsversagen und organisierte Kriminalität. Bei vier dieser fünf Herausforderungen sind die Auswirkungen einer unkontrollierten Verbreitung von konventionellen Waffen von entscheidender Bedeutung. Die unkontrollierte Weitergabe von Waffen trägt nämlich zur Verschlimmerung des Terrorismus und der organisierten Kriminalität bei und spielt eine wesentliche Rolle bei der Entstehung und Ausweitung von Konflikten sowie beim Zusammenbruch staatlicher Strukturen. In der Strategie wird ferner hervorgehoben, wie wichtig Ausfuhrkontrollen für die Eindämmung der Proliferation sind.

(5) Durch das Internationale Rechtsinstrument zur Ermöglichung der rechtzeitigen und zuverlässigen Identifikation und Rückverfolgung illegaler Kleinwaffen und leichter Waffen durch die Staaten, das von der Generalversammlung der Vereinten Nationen am 8. Dezem-

1 ABl. L 335 vom 13.12.2008, S. 99.

ber 2005 angenommen wurde, sollen die bestehenden bilateralen, regionalen und internationalen Übereinkünfte zur Verhütung, Bekämpfung und Beseitigung des unerlaubten Handels mit Kleinwaffen und leichten Waffen unter allen Aspekten in ihrer Wirkung verstärkt und ergänzt werden.

(6) Die vom Europäischen Rat auf seiner Tagung vom 15. und 16. Dezember 2005 angenommenen Strategie der Europäischen Union zur Bekämpfung der Anhäufung von Kleinwaffen und leichten Waffen und zugehöriger Munition sowie des unerlaubten Handels damit sieht vor, dass die Europäische Union auf regionaler und internationaler Ebene sowohl die Verschärfung der Ausfuhrkontrolle unterstützen als auch die Kriterien des Verhaltenskodex für Waffenausfuhren, an dessen Stelle der Gemeinsame Standpunkt 2008/944/GASP getreten ist, propagieren sollte, indem Drittländer unter anderem bei der Ausarbeitung der einschlägigen nationalen Rechtsvorschriften unterstützt und Maßnahmen zur Verbesserung der Transparenz gefördert werden.

(7) Am 6. Dezember 2006 hat die Generalversammlung der Vereinten Nationen die Resolution 61/89 mit dem Titel „Auf dem Wege zu einem Vertrag über den Waffenhandel: Aufstellung gemeinsamer internationaler Normen für die Einfuhr, die Ausfuhr und den Transfer von konventionellen Waffen" angenommen; diese Resolution wurde von allen Mitgliedstaaten der Europäischen Union mitgetragen. Der Rat hat im Dezember 2006 sowie im Juni und im Dezember 2007 Schlussfolgerungen angenommen, in denen er darauf hinweist, wie wichtig es für die EU und ihre Mitgliedstaaten ist, aktiv und in Zusammenarbeit mit anderen Staaten und regionalen Organisationen an dem im Rahmen der Vereinten Nationen stattfindenden Prozess mitzuwirken, damit gemeinsame internationale Normen für die Einfuhr, die Ausfuhr und den Transfer konventioneller Waffen festgelegt werden können, was wesentlich dazu beitragen würde, die unerwünschte und verantwortungslose Verbreitung konventioneller Waffen zu bekämpfen, die eine Gefahr für Frieden, Sicherheit, Entwicklung und die uneingeschränkte Achtung der Menschenrechte darstellt.

(8) Am 17. März 2008 hat der Rat die Gemeinsame Aktion 2008/230/GASP zur Unterstützung der Maßnahmen der Europäischen Union zur Förderung der Waffenausfuhrkontrolle und der Anwendung der Grundsätze und Kriterien des EU-Verhaltenskodex für Waffenausfuhren in Drittländern[2] angenommen; die jüngste Maßnahme im Rahmen dieser Gemeinsamen Aktion fand am 27. und 28. Oktober 2009 statt –

HAT FOLGENDEN BESCHLUSS ERLASSEN:

Artikel 1

(1) Zur praktischen Umsetzung

- der Europäischen Sicherheitsstrategie,
- der Strategie der Europäischen Union zur Bekämpfung der Anhäufung von Kleinwaffen und leichten Waffen und dazugehöriger Munition,
- des Artikels 11 des Gemeinsamen Standpunkts 2008/944/GASP,
- des Programms der Europäischen Union zur Verhütung und Bekämpfung des illegalen Handels mit konventionellen Waffen,

2 ABl. L 75 vom 18.3.2008, S. 81.

- des internationalen Rechtsinstruments zur Ermöglichung der rechtzeitigen und zuverlässigen Identifikation und Rückverfolgung illegaler Kleinwaffen und leichter Waffen durch die Staaten, und
- der Schlussfolgerungen des Rates zu einem internationalen Vertrag über den Waffenhandel

unterstützt die Europäische Union Maßnahmen zur Erreichung folgender Ziele:

a) Förderung der Anwendung der Grundsätze und Kriterien des Gemeinsamen Standpunkts 2008/944/GASP in Drittländern;

b) Unterstützung der Drittländer bei der Abfassung und Umsetzung von Rechtsvorschriften, durch die eine wirksame Kontrolle der Waffenausfuhren sichergestellt werden soll;

c) Unterstützung der Drittländer bei der Aus- und Fortbildung der für Ausfuhrgenehmigungen zuständigen Beamten, um zu gewährleisten, dass Waffenausfuhrkontrollen angemessen angewendet und durchgesetzt werden;

d) Unterstützung der Drittländer und Regionen bei der Erstellung nationaler und regionaler Berichte über Waffenausfuhren und bei der Förderung anderer Formen der Kontrolle, um Transparenz und Verantwortlichkeit bei der Waffenausfuhr zufördern;

e) Aufforderung der Drittländer, den Prozess der Vereinten Nationen, der auf die Annahme eines international verbindlichen Vertrags zur Festlegung gemeinsamer Normen für den weltweiten Handel mit konventionellen Waffen abzielt, zu unterstützen, sowie Unterstützung dieser Länder, damit sie auch in der Lage sind, solche eventuellen gemeinsamen Normen einzuhalten.

(2) Eine Beschreibung der Projekte zur Förderung der in Absatz 1 genannten Ziele ist im Anhang enthalten.

Artikel 2

(1) Der Hohe Vertreter der Union für Außen- und Sicherheitspolitik (nachstehend „Hoher Vertreter" genannt) ist für die Durchführung dieses Beschlusses zuständig.

(2) Die technische Durchführung der in Artikel 1 Absatz 2 genannten Projekte erfolgt durch das folgende Durchführungsstelle: Deutsches Bundesamt für Wirtschaft und Ausfuhrkontrolle (BAFA).

(3) Die Durchführungsstelle nimmt ihre Aufgaben unter der Verantwortung Hohen Vertreters wahr. Hierfür trifft der Hohe Vertreter die notwendigen Vereinbarungen mit der Durchführungsstelle.

Artikel 3

(1) Der finanzielle Bezugsrahmen für die Durchführung der in Artikel 1 Absatz 2 genannten Projekte beträgt 787 000 EUR.

(2) Die mit dem Betrag nach Absatz 1 finanzierten Ausgaben werden gemäß den für den Haushalt der Union geltenden Verfahren und Regeln verwaltet.

(3) Die Kommission beaufsichtigt die ordnungsgemäße Ausführung des in Absatz 1 dieses Artikels genannten Beitrags der Europäischen Union. Zu diesem Zweck schließt sie Finanzierungsabkommen mit der in Artikel 2 Absatz 2 genannten ausführenden Stelle. In die-

sem Finanzierungsabkommen wird festgelegt, dass die ausführende Stelle dafür sorgt, dass dem Beitrag der Europäischen Union die seinem Umfang entsprechende öffentliche Beachtung zuteil wird.

(4) Die Kommission bemüht sich, das in Absatz 3 genannte Finanzierungsabkommen so bald wie möglich nach Inkrafttreten dieses Beschlusses zu schließen. Sie unterrichtet den Rat über etwaige Schwierigkeiten dabei und teilt ihm den Zeitpunkt mit, zu dem das Abkommen geschlossen wird.

Artikel 4

(1) Die EU-Missionsleiter in jedem einzelnen begünstigten Land erstellen nach Abschluss des letzten Seminars und Personalaustauschs einen Sachbericht über die in jedem einzelnen begünstigten Land erzielten Fortschritte.

(2) Der Hohe Vertreter erstattet dem Rat auf der Grundlage der in Artikel 2 Absatz 2 genannten regelmäßigen Berichte des Durchführungsgremiums und der in Absatz 1 dieses Artikels genannte Missionsleiter erstattet Bericht über die Durchführung dieses Beschlusses. Die Berichte bilden die Grundlage für die Evaluierung durch den Rat. Die Kommission übermittelt Informationen über die finanzielle Ausführung der Projekte gemäß Artikel 3 Absatz 3.

Artikel 5

(1) Dieser Beschluss tritt am Tag seiner Annahme in Kraft.

(2) Er gilt bis 24 Monate nach Abschluss der in Artikel 3 Absatz 3 genannten Finanzierungsabkommen oder sechs Monate nach Annahme dieses Beschlusses, wenn innerhalb dieser Zeit kein Finanzierungsabkommen geschlossen wurde.

Artikel 6

Dieser Beschluss wird im *Amtsblatt der Europäischen Union* veröffentlicht.

Geschehen zu Brüssel
am 22. Dezember 2009.

Im Namen des Rates
Der Präsident
A. CARLGREN

Anhang – Unterstützung der Maßnahmen der Europäischen Union zur Förderung der Waffenausfuhrkontrolle und der Anwendung der Grundsätze und Kriterien des Gemeinsamen Standpunkts 2008/944/GASP in Drittländern

i. Ziele

Die übergreifenden Ziele dieses Beschlusses bestehen darin,

a) die Anwendung der Grundsätze und Kriterien des Gemeinsamen Standpunkts 2008/944/GASP zu fördern,

b) Drittländer bei der Abfassung und Umsetzung von Rechtsvorschriften, durch die eine wirksame Kontrolle der Waffenausfuhren sichergestellt werden soll, zu unterstützen,

c) Länder bei der Aus- und Fortbildung der für Ausfuhrgenehmigungen zuständigen Beamten zu unterstützen, um so zu gewährleisten, dass Waffenausfuhrkontrollen angemessen angewendet und durchgesetzt werden,

d) Drittländer und Regionen bei der Erstellung einzelstaatlicher und regionaler Berichte über Waffenausfuhren und bei der Förderung anderer Formen der Kontrolle zu unterstützen, um für mehr Transparenz und Verantwortlichkeit bei der Waffenausfuhr zu sorgen,

e) Drittländer aufzufordern, den Prozess der Vereinten Nationen, der auf die Annahme eines international verbindlichen Vertrags zur Festlegung gemeinsamer Normen für den weltweiten Handel mit konventionellen Waffen abzielt, zu unterstützen, sowie diese Länder dahingehend zu unterstützen, dass sie auch in der Lage sind, solche eventuellen gemeinsamen Normen einzuhalten.

ii. Projekte

Zweck:

Der Zweck der Projekte besteht darin, technische Unterstützung für interessierte Drittländer bereitzustellen, die nachweislich bereit sind, ihre Normen und Praktiken auf dem Gebiet der Kontrolle der Ausfuhr von Militärtechnologie und Militärgütern zu verbessern und ihre Normen und Praktiken an die von den Mitgliedstaaten der Europäischen Union vereinbarten und angewandten, in dem Gemeinsamen Standpunkt 2008/944/GASP und dem dazugehörigen Benutzerleitfaden festgelegten Normen und Praktiken anzugleichen.

Beschreibung und Kostenschätzung:

i. Seminare für Ländergruppen

ii. Das Projekt umfasst fünf zweitägige Seminare, zu denen Regierungsbeamte, Zollbeamte und für Ausfuhrgenehmigungen zuständige Beamte aus der ausgewählten Ländergruppe eingeladen werden. Vertreter der Rüstungsindustrie können ebenfalls eingeladen werden. Die Seminare können in einem begünstigten Land oder an einem anderen, vom Hohen Vertreter bestimmten Ort stattfinden. Schulungen in den relevanten Bereichen werden von Experten durchgeführt, die von den nationalen Verwaltungen der EU-Mitgliedstaaten, von Ländern, die sich dem Gemeinsamen Standpunkt 2008/944/GASP angeschlossen haben, dem Generalsekretariat des Rates der Europäischen Union und/oder dem privaten Sektor (einschließlich NRO) entsandt werden.

iii. Austausch von Personal

iv. Das Projekt umfasst maximal vier bis zu einmonatige Arbeits- oder Studienaufenthalte von Regierungsbeamten und/oder für Ausfuhrgenehmigungen zuständigen Beamten aus begünstigten Beitrittsländern bei den entsprechenden Behörden von Mitgliedstaaten der EU oder maximal vier bis zu einmonatige Arbeits- oder Studienaufenthalte von Regierungsbeamten und/oder für Ausfuhrgenehmigungen zuständigen Beamten aus Mitgliedstaaten der EU bei den entsprechenden Behörden von begünstigten Ländern[3].

iii. Dauer

Die Dauer der Umsetzung des Projekts wird auf insgesamt 24 Monate veranschlagt.

iv. Begünstigte

Erstes Halbjahr 2010:

i. Die westlichen Balkanstaaten (Albanien, Bosnien und Herzegowina, Kroatien, die ehemalige jugoslawische Republik Mazedonien, Montenegro und Serbien)

ii. Die nordafrikanischen Länder der Europa-Mittelmeerpartnerschaft im Rahmen der Europäischen Nachbarschaftspolitik (Algerien, Ägypten, Libyen, Marokko und Tunesien)

Zweites Halbjahr 2010:

Die osteuropäischen und kaukasischen Partnerländer im Rahmen der Europäischen Nachbarschaftspolitik (Armenien, Aserbaidschan, Belarus, Georgien, Moldau und Ukraine)

Erstes Halbjahr 2011:

Die westlichen Balkanstaaten (Albanien, Bosnien und Herzegowina, Kroatien, die ehemalige jugoslawische Republik Mazedonien, Montenegro und Serbien)

Zweites Halbjahr 2011:

Die osteuropäischen und kaukasischen Partnerländer im Rahmen der Europäischen Nachbarschaftspolitik (Armenien, Aserbaidschan, Belarus, Georgien, Moldau und Ukraine)

Sollten unvorhergesehene Umstände es erforderlich machen, die Liste der Begünstigten oder den Zeitplan der Seminare zu ändern, so kann die Gruppe „Ausfuhr konventioneller Waffen" (COARM) dies auf Vorschlag des Hohen Vertreters und in Beratung mit der Kommission beschließen.

Sollte eines der vorgenannten Länder nicht an einem Seminar teilnehmen wollen, so können weitere Länder aus der Reihe der nachstehenden Partnerländer im Rahmen der Europäischen Nachbarschaftspolitik ausgewählt werden[4] :

Israel, Jordanien, Libanon, die Palästinensische Behörde und Syrien.

3 Die Auswahl der Teilnehmer an dem Austausch von Personal ist innerhalb der betreffenden Ratsarbeitsgruppe auf Vorschlag des Hohen Vertreters zu beschließen.

4 Innerhalb der betreffenden Ratsarbeitsgruppe auf Vorschlag des Hohen Vertreters zu beschließen.

v. Folgenabschätzung

Nach Abschluss des letzten Seminars und des letzten Austauschs von Personal im Rahmen dieses Beschlusses sollten die Folgen dieses Beschlusses und der Gemeinsamen Aktion 2008/230/GASP fachlich analysiert werden. Dies erfolgt in Form von Sachberichten über die Annahme einschlägiger Rechtsvorschriften, die Errichtung von Ausfuhrkontrollbehörden und wirksame Ausfuhrkontrollen in den begünstigten Ländern. Die Berichte werden von den EU-Missionsleitern in jedem der einzelnen begünstigten Länder erstellt.

7. Richtlinie 2009/43/EG des Europäischen Parlaments und des Rates vom 6. Mai 2009 zur Vereinfachung der Bedingungen für die innergemeinschaftliche Verbringung von Verteidigungsgütern

ABl. (EG) 2009, Nr. L 146/1

DAS EUROPÄISCHE PARLAMENT UND DER RAT DER EUROPÄISCHEN UNION –

gestützt auf den Vertrag zur Gründung der Europäischen Gemeinschaft, ins besondere auf Artikel 95,

auf Vorschlag der Kommission,

nach Stellungnahme des Europäischen Wirtschafts- und Sozialausschusses[1],

gemäß dem Verfahren des Artikels 251 des Vertrags[2],

in Erwägung nachstehender Gründe:

(1) Der Vertrag sieht die Errichtung eines Binnenmarktes vor, wozu die Beseitigung der Hindernisse für den freien Waren- und Dienstleistungsverkehr zwischen den Mitgliedstaaten und die Errichtung eines Systems gehören, das den Wettbewerb innerhalb des Binnenmarktes vor Verzerrungen schützt.

(2) Die Vertragsbestimmungen zur Errichtung des Binnenmarktes gelten für alle Waren und Dienstleistungen, die gegen Entgelt geliefert bzw. erbracht werden, einschließlich Verteidigungsgütern; jedoch schließen diese Vertragsbestimmungen nicht aus, dass die Mitgliedstaaten unter bestimmten Umständen in Einzelfällen andere Maßnahmen ergreifen, die ihres Erachtens für die Wahrung ihrer wesentlichen Sicherheitsinteressen erforderlich sind.

(3) Die Rechts- und Verwaltungsvorschriften der Mitgliedstaaten über die innergemeinschaftliche Verbringung von Verteidigungsgütern sind unterschiedlich, was den Verkehr mit diesen Gütern behindern und den Wettbewerb innerhalb des Binnenmarktes verzerren kann und dadurch die Innovation, die industrielle Zusammenarbeit und die Wettbewerbsfähigkeit der Verteidigungsindustrie in der Europäischen Union behindert.

(4) Das Ziel der Rechts- und Verwaltungsvorschriften der Mitgliedstaaten besteht in der Regel u. a. darin, die Menschenrechte zu schützen sowie Frieden, Sicherheit und Stabilität zu gewährleisten, indem Ausfuhr und Verbreitung von Verteidigungsgütern in Drittländer sowie andere Mitgliedstaaten streng kontrolliert und beschränkt werden.

(5) Derartige Beschränkungen für den innergemeinschaftlichen Verkehr mit Verteidigungsgütern lassen sich nicht vollständig abschaffen, indem die Grundsätze des freien Waren- und Dienstleistungsverkehrs gemäß dem Vertrag unmittelbar angewendet werden, da diese Beschränkungen im Einzelfall möglicherweise gemäß Artikel 30 oder 296 des Vertrags gerechtfertigt sind; diese Vorschriften bleiben für die Mitgliedstaaten weiterhin anwendbar, sofern ihre Voraussetzungen erfüllt sind.

---

1 Stellungnahme vom 23. Oktober 2008 (noch nicht im Amtsblatt veröffentlicht).

2 Stellungnahme des Europäischen Parlaments vom 16. Dezember 2008 (noch nicht im Amtsblatt veröffentlicht) und Beschluss des Rates vom 23. April 2009.

(6) Deshalb ist es erforderlich, die einschlägigen Rechts- und Verwaltungsvorschriften der Mitgliedstaaten so anzugleichen, dass die innergemeinschaftliche Verbringung von Verteidigungsgütern vereinfacht und damit das reibungslose Funktionieren des Binnenmarktes sichergestellt wird. Diese Richtlinie betrifft lediglich die Vorschriften und Verfahren, soweit Verteidigungsgüter betroffen sind, und berührt folglich nicht die Politik der Mitgliedstaaten bezüglich der Verbringung von Verteidigungsgütern.

(7) Die Vereinheitlichung der einschlägigen Rechts- und Verwaltungsvorschriften der Mitgliedstaaten sollte weder deren internationale Verpflichtungen und Bindungen noch das Ermessen der Mitgliedstaaten im Hinblick auf die Politik der Ausfuhr von Verteidigungsgütern beeinträchtigen.

(8) Die Mitgliedstaaten sollten weiterhin die Möglichkeit haben, die zwischenstaatliche Zusammenarbeit unter Beachtung der Vorschriften dieser Richtlinie fortzusetzen und weiterzuentwickeln.

(9) Diese Richtlinie sollte nicht für Verteidigungsgüter gelten, die durch das Gebiet der Gemeinschaft lediglich durchgeführt werden, also Güter, die nicht einer anderen zollrechtlich zulässigen Behandlung oder Verwendung als dem externen Versandverfahren zugeführt werden oder die lediglich in eine Freizone oder ein Freilager verbracht werden, wo sie nicht in bewilligten Bestandsaufzeichnungen erfasst werden müssen.

(10) Diese Richtlinie sollte für alle Verteidigungsgüter, einschließlich ihrer Teilsysteme und Technologien, gemäß der Gemeinsamen Militärgüterliste der Europäischen Union[3] gelten.

(11) Diese Richtlinie beeinträchtigt weder die Durchführung der vom Rat auf der Grundlage von Artikel J.3 des Vertrags über die Europäische Union beschlossenen Gemeinsamen Aktion 97/817/GASP vom 28. November 1997 über Antipersonenminen[4] noch die Ratifizierung und Umsetzung des am 3. Dezember 2008 in Oslo unterzeichneten Übereinkommens über Streumunition durch die Mitgliedstaaten.

(12) Die Ziele der Rechts- und Verwaltungsvorschriften der Mitgliedstaaten, die die Verbringung von Verteidigungsgütern beschränken, bestehen im Allgemeinen darin, die Menschenrechte zu schützen sowie Frieden, Sicherheit und Stabilität zu gewährleisten; diese Ziele erfordern es, dass die innergemeinschaftliche Verbringung dieser Güter der Genehmigungspflicht im Ursprungsmitgliedstaat und Garantien in den Bestimmungsmitgliedstaaten unterworfen bleibt.

(13) In Anbetracht der in dieser Richtlinie festgelegten Maßnahmen zur Erreichung dieser Ziele würde für die Mitgliedstaaten vorbehaltlich der Artikel 30 und 296 des Vertrags kein Bedarf bestehen, weitere Beschränkungen zur Erreichung dieser Ziele einzuführen oder aufrechtzuerhalten.

(14) Diese Richtlinie sollte nicht die Anwendung von Bestimmungen beschränken, die aus Gründen der öffentlichen Ordnung oder der öffentlichen Sicherheit erforderlich sind. Angesichts der Natur und der Merkmale von Verteidigungsgütern sind Gründe der öffentlichen Ordnung wie etwa die Verkehrssicherheit, die Sicherheit der Lagerung, das Risiko der Umleitung und die Vorbeugung von Straftaten von besonderer Bedeutung für die Zwecke dieser Richtlinie.

3 ABl. L 88 vom 29.3.2007, S. 58.
4 ABl. L 338 vom 9.12.1997, S. 1

(15) Diese Richtlinie beeinträchtigt nicht die Anwendung der Richtlinie 91/477/EWG des Rates vom 18. Juni 1991 über die Kontrolle des Erwerbs und des Besitzes von Waffen[5], insbesondere die Anforderungen an den Verkehr mit Waffen innerhalb der Gemeinschaft. Diese Richtlinie beeinträchtigt auch nicht die Anwendung der Richtlinie 93/15/EWG des Rates vom 5. April 1993 zur Harmonisierung der Bestimmungen über das Inverkehrbringen und die Kontrolle von Explosivstoffen für zivile Zwecke[6], insbesondere die Vorschriften über die Verbringung von Munition.

(16) Für jede innergemeinschaftliche Verbringung von Verteidigungsgütern sollte eine vorherige Erlaubnis in Form einer Allgemein-, Global- oder Einzelgenehmigung erforderlich sein, die der Mitgliedstaat, aus dessen Hoheitsgebiet der Lieferant Verteidigungsgüter verbringen will, erteilt oder veröffentlicht. Die Mitgliedstaaten sollten in der Lage sein, in spezifischen, in dieser Richtlinie aufgelisteten Fällen Verbringungen von Verteidigungsgütern von der Verpflichtung zur vorherigen Genehmigung auszunehmen.

(17) Den Mitgliedstaaten sollte es freistehen, eine vorherige Genehmigung abzulehnen oder zu gewähren. Gemäß den Grundsätzen des Binnenmarktes sollte die jeweilige Genehmigung in der gesamten Gemeinschaft gültig sein, und für die Durchfuhr durch andere Mitgliedstaaten oder den Zugang zum Hoheitsgebiet anderer Mitgliedstaaten sollten keine weiteren Genehmigungen erforderlich sein.

(18) Die Mitgliedstaaten sollten die geeignete Art von Genehmigungen für Verteidigungsgüter oder Gruppen von Verteidigungsgütern für jeden einzelnen Typ von Verbringung festlegen und bestimmen, mit welchen Bedingungen die jeweilige Genehmigung entsprechend der Sensitivität der Verbringung zu versehen ist.

(19) Im Fall von Bestandteilen sollten die Mitgliedstaaten so weit wie möglich von der Anordnung von Ausfuhrbeschränkungen zugunsten der Anerkennung von Erklärungen der Empfänger über die Verwendung absehen, wobei sie berücksichtigen, in welchem Ausmaß diese Bestandteile in die vom Empfänger hergestellten Güter integriert werden.

(20) Die Mitgliedstaaten sollten die Empfänger von Genehmigungen für die Verbringung in nichtdiskriminierender Art und Weise festlegen, sofern nicht anderes zur Wahrung ihrer wesentlichen Sicherheitsinteressen erforderlich ist.

(21) Damit die Verbringung von Verteidigungsgütern vereinfacht wird, sollten die Mitgliedstaaten Allgemeingenehmigungen veröffentlichen, mit denen jedem Unternehmen, das die in der jeweiligen Allgemeingenehmigung festgelegten Voraussetzungen und Bedingungen erfüllt, erlaubt wird, Verteidigungsgüter zu verbringen.

(22) Für die Verbringung von Verteidigungsgütern an Streitkräfte sollte eine Allgemeingenehmigung veröffentlicht werden, damit die Versorgungssicherheit für alle Mitgliedstaaten, die diese Güter innerhalb der Gemeinschaft beschaffen, erheblich verbessert wird.

(23) Für die Verbringung von Bestandteilen an zertifizierte Unternehmen der europäischen Verteidigungsindustrie sollte eine Allgemeingenehmigung veröffentlicht werden, damit die Zusammenarbeit zwischen diesen Unternehmen und deren Integration gefördert wird, indem insbesondere die Lieferkette optimiert und Wettbewerbsvorteile ermöglicht werden.

(24) Mitgliedstaaten, die an einem Programm zur zwischenstaatlichen Zusammenarbeit teilnehmen, sollten Allgemeingenehmigungen für Verbringungen von Verteidigungsgü-

5 ABl. L 256 vom 13.9.1991, S. 51.
6 ABl. L 121 vom 15.5.1993, S. 20.

tern an Empfänger in anderen teilnehmenden Mitgliedstaaten veröffentlichen können, wenn die Verbringungen zur Durchführung dieses Programms erforderlich sind. Dies würde für Unternehmen mit Sitz in den teilnehmenden Mitgliedstaaten die Bedingungen für die Teilname an Programmen zur zwischenstaatlichen Zusammenarbeit verbessern.

(25) Darüber hinaus sollten die Mitgliedstaaten in der Lage sein, Allgemeingenehmigungen zu veröffentlichen, um Fälle zu berücksichtigen, in denen die Risiken für den Schutz der Menschenrechte, des Friedens, der Sicherheit und der Stabilität in Anbetracht der Eigenschaften der Güter und der Empfänger sehr gering sind.

(26) Kann eine Allgemeingenehmigung nicht veröffentlicht werden, sollten die Mitgliedstaaten auf Antrag einzelnen Unternehmen, außer in den in dieser Richtlinie genannten Fällen, Globalgenehmigungen erteilen. Die Mitgliedstaaten sollten verlängerbare Globalgenehmigungen erteilen können.

(27) Die Unternehmen sollten die zuständigen Behörden über die Inanspruchnahme von Allgemeingenehmigungen informieren, um die Menschenrechte, den Frieden, die Sicherheit und die Stabilität zu gewährleisten und eine transparente Berichterstattung über die Verbringung von Verteidigungsgütern im Hinblick auf parlamentarische Kontrolle zu ermöglichen.

(28) Die Mitgliedstaaten sollten bei der Festlegung der Bedingungen für Allgemein-, Global- und Einzelgenehmigungen einen ausreichend großen Spielraum haben, um ihre Zusammenarbeit in dem bereits bestehenden Rahmen internationaler Ausfuhrkontrollregime fortsetzen zu können. Da es im Ermessen der einzelnen Mitgliedstaaten liegt und künftig auch liegen sollte, eine Ausfuhr zu genehmigen oder abzulehnen, sollte sich diese Zusammenarbeit nur auf eine freiwillige Koordinierung der Ausfuhrpolitik stützen.

(29) Damit die schrittweise Ersetzung der vorherigen Kontrolle einzelner Lieferungen durch die nachfolgende Allgemeinkontrolle im Ursprungsmitgliedstaat der Verteidigungsgüter ausgeglichen wird, sollten Voraussetzungen für gegenseitiges Vertrauen geschaffen werden, indem Garantien dafür vorgesehen werden, dass keine Verteidigungsgüter entgegen etwaigen Ausfuhrbeschränkungen in Drittländer ausgeführt werden. Dieser Grundsatz sollte ebenfalls in den Fällen beachtet werden, in denen Verteidigungsgüter Gegenstand mehrerer Verbringungen zwischen Mitgliedstaaten sind, ehe sie in ein Drittland ausgeführt werden.

(30) Die Mitgliedstaaten arbeiten im Rahmen des Gemeinsamen Standpunkts 2008/944/GASP des Rates vom 8. Dezember 2008 betreffend gemeinsame Regeln für die Kontrolle der Ausfuhr von Militärtechnologie und Militärgütern[7] zusammen, indem sie gemeinsame Kriterien anwenden und Mitteilungen über Ablehnungen und Konsultationen nutzen, um die Umsetzung ihrer Politiken betreffend die Ausfuhr von Verteidigungsgütern in Drittländer anzugleichen. Diese Richtlinie sollte nicht die Möglichkeit der Mitgliedstaaten beeinträchtigen, die Bedingungen für die Genehmigung zur Verbringung von Verteidigungsgütern festzulegen, einschließlich etwaiger Ausfuhrbeschränkungen, insbesondere wenn dies zum Zwecke der Zusammenarbeit im Rahmen jenes Gemeinsamen Standpunkts notwendig ist.

(31) Die Lieferanten sollten die Empfänger über etwaige mit einer Genehmigung zur Verbringung von Verteidigungsgütern verbundene Beschränkungen informieren, um auf beiden Seiten Vertrauen in die Fähigkeit der Empfänger zu schaffen, diese Beschränkungen

7 ABl. L 335 vom 13.12.2008, S. 99.

nach der Verbringung einzuhalten, insbesondere bei einem Antrag auf Ausfuhr in ein Drittland.

(32) Es sollte die Sache der Unternehmen sein, zu beurteilen, ob die Vorteile, die sich aus dem Bezug von Verteidigungsgütern im Rahmen einer Allgemeingenehmigung ergeben, einen Antrag auf Zertifizierung rechtfertigen. Für die Verbringung innerhalb einer Unternehmensgruppe sollte eine Allgemeingenehmigung möglich sein, wenn die Teile dieser Unternehmensgruppe in den jeweiligen Mitgliedstaaten der Niederlassung zertifiziert sind.

(33) Für die Zertifizierung sind gemeinsame Kriterien erforderlich, damit sich auf beiden Seiten Vertrauen aufbauen kann, insbesondere in die Fähigkeit der Empfänger, die Ausfuhrbeschränkungen für Verteidigungsgüter einzuhalten, die im Rahmen einer Genehmigung aus einem anderen Mitgliedstaat empfangen werden.

(34) Um das gegenseitige Vertrauen zu stärken, sollten die Empfänger von Verteidigungsgütern davon absehen, diese auszuführen, sofern die Genehmigung Ausfuhrbeschränkungen vorsieht.

(35) Die Unternehmen sollten bei der Beantragung einer Ausfuhrgenehmigung für Drittländer den zuständigen Behörden mitteilen, ob sie etwaige Beschränkungen eingehalten haben, die für die Ausfuhr des Verteidigungsgutes gelten und vom Mitgliedstaat festgelegt wurden, der die Genehmigung zur Verbringung erteilt hat. In diesem Zusammenhang wird daran erinnert, dass der Mechanismus der Konsultation zwischen den Mitgliedstaaten, wie er im Gemeinsamen Standpunkt 2008/944/GASP vorgesehen ist, weiterhin von besonderer Bedeutung ist.

(36) Die Unternehmen sollten zum Zeitpunkt der Ausfuhr eines im Rahmen einer Genehmigung zur Verbringung empfangenen Verteidigungsgutes in ein Drittland gegenüber der zuständigen Zollbehörde an der gemeinsamen Außengrenze der Gemeinschaft einen Nachweis über die Ausfuhrgenehmigung erbringen.

(37) Die Liste der Verteidigungsgüter im Anhang sollte in voller Übereinstimmung mit der Gemeinsamen Militärgüterliste der Europäischen Union aktualisiert werden.

(38) Für den schrittweisen Aufbau gegenseitigen Vertrauens ist es erforderlich, dass die Mitgliedstaaten wirksame Maßnahmen – einschließlich von Sanktionen – festlegen, die die Durchsetzung der Bestimmungen dieser Richtlinie gewährleisten können, insbesondere der Bestimmungen darüber, dass die Unternehmen sich an die gemeinsamen Kriterien für die Zertifizierung und die Beschränkungen für die Weiterverwendung von Verteidigungsgütern nach der Verbringung halten müssen.

(39) In Fällen, in denen bei einem Ursprungsmitgliedstaat begründete Zweifel darüber bestehen, ob ein zertifizierter Empfänger eine Beschränkung einer Allgemeingenehmigung dieses Mitgliedstaats einhalten wird oder in denen ein die Genehmigung ausstellender Mitgliedstaat der Auffassung ist, dass die öffentliche Ordnung, die öffentliche Sicherheit oder seine wesentlichen Sicherheitsinteressen beeinträchtigt werden könnten, sollte dieser nicht nur die anderen Mitgliedstaaten und die Kommission unterrichten, sondern auch – angesichts seiner Pflicht, die Menschenrechte zu schützen sowie Frieden, Sicherheit und Stabilität zu gewährleisten – in der Lage sein, die Gültigkeit der Genehmigung zur Verbringung in Bezug auf das betreffende Unternehmen vorläufig auszusetzen.

(40) Zur Stärkung des gegenseitigen Vertrauens sollte die Anwendung der Rechts- und Verwaltungsvorschriften, die die Mitgliedstaaten erlassen, um dieser Richtlinie nachzu-

kommen, erst zu einem späteren Zeitpunkt erfolgen. Dies würde es erlauben, vor der Anwendung dieser Bestimmungen die Fortschritte auf der Grundlage eines Kommissionsberichts zu bewerten, der wiederum auf Informationen der Mitgliedstaaten über die ergriffenen Maßnahmen beruht.

(41) Die Kommission sollte regelmäßig einen Bericht über die Durchführung dieser Richtlinie veröffentlichen; der Bericht kann gegebenenfalls Legislativvorschläge enthalten.

(42) Diese Richtlinie berührt nicht die Existenz oder die Vollendung regionaler Zusammenschlüsse zwischen Belgien und Luxemburg sowie zwischen Belgien, Luxemburg und den Niederlanden gemäß Artikel 306 des Vertrags.

(43) Da das Ziel dieser Richtlinie, nämlich die Vorschriften und Verfahren für die innergemeinschaftliche Verbringung von Verteidigungsgütern zu vereinfachen, um das reibungslose Funktionieren des Binnenmarktes sicherzustellen, auf Ebene der Mitgliedstaaten in Anbetracht der unterschiedlichen Genehmigungssysteme und des grenzüberschreitenden Charakters von Verbringungen nicht ausreichend verwirklicht werden kann und daher besser auf Gemeinschaftsebene zu verwirklichen ist, kann die Gemeinschaft im Einklang mit dem in Artikel 5 des Vertrags niedergelegten Subsidiaritätsprinzip tätig werden. Entsprechend dem in demselben Artikel genannten Grundsatz der Verhältnismäßigkeit geht diese Richtlinie nicht über das zur Erreichung dieses Ziels erforderliche Maß hinaus.

(44) Die zur Durchführung dieser Richtlinie erforderlichen Maßnahmen sollten gemäß dem Beschluss 1999/468/EG des Rates vom 28. Juni 1999 zur Festlegung der Modalitäten für die Ausübung der der Kommission übertragenen Durchführungsbefugnisse[8] erlassen werden.

(45) Insbesondere sollte die Kommission die Befugnis erhalten, den Anhang zu aktualisieren. Da es sich hierbei um Maßnahmen von allgemeiner Tragweite handelt, die eine Änderung nicht wesentlicher Bestimmungen dieser Richtlinie bewirken, sind diese Maßnahmen nach dem Regelungsverfahren mit Kontrolle des Artikels 5a des Beschlusses 1999/468/ EG zu erlassen.

(46) Nach Nummer 34 der Interinstitutionellen Vereinbarung über bessere Rechtsetzung[9] sind die Mitgliedstaaten aufgefordert, für ihre eigenen Zwecke und im Interesse der Gemeinschaft eigene Tabellen aufzustellen, aus denen im Rahmen des Möglichen die Entsprechungen zwischen der vorliegenden Richtlinie und den Umsetzungsmaßnahmen zu entnehmen sind, und diese zu veröffentlichen –

HABEN FOLGENDE RICHTLINIE ERLASSEN:

KAPITEL I
GEGENSTAND, ANWENDUNGSBEREICH UND BEGRIFFSBESTIMMUNGEN

Artikel 1
Gegenstand

(1) Ziel dieser Richtlinie ist es, die Vorschriften und Verfahren für die innergemeinschaftliche Verbringung von Verteidigungsgütern zu vereinfachen, um das reibungslose Funktionieren des Binnenmarktes sicherzustellen.

8 ABl. L 184 vom 17.7.1999, S. 23.
9 ABl. C 321 vom 31.12.2003, S. 1.

(2) Diese Richtlinie beeinträchtigt nicht das Ermessen der Mitgliedstaaten in Bezug auf die Politik der Ausfuhr von Verteidigungsgütern.

(3) Die Anwendung dieser Richtlinie unterliegt den Artikeln 30 und 296 des Vertrags.

(4) Diese Richtlinie beeinträchtigt nicht die Möglichkeit der Mitgliedstaaten, ihre zwischenstaatliche Zusammenarbeit unter Beachtung der Vorschriften dieser Richtlinie fortzuführen und weiterzuentwickeln.

Artikel 2
Anwendungsbereich

Diese Richtlinie gilt für die im Anhang aufgeführten Verteidigungsgüter.

Artikel 3
Begriffsbestimmungen

Im Sinne dieser Richtlinie bezeichnet der Ausdruck

1. „Verteidigungsgut" jedes im Anhang aufgeführte Gut;
2. „Verbringung" die Lieferung oder Beförderung eines Verteidigungsgutes von einem Lieferanten an einen bzw. zu einem Empfänger in einem anderen Mitgliedstaat;
3. „Lieferant" die juristische oder natürliche Person mit Niederlassung in der Gemeinschaft, die aus rechtlicher Sicht für eine Verbringung verantwortlich ist;
4. „Empfänger" die juristische oder natürliche Person mit Sitz in der Gemeinschaft, die aus rechtlicher Sicht dafür verantwortlich ist, das Verteidigungsgut in Empfang zu nehmen;
5. „Genehmigung" die einem Lieferanten von einer nationalen Behörde eines Mitgliedstaats erteilte Erlaubnis zur Lieferung von Verteidigungsgütern an einen Empfänger in einem anderen Mitgliedstaat;
6. „Ausfuhrgenehmigung" eine Erlaubnis zur Lieferung von Verteidigungsgütern an eine juristische oder natürliche Person in einem Drittstaat;
7. „Durchfuhr" die Beförderung von Verteidigungsgütern durch einen oder mehrere Mitgliedstaaten, bei denen es sich nicht um den Ursprungs- und den Bestimmungsmitgliedstaat handelt.

KAPITEL II
GENEHMIGUNGEN

Artikel 4
Allgemeine Bestimmungen

(1) Die Verbringung von Verteidigungsgütern zwischen Mitgliedstaaten unterliegt der vorherigen Genehmigung. Für die Durchfuhr von Verteidigungsgütern durch andere Mitgliedstaaten oder den Zugang zum Hoheitsgebiet des Mitgliedstaats, in dem der Empfänger ansässig ist, ist keine zusätzliche Genehmigung durch andere Mitgliedstaaten erforderlich; dies gilt unbeschadet der Anwendung von Bestimmungen, die aus Gründen der öffentlichen Sicherheit oder der öffentlichen Ordnung, wie unter anderem der Sicherheit des Transports, erforderlich sind.

(2) Unbeschadet von Absatz 1 können die Mitgliedstaaten Verbringungen von Verteidigungsgütern von der in Absatz 1 festgelegten Verpflichtung der vorherigen Genehmigung ausnehmen, wenn

a) der Lieferant oder Empfänger eine Regierungsstelle oder ein Teil der Streitkräfte ist,

b) die Lieferungen von der Europäischen Union, der NATO, der IAEA oder anderen zwischenstaatlichen Organisationen in Erfüllung ihrer Aufgaben getätigt werden,

c) die Verbringung für die Umsetzung eines Rüstungskooperationsprogramms zwischen Mitgliedstaaten erforderlich ist,

d) die Verbringung Teil humanitärer Hilfe in Katastrophenfällen ist oder als Schenkung in einer Notsituation erfolgt oder

e) die Verbringung für bzw. im Anschluss an die Reparatur, Wartung, Ausstellung oder Vorführung notwendig ist.

(3) Auf Antrag eines Mitgliedstaats oder von sich aus kann die Kommission Absatz 2 ändern und Fälle einbeziehen, in denen

a) die Verbringung unter Bedingungen erfolgt, die die öffentliche Ordnung oder die öffentliche Sicherheit nicht beeinträchtigen,

b) die Verpflichtung zur vorherigen Genehmigung mit internationalen Zusagen der Mitgliedstaaten im Anschluss an die Annahme dieser Richtlinie unvereinbar geworden ist oder

c) dies für die zwischenstaatliche Zusammenarbeit gemäß Artikel 1 Absatz 4 notwendig ist.

Diese Maßnahmen zur Änderung nicht wesentlicher Bestimmungen dieser Richtlinie durch Ergänzung werden nach dem in Artikel 14 Absatz 2 genannten Regelungsverfahren mit Kontrolle erlassen.

(4) Die Mitgliedstaaten gewährleisten, dass Lieferanten, die Verteidigungsgüter von ihrem Hoheitsgebiet verbringen wollen, gemäß den Artikeln 5, 6 und 7 Allgemeingenehmigungen verwenden oder Global- oder Einzelgenehmigungen beantragen können.

(5) Die Mitgliedstaaten bestimmen die Art der Genehmigung für die jeweiligen Verteidigungsgüter oder Gruppen von Verteidigungsgütern gemäß diesem Artikel und den Artikeln 5, 6 und 7.

(6) Die Mitgliedstaaten legen sämtliche Bedingungen für Genehmigungen fest, einschließlich etwaiger Beschränkungen der Ausfuhr von Verteidigungsgütern zu juristischen oder natürlichen Personen in Drittstaaten unter anderem im Hinblick auf die durch die Verbringung entstehenden Risiken für den Schutz der Menschenrechte sowie von Frieden, Sicherheit und Stabilität. Die Mitgliedstaaten können unter Einhaltung des Gemeinschaftsrechts von der Möglichkeit Gebrauch machen, Endverwendungszusicherungen, einschließlich Endverwenderdokumente, zu verlangen.

(7) Die Mitgliedstaaten legen die Voraussetzungen und Bedingungen für Genehmigungen der Verbringung von Bestandteilen auf der Grundlage einer Beurteilung der Sensitivität der Verbringung fest, unter anderem nach Maßgabe folgender Kriterien:

a) Eigenschaften der Bestandteile im Verhältnis zu den Gütern, in die sie eingebaut werden sollen, sowie eine eventuell bedenkliche Endverwendung der fertigen Güter;

b) Bedeutung der Bestandteile im Verhältnis zu den Gütern, in die sie eingebaut werden sollen.

(8) Die Mitgliedstaaten sehen, sofern sie die Verbringung von Bestandteilen nicht als sensitiv bewerten, davon ab, für Bestandteile Ausfuhrbeschränkungen festzulegen, wenn der Empfänger eine Erklärung über die Verwendung vorlegt, mit der bescheinigt wird, dass die im Rahmen der Genehmigung verbrachten Bestandteile in seine eigenen Güter integriert sind bzw. integriert werden sollen und daher als solche zu einem späteren Zeitpunkt nicht wieder selbständig verbracht oder ausgeführt werden können, es sei denn zum Zwecke der Wartung oder Reparatur.

(9) Die Mitgliedstaaten können eine von ihnen erteilte Genehmigung jederzeit zum Schutz ihrer wesentlichen Sicherheitsinteressen, aus Gründen der öffentlichen Ordnung oder der öffentlichen Sicherheit oder wegen Nichteinhaltung der mit der Genehmigung verbundenen Voraussetzungen und Bedingungen zurücknehmen, widerrufen, aussetzen oder die Verwendung der Genehmigung einschränken.

Artikel 5
Allgemeingenehmigungen

(1) Die Mitgliedstaaten veröffentlichen Allgemeingenehmigungen, mit denen Lieferanten mit Sitz in ihrem Hoheitsgebiet, die die entsprechenden Bedingungen erfüllen, direkt die Erlaubnis erteilt wird, einer Kategorie oder mehreren Kategorien von Empfängern, die in einem anderen Mitgliedstaat ansässig sind, Verteidigungsgüter zu liefern, die in der Genehmigung festzulegen sind.

(2) Unbeschadet von Artikel 4 Absatz 2 werden Allgemeingenehmigungen zumindest dann veröffentlicht, wenn

a) der Empfänger den Streitkräften eines Mitgliedstaats angehört oder als Auftraggeber im Bereich der Verteidigung handelt, der einen Erwerb für die ausschließliche Verwendung durch die Streitkräfte eines Mitgliedstaats tätigt,

b) der Empfänger ein Unternehmen ist, das gemäß Artikel 9 zertifiziert wurde,

d) die Güter zum Zwecke von Vorführungen, Gutachten und Ausstellungen verbracht werden,

e) die Güter zwecks Wartung und Reparatur verbracht werden und es sich bei dem Empfänger um den ursprünglichen Lieferanten der Verteidigungsgüter handelt.

(3) Mitgliedstaaten, die an einem Programm zur zwischenstaatlichen Zusammenarbeit zwischen Mitgliedstaaten betreffend die Entwicklung, Herstellung und Verwendung eines Verteidigungsgutes oder mehrerer Verteidigungsgüter teilnehmen, können für Verbringungen zugunsten anderer teilnehmender Mitgliedstaaten Allgemeingenehmigungen veröffentlichen, wenn die Verbringungen zur Durchführung dieses Programms nötig sind.

(4) Die Mitgliedstaaten können vor der ersten Verwendung einer Allgemeingenehmigung die Bedingungen für die Registrierung unbeschadet sonstiger Vorschriften dieser Richtlinie festlegen.

Artikel 6
Globalgenehmigungen

(1) Die Mitgliedstaaten entscheiden, einzelnen Lieferanten auf Antrag Globalgenehmigungen zu erteilen, mit denen diese Empfängern in einem oder mehreren anderen Mitgliedstaaten Verteidigungsgüter liefern dürfen.

(2) Die Mitgliedstaaten legen in jeder Globalgenehmigung die Verteidigungsgüter oder Gruppen von Verteidigungsgütern, für die sie gilt, und die zulässigen Empfänger oder Gruppen von Empfängern fest.

Jede Globalgenehmigung wird für einen Zeitraum von drei Jahren erteilt, den die Mitgliedstaaten verlängern können.

Artikel 7
Einzelgenehmigungen

Die Mitgliedstaaten entscheiden, Lieferanten auf Antrag Einzelgenehmigungen zu erteilen, mit denen diese einem Empfänger eine festgelegte Menge bestimmter Verteidigungsgüter in einer oder mehreren Sendungen liefern dürfen, wenn

a) sich der Genehmigungsantrag auf eine einzige Verbringung bezieht,

b) dies zur Wahrung der wesentlichen Sicherheitsinteressen des Mitgliedstaats oder aus Gründen der öffentlichen Ordnung nötig ist,

c) dies erforderlich ist, damit die Mitgliedstaaten ihre internationalen Verpflichtungen und Bindungen einhalten, oder

d) ein Mitgliedstaat ernsthafte Gründe zu der Annahme hat, dass der Lieferant nicht in der Lage sein wird, alle für die Erteilung einer Globalgenehmigung erforderlichen Voraussetzungen und Bedingungen zu erfüllen.

KAPITEL III
INFORMATION, ZERTIFIZIERUNG UND AUSFUHR NACH DER VERBRINGUNG

Artikel 8
Information durch die Lieferanten

(1) Die Mitgliedstaaten stellen sicher, dass die Lieferanten die Empfänger über die Bedingungen der Genehmigung einschließlich von Beschränkungen hinsichtlich der Endverwendung oder der Ausfuhr der Verteidigungsgüter informieren.

(2) Die Mitgliedstaaten stellen sicher, dass die Lieferanten innerhalb einer angemessenen Frist die zuständigen Behörden des Mitgliedstaats unterrichten, aus dessen Hoheitsgebiet sie Verteidigungsgüter verbringen wollen, wenn sie die Absicht haben, zum ersten Mal eine Allgemeingenehmigung in Anspruch zu nehmen. Die Mitgliedstaaten können die zusätzlichen Informationen festlegen, die unter Umständen im Hinblick auf Verteidigungsgüter erforderlich sind, die im Rahmen einer Allgemeingenehmigung verbracht werden.

(3) Die Mitgliedstaaten stellen sicher und überprüfen regelmäßig, dass die Lieferanten entsprechend den geltenden Rechtsvorschriften des betreffenden Mitgliedstaats ausführliche und vollständige Aufzeichnungen über ihre Verbringungen führen, und legen die Meldepflichten im Zusammenhang mit der Verwendung einer Allgemein-, Global- oder

Einzelgenehmigung für die Verbringung fest. Die Aufzeichnungen müssen Geschäftspapiere mit den folgenden Informationen einschließen:

a) Beschreibung des Verteidigungsgutes und seiner Referenz gemäß dem Anhang;

b) Menge und Wert des Verteidigungsgutes;

c) die Daten der Verbringung;

d) Name und Anschrift des Lieferanten und des Empfängers;

e) soweit bekannt, Endverwendung und Endverwender des Verteidigungsgutes; und

f) einen Nachweis darüber, dass dem Empfänger dieser Verteidigungsgüter die Informationen über eine etwaige mit einer Genehmigung verbundene Ausfuhrbeschränkung übermittelt wurden.

(4) Die Mitgliedstaaten stellen sicher, dass die Lieferanten die in Absatz 3 aufgeführten Aufzeichnungen nach Ende des Kalenderjahres, in dem die Verbringung erfolgt ist, für einen Zeitraum aufbewahren, der mindestens dem Zeitraum entspricht, der in den einschlägigen nationalen Rechtsvorschriften vorgesehen ist, welche in dem betreffenden Mitgliedstaat in Bezug auf die von Wirtschaftsteilnehmern zu erfüllenden Auflagen hinsichtlich der Aufbewahrung von Unterlagen gelten, und auf keinen Fall drei Jahre unterschreitet. Sie sind auf Verlangen den zuständigen Behörden des Mitgliedstaats vorzulegen, aus dessen Hoheitsgebiet der Lieferant die Verteidigungsgüter verbracht hat.

Artikel 9
Zertifizierung

(1) Die Mitgliedstaaten benennen die Behörden, die für die Zertifizierung von in ihrem Hoheitsgebiet ansässigen Empfängern von Verteidigungsgütern im Rahmen von Genehmigungen zuständig sind, die von anderen Mitgliedstaaten gemäß Artikel 5 Absatz 2 Buchstabe b veröffentlicht wurden.

(2) Durch die Zertifizierung wird insbesondere bescheinigt, dass das betreffende Empfängerunternehmen zuverlässig ist, insbesondere was seine Fähigkeit betrifft, die Ausfuhrbeschränkungen für Verteidigungsgüter einzuhalten, die es im Rahmen einer Genehmigung aus einem anderen Mitgliedstaat bezieht. Die Zuverlässigkeit eines Empfängerunternehmens wird anhand der folgenden Kriterien bewertet:

a) nachgewiesene Erfahrung im Bereich Verteidigung, insbesondere unter Berücksichtigung der Einhaltung von Ausfuhrbeschränkungen durch das Unternehmen, etwaiger einschlägiger Gerichtsurteile, der Erlaubnis zur Herstellung oder Vermarktung von Verteidigungsgütern und der Beschäftigung erfahrener Führungskräfte;

b) einschlägige industrielle Tätigkeit mit Bezug auf Verteidigungsgüter in der Gemeinschaft, insbesondere Fähigkeit zur System- bzw. Teilsystemintegration;

c) Ernennung eines leitenden Mitarbeiters zum persönlich Verantwortlichen für Verbringungen und Ausfuhren;

d) eine von dem unter Buchstabe c genannten leitenden Mitarbeiter unterzeichnete schriftliche Verpflichtungserklärung des Unternehmens, dass es alle notwendigen Vorkehrungen trifft, um sämtliche Bedingungen für die Endverwendung und Ausfuhr eines ihm gelieferten Verteidigungsgutes einzuhalten und durchzusetzen;

e) eine von dem unter Buchstabe c genannten leitenden Mitarbeiter unterzeichnete schriftliche Verpflichtungserklärung des Unternehmens, dass es gegenüber den zuständigen Behörden bei Anfragen und Untersuchungen mit der nötigen Sorgfalt genaue Angaben über die Endverwender oder die Endverwendung aller Verteidigungsgüter macht, die es im Rahmen einer Genehmigung eines anderen Mitgliedstaats ausführt, verbringt oder erhält; und

f) eine von dem unter Buchstabe c genannten leitenden Mitarbeiter gegengezeichnete Beschreibung des internen Programms zur Einhaltung der Ausfuhrkontrollverfahren oder des Verbringungs- und Ausfuhrverwaltungssystems des Unternehmens. Diese Beschreibung enthält Angaben über die organisatorischen, personellen und technischen Mittel für die Verwaltung von Verbringungen und Ausfuhren, über die Verteilung der Zuständigkeiten im Unternehmen, die internen Prüfverfahren, die Maßnahmen zur Sensibilisierung und Schulung des Personals, die Maßnahmen zur Gewährleistung der physischen und technischen Sicherheit, das Führen von Aufzeichnungen und die Rückverfolgbarkeit von Verbringungen und Ausfuhren.

(3) Das Zertifikat muss Folgendes enthalten:

a) die zuständige Behörde, die das Zertifikat ausgestellt hat;

b) Name und Anschrift des Empfängers;

c) die Erklärung, dass der Empfänger die im Absatz 2 genannten Kriterien erfüllt; und

d) das Ausstellungsdatum und die Gültigkeitsdauer des Zertifikats.

e) Die unter Buchstabe d angeführte Gültigkeitsdauer des Zertifikats darf höchstens fünf Jahre betragen.

(4) Das Zertifikat kann zusätzlich Angaben enthalten

a) zur Übermittlung von Informationen, die zur Überprüfung der Einhaltung der Kriterien gemäß Absatz 2 erforderlich sind;

b) zur Aussetzung oder zum Entzug des Zertifikats.

(5) Die zuständigen Behörden überprüfen mindestens alle drei Jahre, ob der Empfänger die Kriterien gemäß Absatz 2 und die für das Zertifikat geltenden Bedingungen gemäß Absatz 4 erfüllt.

(6) Die Mitgliedstaaten erkennen die von anderen Mitgliedstaaten gemäß dieser Richtlinie ausgestellten Zertifikate an.

(7) Stellt eine zuständige Behörde fest, dass ein im Hoheitsgebiet des betreffenden Mitgliedstaats ansässiger Inhaber eines Zertifikats die Kriterien gemäß Absatz 2 und die Bedingungen gemäß Absatz 4 nicht mehr erfüllt, trifft sie die erforderlichen Maßnahmen. Dies kann die Rücknahme oder den Widerruf des Zertifikats einschließen. Die zuständige Behörde unterrichtet die Kommission und die übrigen Mitgliedstaaten von ihrer Entscheidung.

(8) Die Mitgliedstaaten veröffentlichen und aktualisieren regelmäßig eine Liste der zertifizierten Empfänger und teilen dies der Kommission, dem Europäischen Parlament und den anderen Mitgliedstaaten mit.

Die Kommission macht auf ihrer Webseite ein Zentralregister der von den Mitgliedstaaten zertifizierten Empfänger öffentlich zugänglich.

Artikel 10
Ausfuhrbeschränkungen

Die Mitgliedstaaten stellen sicher, dass die Empfänger bei der Beantragung einer Ausfuhrgenehmigung gegenüber ihren zuständigen Behörden erklären, etwaige Ausfuhrbeschränkungen eingehalten zu haben, falls für die im Rahmen einer Genehmigung aus einem anderen Mitgliedstaat bezogenen Verteidigungsgüter derartige Beschränkungen gelten, gegebenenfalls einschließlich der Erklärung, dass sie die erforderliche Zustimmung des Ursprungsmitgliedstaats eingeholt haben.

KAPITEL IV
ZOLLVERFAHREN UND VERWALTUNGSZUSAMMENARBEIT

Artikel 11
Zollverfahren

(1) Die Mitgliedstaaten stellen sicher, dass der Ausführer bei der Erledigung der Zollformalitäten für die Ausfuhr von Verteidigungsgütern bei der für die Bearbeitung der Ausfuhranmeldung zuständigen Zollstelle den Nachweis erbringt, dass erforderliche Ausfuhrgenehmigungen erteilt wurden.

(2) Unbeschadet der Verordnung (EWG) Nr. 2913/92 des Rates vom 12. Oktober 1992 zur Festlegung des Zollkodex der Gemeinschaften[10] kann ein Mitgliedstaat für einen Zeitraum von höchstens 30 Werktagen das Verfahren für die Ausfuhr der im Rahmen einer Genehmigung aus einem anderen Mitgliedstaat bezogenen Verteidigungsgüter, die Bestandteil anderer Verteidigungsgüter geworden sind, aus seinem Hoheitsgebiet aussetzen oder, falls erforderlich, auf andere Weise verhindern, dass sie die Gemeinschaft von seinem Hoheitsgebiet aus verlassen, wenn er der Auffassung ist, dass

a) bei der Erteilung der Ausfuhrgenehmigung sachdienliche Informationen nicht berücksichtigt wurden oder

b) sich die Lage seit Erteilung der Ausfuhrgenehmigung wesentlich geändert hat.

(3) Die Mitgliedstaaten können vorschreiben, dass die Zollformalitäten für die Ausfuhr von Verteidigungsgütern nur bei bestimmten Zollstellen erledigt werden dürfen.

(4) Macht ein Mitgliedstaat von der Möglichkeit gemäß Absatz 3 Gebrauch, so teilt er der Kommission mit, welche Zollstellen von ihm dazu ermächtigt wurden. Die Kommission veröffentlicht diese Angaben im Amtsblatt der Europäischen Union, Reihe C.

Artikel 12
Informationsaustausch

Die Mitgliedstaten treffen in Verbindung mit der Kommission alle zweckdienlichen Maßnahmen für eine direkte Zusammenarbeit und einen Informationsaustausch zwischen ihren zuständigen nationalen Behörden.

10 ABl. L 302 vom 19.10.1992, S. 1.

KAPITEL V
AKTUALISIERUNG DER LISTE DER VERTEIDIGUNGSGÜTER

Artikel 13
Aktualisierung des Anhangs

(1) Die Kommission aktualisiert die Liste der Verteidigungsgüter im Anhang, sodass ihre volle Übereinstimmung mit der Gemeinsamen Militärgüterliste der Europäischen Union gegeben ist.

(2) Diese Maßnahmen zur Änderung nicht wesentlicher Bestimmungen dieser Richtlinie werden nach dem in Artikel 14 Absatz 2 genannten Regelungsverfahren mit Kontrolle erlassen.

Artikel 14
Ausschuss

(1) Die Kommission wird von einem Ausschuss unterstützt.

(2) Wird auf diesen Absatz Bezug genommen, so gelten Artikel 5a Absätze 1 bis 4 und Artikel 7 des Beschlusses 1999/468/EG unter Beachtung von dessen Artikel 8.

KAPITEL VI
SCHLUSSBESTIMMUNGEN

Artikel 15
Schutzmaßnahmen

(1) Besteht nach Auffassung eines Mitgliedstaats, der eine Genehmigung erteilt hat, ein erhebliches Risiko, dass ein gemäß Artikel 9 zertifizierter Empfänger in einem anderen Mitgliedstaat eine Bedingung einer Allgemeingenehmigung nicht erfüllen wird, oder ist ein Mitgliedstaat, der eine Genehmigung erteilt hat, der Auffassung, dass die öffentliche Ordnung, die öffentliche Sicherheit oder seine wesentlichen Sicherheitsinteressen beeinträchtigt werden könnten, teilt er dies dem anderen Mitgliedstaat mit und ersucht ihn um eine Überprüfung der Lage.

(2) Bleiben die in Absatz 1 genannten Zweifel bestehen, kann der Mitgliedstaat die Gültigkeit der von ihm erteilten Allgemeingenehmigung in Bezug auf diesen Empfänger vorläufig aussetzen. Er unterrichtet die übrigen Mitgliedstaaten und die Kommission von den Gründen für diese Schutzmaßnahme. Der Mitgliedstaat, der die Schutzmaßnahme ergriffen hat, kann sie aufheben, wenn er der Auffassung ist, dass sie nicht mehr gerechtfertigt ist.

Artikel 16
Sanktionen

Die Mitgliedstaaten erlassen Vorschriften über Sanktionen für Verstöße gegen die zur Umsetzung dieser Richtlinie erlassenen Bestimmungen, insbesondere für den Fall, dass Informationen über die Einhaltung der mit einer Genehmigung zur Verbringung verknüpften Ausfuhrbeschränkungen, die nach Artikel 8 Absatz 1 oder Artikel 10 erforderlich sind, falsch oder unvollständig geliefert werden. Die Mitgliedstaaten ergreifen alle erforderlichen Maßnahmen, um zu gewährleisten, dass diese Vorschriften angewendet werden. Die Sanktionen müssen wirksam, verhältnismäßig und abschreckend sein.

Artikel 17
Überprüfung und Berichterstattung

(1) Die Kommission berichtet bis zum 30. Juni 2012 über die Maßnahmen der Mitgliedstaaten zur Umsetzung dieser Richtlinie, insbesondere der Artikel 9 bis 12 und des Artikels 15.

(2) Bis zum 30. Juni 2016 überprüft die Kommission die Anwendung dieser Richtlinie und legt dem Europäischen Parlament und dem Rat einen Bericht darüber vor. Sie bewertet insbesondere, ob und in welchem Umfang die Ziele dieser Richtlinie verwirklicht worden sind, unter anderem in Bezug auf die Funktionsfähigkeit des Binnenmarktes. In ihrem Bericht überprüft die Kommission die Anwendung der Artikel 9 bis 12 und des Artikels 15 dieser Richtlinie und bewertet ihre Auswirkungen auf die Entwicklung eines europäischen Marktes für Verteidigungsgüter und einer europäischen verteidigungstechnologischen und -industriellen Basis, unter anderem unter Berücksichtigung der Lage von kleinen und mittleren Unternehmen. Gegebenenfalls fügt sie dem Bericht einen Legislativvorschlag bei.

Artikel 18
Umsetzung

(1) Die Mitgliedstaaten erlassen und veröffentlichen bis zum 30. Juni 2011 die Rechts- und Verwaltungsvorschriften, die erforderlich sind, um dieser Richtlinie nachzukommen. Sie setzen die Kommission unverzüglich davon in Kenntnis.

Sie wenden diese Rechtsvorschriften ab dem 30. Juni 2012 an.

Wenn die Mitgliedstaaten diese Vorschriften erlassen, nehmen sie in den Vorschriften selbst oder durch einen Hinweis bei der amtlichen Veröffentlichung auf diese Richtlinie Bezug. Die Mitgliedstaaten regeln die Einzelheiten der Bezugnahme.

(2) Die Mitgliedstaaten teilen der Kommission den Wortlaut der wichtigsten innerstaatlichen Rechtsvorschriften mit, die sie auf dem unter diese Richtlinie fallenden Gebiet erlassen.

Artikel 19
Inkrafttreten

Diese Richtlinie tritt am zwanzigsten Tag nach ihrer Veröffentlichung im *Amtsblatt der Europäischen Union* in Kraft.

Artikel 20
Adressaten

Diese Richtlinie ist an die Mitgliedstaaten gerichtet.

Geschehen zu Straßburg am 6. Mai 2009.

Im Namen des Europäischen Parlaments

Der Präsident
H.-G. PÖTTERING

Im Namen des Rates
Der Präsident
J. KOHOUT

Anhang

GEMEINSAME MILITÄRGÜTERLISTE DER EUROPÄISCHEN UNION

Anmerkung 1:
Begriffe in „Anführungszeichen" sind definierte Begriffe. Vgl. die dieser Liste beigefügten Begriffsbestimmungen.

Anmerkung 2:
Die Chemikalien sind in einigen Fällen mit ihrer Bezeichnung und CAS-Nummer aufgelistet. Bei Chemikalien mit der gleichen Strukturformel (einschließlich Hydrate) erfolgt die Erfassung ohne Rücksicht auf die Bezeichnung oder die CAS-Nummer. Die CAS-Nummern sind angegeben, damit unabhängig von der Nomenklatur festgestellt werden kann, ob eine bestimmte Chemikalie oder Mischung erfasst ist. Die CAS-Nummern können nicht allein zur Identifikation verwendet werden, weil einige Formen der erfassten Chemikalien unterschiedliche CAS-Nummern haben und auch Mischungen, die eine erfasste Chemikalie enthalten, unterschiedliche CAS-Nummern haben können.

ML1 Waffen mit glattem Lauf mit einem Kaliber kleiner als 20 mm, andere Handfeuerwaffen und Maschinenwaffen mit einem Kaliber von 12,7 mm (0,50 Inch) oder kleiner und Zubehör wie folgt sowie besonders konstruierte Bestandteile hierfür:

a) Gewehre, Karabiner, Revolver, Pistolen, Maschinenpistolen und Maschinengewehre;

   Anmerkung: *Unternummer ML1a erfasst nicht folgende Waffen:*

   a) Musketen, Gewehre und Karabiner, die vor 1938 hergestellt wurden,

   b) Reproduktionen von Musketen, Gewehren und Karabinern, deren Originale vor 1890 hergestellt wurden,

   c) Revolver, Pistolen und Maschinenwaffen, die vor 1890 hergestellt wurden, und ihre Reproduktionen.

b) Waffen mit glattem Lauf wie folgt:

   1. Waffen mit glattem Lauf, besonders konstruiert für militärische Zwecke,

   2. andere Waffen mit glattem Lauf wie folgt:

      a) Vollautomaten,

      b) Halbautomaten oder Repetierer (pump action type weapons);

c) Waffen, die hülsenlose Munition verwenden;

d) Schalldämpfer, spezielle Rohrwaffen-Lafetten, Ladestreifen, Waffenzielgeräte und Mündungsfeuerdämpfer für die von den Unternummern ML1a, ML1b oder ML1c erfassten Waffen.

   Anmerkung 1: *Die Nummer ML1 erfasst nicht Jagd- und Sportwaffen mit glattem Lauf, die weder für militärische Zwecke besonders konstruiert noch vollautomatisch sind.*

   Anmerkung 2: *Die Nummer ML1 erfasst nicht für Exerziermunition besonders konstruierte Waffen, die keine von Nummer ML3 erfasste Munition verschießen können.*

Anmerkung 3: *Die Nummer ML1 erfasst Waffen für Randfeuer-Hülsenpatronen nur dann, wenn sie vollautomatisch sind.*

Anmerkung 4: *Die Unternummer ML1d erfasst nicht Zielfernrohre ohne elektronische Bildverarbeitung mit bis zu vierfacher Vergrößerung, vorausgesetzt, sie sind nicht besonders konstruiert oder geändert für militärische Zwecke.*

ML2 Waffen mit glattem Lauf mit einem Kaliber von 20 mm oder größer, andere Waffen oder Bewaffnung mit einem Kaliber größer als 12,7 mm (0,50 Inch), Werfer und Zubehör wie folgt sowie besonders konstruierte Bestandteile hierfür:

a) Geschütze, Haubitzen, Kanonen, Mörser, Panzerabwehrwaffen, Einrichtungen zum Abfeuern von Geschossen und Raketen, militärische Flammenwerfer, Gewehre, rückstoßfreie Waffen, Waffen mit glattem Lauf und Tarnvorrichtungen (signature reduction devices) hierfür;

Anmerkung 1: *Unternummer ML2a schließt Injektoren, Messgeräte, Speichertanks und besonders konstruierte Bestandteile für den Einsatz von flüssigen Treibladungen für einen der von Unternummer ML2a erfassten Ausrüstungsgegenstände ein.*

Anmerkung 2: *Unternummer ML2a erfasst nicht folgende Waffen:*

a) Musketen, Gewehre und Karabiner, die vor 1938 hergestellt wurden,

b) Reproduktionen von Musketen, Gewehren und Karabinern, deren Originale vor 1890 hergestellt wurden,

c) Geschütze, Haubitzen, Kanonen und Mörser, die vor 1890 hergestellt wurden.

Anmerkung 3: *Unternummer ML2a erfasst nicht handgehaltene Abschussgeräte, besonders konstruiert, um gefesselte Wurfgeschosse, die keine Sprengladung und keine Nachrichtenverbindung besitzen, über eine Entfernung von kleiner/gleich 500 m abzuschießen.*

b) Nebel- und Gaswerfer, pyrotechnische Werfer oder Generatoren, besonders konstruiert oder geändert für militärische Zwecke;

Anmerkung: *Unternummer ML2b erfasst nicht Signalpistolen.*

c) Waffenzielgeräte und Halterungen für Waffenzielgeräte mit allen folgenden Eigenschaften:

1. besonders konstruiert für militärische Zwecke und
2. besonders konstruiert für die von Unternummer ML2a erfassten Waffen;

d) Lafetten, besonders konstruiert für die von Unternummer ML2a erfassten Waffen.

ML3 Munition und Zünderstellvorrichtungen wie folgt sowie besonders konstruierte Bestandteile hierfür:

a) Munition für die von Nummer ML1, ML2 oder ML12 erfassten Waffen;

b) Zünderstellvorrichtungen, besonders konstruiert für die von Unternummer ML3a erfasste Munition.

Anmerkung 1: *Besonders konstruierte Bestandteile in Nummer ML3 schließen ein:*

a) Metall- oder Kunststoffbestandteile, z.B. Ambosse in Zündhütchen, Geschossmäntel, Patronengurtglieder, Führungsringe und andere Munitionsbestandteile aus Metall,

b) Sicherungseinrichtungen, Zünder, Sensoren und Anzündvorrichtungen,

c) Stromquellen für die einmalige Abgabe einer hohen Leistung,

d) abbrennbare Hülsen für Treibladungen,

e) Submunition einschließlich Bomblets, Minelets und endphasengelenkter Geschosse.

Anmerkung 2: *Unternummer ML3a erfasst nicht Munition ohne Geschoss (Manövermunition) und Exerziermunition mit gelochter Pulverkammer.*

Anmerkung 3: *Unternummer ML3a erfasst nicht Patronen, besonders konstruiert für einen der folgenden Zwecke:*

a) Signalmunition,

b) Vogelschreck-Munition oder

c) Munition zum Anzünden von Gasfackeln an Ölquellen.

ML4 Bomben, Torpedos, Raketen, Flugkörper, andere Sprengkörper und -ladungen sowie zugehörige Ausrüstung und Zubehör wie folgt und besonders konstruierte Bestandteile hierfür:

Ergänzende Anmerkung 1: *Lenk- und Navigationsausrüstung: Siehe Nummer ML11.*

Ergänzende Anmerkung 2: *Flugkörperabwehrsysteme für Luftfahrzeuge (Aircraft Missile Protection Systems AMPS): Siehe Unternummer ML4c.*

a) Bomben, Torpedos, Granaten, Rauch- und Nebelbüchsen, Raketen, Minen, Flugkörper, Wasserbomben, Sprengkörper-Ladungen, Sprengkörper-Vorrichtungen und Sprengkörper-Zubehör, „pyrotechnische" Munition, Patronen und Simulatoren (d.h. Ausrüstung, welche die Eigenschaften einer dieser Waren simuliert), besonders konstruiert für militärische Zwecke;

Anmerkung: *Unternummer ML4a schließt ein:*

a) Rauch- und Nebelgranaten, Feuerbomben, Brandbomben und Sprengkörper,

b) Antriebsdüsen für Flugkörper und Bugspitzen für Wiedereintrittskörper.

b) Ausrüstung mit allen folgenden Eigenschaften:

1. besonders konstruiert für militärische Zwecke und

2. besonders konstruiert für 'Tätigkeiten' im Zusammenhang mit

   a) von Unternummer ML4a erfassten Waren oder

   b) unkonventionellen Spreng- und Brandvorrichtungen (USBV).

Technische Anmerkung:
Im Sinne von Unternummer ML4a bezeichnet der Begriff 'Tätigkeiten' das Handhaben, Abfeuern, Legen, Überwachen, Ausstoßen, Zünden, Scharfmachen, Stromversorgen bei einmaliger Abgabe einer hohen Leistung, Täuschen, Stören, Räumen, Orten, Zerstören oder Beseitigen.

Anmerkung 1: *Unternummer ML4b schließt ein:*

a) fahrbare Gasverflüssigungsanlagen mit einer Produktionskapazität von mindestens 1 000 kg Flüssiggas pro Tag,

b) schwimmfähige elektrisch leitende Kabel zum Räumen magnetischer Minen.

Anmerkung 2: *Unternummer ML4b erfasst nicht tragbare Geräte, die durch ihre Konstruktion ausschließlich auf die Ortung von metallischen Gegenständen begrenzt und zur Unterscheidung zwischen Minen und anderen metallischen Gegenständen ungeeignet sind.*

c) Flugkörperabwehrsysteme für Luftfahrzeuge (Aircraft Missile Protection Systems AMPS).

Anmerkung: *Unternummer ML4c erfasst nicht Flugkörperabwehrsysteme für Luftfahrzeuge mit allen folgenden Eigenschaften:*

a) mit folgenden Flugkörperwarnsensoren:

1. passive Sensoren mit einer Spitzenempfindlichkeit zwischen 100-400 nm oder

2. aktive Flugkörperwarnsensoren mit gepulstem Doppler-Radar;

b) Auswurfsysteme für Täuschkörper;

c) Täuschkörper, die sowohl eine sichtbare Signatur als auch eine infrarote Signatur aussenden, um Boden-Luft-Flugkörper auf sich zu lenken, und

d) eingebaut in ein „ziviles Luftfahrzeug" und mit allen folgenden Eigenschaften:

- das Flugkörperabwehrsysteme für Luftfahrzeuge ist ausschließlich in dem bestimmten „zivilen Luftfahrzeug" funktionsfähig, in das es selbst eingebaut ist und für das eines der folgenden Dokumente ausgestellt wurde:

d) eine zivile Musterzulassung oder

e) ein gleichwertiges, von der Internationalen Zivilluftfahrt-Organisation (ICAO) anerkanntes Dokument;

- das Flugkörperabwehrsystem für Luftfahrzeuge beinhaltet einen Schutz, um unbefugten Zugang zur „Software" zu verhindern, und
- das Flugkörperabwehrsystem für Luftfahrzeuge beinhaltet einen aktiven Mechanismus, der das System in einen funktionsunfähigen Zustand bringt, sobald es aus dem „zivilen Luftfahrzeug" entfernt wird, in das es eingebaut war.

ML5 Feuerleiteinrichtungen, zugehörige Überwachungs- und Alarmierungsausrüstung sowie verwandte Systeme, Prüf- oder Justierausrüstung und Ausrüstung für Gegenmaßnahmen wie folgt, besonders konstruiert für militärische Zwecke, sowie besonders konstruierte Bestandteile und besonders konstruiertes Zubehör hierfür:

a) Waffenzielgeräte, Bombenzielrechner, Rohrwaffenrichtgeräte und Waffensteuersysteme;

b) Zielerfassungs-, Zielzuordnungs-, Zielentfernungsmess-, Zielüberwachungs- oder Zielverfolgungssysteme, Ortungs-, Datenverknüpfungs (data fusion)-, Erkennungs- oder Identifizierungs-Vorrichtungen und Ausrüstung zur Sensorintegration (sensor integration equipment);

c) Ausrüstung für Gegenmaßnahmen gegen die von Unternummer ML5a oder ML5b erfasste Ausrüstung;

Anmerkung: *Ausrüstung für Gegenmaßnahmen im Sinne der Unternummer ML5c schließt auch Nachweisausrüstung ein.*

d) Prüf- oder Justierausrüstung, besonders konstruiert für die von den Unternummern ML5a, ML5b oder ML5c erfasste Ausrüstung.

ML6 Landfahrzeuge und Bestandteile hierfür wie folgt:

Ergänzende Anmerkung: *Lenk- und Navigationsausrüstung: Siehe Nummer ML11.*

a) Landfahrzeuge und Bestandteile hierfür, besonders konstruiert oder geändert für militärische Zwecke;

Technische Anmerkung:
Landfahrzeuge im Sinne der Unternummer ML6a schließen auch Anhänger ein.

b) Andere Landfahrzeuge und Bestandteile hierfür wie folgt:

1. Geländegängige Fahrzeuge mit Allradantrieb, die mit Werkstoffen oder Bestandteilen hergestellt oder ausgerüstet wurden, die einen ballistischen Schutz der Stufe III (NIJ 0108.01, September 1985 oder eine vergleichbare nationale Norm) oder besser bewirken;

2. Bestandteile mit allen folgenden Eigenschaften:

   a) besonders konstruiert für von Unternummer ML6b1 erfasste Fahrzeuge und

   b) einen ballistischen Schutz der Stufe III (NIJ 0108.01, September 1985 oder eine vergleichbare nationale Norm) oder besser bewirkend.

Ergänzende Anmerkung: *Siehe auch Unternummer ML13a.*

Anmerkung 1: *Unternummer ML6a schließt ein:*

a) Panzer und andere militärische bewaffnete Fahrzeuge und militärische Fahrzeuge, ausgestattet mit Lafetten oder Ausrüstung zum Minenlegen oder zum Starten der von Nummer ML4 erfassten Waffen,

b) gepanzerte Fahrzeuge,

c) amphibische und tiefwatfähige Fahrzeuge,

d) Bergungsfahrzeuge und Fahrzeuge zum Befördern und Schleppen von Munition oder Waffensystemen und zugehörige Ladesysteme.

Anmerkung 2: *Die Änderung eines von Unternummer ML6a erfassten Landfahrzeugs für militärische Zwecke bedeutet eine bauliche, elektrische oder mechanische Änderung, die einen oder mehrere Bestandteile betrifft, der/die besonders konstruiert ist/sind für militärische Zwecke. Solche Bestandteile schließen ein:*

a) Luftreifendecken in beschussfester Spezialbauart,

b) Panzerschutz von wichtigen Teilen (z.B. Kraftstofftanks oder Fahrzeugkabinen),

c) besondere Verstärkungen oder Lafetten für Waffen,

d) Tarnbeleuchtung.

Anmerkung 3: *Nummer ML6 erfasst keine zivilen Personenkraftwagen mit Schutzpanzerung oder ballistischem Schutz oder Lastkraftwagen mit Schutzpanzerung oder ballistischem Schutz, konstruiert oder geändert für den Werttransport.*

Anmerkung 4: *Nummer ML6 erfasst nicht Fahrzeuge mit allen folgenden Eigenschaften:*

a) vor 1946 hergestellt,

b) nicht ausgerüstet mit Gütern, die von der Gemeinsamen Militärgüterliste der EU erfasst sind und nach 1945 hergestellt wurden, mit Ausnahme von Reproduktionen von Originalbauteilen oder Originalzubehör des Fahrzeugs, und

c) nicht ausgerüstet mit unter den Nummern ML1, ML2 oder ML4 erfassten Waffen, es sei denn, die Waffen sind unbrauchbar und nicht in der Lage, ein Projektil abzufeuern.

ML7 Chemische oder biologische toxische Agenzien, „Reizstoffe", radioaktive Stoffe, zugehörige Ausrüstung, Bestandteile und Materialien wie

a) biologische Agenzien oder radioaktive Stoffe „für den Kriegsgebrauch" (zur Außergefechtsetzung von Menschen oder Tieren, zur Funktionsbeeinträchtigung von Geräten oder zur Vernichtung von Ernten oder der Umwelt);

b) chemische Kampfstoffe einschließlich:

   1. Nervenkampfstoffe:

      a) Alkyl(R 1)phosphonsäure-alkyl(R 2)ester-fluoride (R 1 = Methyl-, Ethyl-, n- Propyl- oder Isopropyl-) (R 2 = Alkyl- oder Cycloalkyl, c n = c 1 bis c 10), wie:

      Sarin (GB): Methylphosphonsäure-isopropylesterfluorid (CAS-Nr. 107-44-8) und

      Soman (GD): Methylphosphonsäurepinakolylesterfluorid (CAS-Nr. 96-64-0),

      b) Phosphorsäure-dialkyl(R 1, R 2)amid-cyanid-alkyl (R 3)ester (R 1, R 2 = Methyl, Ethyl-, n-Propyl- oder Isopropyl-) (R 3 = Alkyl- oder Cycloalkyl-, c n = c 1 bis c 10), wie:

      Tabun (GA): Phosphorsäuredimethylamid-cyanid-ethylester (CAS-Nr. 77-81-6),

c) Alkyl(R 1)thiolphosphonsäure-S-(2-dialkyl(R 3, R 4) aminoethyl)-alkyl(R 2) ester (R 2 = H, Alkyl- oder Cycloalkyl-, c n = c 1 bis c 10) (R 1, R 3, R 4 = Methyl, Ethyl-, n-Propyl- oder Isopropyl-) oder entsprechend alkylierte bzw. protonierte Salze, wie:

VX: Methylthiolphosphonsäure-S-(2-diisopropylaminoethyl)-ethylester (CAS-Nr. 50782- 69-9);

2. Hautkampfstoffe:

a) Schwefelloste, wie:

- 2-Chlorethylchlormethylsulfid (CAS-Nr. 2625-76-5),
- Bis(2-chlorethyl)-sulfid (CAS-Nr. 505-60-2),
- Bis(2-chlorethylthio)-methan (CAS-Nr. 63869-13-6),
- 1,2-Bis(2-chlorethylthio)-ethan (CAS-Nr. 3563-36-8),
- 1,3-Bis(2-chlorethylthio)-n-propan (CAS-Nr. 63905-10-2),
- 1,4-Bis(2-chlorethylthio)-n-butan (CAS-Nr. 142868-93-7),
- 1,5-Bis(2-chlorethylthio)-n-pentan (CAS-Nr. 142868-94-8),
- Bis-(2-chlorethylthiomethyl)-ether (CAS-Nr. 63918-90-1),
- Bis-(2-chlorethylthioethyl)-ether (CAS-Nr. 63918-89-8);

b) Lewisite, wie:

- 2-Chlorvinyldichlorarsin (CAS-Nr. 541-25-3),
- Tris(2-chlorvinyl)-arsin (CAS-Nr. 40334-70-1),
- Bis(2-chlorvinyl)-chlorarsin (CAS-Nr. 40334-69-8);

c) Stickstoffloste, wie:

a) HN1: N-Ethyl-bis(2-chlorethyl)-amin (CAS-Nr. 538-07-8),

b) HN2: N-Methyl-bis(2-chlorethyl)-amin (CAS-Nr. 51-75-2),

c) HN3: Tris-(2-chlorethyl)-amin (CAS-Nr. 555-77-1);

3. Psychokampfstoffe, wie:

a) BZ: 3-Chinuclidinylbenzilat (CAS-Nr. 6581-06-2),

4. Entlaubungsmittel, wie:

a) Butyl-(2-Chlor-4-Fluor-phenoxy-)acetat (LNF),

b) 2,4,5-trichlorphenoxyessigsäure (CAS-Nr. 93-76-5) gemischt mit 2,4-dichlorphenoxyessigsäure (CAS-Nr. 94-75-7) (Agent Orange (CAS-Nr. 39277-47-9));

c) Komponenten für Binärkampfstoffe und Schlüsselvorprodukte wie folgt:

1. Alkyl (Methyl-, Ethyl-, n-Propyl- oder Isopropyl-) phosphonsäuredifluoride wie:
   DF: Methyl-phosphonsäuredifluorid (CAS-Nr. 676-99-3),
2. Alkyl(R 1)phosphonigsäure-O-2-dialkyl(R 3, R 4) aminoethyl-alkyl(R 2)ester (R 1, R 3, R 4 = Methyl-, Ethyl-, n-Propyl-, Isopropyl-) (R 2 = H, Alkyl- oder Cycloalkyl-, C n = C 1 bis C 10) und entsprechend alkylierte oder protonierte Salze wie:

QL: Methylphosphonigsäure-O-(2-diisopropylamino-ethyl)-ethylester (CAS-Nr. 57856-11-8),

3. Chlorsarin: Methylphosphonsäure-isopropylester-chlorid (CAS-Nr. 1445-76-7),
4. Chlorsoman: Methylphosphonsäure-pinakolylester-chlorid (CAS-Nr. 7040-57-5);

d) „Reizstoffe", chemisch wirksame Komponenten und Kombinationen davon einschließlich:

1. CA: Brombenzylcyanid (CAS-Nr. 5798-79-8),
2. CS: o-Chlorbenzylidenmalonsäuredinitril (CAS-Nr. 2698-41-1),
3. CN: ù-Chloracetophenon (CAS-Nr. 532-27-4),
4. CR: Dibenz(b,f)-1,4-oxazepin (CAS-Nr. 257-07-8),
5. DM: 10-Chloro-5,10-dihydrophenarsazin, (Phenarsazinchlorid), (Adamsite) (CAS-Nr. 578-94-9),
6. MPA: N-Nonanoylmorpholin (CAS-Nr. 5299-64-9);

Anmerkung 1: *Unternummer ML7d erfasst nicht „Reizstoffe", einzeln abgepackt für persönliche Selbstverteidigungszwecke.*

Anmerkung 2: *Unternummer ML7d erfasst nicht chemisch wirksame Komponenten und Kombinationen davon, gekennzeichnet und abgepackt für die Herstellung von Nahrungsmitteln oder für medizinische Zwecke.*

e) Ausrüstung, besonders konstruiert oder geändert für militärische Zwecke, konstruiert oder geändert zum Ausbringen eines der folgenden Materialien oder Agenzien oder eines der folgenden Stoffe und besonders konstruierte Bestandteile hierfür:

1. Materialien oder Agenzien, die von Unternummer ML7a, ML7b oder ML7d erfasst werden, oder
2. chemische Kampfstoffe, gebildet aus von Unternummer ML7c erfassten Vorprodukten;

f) Schutz- und Dekontaminationsausrüstung, besonders konstruiert oder geändert für militärische Zwecke, Bestandteile hierfür und Mischungen von Chemikalien wie folgt:

1. Ausrüstung, konstruiert oder geändert zur Abwehr der von Unternummer ML7a, ML7b oder ML7d erfassten Materialien, und besonders konstruierte Bestandteile hierfür,
2. Ausrüstung, konstruiert oder geändert zur Dekontamination von Objekten, die mit von Unternummer ML7a oder ML7b erfassten Materialien kontaminiert sind, und besonders konstruierte Bestandteile hierfür,
3. Mischungen von Chemikalien, besonders entwickelt oder formuliert zur Dekontamination von Objekten, die mit von Unternummer ML7a oder ML7b erfassten Materialien kontaminiert sind;

Anmerkung: *Unternummer ML7f1 schließt ein:*

a) Luftreinigungsanlagen, besonders konstruiert oder geändert zum Filtern von radioaktiven, biologischen oder chemischen Stoffen;

b) Schutzkleidung.

Ergänzende Anmerkung: *Zivilschutzmasken, Schutz- und Dekontaminationsausrüstung: Siehe auch Nummer 1A004 der Dual-Use-Liste der EU.*

g) Ausrüstung, besonders konstruiert oder geändert für militärische Zwecke, konstruiert oder geändert zur Feststellung oder Identifizierung der von Unternummer ML7a, ML7b oder ML7d erfassten Materialien, und besonders konstruierte Bestandteile hierfür;

Anmerkung: *Unternummer ML7g erfasst nicht Strahlendosimeter für den persönlichen Gebrauch.*

Ergänzende Anmerkung: *Siehe auch Nummer 1A004 der Dual-Use-Liste der EU.*

h) „Biopolymere", besonders entwickelt oder aufgebaut für die Feststellung oder Identifizierung der von Unternummer ML7b erfassten chemischen Kampfstoffe, und spezifische Zellkulturen zu ihrer Herstellung;

i) „Biokatalysatoren" für die Dekontamination und den Abbau chemischer Kampfstoffe und biologische Systeme hierfür wie folgt:

1. „Biokatalysatoren", besonders entwickelt für die Dekontamination und den Abbau der von Unternummer ML7b erfassten chemischen Kampfstoffe, die durch gezielte Laborauslese oder genetische Manipulation biologischer Systeme erzeugt werden,
2. biologische Systeme, die eine spezifische genetische Information zur Herstellung der von Unternummer ML7i1 erfassten „Biokatalysatoren" enthalten, wie folgt:
   a) „Expressions-Vektoren";
   b) Viren;
   c) Zellkulturen.

Anmerkung 1: *Unternummern ML7b und ML7d erfassen nicht:*

a) Chlorcyan (CAS-Nr. 506-77-4) – siehe Unternummer 1C450a5 der Dual-Use-Liste der EU,

b) Cyanwasserstoffsäure (CAS-Nr. 74-90-8),

c) Chlor (CAS-Nr. 7782-50-5),

d) Carbonylchlorid (Phosgen) (CAS-Nr. 75-44-5) – siehe Unternummer 1C450a4 der Dual- Use-Liste der EU,

e) Perchlorameisensäuremethylester (Diphosgen) (CAS-Nr. 503-38-8),

f) nicht belegt seit 2004,

g) Xylylbromide, ortho: (CAS-Nr. 89-92-9), meta: (CAS-Nr. 620-13-3), para: (CAS-Nr. 104- 81-4),

h) Benzylbromid (CAS-Nr. 100-39-0),

i) Benzyljodid (CAS-Nr. 620-05-3),

j) Bromaceton (CAS-Nr. 598-31-2),

k) Bromcyan (CAS-Nr. 506-68-3),

l) Brommethylethylketon (CAS-Nr. 816-40-0),

m) Chloraceton (CAS-Nr. 78-95-5),

n) Jodessigsäureethylester (CAS-Nr. 623-48-3),

o) Jodaceton (CAS-Nr. 3019-04-3),

p) Chlorpikrin (CAS-Nr. 76-06-2) – siehe Unternummer 1C450a7 der Dual-Use-Liste der EU.

Anmerkung 2: *Die Unternummern ML7h und ML7i2 erfassen nur spezifische Zellkulturen und spezifische biologische Systeme. Zellkulturen und biologische Systeme für zivile Zwecke, z.B. für Landwirtschaft, Pharmazie, Medizin, Tierheilkunde, Umwelt, Abfallwirtschaft und Nahrungsmittelindustrie, werden nicht erfasst.*

ML8 „Energetische Materialien" und zugehörige Stoffe wie folgt:

Ergänzende Anmerkung 1: *Siehe auch Nummer 1C011 der Dual-Use-Liste der EU.*

Ergänzende Anmerkung 2: *Zu 'Ladungen und Vorrichtungen' siehe Nummer ML4 und Nummer 1A008 der Dual-Use-Liste der EU.*

Technische Anmerkungen:

1. *'Mischung' im Sinne von Nummer ML8 bedeutet eine Zusammensetzung aus zwei oder mehreren Substanzen, von denen mindestens eine in den Unternummern der Nummer ML8 genannt sein muss.*
2. Jede Substanz, die von einer Unternummer der Nummer ML8 erfasst wird, bleibt auch dann erfasst, wenn sie für einen anderen als den in der Überschrift zu dieser Unternummer genannten Zweck verwendet wird (z.B. wird TAGN überwiegend als Explosivstoff eingesetzt, kann aber auch als Brennstoff oder Oxidationsmittel verwendet werden).

a) „Explosivstoffe" wie folgt und Mischungen daraus:

1. ADNBF (7-Amino-4,6-dinitrobenzofurazan-1-oxid (CAS-Nr. 97096-78-1), Amino-dinitrobenzofuroxan),
2. BNCP (Cis-bis (5-nitrotetrazolato) tetraminkobalt(III)perchlorat) (CAS-Nr. 117412-28-9),
3. CL-14 (5,7-Diamino-4,6-dinitrobenzofurazan-1-oxid (CAS-Nr. 117907-74-1) oder Diaminodinitrobenzofuroxan),
4. CL-20 (HNIW oder Hexanitrohexaazaisowurtzitan) (CAS-Nr. 135285-90-4), Chlathrate von CL- 20 (siehe auch Unternummern ML8g3 und ML8g4 für dessen „Vorprodukte"),
5. CP (2-(5-Cyanotetrazolato) pentaminkobalt(III)perchlorat) (CAS-Nr. 70247-32-4),
6. DADE (1,1-Diamino-2,2-dinitroethylen, FOX 7) (CAS-Nr. 145250-81-3);
7. DATB (Diaminotrinitrobenzol) (CAS-Nr. 1630-08-6),
8. DDFP (1,4-Dinitrodifurazanopiperazin),
9. DDPO (2,6-Diamino-3,5-dinitropyrazin-1-oxid, PZO) (CAS-Nr. 194486-77-6),
10. DIPAM (Diaminohexanitrodiphenyl) (CAS-Nr. 17215-44-0),

11. DNGU (DINGU oder Dinitroglycoluril) (CAS-Nr. 55510-04-8),
12. Furazane wie folgt:
    a) DAAOF (Diaminoazoxyfurazan),
    b) DAAzF (Diaminoazofurazan) (CAS-Nr. 78644-90-3),
13. HMX und HMX-Derivate (siehe auch Unternummer ML8g5 für deren „Vorprodukte") wie folgt:
    a) HMX (Cyclotetramethylentetranitramin oder Oktogen) (CAS-Nr. 2691-1-0),
    b) Difluoramin-Analoge des HMX,
    c) K-55 (2,4,6,8-Tetranitro-2,4,6,8-tetraaza-bicyclo-3,3,0-octanon-3 (CAS-Nr. 130256-72-3), Tetranitrosemiglycouril oder keto-bicyclisches HMX),
14. HNAD (Hexanitroadamantan) (CAS-Nr. 143850-71-9),
15. HNS (Hexanitrostilben) (CAS-Nr. 20062-22-0),
16. Imidazole wie folgt:
    a) BNNII (Octahydro-2,5-bis(nitroimino)imidazo-4,5-d-imidazol),
    b) DNI (2,4-Dinitroimidazol) (CAS-Nr. 5213-49-0),
    c) FDIA (1-Fluoro-2,4-dinitroimidazol),
    d) NTDNIA (N-(2-nitrodiazolo)-2,4-dinitroimidazol),
    e) PTIA (1-Picryl-2,4,5-trinitroimidazol),
17. NTNMH (1-(2-Nitrotriazolo)-2-dinitromethylenhydrazin),
18. NTO (ONTA oder 3-Nitro-1,2,4-triazol-5-on) (CAS-Nr. 932-64-9),
19. Polynitrocubane mit mehr als vier Nitrogruppen,
20. PYX (Picrylaminodinitropyridin) (CAS-Nr. 38082-89-2),
21. RDX und RDX-Derivate wie folgt:
    a) RDX (Hexogen, Cyclotrimethylentrinitramin) (CAS-Nr. 121-82-4),
    b) Keto-RDX (2,4,6-Trinitro-2,4,6-triaza-cyclo-hexanon oder K-6) (CAS-Nr. 115029-35-1),
22. TAGN (Triaminoguanidinnitrat) (CAS-Nr. 4000-16-2),
23. TATB (Triaminotrinitrobenzol) (CAS-Nr. 3058-38-6) (siehe auch Unternummer ML8g7 für dessen „Vorprodukte"),
24. TEDDZ (3,3,7,7-Tetra-bis(difluoramin)octahydro-1,5-dinitro-1,5-diazocin),
25. Tetrazole wie folgt:
    a) NTAT (Nitrotriazol-aminotetrazol),
    b) NTNT (1-N-(2-nitrotriazolo)-4-nitrotetrazol),
26. Tetryl (Trinitrophenylmethylnitramin) (CAS-Nr. 479-45-8),
27. TNAD (1,4,5,8-Tetranitro-1,4,5,8-tetraazadecalin) (CAS-Nr. 135877-16-6) (siehe auch Unternummer ML8g6 für dessen „Vorprodukte"),

28. TNAZ (1,1,3-Trinitroazetidin) (CAS-Nr. 97645-24-4) (siehe auch Unternummer ML8g2 für dessen „Vorprodukte"),
29. TNGU (Tetranitroglycoluril oder SORGUYL) (CAS-Nr. 55510-03-7),
30. TNP (1,4,5,8-Tetranitro-pyridazino-4,5-d-pyridazin) (CAS-Nr. 229176-04-9),
31. Triazine wie folgt:
    a) DNAM (2-Oxy-4,6-dinitroamino-s-triazin) (CAS-Nr. 19899-80-0),
    b) NNHT (2-Nitroimino-5-nitro-hexahydro-1,3,5-triazin) (CAS-Nr. 130400-13-4),
32. Triazole wie folgt:
    a) 5-Azido-2-nitrotriazol,
    b) ADHTDN (4-Amino-3,5-dihydrazino-1,2,4-triazol-dinitramid) (CAS-Nr. 1614-08-0),
    c) ADNT (1-Amino-3,5-dinitro-1,2,4-triazol),
    d) BDNTA ((Bis-dinitrotriazol)-amin),
    e) DBT (3,3'-Dinitro-5,5-bis-1,2,4-triazol) (CAS-Nr. 30003-46-4),
    f) DNBT (Dinitrobistriazol) (CAS-Nr. 70890-46-9),
    g) nicht belegt seit 2010,
    h) NTDNT (1-N-(2-nitrotriazolo)-3,5-dinitrotriazol),
    i) PDNT (1-Picryl-3,5-dinitrotriazol),
    j) TACOT (Tetranitrobenzotriazolobenzotriazol) (CAS-Nr. 25243-36-1),
33. nicht anderweitig in Unternummer ML8a genannte Explosivstoffe mit einer der folgenden Eigenschaften:
    a) Detonationsgeschwindigkeit größer als 8 700 m/s bei maximaler Dichte oder
    b) Detonationsdruck größer als 34 GPa (340 kbar),
34. nicht anderweitig in Unternummer ML8a genannte organische Explosivstoffe mit allen folgenden Eigenschaften:
    a) sie ergeben einen Detonationsdruck größer/gleich 25 GPa (250 kbar) und
    b) sie bleiben bei Temperaturen größer/gleich 523 K (250 °C) für die Dauer von 5 min oder länger stabil;

b) „Treibstoffe" wie folgt:
   1. alle Feststoff-„Treibstoffe" der UN-Klasse 1.1 mit einem theoretisch erreichbaren spezifischen Impuls (bei Standardbedingungen) von mehr als 250 s bei metallfreien oder mehr als 270 s bei aluminiumhaltigen Mischungen,
   2. alle Feststoff-„Treibstoffe" der UN-Klasse 1.3 mit einem theoretisch erreichbaren spezifischen Impuls von mehr als 230 s bei halogenfreien, 250 s bei metallfreien und 266 s bei metallhaltigen Mischungen,

3. „Treibstoffe" mit einer theoretischen Force größer als 1 200 kJ/kg,
4. „Treibstoffe", die eine stabile, gleichförmige Abbrandgeschwindigkeit von mehr als 38 mm/s unter Standardbedingungen bei 6,89 MPa (68,9 bar) und 294 K (21 °C) (gemessen an einem inhibierten einzelnen Strang) aufweisen,
5. elastomermodifizierte, gegossene, zweibasige „Treibstoffe" (EMCDB), die bei 233 K (– 40 °C) eine Dehnungsfähigkeit von mehr als 5 % bei größter Beanspruchung aufweisen,
6. andere „Treibstoffe", die von Unternummer ML8a erfasste Substanzen enthalten;
7. „Treibstoffe", nicht anderweitig von der Gemeinsamen Militärgüterliste der EU erfasst, besonders entwickelt für militärische Zwecke;

c) „Pyrotechnika", Brennstoffe und zugehörige Stoffe wie folgt und Mischungen daraus:
   1. Luftfahrzeug-Brennstoffe, besonders formuliert für militärische Zwecke,
   2. Alan (Aluminiumhydrid) (CAS-Nr. 7784-21-6),
   3. Carborane, Decaboran (CAS-Nr. 17702-41-9), Pentaborane (CAS-Nr. 19624-22-7) und (CAS-Nr. 18433-84-6) und Derivate daraus,
   4. Hydrazin und Hydrazin-Derivate wie folgt (siehe auch Unternummern ML8d8 und ML8d9 für oxidierend wirkende Hydrazinderivate):
      a) Hydrazin (CAS-Nr. 302-01-2) mit einer Mindestkonzentration von 70 %,
      b) Monomethylhydrazin (CAS-Nr. 60-34-4),
      c) symmetrisches Dimethylhydrazin (CAS-Nr. 540-73-8),
      d) unsymmetrisches Dimethylhydrazin (CAS-Nr. 57-14-7),
   5. metallische Brennstoffe in Partikelform (kugelförmig, staubförmig, flockenförmig oder gemahlen), hergestellt aus Material, das zu mindestens 99 % aus einem der folgenden Materialien besteht:
      a) Metalle wie folgt und Mischungen daraus:
         - Beryllium (CAS-Nr. 7440-41-7) mit einer Partikelgröße kleiner als 60 m,
         - Eisenpulver (CAS-Nr. 7439-89-6) mit einer Partikelgröße kleiner/gleich 3 m, hergestellt durch Reduktion von Eisenoxid mit Wasserstoff,
      b) Mischungen, die einen der folgenden Stoffe enthalten:
         1. Zirkonium (CAS-Nr. 7440-67-7), Magnesium (CAS-Nr. 7439-95-4) und Legierungen dieser Metalle mit Partikelgrößen kleiner als 60 m oder
         2. Bor (CAS-Nr. 7440-42-8) oder Borcarbid (CAS-Nr. 12069-32-8) mit einer Reinheit größer/gleich 85 % und einer Partikelgröße kleiner als 60 m,

6. militärische Materialien, die für die Verwendung in Flammenwerfern oder Brandbomben besonders formulierte Verdicker für Kohlenwasserstoff-Brennstoffe enthalten, wie Metallstearate oder Palmitate (Oktal) (CAS-Nr. 637-12-7) und M1,M2,M3-Verdicker,
7. Perchlorate, Chlorate und Chromate, die mit Metallpulver oder anderen energiereichen Brennstoffen gemischt sind,
8. kugelförmiges Aluminiumpulver (CAS-Nr. 7429-90-5) mit einer Partikelgröße kleiner/gleich 60
9. Titansubhydrid mit der stöchiometrischen Zusammensetzung TiH 0,65-1,68;

Anmerkung 1: *Luftfahrzeug-Brennstoffe, die von Unternummer ML8c1 erfasst werden, sind Fertigprodukte und nicht deren Einzelkomponenten.*

Anmerkung 2: *Unternummer ML8c4a erfasst nicht Mischungen mit Hydrazin, die für den Korrosionsschutz besonders formuliert sind.*

Anmerkung 3: *Unternummer ML8c5 erfasst Explosivstoffe und Brennstoffe auch dann, wenn die Metalle oder Legierungen in Aluminium, Magnesium, Zirkonium oder Beryllium eingekapselt sind.*

Anmerkung 4: *Unternummer ML8c5b2 erfasst nicht Bor und Borcarbid, das mit Bor-10 angereichert ist (Bor-10-Gehalt größer als 20 Gew.-% des Gesamt-Borgehalts).*

Anmerkung 5: *Unternummer ML8c5b erfasst metallische Brennstoffe in Partikelform nur, wenn sie mit anderen Stoffen gemischt werden, um eine für militärische Zwecke formulierte Mischung zu bilden, wie Flüssigtreibstoffsuspensionen (liquid propellant slurries), Festtreibstoffe oder pyrotechnische Mischungen.*

d) Oxidationsmittel wie folgt und Mischungen daraus:
   1. ADN (Ammoniumdinitramid oder SR12) (CAS-Nr. 140456-78-6),
   2. AP (Ammoniumperchlorat) (CAS-Nr. 7790-98-9),
   3. Verbindungen, die aus Fluor und einem oder mehreren der folgenden Elemente zusammengesetzt sind:
      a) sonstige Halogene,
      b) Sauerstoff oder
      c) Stickstoff,

   Anmerkung 1: *Unternummer ML8d3 erfasst nicht Chlortrifluorid (CAS-Nr. 7790-91-2).*

   Anmerkung 2: *Unternummer ML8d3 erfasst nicht Stickstofftrifluorid (CAS-Nr. 7783-54-2) in gasförmigem Zustand.*

   4. DNAD (1,3-Dinitro-1,3-diazetidin) (CAS-Nr. 78246-06-7),
   5. HAN (Hydroxylammoniumnitrat) (CAS-Nr. 13465-08-2),
   6. HAP (Hydroxylammoniumperchlorat) (CAS-Nr. 15588-62-2),
   7. HNF (Hydrazinnitroformiat) (CAS-Nr. 20773-28-8),

8. Hydrazinnitrat (CAS-Nr. 37836-27-4),
9. Hydrazinperchlorat (CAS-Nr. 27978-54-7),
10. flüssige Oxidationsmittel, die aus inhibierter rauchender Salpetersäure (IRFNA) (CAS-Nr. 8007- 58-7) bestehen oder diesen Stoff enthalten;

Anmerkung: *Unternummer ML8d10 erfasst nicht nicht-inhibierte rauchende Salpetersäure.*

e) Binder, Plastifiziermittel, Monomere und Polymere wie folgt:
1. AMMO (Azidomethylmethyloxetan) (CAS-Nr. 90683-29-7) und seine Polymere (siehe auch Unternummer ML8g1 für dessen „Vorprodukte"),
2. BAMO (Bis(azidomethyl)oxethan) (CAS-Nr. 17607-20-4) und seine Polymere (siehe auch Unternummer ML8g1 für dessen „Vorprodukte"),
3. BDNPA (Bis-(2,2-dinitropropyl)acetal) (CAS-Nr. 5108-69-0),
4. BDNPF (Bis-(2,2-dinitropropyl)formal) (CAS-Nr. 5917-61-3),
5. BTTN (Butantrioltrinitrat) (CAS-Nr. 6659-60-5) (siehe auch Unternummer ML8g8 für dessen „Vorprodukte"),
6. energetisch wirksame Monomere, energetisch wirksame Plastifiziermittel oder energetisch wirksame Polymere, besonders formuliert für militärische Zwecke, und eine der folgenden Stoffgruppen enthaltend:
   a) Nitrogruppen
   b) Azidogruppen
   c) Nitratgruppen
   d) Nitrazagruppen oder
   e) Difluoroaminogruppen,
6. FAMAO (3-Difluoraminomethyl-3-azidomethyloxetan) und seine Polymere,
7. FEFO (Bis(2-fluoro-2,2-dinitroethyl)formal) (CAS-Nr. 17003-79-1),
8. FPF-1 (Poly-2,2,3,3,4,4-Hexafluoropentan-1,5-diol-formal) (CAS-Nr. 376-90-9),
9. FPF-3 (Poly-2,4,4,5,5,6,6-heptafluoro-2-trifluoromethyl-3-oxaheptan-1,7-diol-formal),
10. GAP (Glycidylazidpolymer) (CAS-Nr. 143178-24-9) und dessen Derivate,
11. HTPB (hydroxylterminiertes Polybutadien) mit einer Hydroxylfunktionalität größer/gleich 2,2 und kleiner/gleich 2,4, einem Hydroxylwert kleiner als 0,77 meq/g und einer Viskosität bei 303 K (30 °C) kleiner als 47 Poise (CAS-Nr. 69102-90-5),
12. Polyepichlorhydrin mit funktionellen Alkoholgruppen, mit einem Molekulargewicht kleiner als 10 000, wie folgt:
    a) Polyepichlorhydrindiol,
    b) Polyepichlorhydrintriol,

13. NENAs (Nitratoethylnitramin-Verbindungen) (CAS-Nrn. 17096-47-8, 85068-73-1, 82486-83-7, 82486-82-6 und 85954-06-9),
14. PGN (Poly-GLYN, Polyglycidylnitrat oder Poly(Nitratomethyloxiran)) (CAS-Nr. 27814-48-8),
15. Poly-NIMMO (Polynitratomethylmethyloxethan) oder Poly-NMMO (Poly-(3-nitratomethyl-3-methyloxethan)) (CAS-Nr. 84051-81-0),
16. Polynitroorthocarbonate,
17. TVOPA (1,2,3-Tris [(1,2-bis-difluoramino)ethoxy]propan) (CAS-Nr. 53159-39-0);

g) „Additive" wie folgt:
1. basisches Kupfersalicylat (CAS-Nr. 62320-94-9),
2. BHEGA (Bis-(2-hydroxyethyl)glycolamid) (CAS-Nr. 17409-41-5),
3. BNO (Butadiennitriloxid),
4. Ferrocen-Derivate wie folgt:
   a) Butacen (CAS-Nr. 125856-62-4),
   b) Catocen (CAS-Nr. 37206-42-1) (2,2-Bis-ethylferrocenylpropan),
   c) Ferrocencarbonsäuren einschließlich
      Ferrocencarbonsäure (CAS-Nr. 1271-42-7),
      1,1' Ferrocendicarbonsäure (CAS-Nr. 1293-87-4),
   d) n-Butylferrocen (CAS-Nr. 31904-29-7),
   e) andere verwandte polymere Ferrocenderivate,
5. Blei-ß-resorcylat (CAS-Nr. 20936-32-7),
6. Bleicitrat (CAS-Nr. 14450-60-3),
7. Blei-Kupfer-Chelate von Beta-Resorcylat und/oder Salicylate (CAS-Nr. 68411-07-4),
8. Bleimaleat (CAS-Nr. 19136-34-6),
9. Bleisalicylat (CAS-Nr. 15748-73-9),
10. Bleistannat (CAS-Nr. 12036-31-6),
11. MAPO (Tris-1-(2-methyl)aziridinylphosphinoxid) (CAS-Nr. 57-39-6), BOBBA 8 (Bis(2-methylaziridinyl)-2-(2-hydroxypropanoxy)-propylaminophosphinoxid) und andere MAPO-Derivate,
12. Methyl-BAPO (Bis(2-methylaziridinyl)-methylaminophosphinoxid) (CAS-Nr. 85068-72-0),
13. N-Methyl-p-Nitroanilin (CAS-Nr. 100-15-2),
14. 3-Nitraza-1,5-pentan-diisocyanat (CAS-Nr. 7406-61-9),
15. metallorganische Kupplungsreagentien wie folgt:
   a) Titan-IV-2,2-[Bis-2-propenolat-methyl-butanolattris(dioctyl) phosphato] (LICA 12) (CAS-Nr. 103850-22-2),

b) Titan-IV-((2-Propenolat-1)methyl-N-propenolatomethyl) butanolat-1-tris(dioctyl)-pyrophosphat (KR3538),

c) Titan-IV-((2-Propenolat-1)methyl-N-propenolatomethyl) butanolat-1-tris(dioctyl)phosphat,

16. Polycyanodifluoraminoethylenoxid,
17. polyfunktionelle Aziridinamide mit Isophthal-, Trimesin-, Butylenimintrimesa midisocyanur-(BITA) oder Trimethyladipin-Grundstrukturen und 2-Methyl- oder 2-Ethylsubstituenten am Aziridinring,
18. Propylenimin, 2-Methylaziridin (CAS-Nr. 75-55-8),
19. superfeines Eisenoxid (Fe_2O_3) (CAS-Nr. 1317-60-8) mit einer spezifischen Oberfläche größer als 250 m²/g und einer durchschnittlichen Partikelgröße kleiner/gleich 3,0 nm,
20. TEPAN (Tetraethylenpentaminacrylnitril) (CAS-Nr. 68412-45-3), cyanethylierte Polyamine und ihre Salze,
21. TEPANOL (Tetraethylenpentaminacrylnitrilglycidol) (CAS-Nr. 68412-46-4), cyanethylierte Polyamin-Addukte mit Glycidol und ihre Salze,
22. TPB (Triphenylwismut) (CAS-Nr. 603-33-8);

g) „Vorprodukte" wie folgt:

Ergänzende Anmerkung: *Die Verweise in Unternummer ML8g beziehen sich auf erfasste „energetische Materialien", die aus diesen Substanzen hergestellt werden.*

1. BCMO (Bis(chlormethyl)oxethan) (CAS-Nr. 142173-26-0) (siehe auch Unternummern ML8e1 und ML8e2),
2. Dinitroazetidin-t-butylsalz (CAS-Nr. 125735-38-8) (siehe auch Unternummer ML8a28),
3. HBIW (Hexabenzylhexaazaisowurtzitan) (CAS-Nr. 124782-15-6) (siehe auch Unternummer ML8a4),
4. TAIW (Tetraacetyldibenzylhexaazaisowurtzitan) (CAS-Nr. 182763-60-6) (siehe auch Unternummer ML8a4),
5. TAT (1,3,5,7 Tetraacetyl-1,3,5,7-tetraazacyclooktan) (CAS-Nr. 41378-98-7) (siehe auch Unternummer ML8a13),
6. 1,4,5,8-Tetraazadekalin (CAS-Nr. 5409-42-7) (siehe auch Unternummer ML8a27),
7. 1,3,5-Trichlorbenzol (CAS-Nr. 108-70-3) (siehe auch Unternummer ML8a23),
8. 1,2,4-Butantriol (1,2,4-Trihydroxybutan) (CAS-Nr. 3068-00-6) (siehe auch Unternummer ML8e5).

Anmerkung 5: *Nicht belegt seit 2009.*

Anmerkung 6: *Nummer ML8 erfasst die nachstehend aufgeführten Stoffe nur dann, wenn sie als Verbindungen oder Mischungen mit den in Unternummer*

ML8a genannten „energetischen Materialien" oder den in Unternummer ML8c genannten Metallpulvern vorliegen:

a) *Ammoniumpikrat (CAS-Nr. 131-74-8),*

b) *Schwarzpulver,*

c) *Hexanitrodiphenylamin (CAS-Nr. 131-73-7),*

d) *Difluoramin (HNF 2) (CAS-Nr. 10405-27-3),*

e) *Nitrostärke (CAS-Nr. 9056-38-6),*

f) *Kaliumnitrat (CAS-Nr. 7757-79-1),*

g) *Tetranitronaphthalin,*

h) *Trinitroanisol,*

i) *Trinitronaphthalin,*

j) *Trinitroxylol,*

k) *N-Pyrrolidinon, 1-Methyl-2-pyrrolidinon (CAS-Nr. 872-50-4),*

l) *Dioctylmaleat (CAS-Nr. 142-16-5),*

m) *Ethylhexylacrylat (CAS-Nr. 103-11-7),*

n) *Triethylaluminium (TEA) (CAS-Nr. 97-93-8), Trimethylaluminium (TMA) (CAS-Nr. 75- 24-1) und sonstige pyrophore Metallalkyle der Elemente Lithium, Natrium, Magnesium, Zink und Bor sowie Metallaryle derselben Elemente,*

o) *Nitrozellulose (CAS-Nr. 9004-70-0),*

p) *Nitroglycerin (oder Glycerinnitrat) (NG) (CAS-Nr. 55-63-0),*

q) *2,4,6-Trinitrotoluol (TNT) (CAS-Nr. 118-96-7),*

r) *Ethylendiamindinitrat (EDDN) (CAS-Nr. 20829-66-7),*

s) *Pentaerythrittetranitrat (PETN) (CAS-Nr. 78-11-5),*

t) Bleiazid (CAS-Nr. 13424-46-9), normales Bleistyphnat (CAS-Nr. 15245-44-0) und basisches Bleistyphnat (CAS-Nr. 124403-82-6) und sonstige Anzünder oder Anzündermischungen, die Azide oder komplexe Azide enthalten,

u) *Triethylenglykoldinitrat (TEGDN) (CAS-Nr. 111-22-8),*

v) *2,4,6-Trinitroresorcin (Styphninsäure) (CAS-Nr. 82-71-3),*

w) *Diethyldiphenylharnstoff (CAS-Nr. 85-98-3), Dimethyldiphenylharnstoff (CAS-Nr. 611-92- 7), Methylethyldiphenylharnstoff (Centralite),*

x) *N,N-Diphenylharnstoff (unsymmetrischer Diphenylharnstoff) (CAS-Nr. 603-54-3),*

y) *Methyl-N,N-Diphenylharnstoff (unsymmetrischer Methyldiphenylharnstoff) (CAS-Nr. 13114- 72-2),*

z) *Ethyl-N,N-Diphenylharnstoff (unsymmetrischer Ethyldiphenylharnstoff) (CAS-Nr. 64544-71- 4),*

aa) 2-Nitrodiphenylamin (2-NDPA) (CAS-Nr. 119-75-5),

ab) *4-Nitrodiphenylamin (4-NDPA) (CAS-Nr. 836-30-6),*

ac) *2,2-Dinitropropanol (CAS-Nr. 918-52-5),*

ad) *Nitroguanidin (CAS-Nr. 556-88-7) (siehe Unternummer 1C011d der Dual-Use-Liste der EU).*

Anmerkung 7: *Nummer ML8 gilt nicht für Ammoniumperchlorat (Unternummer ML8d2) und NTO (Unternummer ML8a18), besonders geformt und formuliert für Gaserzeuger für zivile Verwendung und mit allen folgenden Eigenschaften:*

a) *liegt als Verbindung oder Mischung mit nichtaktiven warmaushärtenden Bindemitteln oder Weichmachern vor,*

b) *die Masse des Wirkstoffes beträgt höchstens 80 % Ammoniumperchlorat (Unternummer ML8d2),*

c) *beinhaltet nicht mehr als 4 g NTO (Unternummer ML8a18) und*

d) *die individuelle Masse beträgt weniger als 250 g.*

ML9 Kriegsschiffe (über oder unter Wasser), Marine-Spezialausrüstung, Zubehör, Bestandteile hierfür und andere Überwasserschiffe, wie folgt:

Ergänzende Anmerkung: *Lenk- und Navigationsausrüstung: Siehe Nummer ML11.*

a) Schiffe und Bestandteile, wie folgt:

1. Schiffe (über oder unter Wasser), besonders konstruiert oder geändert für militärische Zwecke, ungeachtet ihres derzeitigen Reparaturzustands oder ihrer Betriebsfähigkeit oder ob sie Waffeneinsatzsysteme oder Panzerungen enthalten, sowie Schiffskörper oder Teile von Schiffskörpern für solche Schiffe, und Bestandteile hierfür, besonders konstruiert für militärische Zwecke;

2. Überwasserschiffe, soweit nicht von Unternummer ML9a1 erfasst, mit einer der folgenden fest am Schiff angebrachten oder in das Schiff eingebauten Ausstattungen:

   a) automatische Waffen mit einem Kaliber von größer/gleich 12,7 mm, erfasst in Nummer ML1, oder Waffen, die in Nummer ML2, ML4, ML12 oder ML19 erfasst sind, oder 'Montagen' oder Befestigungspunkte (hard points) für solche Waffen;

   Technische Anmerkung:
   Der Begriff 'Montagen' bezieht sich auf Lafetten und Verstärkungen der Schiffsstruktur für den Zweck der Installation von Waffen.

   b) Feuerleitsysteme, die in Nummer ML5 erfasst sind;

   c) beide folgenden Ausstattungen:

   - 'ABC-Schutz' und
   - 'Pre-wet oder Wash-Down-System' konstruiert für Dekontaminationszwecke; oder

   Technische Anmerkungen:

   - *'ABC-Schutz' ist ein abgeschlossener Innenraum, der Merkmale aufweist wie eine Überdruckbelüftung, die Trennung der Lüftungssy-*

steme, eine limitierte Anzahl von Lüftungsöffnungen mit ABC-Filtern und eine limitierte Anzahl von Eingängen mit Luftschleusen.

- *'Pre-wet oder Wash-Down-System' ist ein Seewassersprühsystem, das zum gleichzeitigen Besprühen der äußeren Aufbauten und Decks eines Schiffes fähig ist.*

d) Aktive Waffenabwehrsysteme (active weapon countermesure systems), die in den Unternummern ML4b, ML5c oder ML11a erfasst sind und eines der folgenden Merkmale besitzen:

1. 'ABC-Schutz';
2. Rumpf und Aufbauten, besonders konstruiert um den Radarrückstreuquerschnitt zu reduzieren;
3. Einrichtungen zur Reduzierung der thermischen Signatur (z.B. ein Abgaskühlsystem), ausgenommen solche, die für die Erhöhung des Gesamtwirkungsgrades oder die Verringerung der Umweltbelastung besonders konstruiert sind; oder
4. eine magnetische Eigenschutzanlage, konstruiert, um die magnetische Signatur des gesamten Schiffes zu reduzieren;

b) Motoren und Antriebssysteme, besonders konstruiert für militärische Zwecke, und Bestandteile hierfür, besonders konstruiert für militärische Zwecke, wie folgt:

1. Dieselmotoren, besonders konstruiert für U-Boote, mit allen folgenden Eigenschaften:

   a) Leistung größer/gleich 1,12 MW (1 500 PS) und

   b) Drehzahl größer/gleich 700 U/min,

2. Elektromotoren, besonders konstruiert für U-Boote, mit allen folgenden Eigenschaften:

   a) Leistung größer als 0,75 MW (1 000 PS),

   b) schnell umsteuerbar,

   c) flüssigkeitsgekühlt und

   d) vollständig gekapselt,

3. nichtmagnetische Dieselmotoren mit allen folgenden Eigenschaften:

   a) Leistung größer/gleich 37,3 kW (50 PS) und

   b) nichtmagnetischer Anteil von mehr als 75 % des Gesamtgewichts;

4. 'außenluftunabhängige Antriebssysteme' (AIP), besonders konstruiert für U-Boote;

   Technische Anmerkung:
   Ein 'außenluftunabhängiger Antrieb' (AIP) gestattet es getauchten U-Booten, das Antriebssystem ohne Zugang zu atmosphärischem Sauerstoff für einen

längeren Zeitraum zu betreiben, als es sonst mit Batterien möglich wäre. Im Sinne von Unternummer ML9b4 schließt ein 'außenluftunabhängiger Antrieb' (AIP) nukleare Antriebssysteme nicht ein.

c) Unterwasserortungsgeräte, besonders konstruiert für militärische Zwecke, Steuereinrichtungen hierfür und Bestandteile hierfür, besonders konstruiert für militärische Zwecke;

d) U-Boot- und Torpedonetze, besonders konstruiert für militärische Zwecke;

e) nicht belegt seit 2003;

f) Schiffskörper-Durchführungen und -Steckverbinder, besonders konstruiert für militärische Zwecke, die das Zusammenwirken mit Ausrüstung außerhalb eines Schiffes ermöglichen, sowie Bestandteile hierfür, besonders konstruiert für militärische Zwecke;

Anmerkung: *Unternummer ML9f schließt Steckverbinder für Schiffe in Einzelleiter-, Mehrfachleiter-, Koaxial- und Hohlleiterausführung sowie Schiffskörper-Durchführungen ein, die jeweils unbeeinflusst bleiben von (eventuellem) Leckwasser von außen und die geforderten Merkmale in Meerestiefen von mehr als 100 m beibehalten, sowie faseroptische Steckverbinder und optische Schiffskörper-Durchführungen, besonders konstruiert für den Durchgang von „Laser"strahlen, unabhängig von der Wassertiefe. Unternummer ML9f umfasst nicht übliche Schiffskörper-Durchführungen für Antriebswellen und Ruderschäfte.*

g) geräuscharme Lager mit einer der nachstehenden Ausstattungen, Bestandteile hierfür und Ausrüstung, die solche Lager enthält, besonders konstruiert für militärische Zwecke:

1. aerodynamische/aerostatische Schmierung oder magnetische Aufhängung,
2. aktiv kontrollierte Signaturunterdrückung oder
3. Schwingungsunterdrückung.

ML10 „Luftfahrzeuge", „Luftfahrtgeräte nach dem Prinzip 'leichter als Luft'", unbemannte Luftfahrzeuge („UAV"), Triebwerke, „Luftfahrzeug"-Ausrüstung, Zusatzausrüstung und Bestandteile wie folgt, besonders konstruiert oder geändert für militärische Zwecke:

Ergänzende Anmerkung: *Lenk- und Navigationsausrüstung: Siehe Nummer ML11.*

a) bemannte „Luftfahrzeuge" und „Luftfahrtgeräte nach dem Prinzip leichter als Luft'" sowie besonders konstruierte Bestandteile hierfür;

b) nicht belegt seit 2011;

c) unbemannte Luftfahrzeuge und zugehörige Ausrüstung wie folgt und besonders konstruierte Bestandteile hierfür:

1. „UAV", ferngelenkte Flugkörper (remotely piloted air vehicles – RPVs), autonome programmierbare Fahrzeuge und unbemannte „Luftfahrtgeräte nach dem Prinzip 'leichter als Luft'",
2. Startgeräte, Bergungsausrüstung und unterstützende Bodengeräte,
3. Ausrüstung für die Steuerung;

d) Triebwerke und besonders konstruierte Bestandteile hierfür;

e) Bordausrüstung einschließlich der Einrichtungen für Luftbetankung, besonders konstruiert für die Verwendung in den von Unternummer ML10a erfassten „Luftfahrzeugen" oder in den von Unternummer ML10d erfassten Triebwerken, und besonders konstruierte Bestandteile hierfür;

f) Tankwagen und Ausrüstung zum Druckbetanken, besonders konstruierte Ausrüstung zur Erleichterung von Operationen in begrenzten Abschnitten und Bodengeräte, besonders entwickelt für die von Unternummer ML10a erfassten „Luftfahrzeuge" oder für die von Unternummer ML10d erfassten Triebwerke;

g) militärische Sturzhelme und Schutzmasken sowie besonders konstruierte Bestandteile hierfür, nach dem Überdruckprinzip arbeitende Atemgeräte und Überdruckanzüge für einzelne Körperteile zur Verwendung in „Luftfahrzeugen", Anti-g-Anzüge, Geräte zum Umwandeln von flüssigem in gasförmigen Sauerstoff für „Luftfahrzeuge" oder Flugkörper, katapult- und patronenbetätigte Einrichtungen zum Notausstieg der Besatzung aus „Luftfahrzeugen";

h) Fallschirme, Paragleiter und zugehörige Ausrüstung wie folgt und besonders konstruierte Bestandteile hierfür:

   1. Fallschirme, nicht anderweitig von der Gemeinsamen Militärgüterliste der EU erfasst;

   2. Paragleiter;

   3. Ausrüstung, besonders konstruiert für Fallschirmspringer, die aus großer Höhe abspringen (z.B. Anzüge, Spezialhelme, Atemgeräte, Navigationsausrüstung);

i) Geräte für das gesteuerte Entfalten oder automatische Lenksysteme, konstruiert für Fallschirmlasten.

Anmerkung 1: *Unternummer ML10a erfasst nicht „Luftfahrzeuge" und „Luftfahrtgeräte nach dem Prinzip 'leichter als Luft'" oder Varianten dieser „Luftfahrzeuge", besonders konstruiert für militärische Zwecke, mit allen folgenden Eigenschaften:*

a) kein Kampfluftfahrzeug

b) nicht konfiguriert für militärische Verwendung und nicht mit technischen Ausrüstungen oder Zusatzeinrichtungen versehen, die für militärische Zwecke besonders konstruiert oder geändert sind,

c) zugelassen von einer Zivilluftfahrtbehörde eines Mitgliedstaats oder eines Teilnehmerstaats des Wassenaar-Arrangements für zivile Verwendung.

Anmerkung 2: *Unternummer ML10d erfasst nicht:*

a) Triebwerke, konstruiert oder geändert für militärische Zwecke, die von einer Zivilluftfahrtbehörde eines Mitgliedstaats oder eines Teilnehmerstaats des Wassenaar-Arrangements für die Verwendung in „zivilen Luftfahrzeugen" zugelassen sind, sowie deren besonders konstruierte Bestandteile,

b) Hubkolbentriebwerke oder deren besonders konstruierte Bestandteile, mit Ausnahme solcher, die für „UAV" besonders konstruiert sind.

Anmerkung 3: *Für die Zwecke der Unternummern ML10a und ML10d erstreckt sich die Erfassung von besonders konstruierten Bestandteilen und zugehöriger Ausrüstung für nichtmilitärische „Luftfahrzeuge" oder Triebwerke, die für militärische Zwecke geändert sind, nur auf solche militärischen Bestandteile und zugehörige militärische Ausrüstung, die für die Änderung für militärische Zwecke nötig sind.*

Anmerkung 4: *Für die Zwecke der Unternummer ML10a schließen militärische Zwecke Folgendes ein: Kampfhandlungen, militärische Aufklärung, militärischer Angriff, militärische Ausbildung, logistische Unterstützung sowie Beförderung und Luftlandung von Truppen oder militärischer Ausrüstung.*

Anmerkung 5: *Unternummer ML10a erfasst nicht „Luftfahrzeuge" mit allen folgenden Eigenschaften:*

a) erstmalig vor 1946 hergestellt,

b) nicht ausgerüstet mit Gütern, die von der Gemeinsamen Militärgüterliste der EU erfasst sind, es sei denn, die Güter sind erforderlich, um die Sicherheits- oder Lufttüchtigkeitsstandards eines Mitgliedstaats oder eines Teilnehmerstaats des Wassenaar-Arrangements zu erfüllen, und

c) nicht ausgerüstet mit Waffen, die von der Gemeinsamen Militärgüterliste der EU erfasst sind, es sei denn, die Waffen sind unbrauchbar und können nicht wieder in einen gebrauchsfähigen Zustand versetzt werden.

ML11 Elektronische Ausrüstung, soweit nicht anderweitig von der Gemeinsamen Militärgüterliste der EU erfasst, wie folgt und besonders konstruierte Bestandteile hierfür:

a) Elektronische Ausrüstung, besonders konstruiert für militärische Zwecke;

Anmerkung: *Unternummer ML11a schließt folgende Ausrüstung ein:*

a) Ausrüstung für elektronische Gegenmaßnahmen (ECM) und elektronische Schutzmaßnahmen (ECCM), einschließlich elektronischer Ausrüstung zum Stören und Gegenstören, d.h. Geräte, konstruiert, um in Radar- oder Funkgeräten Störsignale oder verfälschende Signale zu erzeugen oder auf andere Weise den Empfang, den Betrieb oder die Wirksamkeit gegnerischer elektronischer Empfänger einschließlich der Geräte für Gegenmaßnahmen zu stören,

b) schnell abstimmbare Röhren (frequency agile tubes),

c) elektronische Systeme oder Ausrüstung, konstruiert entweder für die Überwachung und Beobachtung des elektromagnetischen Spektrums für Zwecke des militärischen Nachrichtenwesens bzw. der militärischen Sicherheit oder um derartigen Überwachungs- und Beobachtungsmaßnahmen entgegenzuwirken,

d) Ausrüstung für Unterwassergegenmaßnahmen einschließlich akustischer und magnetischer Störung und Täuschung, die in Sonarempfängern Störsignale oder verfälschende Signale erzeugen,

e) Geräte zum Schutz der Datenverarbeitung, Datensicherungsgeräte und Geräte zur Sicherung der Datenübertragung und Zeichengabe, die Verschlüsselungsverfahren verwenden,

f) Identifizierungs-, Authentisierungs- und Kennungsladegeräte (keyloader) sowie Schlüssel- Management-, -Generierungs- und -Verteilungsausrüstung,

g) Lenk- und Navigationsausrüstung,

h) digitale Troposcatter-Funkübertragungsausrüstung,

i) *digitale Demodulatoren, besonders konstruiert für die Fernmelde- oder elektronische Aufklärung;*

j) *„automatisierte Führungs- und Leitsysteme".*

Ergänzende Anmerkung: *„Software" in Verbindung mit militärischen „Software"-definierten Funkgeräten (SDR): siehe Nummer ML21.*

b) *Ausrüstung zum Stören von weltweiten Satelliten-Navigationssystemen (GNSS).*

ML12 Waffensysteme mit hoher kinetischer Energie (high velocity kinetic energy weapon systems) und zugehörige Ausrüstung wie folgt sowie besonders konstruierte Bestandteile hierfür:

a) Waffensysteme mit hoher kinetischer Energie (kinetic energy weapon systems), besonders konstruiert für die Vernichtung oder Abwehr (Unterbrechung des Einsatzes) eines gegnerischen Objekts;

b) besonders konstruierte Mess- und Auswertungsvorrichtungen sowie Versuchsmodelle einschließlich Diagnoseinstrumentierungen und Diagnoseobjekten für die dynamische Prüfung von Geschossen und Systemen mit hoher kinetischer Energie.

Ergänzende Anmerkung: *Waffensysteme, die Unterkalibermunition verwenden oder allein mit chemischem Antrieb arbeiten, und Munition hierfür: Siehe Nummern ML1 bis ML4.*

Anmerkung 1: *Nummer ML12 schließt folgende Ausrüstung ein, sofern sie besonders konstruiert ist für Waffensysteme mit hoher kinetischer Energie:*

a) *Startantriebssysteme, die Massen größer als 0,1 g auf Geschwindigkeiten über 1,6 km/s in den Betriebsarten Einzelfeuer oder Schnellfeuer beschleunigen können,*

b) *Ausrüstung für die Erzeugung von Primärenergie, Elektroschutz (electric armour), Energiespeicherung, Kontrolle des Wärmehaushalts und Klimatisierung, Schaltvorrichtungen und Ausrüstung für die Handhabung von Treibstoffen, elektrische Schnittstellen zwischen Stromversorgung, Geschütz und anderen elektrischen Richtfunktionen des Turms,*

c) *Zielerfassungs-, Zielverfolgungs-, Feuerleitsysteme und Systeme zur Wirkungsermittlung,*

d) *Zielsuch-, Zielansteuerungssysteme und Systeme zur Umlenkung des Vortriebs (seitliche Beschleunigung) für Geschosse.*

Anmerkung 2: *Nummer ML12 erfasst Systeme, die eine der folgenden Antriebsarten verwenden:*

a) *elektromagnetisch,*

b) *elektrothermisch,*

c) *Plasmaantrieb,*

d) *Leichtgasantrieb oder*

e) *chemisch (sofern in Kombination mit den unter a bis d aufgeführten Antriebsarten verwendet).*

ML13 Spezialpanzer- oder Schutzausrüstung, Konstruktionen sowie Bestandteile wie folgt:

a) Panzerplatten mit einer der folgenden Eigenschaften:

   1. hergestellt, um einen militärischen Standard oder eine militärische Spezifikation zu erfüllen, oder

   2. geeignet für militärische Zwecke;

   Ergänzende Anmerkung: *Körperpanzer-Schutzplatten: siehe Unternummer ML13d2.*

b) Konstruktionen aus metallischen und nichtmetallischen Werkstoffen oder Kombinationen hieraus, besonders konstruiert, um militärische Systeme beschussfest zu machen, sowie besonders konstruierte Bestandteile hierfür;

c) Helme, hergestellt nach militärischen Standards, militärischen Spezifikationen oder vergleichbaren nationalen Normen, und besonders konstruierte Bestandteile hierfür, d.h. Außenschale, Innenschale und Polsterung;

d) Körperpanzer oder Schutzkleidung sowie Bestandteile hierfür wie folgt:

   1. elastische Körperpanzer oder Schutzkleidung, hergestellt nach militärischen Standards bzw. Spezifikationen oder hierzu gleichwertigen Anforderungen, und besonders konstruierte Bestandteile hierfür;

   Anmerkung: *Für die Zwecke der Unternummer ML13d1 schließen militärische Standards bzw. Spezifikationen mindestens Splitterschutz-Spezifikationen ein.*

   2. nicht-elastische Körperpanzer-Schutzplatten, die einen ballistischen Schutz größer/gleich Stufe III (NIJ 0101.06, Juli 2008) oder entsprechenden nationalen Anforderungen bewirken.

Anmerkung 1: *Unternummer ML13b schließt Werkstoffe ein, besonders konstruiert zur Bildung einer explosionsreaktiven Panzerung oder zum Bau militärischer Unterstände (shelters).*

Anmerkung 2: *Unternummer ML13c erfasst nicht herkömmliche Stahlhelme, die weder mit Zusatzgeräten ausgerüstet noch für die Ausrüstung mit Zusatzgeräten geändert oder konstruiert sind.*

Anmerkung 3: *Unternummern ML13c und ML13d erfassen nicht einzelne Helme, Körperpanzer oder Schutzbekleidung, wenn diese von ihren Benutzern zu deren eigenem persönlichem Schutz mitgeführt werden.*

Anmerkung 4: *Nummer ML13 erfasst nur solche, besonders für Bombenräumpersonal konstruierten Helme, die besonders für militärische Zwecke konstruiert sind.*

Ergänzende Anmerkung 1: *Siehe auch Nummer 1A005 der Dual-Use-Liste der EU.*

Ergänzende Anmerkung 2: *„Faser- oder fadenförmige Materialien", die bei der Herstellung von Körperpanzern und Helmen verwendet werden: Siehe Nummer 1C010 der Dual-Use-Liste der EU*

ML14 'Spezialisierte Ausrüstung für die militärische Ausbildung' oder für die Simulation militärischer Szenarien, Simulatoren, besonders konstruiert für die Ausbildung im Umgang mit den von Nummer ML1 oder ML2 erfassten Feuerwaffen oder Waffen, sowie besonders konstruierte Bestandteile und besonders konstruiertes Zubehör hierfür:

<u>Technische Anmerkung:</u>
Der Begriff 'spezialisierte Ausrüstung für die militärische Ausbildung' schließt militärische Ausführungen von folgender Ausrüstung ein: Angriffssimulatoren, Einsatzflug-Übungsgeräte, Radar-Zielübungsgeräte, Radar-Zielgeneratoren, Feuerleit-Übungsgeräte, Übungsgeräte für die U-Boot-Bekämpfung, Flugsimulatoren (einschließlich der für das Training von Piloten oder Astronauten ausgelegten Zentrifugen), Radartrainer, Instrumentenflug-Übungsgeräte, Navigations-Übungsgeräte, Übungsgeräte für den Flugkörperstart, Zieldarstellungsgeräte, Drohnen, Waffen-Übungsgeräte, Geräte für Übungen mit unbemannten „Luftfahrzeugen", bewegliche Übungsgeräte und Übungsausrüstung für militärische Bodenoperationen.

<u>Anmerkung 1:</u> *Nummer ML14 schließt Systeme zur Bilderzeugung (image generating) oder zum Dialog mit der Umgebung für Simulatoren ein, sofern sie für militärische Zwecke besonders konstruiert oder besonders geändert sind.*

<u>Anmerkung 2:</u> *Nummer ML14 erfasst nicht besonders konstruierte Ausrüstung für das Training im Umgang mit Jagd- und Sportwaffen.*

ML15 Bildausrüstung oder Ausrüstung für Gegenmaßnahmen, besonders konstruiert für militärische Zwecke, wie folgt sowie besonders konstruierte Bestandteile und besonders konstruiertes Zubehör hierfür:

a) Aufzeichnungsgeräte und Bildverarbeitungsausrüstung;

b) Kameras, fotografische Ausrüstung und Filmverarbeitungsausrüstung;

c) Bildverstärkerausrüstung;

d) Infrarot- oder Wärmebild-Ausrüstung;

e) Kartenbildradar-Sensorausrüstung;

f) Ausrüstung für Gegenmaßnahmen (ECM) und zum Schutz vor Gegenmaßnahmen (ECCM) für die von den Unternummern ML15a bis ML15e erfasste Ausrüstung.

   <u>Anmerkung:</u> *Unternummer ML15f schließt Ausrüstung ein, konstruiert zur Beeinträchtigung des Betriebs oder der Wirksamkeit militärischer Bildsysteme oder zur Reduzierung solcher Beeinträchtigungen auf ein Minimum.*

<u>Anmerkung 1:</u> *In Nummer ML 15 schließt der Begriff 'besonders konstruierte Bestandteile' folgende Einrichtungen ein, sofern sie für militärische Zwecke besonders konstruiert sind:*

a) IR-Bildwandlerröhren,

b) Bildverstärkerröhren (andere als solche der ersten Generation),

c) Mikrokanalplatten,

d) Restlichtfernsehkameraröhren,

e) Detektorgruppen (einschließlich elektronischer Kopplungs- oder Ausgabesysteme),

f) pyroelektrische Fernsehkameraröhren,

g) Kühler für Bildsysteme,

h) fotochrome oder elektrooptische, elektrisch ausgelöste Verschlüsse mit einer Verschlussgeschwindigkeit kleiner als 100

i) faseroptische Bildinverter,

j) Verbindungshalbleiter-Fotokathoden.

Anmerkung 2: *Nummer ML15 erfasst nicht „Bildverstärkerröhren der ersten Generation" oder Ausrüstung, besonders konstruiert für den Einsatz von „Bildverstärkerröhren der ersten Generation".*

Ergänzende Anmerkung: *Zur Erfassung von Waffenzielgeräten mit „Bildverstärkerröhren der ersten Generation": siehe Nummern ML1 und ML2 sowie die Unternummer ML5a.*

Ergänzende Anmerkung: *Siehe auch die Unternummern 6A002a2 und 6A002b der Dual-Use-Liste der EU.*

ML16 Schmiedestücke, Gussstücke und andere unfertige Erzeugnisse, besonders konstruiert für eine der von Nummer ML1, ML2, ML3, ML4, ML6, ML9, ML10, ML12 oder ML19 erfassten Waren.

Anmerkung: *Nummer ML16 erfasst unfertige Erzeugnisse, wenn sie anhand von Materialzusammensetzung, Geometrie oder Funktion bestimmt werden können.*

ML17 Verschiedene Ausrüstungsgegenstände, Materialien und 'Bibliotheken' wie folgt sowie besonders konstruierte Bestandteile hierfür:

a) unabhängige Tauch- und Unterwasserschwimmgeräte wie folgt:
   1. Atemgeräte mit geschlossener und halbgeschlossener Atemlufterneuerung, besonders konstruiert für militärische Zwecke (z.B. besondere amagnetische Konstruktion),
   2. besonders konstruierte Bestandteile zur Umrüstung von Geräten mit offenem Kreislauf in solche für militärische Zwecke,
   3. Gegenstände, ausschließlich konstruiert für die militärische Verwendung in Verbindung mit unabhängigen Tauch- und Unterwasserschwimmgeräten;

b) Bauausrüstung, besonders konstruiert für militärische Zwecke;

c) Halterungen (fittings), Beschichtungen und Behandlungen für die Unterdrückung von Signaturen, besonders konstruiert oder entwickelt für militärische Zwecke;

d) Ausrüstung für technische Betreuung, besonders konstruiert für den Einsatz in einer Kampfzone;

e) „Roboter", „Roboter"-Steuerungen und „Roboter"-„Endeffektoren" mit einer der folgenden Eigenschaften:
   1. besonders konstruiert für militärische Zwecke,
   2. ausgestattet mit Mitteln zum Schutz der Hydraulikleitungen gegen Beschädigungen von außen durch umherfliegende Munitionssplitter (z.B. selbstdich-

tende Leitungen) und konstruiert für die Verwendung von Hydraulikflüssigkeiten mit einem Flammpunkt über 839 K (566 °C) oder

3. besonders konstruiert oder ausgelegt für einen Einsatz in einer EMP-Umgebung (EMP = elektromagnetischer Puls)

   Technische Anmerkung:
   Der Begriff elektromagnetischer Puls bezieht sich nicht auf eine unbeabsichtigte Störbeeinflussung, die durch elektromagnetische Abstrahlung nahe gelegener Ausrüstung (z.B. Maschinenanlagen, Vorrichtungen oder Elektronik) oder Blitzschlag verursacht wird.

f) 'Bibliotheken' (parametrische technische Datenbanken), besonders entwickelt für militärische Zwecke in Verbindung mit Ausrüstung, die von der Gemeinsamen Militärgüterliste der EU erfasst wird,

g) nukleare Energieerzeugungs- oder Antriebsausrüstung, einschließlich „Kernreaktoren", besonders konstruiert für militärische Zwecke, sowie besonders für militärische Zwecke konstruierte oder 'geänderte' Bestandteile,

h) Ausrüstung und Material, beschichtet oder behandelt für die Unterdrückung von Signaturen, besonders konstruiert für militärische Zwecke, soweit nicht anderweitig von der Gemeinsamen Militärgüterliste der EU erfasst,

i) Simulatoren, besonders konstruiert für militärische „Kernreaktoren",

j) mobile Reparaturwerkstätten, besonders konstruiert oder 'geändert' zur Wartung militärischer Ausrüstung,

k) mobile Stromerzeugeraggregate, besonders konstruiert oder 'geändert' für militärische Zwecke,

l) Container, besonders konstruiert oder 'geändert' für militärische Zwecke,

m) Fähren, soweit nicht anderweitig von der Gemeinsamen Militärgüterliste der EU erfasst, Brücken und Pontons, besonders konstruiert für militärische Zwecke,

n) Testmodelle, besonders konstruiert für die „Entwicklung" der von Nummer ML4, ML6, ML9 oder ML10 erfassten Waren,

o) Laserschutzausrüstung (z.B. Schutzeinrichtungen für Augen und Schutzeinrichtungen für Sensoren), besonders konstruiert für militärische Zwecke,

p) „Brennstoffzellen" soweit nicht anderweitig von der Gemeinsamen Militärgüterliste der EU erfasst, besonders konstruiert oder 'geändert' für militärische Zwecke.

Technische Anmerkungen:

1. 'Bibliothek' (parametrische Datenbank) im Sinne von Nummer ML17 ist eine Sammlung technischer Informationen militärischer Natur, deren Ausnutzung die Leistungsfähigkeit militärischer Ausrüstung oder Systeme erhöhen kann.
2. 'Geändert' im Sinne von Nummer ML17 bedeutet eine bauliche, elektrische, mechanische oder sonstige Änderung, die eine nichtmilitärische Ausrüstung mit militärischen Eigenschaften ausstattet, sodass die Ausrüstung gleichwertig zu einer für militärische Zwecke besonders konstruierten Ausrüstung ist.

ML18 Herstellungsausrüstung und Bestandteile wie folgt:

a) besonders konstruierte oder besonders geänderte Ausrüstung für die 'Herstellung' der von der Gemeinsamen Militärgüterliste der EU erfassten Waren und besonders konstruierte Bestandteile hierfür;

b) besonders konstruierte Umweltprüfeinrichtungen für die Zulassungs- und Eignungsprüfung der von der Gemeinsamen Militärgüterliste der EU erfassten Waren und besonders konstruierte Ausrüstung hierfür.

Technische Anmerkung:
'Herstellung' im Sinne der Nummer ML18 schließt die Entwicklung, die Untersuchung, die Fertigung, die Prüfung und die Überprüfung ein.

Anmerkung: *Unternummern ML18a und ML18b schließen folgende Ausrüstung ein:*

a) kontinuierlich arbeitende Nitrieranlagen,

b) Prüfzentrifugen mit einer der folgenden Eigenschaften:

1. Antrieb durch einen oder mehrere Motoren mit einer Gesamtnennleistung größer als 298 kW (400 PS),

2. Nutzlast größer/gleich 113 kg oder

3. Ausübung einer Zentrifugalbeschleunigung von mindestens 8 g auf eine Nutzlast größer/ gleich 91 kg,

c) Trockenpressen,

d) Schneckenstrangpressen, besonders konstruiert oder geändert für militärische Treibstoffe,

e) Schneidmaschinen zum Ablängen stranggepresster Treibstoffe,

f) Dragierkessel (Taumelmischer) mit Durchmessern größer/gleich 1,85 m und einem Produktionsvermögen größer als 227 kg,

g) Stetigmischer für Festtreibstoffe,

h) Strahlmühlen (fluid energy mills) zum Zerkleinern oder Mahlen der Bestandteile von militärischen Treibstoffen,

i) Ausrüstung zur Erzeugung von Kugelform mit einheitlicher Partikelgröße bei den in Unternummer ML8c8 aufgeführten Metallpulvern,

j) Konvektionsströmungskonverter (convection current converters) für die Konversion der in Unternummer ML8c3 aufgeführten Stoffe.

ML19 Strahlenwaffen-Systeme, zugehörige Ausrüstung, Ausrüstung für Gegenmaßnahmen oder Versuchsmodelle wie folgt und besonders konstruierte Bestandteile hierfür:

a) „Laser"-Systeme, besonders konstruiert für die Vernichtung oder Abwehr (Unterbrechung des Einsatzes) eines gegnerischen Objekts;

b) Teilchenstrahl-Systeme, geeignet für die Vernichtung oder Abwehr (Unterbrechung des Einsatzes) eines gegnerischen Objekts;

c) energiereiche Hochfrequenzsysteme, geeignet für die Vernichtung oder Abwehr (Unterbrechung des Einsatzes) eines gegnerischen Objekts;

d) Ausrüstung, besonders konstruiert für die Entdeckung, Identifizierung oder Abwehr der von Unternummer ML19a bis ML19c erfassten Systeme;

e) physische Versuchsmodelle für die von Nummer ML19 erfassten Systeme, Ausrüstungen und Bestandteile;

f) „Laser"-Systeme, besonders konstruiert, um eine dauerhafte Erblindung bei einer Beobachtung ohne vergrößernde Optik zu verursachen, d.h. bei einer Beobachtung mit unbewaffnetem Auge oder mit korrigierender Sehhilfe.

Anmerkung 1: *Von Nummer ML19 erfasste Strahlenwaffen-Systeme schließen Systeme ein, deren Leistungsfähigkeit bestimmt wird durch den kontrollierten Einsatz von*

a) „Lasern" mit einer Energie, die eine mit herkömmlicher Munition vergleichbare Vernichtungswirkung erreichen,

b) Teilchenbeschleunigern, die einen geladenen oder ungeladenen Strahl mit Vernichtungswirkung aussenden,

c) Hochfrequenzsendern mit hoher Impulsenergie oder hoher Durchschnittsenergie, die ein ausreichend starkes Feld erzeugen, um elektronische Schaltungen in einem entfernt liegenden Ziel außer Betrieb zu setzen.

Anmerkung 2: *Nummer ML19 schließt folgende Ausrüstung ein, sofern sie besonders konstruiert ist für Strahlenwaffen-Systeme:*

a) Geräte für die Erzeugung von Primärenergie, Energiespeicher, Schaltvorrichtungen, Geräte für die Energiekonditionierung und Geräte für die Handhabung von Treibstoffen,

b) Zielerfassungs- und Zielverfolgungssysteme,

c) Systeme für die Auswertung der Schadenswirkung, Zerstörung oder Einsatzunterbrechung

d) Geräte für die Strahllenkung, -ausbreitung und -ausrichtung,

e) Geräte für die rasche Strahlschwenkung zur schnellen Bekämpfung von Mehrfachzielen,

f) anpassungsfähige Optiken oder Phasenkonjugatoren (phase conjugators),

g) Strominjektoren für negative Wasserstoffionenstrahlen,

h) „weltraumgeeignete" Beschleuniger-Bestandteile (accelerator components),

i) Ausrüstung für die Zusammenführung von Strahlen negativ geladener Ionen (negative ion beam funnelling equipment),

j) Ausrüstung zur Steuerung und Schwenkung eines energiereichen Ionenstrahls,

k) „weltraumgeeignete" Folien zur Neutralisierung von negativen Wasserstoffisotopenstrahlen.

ML20 Kryogenische (Tieftemperatur-) und „supraleitende" Ausrüstung wie folgt sowie besonders konstruierte Bestandteile und besonders konstruiertes Zubehör hierfür:

a) Ausrüstung, besonders konstruiert oder ausgelegt für den Einbau in ein militärisches Land-, See-, Luft- oder Raumfahrzeug und fähig, während der Fahrt eine Temperatur kleiner als 103 K (

Anmerkung: *Unternummer ML20a schließt mobile Systeme ein, die Zubehör und Bestandteile enthalten oder verwenden, die aus nichtmetallischen oder nicht elektrisch leitenden Werkstoffen, z.B. aus Kunststoffen oder epoxidharzimprägnierten Werkstoffen, hergestellt sind.*

b) „supraleitende" elektrische Ausrüstung (rotierende Maschinen und Transformatoren), besonders konstruiert oder besonders ausgelegt für den Einbau in ein militärisches Land-, See-, Luft- oder Raumfahrzeug und betriebsfähig während der Fahrt.

Anmerkung: *Unternummer ML20b erfasst nicht hybride, homopolare Gleichstromgeneratoren mit einem einpoligen, normal ausgelegten Metallanker, der in einem Magnetfeld rotiert, das mithilfe supraleitender Wicklungen erzeugt wird, vorausgesetzt, dass diese Wicklungen die einzigen supraleitenden Baugruppen im Generator sind.*

ML21 „Software" wie folgt:

a) „Software", besonders entwickelt oder geändert für die „Entwicklung", „Herstellung" oder „Verwendung" von Ausrüstung, Werkstoffen oder „Software", die von der Gemeinsamen Militärgüterliste der EU erfasst werden;

b) spezifische „Software", nicht erfasst von Unternummer ML21a, wie folgt:

1. „Software", besonders entwickelt für militärische Zwecke und besonders entwickelt für die Modellierung, Simulation oder Auswertung militärischer Waffensysteme,
2. „Software", besonders entwickelt für militärische Zwecke und besonders entwickelt für die Modellierung oder Simulation militärischer Operationsszenarien,
3. „Software" für die Ermittlung der Wirkung herkömmlicher, atomarer, chemischer oder biologischer Kampfmittel,
4. „Software", besonders entwickelt für militärische Zwecke und besonders entwickelt für Anwendungen im Rahmen von Führungs-, Informations-, Rechner- und Aufklärungssystemen (C 3 I oder C 4 I),

c) „Software", nicht erfasst von Unternummer ML21a oder ML21b, besonders entwickelt oder geändert, um nicht von der Gemeinsamen Militärgüterliste der EU erfasste Ausrüstung zu befähigen, die militärischen Funktionen der von der Gemeinsamen Militärgüterliste der EU erfassten Ausrüstung zu erfüllen.

ML22 „Technologie" wie folgt:

a) „Technologie", soweit nicht von Unternummer ML22b erfasst, die für die „Entwicklung", „Herstellung" oder „Verwendung" der von der Gemeinsamen Militärgüterliste der EU erfassten Güter „unverzichtbar" ist;

b) „Technologie" wie folgt:

1. „Technologie", „unverzichtbar" für Konstruktion, Bestandteilmontage, Betrieb, Wartung und Instandsetzung vollständiger Herstellungsanlagen für in der Gemeinsamen Militärgüterliste der EU erfasste Waren, auch wenn die Bestandteile dieser Herstellungsanlagen nicht erfasst werden,

2. „Technologie", „unverzichtbar" für die „Entwicklung" und „Herstellung" von Handfeuerwaffen, auch wenn sie zur Herstellung von Reproduktionen antiker Handfeuerwaffen eingesetzt wird,
3. „Technologie", „unverzichtbar" für die „Entwicklung", „Herstellung" oder „Verwendung" von toxischen Wirkstoffen, zugehöriger Ausrüstung oder Bestandteile, die von den Unternummern ML7a bis ML7g erfasst werden,
4. „Technologie", „unverzichtbar" für die „Entwicklung", „Herstellung" oder „Verwendung" von „Biopolymeren" oder spezifischer Zellkulturen, die von der Unternummer ML7h erfasst werden,
5. „Technologie", „unverzichtbar" ausschließlich für die Beimischung von „Biokatalysatoren", die von der Unternummer ML7i1 erfasst werden, zu militärischen Trägersubstanzen oder militärischem Material.

Anmerkung 1: *„Technologie", „unverzichtbar" für die „Entwicklung", „Herstellung" oder „Verwendung" von in der Gemeinsamen Militärgüterliste der EU erfassten Gütern, bleibt auch dann erfasst, wenn sie für Güter einsetzbar ist, die nicht von der Gemeinsamen Militärgüterliste der EU erfasst werden.*

Anmerkung 2: *Nummer ML22 erfasst nicht:*

a) „Technologie", die das unbedingt notwendige Minimum für Aufbau, Betrieb, Wartung und Reparatur derjenigen Güter darstellt, die nicht erfasst werden oder für die eine Ausfuhrgenehmigung erteilt wurde;

b) „Technologie", bei der es sich um „allgemein zugängliche" Informationen, „wissenschaftliche Grundlagenforschung" oder für Patentanmeldungen erforderliche Informationen handelt;

c) „Technologie" für die magnetische Induktion zum Dauerantrieb ziviler Transporteinrichtungen.

III. Nationale Bestimmungen

Entwicklung des räumlichen Geltungsbereichs
durch Beitritt der Neuen Bundesländer (1990)
im Rahmen der erweiterten Europäischen Union

Liberalisierung durch Erweiterung des Wirtschaftsgebietes

1. Außenwirtschaftsgesetz

Vom 6. Juni 2013
[BGBl. I S. 1482]

1. Einleitung

Mit dem am 13.06.2013 bekannt gegebenen Gesetz zur Modernisierung des Außenwirtschaftsrechts (AWG-Novelle) wird das bisherige Außenwirtschaftsgesetz (AWG) neu gestaltet. Die Neufassung dtes AWG tritt in ihrer Gesamtheit am 01.09.2013 in Kraft.

Der Schwerpunkt der Novelle liegt auf der Vereinfachung und sprachlichen Überarbeitung der einzelnen Vorschriften. Zudem werden die Straf- und Bußgeldbewehrungen grundlegend neu gefasst.

Zur ersten Information und Orientierung wird hiermit eine Übersicht der Änderungen des AWG in der Form einer Änderungsübersicht veröffentlicht. Diese Veröffentlichung dient nur der ersten Information. Die Übersicht weist lediglich den alten und neuen Standort der Vorschriften aus, zeigt aber nicht die materiell-rechtlichen Änderungen der einzelnen Vorschriften auf. Sie kann daher eine vertiefte Beschäftigung mit den Neuerungen im AWG nicht ersetzen. Ein Anspruch auf Vollständigkeit wird nicht erhoben.

Teil 1
Rechtsgeschäfte und Handlungen

§ 1
Grundsatz

(1) Der Güter-, Dienstleistungs-, Kapital-, Zahlungs- und sonstige Wirtschaftsverkehr mit dem Ausland sowie der Verkehr mit Auslandswerten und Gold zwischen Inländern (Außenwirtschaftsverkehr) ist grundsätzlich frei. Er unterliegt den Einschränkungen, die dieses Gesetz enthält oder die durch Rechtsverordnung auf Grund dieses Gesetzes vorgeschrieben werden.

(2) Unberührt bleiben

1. Vorschriften in anderen Gesetzen und Rechtsverordnungen,
2. zwischenstaatliche Vereinbarungen, denen die gesetzgebenden Körperschaften in der Form eines Bundesgesetzes zugestimmt haben, und
3. Rechtsvorschriften der Organe zwischenstaatlicher Einrichtungen, denen die Bundesrepublik Deutschland Hoheitsrechte übertragen hat.

§ 2
Begriffsbestimmungen

(1) Für dieses Gesetz und die auf Grund dieses Gesetzes erlassenen Rechtsverordnungen gelten die Begriffsbestimmungen der Absätze 2 bis 25, soweit in diesem Gesetz oder einer solchen Rechtsverordnung nichts anderes bestimmt ist.

(2) Ausführer ist jede natürliche oder juristische Person oder Personengesellschaft, die zum Zeitpunkt der Ausfuhr Vertragspartner des Empfängers in einem Drittland ist und

1. über die Lieferung von Waren aus dem Inland in ein Drittland bestimmt oder
2. im Fall von Software oder Technologie über deren Übertragung aus dem Inland in ein Drittland einschließlich ihrer Bereitstellung auf elektronischem Weg in einem Drittland bestimmt.

Stehen nach dem Ausfuhrvertrag die Verfügungsrechte über die Güter einem Ausländer zu, so gilt als Ausführer die inländische Vertragspartei. Wurde kein Ausfuhrvertrag geschlossen oder handelt der Vertragspartner nicht für sich selbst, so gilt als Ausführer, wer über die Ausfuhr tatsächlich bestimmt.

(3) Ausfuhr ist

1. die Lieferung von Waren aus dem Inland in ein Drittland und
2. die Übertragung von Software und Technologie aus dem Inland in ein Drittland einschließlich ihrer Bereitstellung auf elektronischem Weg für natürliche und juristische Personen in Drittländern.

(4) Ausfuhrsendung umfasst die Waren, die ein Ausführer gleichzeitig über dieselbe Ausgangszollstelle nach demselben Bestimmungsland ausführt.

(5) Ausländer sind alle Personen und Personengesellschaften, die keine Inländer sind.

(6) Auslandswerte sind

1. unbewegliche Vermögenswerte im Ausland,
2. Forderungen in Euro gegen Ausländer und
3. auf andere Währungen als Euro lautende Zahlungsmittel, Forderungen und Wertpapiere.

(7) Bestimmungsland ist das Land, in dem die Güter gebraucht oder verbraucht, bearbeitet oder verarbeitet werden sollen oder, wenn dieses Land nicht bekannt ist, das letzte bekannte Land, in das die Güter geliefert werden sollen.

(8) Drittländer sind die Gebiete außerhalb des Zollgebiets der Europäischen Union mit Ausnahme von Helgoland.

(9) Durchfuhr ist

1. die Beförderung von Waren aus dem Ausland durch das Inland, ohne dass die Waren im Inland in den zollrechtlich freien Verkehr gelangen, und
2. die Beförderung von Waren des zollrechtlich freien Verkehrs aus einem anderen Mitgliedstaat der Europäischen Union durch das Inland.

(10) Einführer ist jede natürliche oder juristische Person oder Personengesellschaft, die

1. Waren aus Drittländern ins Inland liefert oder liefern lässt und über die Lieferung der Waren bestimmt oder
2. im Fall von Software oder Technologie über deren Übertragung aus Drittländern ins Inland einschließlich ihrer Bereitstellung auf elektronischem Weg im Inland bestimmt.

Liegt der Einfuhr ein Vertrag mit einem Unionsfremden über den Erwerb von Gütern zum Zweck der Einfuhr zugrunde, so ist nur der inländische Vertragspartner Einführer.

(11) Einfuhr ist

1. die Lieferung von Waren aus Drittländern in das Inland und
2. die Übertragung von Software oder Technologie einschließlich ihrer Bereitstellung auf elektronischem Weg für natürliche und juristische Personen im Inland.

Werden Waren aus Drittländern in eine Freizone geliefert oder in ein Nichterhebungsverfahren übergeführt, so liegt eine Einfuhr erst vor, wenn die Waren

1. in der Freizone gebraucht, verbraucht, bearbeitet oder verarbeitet werden oder
2. in den zollrechtlich freien Verkehr überführt werden.

(12) Einkaufsland ist das Land, in dem der Unionsfremde ansässig ist, von dem der Unionsansässige die Güter erwirbt. Dieses Land gilt auch dann als Einkaufsland, wenn die Güter an einen anderen Unionsansässigen weiterveräußert werden. Liegt kein Rechtsgeschäft über den Erwerb von Gütern zwischen einem Unionsansässigen und einem Unionsfremden vor, so gilt als Einkaufsland das Land, in dem die verfügungsberechtigte Person ansässig ist, die die Güter in das Zollgebiet der Europäischen Union einführt. Ist die verfügungsberechtigte Person, die die Güter in das Zollgebiet der Europäischen Union einführt, im Zollgebiet der Europäischen Union ansässig, so gilt als Einkaufsland das Versendungsland.

(13) Güter sind Waren, Software und Technologie. Technologie umfasst auch Unterlagen zur Fertigung von Waren oder von Teilen dieser Waren.

(14) Handels- und Vermittlungsgeschäft ist

1. das Vermitteln eines Vertrags über den Erwerb oder das Überlassen von Gütern,
2. der Nachweis einer Gelegenheit zum Abschluss eines solchen Vertrags oder
3. der Abschluss eines Vertrags über das Überlassen von Gütern.

Kein Handels- und Vermittlungsgeschäft ist die ausschließliche Erbringung von Hilfsleistungen. Als Hilfsleistungen gelten Beförderung, Finanzdienstleistungen, Versicherung oder Rückversicherung oder allgemeine Werbung oder Verkaufsförderung.

(15) Inländer sind

1. natürliche Personen mit Wohnsitz oder gewöhnlichem Aufenthalt im Inland,
2. juristische Personen und Personengesellschaften mit Sitz oder Ort der Leitung im Inland,
3. Zweigniederlassungen ausländischer juristischer Personen oder Personengesellschaften, wenn die Zweigniederlassungen ihre Leitung im Inland haben und es für sie eine gesonderte Buchführung gibt, und
4. Betriebsstätten ausländischer juristischer Personen oder Personengesellschaften im Inland, wenn die Betriebsstätten ihre Verwaltung im Inland haben.

(16) Technische Unterstützung ist jede technische Hilfe in Verbindung mit der Reparatur, der Entwicklung, der Herstellung, der Montage, der Erprobung, der Wartung oder jeder anderen technischen Dienstleistung. Technische Unterstützung kann in Form von Unterweisung, Ausbildung, Weitergabe von praktischen Kenntnissen oder Fähigkeiten oder in Form von Beratungsleistungen erfolgen. Sie umfasst auch mündliche, fernmündliche und elektronische Formen der Unterstützung.

(17) Transithandel ist jedes Geschäft, bei dem Inländer im Ausland befindliche Waren oder in das Inland gelieferte, jedoch einfuhrrechtlich noch nicht abgefertigte Waren von Ausländern erwerben und an Ausländer veräußern. Dem Transithandel stehen Rechtsgeschäfte gleich, bei denen diese Waren mit dem Ziel der Veräußerung an Ausländer an andere Inländer veräußert werden.

(18) Unionsansässige sind

1. natürliche Personen mit Wohnsitz oder gewöhnlichem Aufenthalt in der Europäischen Union,
2. juristische Personen oder Personengesellschaften mit Sitz oder Ort der Leitung in der Europäischen Union,
3. Zweigniederlassungen juristischer Personen, deren Sitz oder Ort der Leitung in einem Drittland liegt, wenn die Zweigniederlassungen ihre Leitung in der Europäischen Union haben und es für sie eine gesonderte Buchführung gibt, und
4. Betriebsstätten juristischer Personen aus Drittländern, wenn die Betriebsstätten ihre Verwaltung in der Europäischen Union haben.

(19) Unionsfremde sind alle Personen und Personengesellschaften, die keine Unionsansässigen sind.

(20) Verbringer ist jede natürliche oder juristische Person oder Personengesellschaft, die über die Verbringung von Gütern bestimmt und im Zeitpunkt der Verbringung

1. im Fall des Absatzes 21 Nummer 1 Vertragspartner des Empfängers im Zollgebiet der Europäischen Union ist oder
2. im Fall des Absatzes 21 Nummer 2 Vertragspartner des Empfängers im Inland ist.

Stehen nach dem Verbringungsvertrag die Verfügungsrechte über die Güter einem Ausländer zu, so gilt als Verbringer die inländische Vertragspartei. Wurde kein Verbringungsvertrag geschlossen oder handelt der Vertragspartner nicht für sich selbst, so ist ausschlaggebend, wer über die Verbringung tatsächlich bestimmt.

(21) Verbringung ist

1. die Lieferung von Waren oder die Übertragung von Software oder Technologie aus dem Inland in das übrige Zollgebiet der Europäischen Union einschließlich ihrer Bereitstellung auf elektronischem Weg für natürliche und juristische Personen in dem übrigen Zollgebiet der Europäischen Union und
2. die Lieferung von Waren oder die Übertragung von Software oder Technologie aus dem übrigen Zollgebiet der Europäischen Union in das Inland einschließlich ihrer Bereitstellung auf elektronischem Weg für natürliche und juristische Personen im Inland.

(22) Waren sind bewegliche Sachen, die Gegenstand des Handelsverkehrs sein können, und Elektrizität. Wertpapiere und Zahlungsmittel sind keine Waren.

(23) Wert eines Gutes ist das dem Empfänger in Rechnung gestellte Entgelt oder, in Ermangelung eines Empfängers oder eines feststellbaren Entgelts, der statistische Wert im Sinne der Vorschriften über die Statistik des grenzüberschreitenden Warenverkehrs. Stellt sich ein Rechtsgeschäft oder eine Handlung als Teil eines einheitlichen wirtschaftlichen Gesamtvorgangs dar, so ist bei der Anwendung der Wertgrenzen dieses Gesetzes oder ei-

ner Rechtsverordnung auf Grund dieses Gesetzes der Wert des Gesamtvorgangs zugrunde zu legen.

(24) Wertpapiere sind

1. Wertpapiere im Sinne des § 1 Absatz 1 des Depotgesetzes,
2. Anteile an einem Wertpapiersammelbestand oder an einer Sammelschuldbuchforderung,
3. Rechte auf Lieferung oder Zuteilung von Wertpapieren im Sinne der Nummern 1 und 2.

Inländische Wertpapiere sind Wertpapiere, die ein Inländer oder, vor dem 9. Mai 1945, eine Person mit Wohnsitz oder Sitz im Gebiet des Deutschen Reichs nach dem Stand vom 31. Dezember 1937 ausgestellt hat. Ausländische Wertpapiere sind Wertpapiere, die ein Ausländer ausgestellt hat, soweit sie nicht inländische Wertpapiere sind.

(25) Zollgebiet der Europäischen Union ist das Zollgebiet der Europäischen Gemeinschaft nach Artikel 3 der Verordnung (EWG) Nr. 2913/92 des Rates vom 12. Oktober 1992 zur Festlegung des Zollkodex der Gemeinschaften (ABl. L 302 vom 19.10.1992, S. 1) in der jeweils geltenden Fassung.

§ 3
Zweigniederlassungen und Betriebsstätten

(1) Inländische Zweigniederlassungen und Betriebsstätten von Ausländern und ausländische Zweigniederlassungen und Betriebsstätten von Inländern gelten als rechtlich selbständig. Mehrere inländische Zweigniederlassungen und Betriebsstätten desselben Ausländers gelten als eine inländische Zweigniederlassung oder Betriebsstätte.

(2) Handlungen, die von oder gegenüber Zweigniederlassungen oder Betriebsstätten im Sinne des Absatzes 1 vorgenommen werden, gelten als Rechtsgeschäfte, soweit solche Handlungen im Verhältnis zwischen natürlichen oder juristischen Personen oder Personengesellschaften Rechtsgeschäfte wären.

(3) Durch Rechtsverordnung auf Grund dieses Gesetzes oder durch vollziehbare Anordnung gemäß § 6 kann vorgesehen werden, dass

1. mehrere ausländische Zweigniederlassungen und Betriebsstätten desselben Inländers abweichend von Absatz 1 Satz 1 als ein Ausländer gelten,
2. inländische Zweigniederlassungen und Betriebsstätten desselben Ausländers abweichend von Absatz 1 Satz 2 jeweils für sich als Inländer gelten,
3. Zweigniederlassungen und Betriebsstätten abweichend von § 2 Absatz 5 und 15 nicht als Ausländer oder Inländer gelten oder
4. Zweigniederlassungen und Betriebsstätten abweichend von § 2 Absatz 18 und 19 nicht als Unionsansässige oder Unionsfremde gelten.

§ 4
Beschränkungen und Handlungspflichten zum Schutz der öffentlichen Sicherheit und der auswärtigen Interessen

(1) Im Außenwirtschaftsverkehr können durch Rechtsverordnung Rechtsgeschäfte und Handlungen beschränkt oder Handlungspflichten angeordnet werden, um

1. die wesentlichen Sicherheitsinteressen der Bundesrepublik Deutschland zu gewährleisten,
1. eine Störung des friedlichen Zusammenlebens der Völker zu verhüten,
2. eine erhebliche Störung der auswärtigen Beziehungen der Bundesrepublik Deutschland zu verhüten,
3. die öffentliche Ordnung oder Sicherheit der Bundesrepublik Deutschland im Sinne der Artikel 36, 52 Absatz 1 und des Artikels 65 Absatz 1 des Vertrags über die Arbeitsweise der Europäischen Union zu gewährleisten oder
4. einer Gefährdung der Deckung des lebenswichtigen Bedarfs im Inland oder in Teilen des Inlands entgegenzuwirken und dadurch im Einklang mit Artikel 36 des Vertrags über die Arbeitsweise der Europäischen Union die Gesundheit und das Leben von Menschen zu schützen.

(2) Ferner können im Außenwirtschaftsverkehr durch Rechtsverordnung Rechtsgeschäfte und Handlungen beschränkt oder Handlungspflichten angeordnet werden, um

1. Beschlüsse des Rates der Europäischen Union über wirtschaftliche Sanktionsmaßnahmen im Bereich der Gemeinsamen Außen- und Sicherheitspolitik umzusetzen,
2. Verpflichtungen der Mitgliedstaaten der Europäischen Union durchzuführen, die in unmittelbar geltenden Rechtsakten der Europäischen Union zur Durchführung wirtschaftlicher Sanktionsmaßnahmen im Bereich der Gemeinsamen Außen- und Sicherheitspolitik vorgesehen sind,
3. Resolutionen des Sicherheitsrates der Vereinten Nationen umzusetzen oder
4. zwischenstaatliche Vereinbarungen umzusetzen, denen die gesetzgebenden Körperschaften in der Form eines Bundesgesetzes zugestimmt haben.

(3) Als Beschränkung nach den Absätzen 1 und 2 gilt die Anordnung von Genehmigungserfordernissen oder von Verboten.

(4) Beschränkungen und Handlungspflichten sind nach Art und Umfang auf das Maß zu begrenzen, das notwendig ist, um den in der Ermächtigung angegebenen Zweck zu erreichen. Sie sind so zu gestalten, dass in die Freiheit der wirtschaftlichen Betätigung so wenig wie möglich eingegriffen wird. Beschränkungen und Handlungspflichten dürfen abgeschlossene Verträge nur berühren, wenn der in der Ermächtigung angegebene Zweck erheblich gefährdet wird. Sie sind aufzuheben, sobald und soweit die Gründe, die ihre Anordnung rechtfertigten, nicht mehr vorliegen.

§ 5
Gegenstand von Beschränkungen

(1) Beschränkungen oder Handlungspflichten nach § 4 Absatz 1 können insbesondere angeordnet werden für Rechtsgeschäfte oder Handlungen in Bezug auf

1. Waffen, Munition und sonstige Rüstungsgüter sowie Güter für die Entwicklung, Herstellung oder den Einsatz von Waffen, Munition und Rüstungsgütern; dies gilt insbesondere dann, wenn die Beschränkung dazu dient, in internationaler Zusammenarbeit vereinbarte Ausfuhrkontrollen durchzuführen,
2. Güter, die zur Durchführung militärischer Aktionen bestimmt sind.

(2) Beschränkungen oder Handlungspflichten nach § 4 Absatz 1 Nummer 4 können insbesondere angeordnet werden in Bezug auf den Erwerb inländischer Unternehmen oder von Anteilen an solchen Unternehmen durch unionsfremde Erwerber, wenn infolge des Erwerbs die öffentliche Ordnung oder Sicherheit der Bundesrepublik Deutschland gemäß § 4 Absatz 1 Nummer 4 gefährdet ist. Dies setzt voraus, dass eine tatsächliche und hinreichend schwere Gefährdung vorliegt, die ein Grundinteresse der Gesellschaft berührt. Unionsfremde Erwerber aus den Mitgliedstaaten der Europäischen Freihandelsassoziation stehen unionsansässigen Erwerbern gleich.

(3) Beschränkungen oder Handlungspflichten nach § 4 Absatz 1 Nummer 1 können insbesondere angeordnet werden in Bezug auf den Erwerb inländischer Unternehmen oder von Anteilen an solchen Unternehmen durch Ausländer, um wesentliche Sicherheitsinteressen der Bundesrepublik Deutschland zu gewährleisten, wenn die inländischen Unternehmen

1. Kriegswaffen oder andere Rüstungsgüter herstellen oder entwickeln oder
2. Produkte mit IT-Sicherheitsfunktionen zur Verarbeitung von staatlichen Verschlusssachen oder für die IT-Sicherheitsfunktion wesentliche Komponenten solcher Produkte herstellen oder hergestellt haben und noch über die Technologie verfügen, wenn das Gesamtprodukt mit Wissen des Unternehmens vom Bundesamt für Sicherheit in der Informationstechnik zugelassen wurde.

Dies gilt insbesondere dann, wenn infolge des Erwerbs die sicherheitspolitischen Interessen der Bundesrepublik Deutschland oder die militärische Sicherheitsvorsorge gefährdet sind.

(4) Beschränkungen oder Handlungspflichten nach § 4 Absatz 1 Nummer 5 können auch angeordnet werden in Bezug auf Güter, die nicht in Absatz 1 genannt sind. Dies setzt voraus, dass eine tatsächliche und hinreichend schwere Gefährdung vorliegt, die ein Grundinteresse der Gesellschaft berührt.

(5) Beschränkungen oder Handlungspflichten nach § 4 Absatz 1 können auch angeordnet werden in Bezug auf Rechtsgeschäfte oder Handlungen Deutscher im Ausland, die sich auf Güter im Sinne des Absatzes 1 einschließlich ihrer Entwicklung und Herstellung beziehen.

§ 6
Einzeleingriff

(1) Im Außenwirtschaftsverkehr können auch durch Verwaltungsakt Rechtsgeschäfte oder Handlungen beschränkt oder Handlungspflichten angeordnet werden, um eine im Einzelfall bestehende Gefahr für die in § 4 Absatz 1 genannten Rechtsgüter abzuwenden.

(2) Die Anordnung tritt sechs Monate nach ihrem Erlass außer Kraft, sofern die Beschränkung oder Handlungspflicht nicht durch Rechtsverordnung vorgeschrieben wird.

(3) § 4 Absatz 3 und 4 und § 5 Absatz 5 gelten entsprechend.

§ 7
Einzeleingriff im Seeverkehr außerhalb des deutschen Küstenmeeres

(1) Um eine im Einzelfall bestehende Gefahr für die in § 4 Absatz 1 genannten Rechtsgüter abzuwenden, welche seewärts der Grenze des deutschen Küstenmeeres durch die Beförderung von Gütern an Bord eines die Bundesflagge führenden Seeschiffes verur-

sacht wird, können nach § 6 Absatz 1 insbesondere notwendige Maßnahmen zur Lenkung, Beschleunigung und Beschränkung der Beförderung der Güter sowie des Umschlags und der Entladung der Güter angeordnet werden.

(2) Die Maßnahmen nach Absatz 1 können gegen den Eigentümer, den Ausrüster, den Charterer, den Schiffsführer oder den sonstigen Inhaber der tatsächlichen Gewalt gerichtet werden.

(3) Der Eigentümer, Ausrüster, Charterer, Schiffsführer oder der sonstige Inhaber der tatsächlichen Gewalt ist verpflichtet, auf Verlangen unverzüglich Angaben zu machen über

1. Art und Umfang der Ladung,
2. den seit dem letzten Auslaufen zurückgelegten und den beabsichtigten Reiseweg,
3. die voraussichtliche Reisezeit sowie
4. den Bestimmungshafen.

(4) Der Eigentümer eines in der Seeschifffahrt unter ausländischer Flagge betriebenen Schiffs, das in ein deutsches Schiffsregister eingetragen ist, stellt sicher, dass zur Abwehr einer Gefahr für die in § 4 Absatz 1 genannten Rechtsgüter auf Verlangen die erforderlichen Angaben unverzüglich und im gleichen Umfang übermittelt werden, wie dies nach Absatz 3 für Schiffe unter der Bundesflagge vorgesehen ist.

(5) § 4 Absatz 3 und 4, § 5 Absatz 5 und § 6 Absatz 2 gelten entsprechend.

§ 8
Erteilung von Genehmigungen

(1) Bedürfen Rechtsgeschäfte oder Handlungen nach einer Vorschrift dieses Gesetzes oder einer Rechtsverordnung auf Grund dieses Gesetzes einer Genehmigung, so ist die Genehmigung zu erteilen, wenn zu erwarten ist, dass die Vornahme des Rechtsgeschäfts oder der Handlung den Zweck der Vorschrift nicht oder nur unwesentlich gefährdet. In anderen Fällen kann die Genehmigung erteilt werden, wenn das volkswirtschaftliche Interesse an der Vornahme des Rechtsgeschäfts oder der Handlung die damit verbundene Beeinträchtigung des in der Ermächtigung angegebenen Zwecks überwiegt.

(2) Die Erteilung der Genehmigung kann von sachlichen und persönlichen Voraussetzungen, insbesondere der Zuverlässigkeit des Antragstellers, abhängig gemacht werden. Dasselbe gilt bei der Erteilung von Bescheinigungen des Bundesamtes für Wirtschaft und Ausfuhrkontrolle (BAFA), dass eine Ausfuhr keiner Genehmigung bedarf.

(3) Ist im Hinblick auf den Zweck, dem die Vorschrift dient, die Erteilung von Genehmigungen nur in beschränktem Umfang möglich, so sind die Genehmigungen in der Weise zu erteilen, dass die gegebenen Möglichkeiten volkswirtschaftlich zweckmäßig ausgenutzt werden können.

(4) Unionsansässige, die durch eine Beschränkung nach Absatz 3 in der Ausübung ihres Gewerbes besonders betroffen werden, können bevorzugt berücksichtigt werden.

(5) Der Antragsteller hat bei der Beantragung einer Genehmigung nach Absatz 1 Satz 1 oder einer Bescheinigung nach Absatz 2 Satz 2 vollständige und richtige Angaben zu machen oder zu benutzen.

§ 9
Erteilung von Zertifikaten

Durch Rechtsverordnung auf Grund dieses Gesetzes kann die Erteilung von Zertifikaten vorgesehen werden, soweit dies zur Zertifizierung nach Artikel 9 der Richtlinie 2009/43/EG des Europäischen Parlaments und des Rates vom 6. Mai 2009 zur Vereinfachung der Bedingungen für die innergemeinschaftliche Verbringung von Verteidigungsgütern (ABl. L 146 vom 10.6.2009, S. 1) erforderlich ist. § 8 Absatz 5 gilt entsprechend.

Teil 2
Ergänzende Vorschriften

§ 10
Deutsche Bundesbank

Beschränkungen nach einer Vorschrift dieses Gesetzes oder nach einer auf Grund dieses Gesetzes erlassenen Rechtsverordnung oder vollziehbaren Anordnung gelten nicht für Rechtsgeschäfte und Handlungen, welche die Deutsche Bundesbank in ihrem Geschäftskreis vornimmt oder welche ihr gegenüber vorgenommen werden.

§ 11
Verfahrens- und Meldevorschriften

(1) Durch Rechtsverordnung können Verfahrensvorschriften erlassen werden

1. zur Durchführung dieses Gesetzes und von Rechtsverordnungen auf Grund dieses Gesetzes,
2. zur Überprüfung der Rechtmäßigkeit von Rechtsgeschäften oder Handlungen im Außenwirtschaftsverkehr und
3. zur Durchführung

a) der Bestimmungen der Europäischen Verträge, einschließlich der zu ihnen gehörigen Protokolle,
b) der Abkommen der Europäischen Union und
c) der Rechtsakte der Europäischen Union auf Grund der in den Buchstaben a und b genannten Verträge und Abkommen.

(2) Durch Rechtsverordnung kann angeordnet werden, dass Rechtsgeschäfte und Handlungen im Außenwirtschaftsverkehr, insbesondere aus ihnen erwachsende Forderungen und Verbindlichkeiten sowie Vermögensanlagen und die Leistung und Entgegennahme von Zahlungen, unter Angabe des Rechtsgrundes zu melden sind, damit

1. festgestellt werden kann, ob die Voraussetzungen für die Aufhebung, Erleichterung oder Anordnung von Beschränkungen vorliegen,
2. zu jedem Zeitpunkt die Zahlungsbilanz der Bundesrepublik Deutschland erstellt werden kann,
3. die Wahrnehmung der außenwirtschaftspolitischen Interessen gewährleistet wird oder
4. Verpflichtungen aus zwischenstaatlichen Vereinbarungen oder internationalen Exportkontrollregimen erfüllt werden können.

(3) Zur Gewährleistung der Zwecke des Absatzes 2 Nummer 1 bis 4 kann durch Rechtsverordnung angeordnet werden, dass der Stand und ausgewählte Positionen der Zusammensetzung des Vermögens von Inländern im Ausland und von Ausländern im Inland zu melden sind. Gehört zu dem meldepflichtigen Vermögen eine unmittelbare oder mittelbare Beteiligung an einem Unternehmen, kann angeordnet werden, dass auch der Stand und ausgewählte Positionen der Zusammensetzung des Vermögens des Unternehmens zu melden sind, an dem die Beteiligung besteht.

(4) Durch Rechtsverordnung können ferner Aufzeichnungs- und Aufbewahrungspflichten zur Ermöglichung der Überprüfung nach Absatz 1 Nummer 2 oder zur Erfüllung von Meldepflichten nach den Absätzen 2 und 3 vorgeschrieben werden.

(5) Die §§ 9, 15 und 16 des Bundesstatistikgesetzes sind in den Fällen der Absätze 2 und 3 entsprechend anzuwenden.

§ 12
Erlass von Rechtsverordnungen

(1) Rechtsverordnungen nach diesem Gesetz erlässt die Bundesregierung. Rechtsverordnungen nach § 4 Absatz 2 erlässt abweichend von Satz 1 das Bundesministerium für Wirtschaft und Technologie im Einvernehmen mit dem Auswärtigen Amt und dem Bundesministerium der Finanzen.

(2) Die Rechtsverordnungen bedürfen nicht der Zustimmung des Bundesrates.

(3) Bei Vorschriften, welche den Kapital- und Zahlungsverkehr oder den Verkehr mit Auslandswerten und Gold betreffen, ist das Benehmen mit der Deutschen Bundesbank herzustellen.

(4) Die Rechtsverordnungen sind unverzüglich nach ihrer Verkündung dem Bundestag und dem Bundesrat mitzuteilen. Der Bundesrat kann binnen vier Wochen gegenüber dem Bundestag Stellung nehmen. Die Rechtsverordnungen sind unverzüglich aufzuheben, soweit es der Bundestag binnen vier Monaten nach ihrer Verkündung verlangt.

(5) Absatz 4 ist nicht anzuwenden auf Rechtsverordnungen, durch welche die Bundesregierung oder das Bundesministerium für Wirtschaft und Technologie gemäß § 4 Absatz 2 Beschränkungen des Güter-, Kapital- oder Zahlungsverkehrs mit dem Ausland angeordnet oder aufgehoben hat.

§ 13
Zuständigkeiten für den Erlass von Verwaltungsakten und für die Entgegennahme von Meldungen

(1) Für den Erlass von Verwaltungsakten und die Entgegennahme von Meldungen auf Grund dieses Gesetzes und der nach diesem Gesetz erlassenen Rechtsverordnungen sowie auf Grund von Rechtsakten des Rates oder der Kommission der Europäischen Union im Bereich des Außenwirtschaftsrechts ist das Bundesamt für Wirtschaft und Ausfuhrkontrolle (BAFA) zuständig, soweit in diesem Gesetz oder auf Grund einer nach diesem Gesetz erlassenen Rechtsverordnung nichts anderes bestimmt ist.

(2) Ausschließlich zuständig sind

1. die Deutsche Bundesbank im Bereich des Kapital- und Zahlungsverkehrs sowie des Verkehrs mit Auslandswerten und Gold, soweit im Folgenden nichts anderes bestimmt ist,

2. das Bundesministerium für Wirtschaft und Technologie
   a) im Fall des § 6 Absatz 1 im Einvernehmen mit dem Auswärtigen Amt und dem Bundesministerium der Finanzen; bei Maßnahmen, welche die Bereiche des Kapital- und Zahlungsverkehrs oder den Verkehr mit Auslandswerten und Gold betreffen, ist das Benehmen mit der Deutschen Bundesbank herzustellen,
   b) im Fall des § 7 im Einvernehmen mit dem Auswärtigen Amt und dem Bundesministerium für Verkehr, Bau und Stadtentwicklung,
   c) im Fall des § 4 Absatz 1 Nummer 4 in Verbindung mit § 5 Absatz 2 und einer auf Grund dieser Vorschriften erlassenen Rechtsverordnung; eine Untersagung oder der Erlass von Anordnungen in Bezug auf einen Erwerb im Sinne des § 5 Absatz 2 bedarf der Zustimmung der Bundesregierung,
   d) im Fall des § 4 Absatz 1 Nummer 1 in Verbindung mit § 5 Absatz 3 und einer auf Grund dieser Vorschriften erlassenen Rechtsverordnung im Einvernehmen mit dem Auswärtigen Amt und dem Bundesministerium der Verteidigung und im Fall des § 4 Absatz 1 Nummer 1 in Verbindung mit § 5 Absatz 3 Nummer 2 und einer auf Grund dieser Vorschriften erlassenen Rechtsverordnung darüber hinaus im Einvernehmen mit dem Bundesministerium des Innern,
3. das Bundesministerium für Verkehr, Bau und Stadtentwicklung für Anordnungen im Bereich des Dienstleistungsverkehrs auf dem Gebiet des Verkehrswesens nach § 4 Absatz 1 und 2 in Verbindung mit einer auf Grund dieser Vorschrift erlassenen Rechtsverordnung,
4. das Bundesministerium der Finanzen für Anordnungen im Bereich des Dienstleistungsverkehrs auf dem Gebiet des Versicherungswesens nach § 4 Absatz 1 und 2 in Verbindung mit einer auf Grund dieser Vorschrift erlassenen Rechtsverordnung,
5. die Bundesanstalt für Landwirtschaft und Ernährung für Anordnungen im Bereich des Waren- und Dienstleistungsverkehrs nach § 4 Absatz 1 und 2 in Verbindung mit einer auf Grund dieser Vorschrift erlassenen Rechtsverordnung im Rahmen der gemeinsamen Marktorganisationen der Europäischen Union für Erzeugnisse der Ernährungs- und Landwirtschaft.

(3) In den Fällen des Absatzes 2 Nummer 3 und 4 kann das zuständige Bundesministerium seine Zuständigkeit für die dort genannte Aufgabenwahrnehmung auf eine Bundesoberbehörde oder Bundesanstalt seines Geschäftsbereichs übertragen.

§ 14
Verwaltungsakte

(1) Verwaltungsakte nach diesem Gesetz oder nach einer auf Grund dieses Gesetzes erlassenen Rechtsverordnung können mit Nebenbestimmungen versehen werden. Die Verwaltungsakte sind nicht übertragbar, wenn in ihnen nicht etwas anderes bestimmt wird.

(2) Widerspruch und Anfechtungsklage haben keine aufschiebende Wirkung.

§ 15
Rechtsunwirksamkeit

(1) Ein Rechtsgeschäft, das ohne die erforderliche Genehmigung vorgenommen wird, ist unwirksam. Es wird vom Zeitpunkt seiner Vornahme an wirksam, wenn es nachträglich genehmigt wird oder das Genehmigungserfordernis nachträglich entfällt. Durch die Rückwirkung werden Rechte Dritter, die vor der Genehmigung an dem Gegenstand des Rechtsgeschäfts begründet worden sind, nicht berührt.

(2) Besteht für ein schuldrechtliches Rechtsgeschäft über den Erwerb eines inländischen Unternehmens oder einer unmittelbaren oder mittelbaren Beteiligung an einem inländischen Unternehmen ein Prüfrecht auf Grund von § 4 Absatz 1 Nummer 4 und § 5 Absatz 2 in Verbindung mit einer auf Grund dieser Vorschriften erlassenen Rechtsverordnung und ist dieses Prüfrecht verbunden mit einer Ermächtigung des Bundesministeriums für Wirtschaft und Technologie, nach Zustimmung der Bundesregierung den Erwerb innerhalb einer bestimmten Frist zu untersagen, so steht der Eintritt der Rechtswirkungen des Rechtsgeschäfts bis zum Ablauf des gesamten Prüfverfahrens unter der auflösenden Bedingung, dass das Bundesministerium für Wirtschaft und Technologie den Erwerb innerhalb der Frist untersagt.

(3) Ein Rechtsgeschäft, das dem Vollzug des Erwerbs eines inländischen Unternehmens oder einer unmittelbaren oder mittelbaren Beteiligung an einem inländischen Unternehmen dient, ist schwebend unwirksam, wenn auf Grund von § 4 Absatz 1 Nummer 1 und § 5 Absatz 3 in Verbindung mit einer auf Grund dieser Vorschriften erlassenen Rechtsverordnung eine Meldepflicht besteht, die verbunden ist mit einer Ermächtigung der Bundesregierung, den Erwerb innerhalb einer bestimmten Frist zu untersagen. Das Rechtsgeschäft wird vom Zeitpunkt seiner Vornahme an wirksam, wenn das Bundesministerium für Wirtschaft und Technologie es schriftlich freigibt oder den Erwerb nicht innerhalb der Frist nach Satz 1 untersagt. Absatz 1 Satz 3 gilt entsprechend.

§ 16
Urteil und Zwangsvollstreckung

(1) Ist zu einer Leistung des Schuldners eine Genehmigung erforderlich, so kann ein Urteil vor Erteilung der Genehmigung nur dann ergehen, wenn in die Urteilsformel ein Vorbehalt aufgenommen wird, dass die Leistung oder Zwangsvollstreckung erst erfolgen darf, wenn die Genehmigung erteilt ist. Entsprechendes gilt für andere Vollstreckungstitel, wenn die Vollstreckung nur auf Grund einer vollstreckbaren Ausfertigung des Titels durchgeführt werden kann. Arreste und einstweilige Verfügungen, die lediglich der Sicherung des zugrunde liegenden Anspruchs dienen, können ohne Vorbehalt ergehen.

(2) Ist zu einer Leistung des Schuldners eine Genehmigung erforderlich, so ist eine Zwangsvollstreckung nur zulässig, wenn und soweit die Genehmigung erteilt ist. Soweit Vermögenswerte nur mit Genehmigung erworben oder veräußert werden dürfen, gilt dies auch für den Erwerb und die Veräußerung im Wege der Zwangsvollstreckung.

Teil 3
Straf-, Bußgeld- und Überwachungsvorschriften

§ 17
Strafvorschriften

(1) Mit Freiheitsstrafe von einem Jahr bis zu zehn Jahren wird bestraft, wer einer Rechtsverordnung nach § 4 Absatz 1, die der Durchführung

1. einer vom Sicherheitsrat der Vereinten Nationen nach Kapitel VII der Charta der Vereinten Nationen oder
2. einer vom Rat der Europäischen Union im Bereich der Gemeinsamen Außen- und Sicherheitspolitik

beschlossenen wirtschaftlichen Sanktionsmaßnahme dient, oder einer vollziehbaren Anordnung auf Grund einer solchen Rechtsverordnung zuwiderhandelt, soweit die Rechtsverordnung sich auf Güter des Teils I Abschnitt A der Ausfuhrliste bezieht und für einen bestimmten Tatbestand auf diese Strafvorschrift verweist.

(2) Mit Freiheitsstrafe nicht unter einem Jahr wird bestraft, wer in den Fällen des Absatzes 1

1. für den Geheimdienst einer fremden Macht handelt oder
2. gewerbsmäßig oder als Mitglied einer Bande handelt, die sich zur fortgesetzten Begehung solcher Taten verbunden hat.

(3) Mit Freiheitsstrafe nicht unter zwei Jahren wird bestraft, wer in den Fällen des Absatzes 1 als Mitglied einer Bande, die sich zur fortgesetzten Begehung solcher Taten verbunden hat, gewerbsmäßig handelt.

(4) In minder schweren Fällen des Absatzes 1 ist die Strafe Freiheitsstrafe von drei Monaten bis zu fünf Jahren.

(5) Handelt der Täter in den Fällen des Absatzes 1 leichtfertig, so ist die Strafe Freiheitsstrafe bis zu drei Jahren oder Geldstrafe.

(6) In den Fällen des Absatzes 1 steht einem Handeln ohne Genehmigung ein Handeln auf Grund einer durch Drohung, Bestechung oder Kollusion erwirkten oder durch unrichtige oder unvollständige Angaben erschlichenen Genehmigung gleich.

(7) Die Absätze 1 bis 6 gelten, unabhängig vom Recht des Tatorts, auch für Taten, die im Ausland begangen werden, wenn der Täter Deutscher ist.

§ 18
Strafvorschriften

(1) Mit Freiheitsstrafe von drei Monaten bis zu fünf Jahren wird bestraft, wer

1. einem
   a) Ausfuhr-, Einfuhr-, Durchfuhr-, Verbringungs-, Verkaufs-, Erwerbs-, Liefer-, Bereitstellungs-, Weitergabe-, Dienstleistungs- oder Investitionsverbot oder
   b) Verfügungsverbot über eingefrorene Gelder und wirtschaftliche Ressourcen

   eines im Amtsblatt der Europäischen Gemeinschaften oder der Europäischen Union veröffentlichten unmittelbar geltenden Rechtsaktes der Europäischen Gemeinschaften oder der Europäischen Union zuwiderhandelt, der der Durchführung einer vom

Rat der Europäischen Union im Bereich der Gemeinsamen Außen- und Sicherheitspolitik beschlossenen wirtschaftlichen Sanktionsmaßnahme dient oder

1. gegen eine Genehmigungspflicht für
   a) die Ausfuhr, Einfuhr, Durchfuhr, Verbringung, einen Verkauf, einen Erwerb, eine Lieferung, Bereitstellung, Weitergabe, Dienstleistung oder Investition oder
   b) die Verfügung über eingefrorene Gelder oder wirtschaftliche Ressourcen

   eines im Amtsblatt der Europäischen Gemeinschaften oder der Europäischen Union veröffentlichten unmittelbar geltenden Rechtsaktes der Europäischen Gemeinschaften oder der Europäischen Union verstößt, der der Durchführung einer vom Rat der Europäischen Union im Bereich der Gemeinsamen Außen- und Sicherheitspolitik beschlossenen wirtschaftlichen Sanktionsmaßnahme dient.

(2) Mit Freiheitsstrafe bis zu fünf Jahren oder mit Geldstrafe wird bestraft, wer gegen die Außenwirtschaftsverordnung verstößt, indem er

1. ohne Genehmigung nach § 8 Absatz 1, § 9 Absatz 1 oder § 78 dort genannte Güter ausführt,
2. entgegen § 9 Absatz 2 Satz 2 dort genannte Güter ausführt,
3. ohne Genehmigung nach § 11 Absatz 1 Satz 1 dort genannte Güter verbringt,
4. ohne Genehmigung nach § 46 Absatz 1, auch in Verbindung mit § 47 Absatz 1, oder ohne Genehmigung nach § 47 Absatz 2 ein Handels- und Vermittlungsgeschäft vornimmt,
5. entgegen § 47 Absatz 3 Satz 3 ein Handels- und Vermittlungsgeschäft vornimmt,
6. ohne Genehmigung nach § 49 Absatz 1, § 50 Absatz 1, § 51 Absatz 1 oder Absatz 2 oder § 52 Absatz 1 technische Unterstützung erbringt oder
7. entgegen § 49 Absatz 2 Satz 3, § 50 Absatz 2 Satz 3, § 51 Absatz 3 Satz 3 oder § 52 Absatz 2 Satz 3 technische Unterstützung erbringt.

(3) Ebenso wird bestraft, wer gegen die Verordnung (EG) Nr. 2368/2002 des Rates vom 20. Dezember 2002 zur Umsetzung des Zertifikationssystems des Kimberley-Prozesses für den internationalen Handel mit Rohdiamanten (ABl. L 358 vom 31.12.2002, S. 28), die zuletzt durch die Verordnung (EG) Nr. 1268/2008 (ABl. L 338 vom 17.12.2008, S. 39) geändert worden ist, verstößt, indem er

1. entgegen Artikel 3 Rohdiamanten einführt oder
2. entgegen Artikel 11 Rohdiamanten ausführt.

(4) Ebenso wird bestraft, wer gegen die Verordnung (EG) Nr. 1236/2005 des Rates vom 27. Juni 2005 betreffend den Handel mit bestimmten Gütern, die zur Vollstreckung der Todesstrafe, zu Folter oder zu anderer grausamer, unmenschlicher oder erniedrigender Behandlung oder Strafe verwendet werden könnten (ABl. L 200 vom 30.7.2005, S. 1, L 79 vom 16.3.2006, S. 32), die zuletzt durch die Verordnung (EU) Nr. 1352/2011 (ABl. L 338 vom 21.12.2011, S. 31) geändert worden ist, verstößt, indem er

1. entgegen Artikel 3 Absatz 1 Satz 1 dort genannte Güter ausführt,
2. entgegen Artikel 3 Absatz 1 Satz 2 technische Hilfe im Zusammenhang mit dort genannten Gütern leistet,
3. entgegen Artikel 4 Absatz 1 Satz 1 dort genannte Güter einführt,

4. entgegen Artikel 4 Absatz 1 Satz 2 technische Hilfe im Zusammenhang mit dort genannten Gütern annimmt oder
5. ohne Genehmigung nach Artikel 5 dort genannte Güter ausführt.

Soweit die in Satz 1 genannten Vorschriften auf Anhang II oder Anhang III der Verordnung (EG) Nr. 1236/2005 verweisen, finden diese Anhänge in der jeweils geltenden Fassung Anwendung.

(5) Ebenso wird bestraft, wer gegen die Verordnung (EG) Nr. 428/2009 des Rates vom 5. Mai 2009 über eine Gemeinschaftsregelung für die Kontrolle der Ausfuhr, der Verbringung, der Vermittlung und der Durchfuhr von Gütern mit doppeltem Verwendungszweck (ABl. L 134 vom 29.5.2009, S. 1, L 224 vom 27.8.2009, S. 21) verstößt, indem er

1. ohne Genehmigung nach Artikel 3 Absatz 1 oder Artikel 4 Absatz 1, 2 Satz 1 oder Absatz 3 Güter mit doppeltem Verwendungszweck ausführt,
2. entgegen Artikel 4 Absatz 4 zweiter Halbsatz Güter ohne Entscheidung der zuständigen Behörde über die Genehmigungspflicht oder ohne Genehmigung der zuständigen Behörde ausführt,
3. ohne Genehmigung nach Artikel 5 Absatz 1 Satz 1 eine Vermittlungstätigkeit erbringt oder
4. entgegen Artikel 5 Absatz 1 Satz 2 zweiter Halbsatz eine Vermittlungstätigkeit ohne Entscheidung der zuständigen Behörde über die Genehmigungspflicht oder ohne Genehmigung der zuständigen Behörde erbringt.

Soweit die in Satz 1 genannten Vorschriften auf Anhang I der Verordnung (EG) Nr. 428/ 2009 verweisen, findet dieser Anhang in der jeweils geltenden Fassung Anwendung. In den Fällen des Satzes 1 Nummer 2 steht dem Ausführer eine Person gleich, die die Ausfuhr durch einen anderen begeht, wenn der Person bekannt ist, dass die Güter mit doppeltem Verwendungszweck ganz oder teilweise für eine Verwendung im Sinne des Artikels 4 Absatz 1 der Verordnung (EG) Nr. 428/2009 bestimmt sind.

(6) Der Versuch ist strafbar.

(7) Mit Freiheitsstrafe nicht unter einem Jahr wird bestraft, wer

1. in den Fällen des Absatzes 1 für den Geheimdienst einer fremden Macht handelt,
2. in den Fällen der Absätze 1 bis 4 oder des Absatzes 5 gewerbsmäßig oder als Mitglied einer Bande handelt, die sich zur fortgesetzten Begehung solcher Taten verbunden hat, oder
3. eine in Absatz 1 bezeichnete Handlung begeht, die sich auf die Entwicklung, Herstellung, Wartung oder Lagerung von Flugkörpern für chemische, biologische oder Atomwaffen bezieht.

(8) Mit Freiheitsstrafe nicht unter zwei Jahren wird bestraft, wer in den Fällen der Absätze 1 bis 4 oder des Absatzes 5 als Mitglied einer Bande, die sich zur fortgesetzten Begehung solcher Taten verbunden hat, gewerbsmäßig handelt.

(9) In den Fällen des Absatzes 1 Nummer 2, des Absatzes 2 Nummer 1, 3, 4 oder Nummer 6, des Absatzes 4 Satz 1 Nummer 5 oder des Absatzes 5 Satz 1 steht einem Handeln ohne Genehmigung ein Handeln auf Grund einer durch Drohung, Bestechung oder Kollusion erwirkten oder durch unrichtige oder unvollständige Angaben erschlichenen Genehmigung gleich.

(10) Die Absätze 1 bis 9 gelten, unabhängig vom Recht des Tatorts, auch für Taten, die im Ausland begangen werden, wenn der Täter Deutscher ist.

(11) Nach Absatz 1, jeweils auch in Verbindung mit Absatz 6, 7, 8 oder Absatz 10, wird nicht bestraft, wer

1. bis zum Ablauf des zweiten Werktages handelt, der auf die Veröffentlichung des Rechtsaktes im Amtsblatt der Europäischen Union folgt, und
2. von einem Verbot oder von einem Genehmigungserfordernis, das in dem Rechtsakt nach Nummer 1 angeordnet wird, zum Zeitpunkt der Tat keine Kenntnis hat.

§ 19
Bußgeldvorschriften

(1) Ordnungswidrig handelt, wer eine in § 18 Absatz 1 bis 4 oder Absatz 5 bezeichnete Handlung fahrlässig begeht.

(2) Ordnungswidrig handelt, wer entgegen § 8 Absatz 5, auch in Verbindung mit § 9 Satz 2, eine Angabe nicht richtig oder nicht vollständig macht oder nicht richtig oder nicht vollständig benutzt.

(3) Ordnungswidrig handelt, wer vorsätzlich oder fahrlässig

1. einer Rechtsverordnung nach
   a) § 4 Absatz 1 oder
   b) § 11 Absatz 1 bis 3 oder Absatz 4 oder

   einer vollziehbaren Anordnung auf Grund einer solchen Rechtsverordnung zuwiderhandelt, soweit die Rechtsverordnung für einen bestimmten Tatbestand auf diese Bußgeldvorschrift verweist und die Tat nicht in § 17 Absatz 1 bis 4 oder Absatz 5 oder § 18 Absatz 2 mit Strafe bedroht ist,
2. einer vollziehbaren Anordnung nach § 7 Absatz 1, 3 oder Absatz 4 oder § 23 Absatz 1 oder Absatz 4 Satz 2 zuwiderhandelt,
3. entgegen § 27 Absatz 1 Satz 1 Waren nicht, nicht richtig, nicht vollständig oder nicht rechtzeitig vorzeigt,
4. entgegen § 27 Absatz 3 eine Erklärung nicht, nicht richtig, nicht vollständig oder nicht rechtzeitig abgibt oder
5. entgegen § 27 Absatz 4 Satz 1 eine Sendung nicht, nicht richtig, nicht vollständig oder nicht rechtzeitig gestellt.

(4) Ordnungswidrig handelt, wer vorsätzlich oder fahrlässig einer unmittelbar geltenden Vorschrift in Rechtsakten der Europäischen Gemeinschaften oder der Europäischen Union über die Beschränkung des Außenwirtschaftsverkehrs zuwiderhandelt, die inhaltlich einer Regelung entspricht, zu der die in

1. Absatz 3 Nummer 1 Buchstabe a oder
2. Absatz 3 Nummer 1 Buchstabe b

genannten Vorschriften ermächtigen, soweit eine Rechtsverordnung nach Satz 2 für einen bestimmten Tatbestand auf diese Bußgeldvorschrift verweist und die Tat nicht in § 18 Absatz 1, 3 bis 5, 7 oder Absatz 8 mit Strafe bedroht ist. Das Bundesministerium für Wirtschaft und Technologie wird ermächtigt, soweit dies zur Durchführung der Rechtsakte der Europäischen Gemeinschaften oder der Europäischen Union erforderlich ist, durch Rechtsverordnung ohne Zustimmung des Bundesrates die Tatbestände zu bezeichnen, die als Ordnungswidrigkeit nach Satz 1 geahndet werden können.

(5) Ordnungswidrig handelt, wer vorsätzlich oder fahrlässig einem im Amtsblatt der Europäischen Gemeinschaften oder der Europäischen Union veröffentlichten unmittelbar geltenden Rechtsakt der Europäischen Gemeinschaften oder der Europäischen Union, der der Durchführung einer vom Rat der Europäischen Union im Bereich der Gemeinsamen Außen- und Sicherheitspolitik beschlossenen wirtschaftlichen Sanktionsmaßnahme dient, zuwiderhandelt, indem er

1. eine Information nicht, nicht richtig, nicht vollständig oder nicht rechtzeitig übermittelt,
2. eine Vorabanmeldung nicht, nicht richtig, nicht vollständig, nicht in der vorgeschriebenen Weise oder nicht rechtzeitig abgibt,
3. eine Aufzeichnung von Transaktionen nicht oder nicht für die vorgeschriebene Dauer aufbewahrt oder nicht oder nicht rechtzeitig zur Verfügung stellt oder
4. eine zuständige Stelle oder Behörde nicht oder nicht rechtzeitig unterrichtet.

(6) Die Ordnungswidrigkeit kann in den Fällen der Absätze 1, 3 Nummer 1 Buchstabe a und des Absatzes 4 Satz 1 Nummer 1 mit einer Geldbuße bis zu fünfhunderttausend Euro, in den übrigen Fällen mit einer Geldbuße bis zu dreißigtausend Euro geahndet werden.

§ 20
Einziehung und Erweiterter Verfall

(1) Ist eine Straftat nach § 17 oder § 18 oder eine Ordnungswidrigkeit nach § 19 begangen worden, so können folgende Gegenstände eingezogen werden:

1. Gegenstände, auf die sich die Straftat oder die Ordnungswidrigkeit bezieht, und
2. Gegenstände, die zu ihrer Begehung oder Vorbereitung gebraucht worden oder bestimmt gewesen sind.

(2) § 74a des Strafgesetzbuches und § 23 des Gesetzes über Ordnungswidrigkeiten sind anzuwenden.

(3) In den Fällen des § 17 Absatz 2 Nummer 2 oder Absatz 3, jeweils auch in Verbindung mit Absatz 7, und des § 18 Absatz 7 Nummer 2 oder Absatz 8, jeweils auch in Verbindung mit Absatz 10, ist § 73d des Strafgesetzbuches anzuwenden.

§ 21
Aufgaben und Befugnisse der Zollbehörden

(1) Die Staatsanwaltschaft kann bei Straftaten und Ordnungswidrigkeiten nach den §§ 17 bis 19 dieses Gesetzes oder nach § 19 Absatz 1 bis 3, § 20 Absatz 1 und 2, § 20a Absatz 1 bis 3, jeweils auch in Verbindung mit § 21, oder nach § 22a Absatz 1 Nummer 4, 5 und 7 des Gesetzes über die Kontrolle von Kriegswaffen Ermittlungen nach § 161 Absatz 1 Satz 1 der Strafprozessordnung auch durch die Hauptzollämter oder die Zollfahndungsämter vornehmen lassen. Die Verwaltungsbehörde im Sinne des § 22 Absatz 3 Satz 1 kann in den Fällen des Satzes 1 Ermittlungen auch durch ein anderes Hauptzollamt oder die Zollfahndungsämter vornehmen lassen.

(2) Die Hauptzollämter und die Zollfahndungsämter sowie deren Beamte haben auch ohne Ersuchen der Staatsanwaltschaft oder der Verwaltungsbehörde Straftaten und Ordnungswidrigkeiten der in Absatz 1 bezeichneten Art zu erforschen und zu verfolgen, wenn diese die Ausfuhr, Einfuhr, Verbringung oder Durchfuhr von Waren betreffen. Dasselbe gilt, soweit Gefahr im Verzug ist. § 163 der Strafprozessordnung und § 53 des Gesetzes über Ordnungswidrigkeiten bleiben unberührt.

(3) In den Fällen der Absätze 1 und 2 haben die Beamten der Hauptzollämter und der Zollfahndungsämter die Rechte und Pflichten der Polizeibeamten nach den Bestimmungen der Strafprozessordnung und des Gesetzes über Ordnungswidrigkeiten. Sie sind insoweit Ermittlungspersonen der Staatsanwaltschaft.

(4) In den Fällen der Absätze 1 und 2 können die Hauptzollämter und Zollfahndungsämter sowie deren Beamte im Bußgeldverfahren Beschlagnahmen, Durchsuchungen und Untersuchungen vornehmen sowie sonstige Maßnahmen nach den für Ermittlungspersonen der Staatsanwaltschaft geltenden Vorschriften der Strafprozessordnung ergreifen. Unter den Voraussetzungen des § 111l Absatz 2 Satz 2 der Strafprozessordnung können auch die Hauptzollämter die Notveräußerung anordnen.

§ 22
Straf- und Bußgeldverfahren

(1) Soweit für Straftaten nach den §§ 17 und 18 das Amtsgericht sachlich zuständig ist, liegt die örtliche Zuständigkeit bei dem Amtsgericht, in dessen Bezirk das örtlich zuständige Landgericht seinen Sitz hat. Die Landesregierung kann durch Rechtsverordnung die örtliche Zuständigkeit des Amtsgerichts abweichend regeln, soweit dies mit Rücksicht auf die Wirtschafts- oder Verkehrsverhältnisse, den Aufbau der Verwaltung oder andere örtliche Bedürfnisse zweckmäßig erscheint. Die Landesregierung kann diese Ermächtigung auf die Landesjustizverwaltung übertragen.

(2) Im Strafverfahren gelten die §§ 49, 63 Absatz 2 und 3 Satz 1 sowie § 76 Absatz 1 und 4 des Gesetzes über Ordnungswidrigkeiten über die Beteiligung der Verwaltungsbehörde im Verfahren der Staatsanwaltschaft und im gerichtlichen Verfahren entsprechend.

(3) Verwaltungsbehörde im Sinne dieses Gesetzes und des § 36 Absatz 1 Nummer 1 des Gesetzes über Ordnungswidrigkeiten ist das Hauptzollamt. Das Bundesministerium der Finanzen kann durch Rechtsverordnung, die nicht der Zustimmung des Bundesrates bedarf, die örtliche Zuständigkeit des Hauptzollamts als Verwaltungsbehörde gemäß Satz 1 abweichend regeln, soweit dies mit Rücksicht auf die Wirtschafts- oder Verkehrsverhältnisse, den Aufbau der Verwaltung oder andere örtliche Bedürfnisse zweckmäßig erscheint.

(4) Die Verfolgung als Ordnungswidrigkeit unterbleibt in den Fällen der fahrlässigen Begehung eines Verstoßes im Sinne des § 19 Absatz 2 bis 5, wenn der Verstoß im Wege der Eigenkontrolle aufgedeckt und der zuständigen Behörde angezeigt wurde sowie angemessene Maßnahmen zur Verhinderung eines Verstoßes aus gleichem Grund getroffen werden. Eine Anzeige nach Satz 1 gilt als freiwillig, wenn die zuständige Behörde hinsichtlich des Verstoßes noch keine Ermittlungen aufgenommen hat. Im Übrigen bleibt § 47 des Gesetzes über Ordnungswidrigkeiten unberührt.

§ 23
Allgemeine Auskunftspflicht

(1) Das Hauptzollamt, die Deutsche Bundesbank, das Bundesamt für Wirtschaft und Ausfuhrkontrolle (BAFA) und die Bundesanstalt für Landwirtschaft und Ernährung können Auskünfte verlangen, die erforderlich sind, um die Einhaltung dieses Gesetzes und der auf Grund dieses Gesetzes erlassenen Rechtsverordnungen und Anordnungen sowie von Rechtsakten des Rates oder der Kommission der Europäischen Union im Bereich des Außenwirtschaftsrechts zu überwachen. Zu diesem Zweck können sie verlangen, dass ihnen die geschäftlichen Unterlagen vorgelegt werden.

(2) Das Hauptzollamt und die Deutsche Bundesbank können zu dem in Absatz 1 genannten Zweck auch Prüfungen bei den Auskunftspflichtigen vornehmen; das Bundesamt für Wirtschaft und Ausfuhrkontrolle (BAFA) und die Bundesanstalt für Landwirtschaft und Ernährung können zu den Prüfungen Beauftragte entsenden. Zur Vornahme der Prüfungen dürfen die Bediensteten dieser Stellen und deren Beauftragte die Geschäftsräume der Auskunftspflichtigen betreten. Das Grundrecht des Artikels 13 des Grundgesetzes wird insoweit eingeschränkt.

(3) Die Bediensteten des Bundesamtes für Wirtschaft und Ausfuhrkontrolle (BAFA) dürfen die Geschäftsräume der Auskunftspflichtigen betreten, um die Voraussetzungen für die Erteilung von Genehmigungen nach § 8 Absatz 2 oder für die Erteilung von Zertifikaten nach § 9 zu überprüfen. Das Grundrecht des Artikels 13 des Grundgesetzes wird insoweit eingeschränkt.

(4) Sind die Unterlagen nach Absatz 1 unter Einsatz eines Datenverarbeitungssystems erstellt worden, so dürfen die Verwaltungsbehörde und die Deutsche Bundesbank im Rahmen einer Prüfung Einsicht in die gespeicherten Daten nehmen und das Datenverarbeitungssystem zur Prüfung dieser Unterlagen nutzen. Sie können im Rahmen einer Prüfung auch verlangen, dass die Daten nach ihren Vorgaben automatisiert ausgewertet oder ihnen die gespeicherten Unterlagen auf einem maschinell verwertbaren Datenträger zur Verfügung gestellt werden. Dazu ist sicherzustellen, dass die gespeicherten Daten während der Dauer der gesetzlichen Aufbewahrungsfristen verfügbar sind sowie dass sie unverzüglich lesbar gemacht und unverzüglich automatisiert ausgewertet werden können. Die Auskunftspflichtigen haben die Verwaltungsbehörde und die Deutsche Bundesbank bei der Ausübung der Befugnisse nach den Sätzen 1 und 2 zu unterstützen und die Kosten zu tragen.

(5) Auskunftspflichtig ist, wer unmittelbar oder mittelbar am Außenwirtschaftsverkehr teilnimmt.

(6) Der Auskunftspflichtige kann die Auskunft auf solche Fragen verweigern, deren Beantwortung ihn selbst oder einen der in § 383 Absatz 1 Nummer 1 bis 3 der Zivilprozessordnung bezeichneten Angehörigen der Gefahr aussetzen würde, wegen einer Straftat oder Ordnungswidrigkeit verfolgt zu werden.

§ 24
Übermittlung von Informationen durch das Bundesamt für Wirtschaft und Ausfuhrkontrolle (BAFA)

(1) Das Bundesamt für Wirtschaft und Ausfuhrkontrolle (BAFA) darf die Informationen, einschließlich personenbezogener Daten, die ihm bei der Erfüllung seiner Aufgaben

1. nach diesem Gesetz,
2. nach dem Gesetz über die Kontrolle von Kriegswaffen oder
3. nach Rechtsakten der Europäischen Union im Bereich des Außenwirtschaftsrechts

bekannt geworden sind, an andere öffentliche Stellen des Bundes übermitteln, soweit dies zur Verfolgung der Zwecke des § 4 Absatz 1 und 2 oder zur Zollabfertigung erforderlich ist.

(2) Informationen über die Versagung von Genehmigungen dürfen abweichend von Absatz 1 nur übermittelt werden, soweit dies zur Verfolgung der Zwecke des § 4 Absatz 1 und 2 erforderlich ist.

(3) Die Empfänger dürfen die nach den Absätzen 1 und 2 übermittelten Informationen, einschließlich personenbezogener Daten, nur für die Zwecke verwenden, für die sie übermittelt wurden oder soweit es zur Verfolgung von Straftaten oder Ordnungswidrigkeiten nach diesem Gesetz oder einer Rechtsverordnung nach diesem Gesetz oder nach dem Gesetz über die Kontrolle von Kriegswaffen erforderlich ist.

§ 25
Automatisiertes Abrufverfahren

(1) Das Zollkriminalamt ist berechtigt, Informationen, einschließlich personenbezogener Daten, die nach § 24 Absatz 1 und 2 übermittelt werden dürfen, im Einzelfall in einem automatisierten Verfahren abzurufen, soweit dies für die Zwecke des § 24 Absatz 1 oder zur Verhütung von Straftaten oder zur Verfolgung von Straftaten oder Ordnungswidrigkeiten erforderlich ist.

(2) Das Zollkriminalamt und das Bundesamt für Wirtschaft und Ausfuhrkontrolle (BAFA) legen bei der Einrichtung des Abrufverfahrens Anlass und Zweck des Abrufverfahrens sowie die Art der zu übermittelnden Daten und die nach § 9 des Bundesdatenschutzgesetzes erforderlichen technischen und organisatorischen Maßnahmen schriftlich fest.

(3) Die Einrichtung des Abrufverfahrens bedarf der Zustimmung des Bundesministeriums der Finanzen und des Bundesministeriums für Wirtschaft und Technologie. Über die Einrichtung des Abrufverfahrens ist der Bundesbeauftragte für den Datenschutz und die Informationsfreiheit unter Mitteilung der Festlegungen nach Absatz 2 zu unterrichten.

(4) Die Verantwortung für die Zulässigkeit des einzelnen Abrufs trägt das Zollkriminalamt. Abrufe im automatisierten Verfahren dürfen nur von Bediensteten vorgenommen werden, die von der Leitung des Zollkriminalamtes hierzu besonders ermächtigt sind.

(5) Das Bundesamt für Wirtschaft und Ausfuhrkontrolle (BAFA) prüft die Zulässigkeit der Abrufe nur, wenn dazu Anlass besteht. Es hat zu gewährleisten, dass die Übermittlung personenbezogener Daten zumindest durch geeignete Stichprobenverfahren festgestellt und überprüft werden kann.

§ 26
Übermittlung personenbezogener Daten aus Strafverfahren

(1) In Strafverfahren wegen Verstoßes gegen dieses Gesetz oder gegen eine Rechtsverordnung auf Grund dieses Gesetzes oder gegen das Gesetz über die Kontrolle von Kriegswaffen dürfen Gerichte und Staatsanwaltschaften obersten Bundesbehörden personenbezogene Daten zur Verfolgung der Zwecke des § 4 Absatz 1 und 2 übermitteln.

(2) Die nach Absatz 1 erlangten Daten dürfen nur zu den dort genannten Zwecken verwendet werden.

(3) Der Empfänger darf die Daten an eine nicht in Absatz 1 genannte öffentliche Stelle nur weiterübermitteln, wenn

1. das Interesse an der Verwendung der übermittelten Daten das Interesse des Betroffenen an der Geheimhaltung erheblich überwiegt und
2. der Untersuchungszweck des Strafverfahrens nicht gefährdet werden kann.

§ 27
Überwachung des Fracht-, Post- und Reiseverkehrs

(1) Waren, die ausgeführt, verbracht, eingeführt oder durchgeführt werden, sind auf Verlangen vorzuzeigen. Sie können einer Beschau und einer Untersuchung unterworfen werden.

(2) Beförderungsmittel, Gepäckstücke und sonstige Behältnisse können darauf geprüft werden, ob sie Waren enthalten, deren Ausfuhr, Einfuhr, Verbringung oder Durchfuhr beschränkt ist.

(3) Wer aus dem Inland ausreist oder in das Inland einreist, hat auf Verlangen zu erklären, ob er Waren mit sich führt, deren Ausfuhr, Einfuhr, Durchfuhr oder Verbringung nach diesem Gesetz oder nach einer auf Grund dieses Gesetzes erlassenen Rechtsverordnung beschränkt ist.

(4) Wer Waren ausführen will, hat die Sendung den zuständigen Zollstellen zur Ausfuhrabfertigung zu gestellen. Das Nähere wird durch eine Rechtsverordnung nach § 11 bestimmt. Zur Erleichterung des Post-, Fracht- und Reiseverkehrs können durch Rechtsverordnung Ausnahmen zugelassen werden, soweit hierdurch der Überwachungszweck nicht gefährdet wird.

(5) Die Zollbehörden überwachen die Einhaltung

1. der Vorschriften dieses Gesetzes,
2. der zu diesem Gesetz erlassenen Rechtsverordnungen und
3. der Rechtsakte der Europäischen Union im Bereich des Außenwirtschaftsverkehrs

über die Ausfuhr, Einfuhr, Verbringung und Durchfuhr. Das Bundesministerium des Innern bestimmt die Behörden der Bundespolizei, die für die Überwachung der Ausfuhr von Waffen und Sprengstoff zuständig sind; Satz 1 bleibt unberührt.

§ 28
Kosten

(1) Die Zollbehörden können bei der Durchführung der Vorschriften dieses Gesetzes oder der zu diesem Gesetz erlassenen Rechtsverordnungen über die Ausfuhr, Verbringung, Einfuhr oder Durchfuhr sowie der Rechtsakte der Europäischen Union im Bereich des Außenwirtschaftsverkehrs Kosten (Gebühren und Auslagen) erheben für

1. die Abfertigung außerhalb des Amtsplatzes oder außerhalb der Öffnungszeiten,
2. die Ausstellung und Nachprüfung von Bescheinigungen oder
3. die Untersuchung von Waren.

(2) In den Fällen des Absatzes 1 gelten für die Bemessung der Kosten und für das Verfahren zu ihrer Erhebung die Vorschriften über Kosten, die auf Grund des § 178 der Abgabenordnung erhoben werden.

2. Außenwirtschaftsverordnung

Vom 5. August 2013
[BGBl. I S. 2865]

Es verordnen auf Grund

- des § 12 Absatz 1 Satz 1 in Verbindung mit § 3 Absatz 3, § 4 Absatz 1 und 3, § 5, § 9 Satz 1, § 11, § 19 Absatz 4 Satz 2 und § 27 Absatz 4 Satz 2 und 3 des Außenwirtschaftsgesetzes vom 6. Juni 2013 (BGBl. I S. 1482) die Bundesregierung sowie
- des § 12 Absatz 1 Satz 2 in Verbindung mit § 4 Absatz 2 und 3 des Außenwirtschaftsgesetzes vom 6. Juni 2013 (BGBl. I S. 1482) das Bundesministerium für Wirtschaft und Technologie im Einvernehmen mit dem Auswärtigen Amt und dem Bundesministerium der Finanzen:

Kapitel 1
Allgemeine Vorschriften

§ 1
Beantragung von Genehmigungen

(1) Anträge auf Erteilung einer Genehmigung können, wenn im Folgenden nichts anderes bestimmt ist, von jedem gestellt werden, der das genehmigungsbedürftige Rechtsgeschäft oder die genehmigungsbedürftige Handlung vornimmt. Antragsberechtigt ist auch, wer einen Anspruch aus dem Rechtsgeschäft herleitet oder einen Anspruch auf Vornahme der Handlung geltend macht.

(2) Genehmigungen in der Form der Allgemeinverfügung (§ 35 Satz 2 des Verwaltungsverfahrensgesetzes) werden von Amts wegen erteilt.

§ 2
Zertifikate nach Artikel 9 der Richtlinie 2009/43/EG

(1) Das Bundesamt für Wirtschaft und Ausfuhrkontrolle (BAFA) erteilt einem Teilnehmer am Außenwirtschaftsverkehr auf Antrag ein Zertifikat, das ihm Zuverlässigkeit bescheinigt, insbesondere in Bezug auf seine Fähigkeit, die Ausfuhrbestimmungen für in Teil I Abschnitt A der Ausfuhrliste (Anlage AL) genannte Güter einzuhalten, die er im Rahmen einer Genehmigung aus einem anderen Mitgliedstaat der Europäischen Union bezieht.

(2) Für die Bescheinigung der Zuverlässigkeit des Antragstellers sind in der Regel erforderlich:

1. nachgewiesene Erfahrung im Bereich Verteidigung, insbesondere unter Berücksichtigung der Einhaltung von Ausfuhrbeschränkungen durch den Antragsteller, etwaiger einschlägiger Gerichtsurteile und der Beschäftigung erfahrener Führungskräfte;
2. einschlägige industrielle Tätigkeit mit Bezug auf in Teil I Abschnitt A der Ausfuhrliste genannte Güter im Inland, insbesondere Fähigkeit zur System- oder Teilsystemintegration;

3. die Ernennung eines leitenden Mitarbeiters zum persönlich Verantwortlichen für Verbringungen und Ausfuhren, der persönlich für das interne Programm zur Einhaltung der Ausfuhrkontrollverfahren oder das Verbringungs- und Ausfuhrverwaltungssystem des Antragstellers sowie für das Ausfuhr- und Verbringungskontrollpersonal verantwortlich ist und Mitglied des geschäftsführenden Organs des Antragstellers ist;
4. eine von dem in Nummer 3 genannten leitenden Mitarbeiter unterzeichnete schriftliche Verpflichtungserklärung des Antragstellers, dass er alle notwendigen Vorkehrungen trifft, um sämtliche Bedingungen für die Endverwendung und Ausfuhr eines ihm gelieferten in Teil I Abschnitt A der Ausfuhrliste genannten Gutes einzuhalten und durchzusetzen;
5. eine von dem in Nummer 3 genannten leitenden Mitarbeiter unterzeichnete schriftliche Verpflichtungserklärung des Antragstellers, dass er gegenüber den zuständigen Behörden bei Anfragen und Untersuchungen die erforderlichen Angaben über die Endverwender oder die Endverwendung aller Güter macht, die er ausführt, verbringt oder im Rahmen einer Genehmigung eines anderen Mitgliedstaats der Europäischen Union erhält;
6. eine von dem in Nummer 3 genannten leitenden Mitarbeiter gegengezeichnete Beschreibung des internen Programms zur Einhaltung der Ausfuhrkontrollverfahren oder des Verbringungs- und Ausfuhrverwaltungssystems des Antragstellers, aus der sich eindeutig ergibt, dass der in Nummer 3 genannte leitende Mitarbeiter die Aufsicht über das Personal der für die Ausfuhr- und Verbringungskontrolle des Antragstellers zuständigen Abteilungen führt; diese Beschreibung enthält Angaben über
   a) die organisatorischen, personellen und technischen Mittel für die Verwaltung von Verbringungen und Ausfuhren,
   b) die Verteilung der Zuständigkeiten beim Antragsteller,
   c) die internen Prüfverfahren,
   d) die Maßnahmen zur Sensibilisierung und Schulung des Personals,
   e) die Maßnahmen zur Gewährleistung der physischen und technischen Sicherheit,
   f) das Führen von Aufzeichnungen,
   g) die Rückverfolgbarkeit von Verbringungen und Ausfuhren,
   h) die Adresse, unter der die zuständigen Behörden gemäß § 23 des Außenwirtschaftsgesetzes die Aufzeichnungen über die in Teil I Abschnitt A der Ausfuhrliste genannten Güter einsehen können;
7. eine Erklärung des Antragstellers, dass er
   a) die in Teil I Abschnitt A der Ausfuhrliste genannten Güter, die er auf der Grundlage einer Allgemeinverfügung erhält, welche auf die Erteilung des Zertifikats Bezug nimmt, für seine eigene Produktion verwendet und
   b) die betreffenden Güter außer zum Zweck der Wartung oder Reparatur nicht als solche einem Dritten endgültig überlässt, zu ihm verbringt oder an ihn ausführt.

(3) Die Gültigkeitsdauer des Zertifikats darf höchstens fünf Jahre betragen.

§ 3
Formerfordernisse

(1) Soweit nichts anderes bestimmt ist, bedürfen Verwaltungsakte im Außenwirtschaftsverkehr der Schriftform. Das Bundesamt für Wirtschaft und Ausfuhrkontrolle (BAFA) kann durch Allgemeinverfügung, die im Bundesanzeiger bekannt zu machen ist, vorschreiben, dass der Erlass eines Verwaltungsakts auf einem besonderen Vordruck beantragt werden muss. § 3a des Verwaltungsverfahrensgesetzes ist nicht anzuwenden.

(2) Das Bundesamt für Wirtschaft und Ausfuhrkontrolle (BAFA) kann durch Allgemeinverfügung, die im Bundesanzeiger bekannt zu machen ist, festlegen, von welchem Zeitpunkt an und unter welchen Voraussetzungen Anträge auf Erlass eines Verwaltungsakts im Außenwirtschaftsverkehr elektronisch gestellt und Verwaltungsakte elektronisch erlassen werden können.

§ 4
Sammelgenehmigungen

Dem Antragsteller kann eine Genehmigung für eine unbestimmte Anzahl gleichartiger Rechtsgeschäfte oder Handlungen mit einem oder mehreren genau bestimmten Endverwendern oder Drittländern (Sammelgenehmigung) erteilt werden, wenn dies wegen der beabsichtigten Wiederholung der Rechtsgeschäfte oder Handlungen zweckmäßig erscheint.

§ 5
Rückgabe von Verwaltungsakten

(1) Der Adressat eines Verwaltungsakts in Papierform muss der für den Erlass zuständigen Stelle die diesen Verwaltungsakt verkörpernde Urkunde unverzüglich zurückgeben, wenn

1. der erteilte Verwaltungsakt unwirksam wird, bevor er vollständig ausgenutzt wurde,
2. der Adressat die Absicht aufgibt, den Verwaltungsakt vollständig auszunutzen, oder
3. der Verwaltungsakt oder die ihn verkörpernde Urkunde durch einen weiteren Bescheid, insbesondere eine Zweitausfertigung, ersetzt wurde und der ursprüngliche Verwaltungsakt infolge der Ersetzung keinen eigenen Regelungsgehalt mehr aufweist.

Im Übrigen bleibt § 52 des Verwaltungsverfahrensgesetzes unberührt.

(2) Durch Allgemeinverfügung, die im Bundesanzeiger bekannt zu machen ist, kann die zuständige Stelle festlegen, von welchem Zeitpunkt an und unter welchen Voraussetzungen auf die Rückgabepflicht nach Absatz 1 verzichtet werden kann.

(3) Die Rückgabepflicht auf Grund von Rechtsakten der Europäischen Union bleibt unberührt.

§ 6
Aufbewahrung von Verwaltungsakten

(1) Der Adressat eines Verwaltungsakts muss die diesen Verwaltungsakt verkörpernde Urkunde nach Ablauf der Gültigkeit des Verwaltungsaktes für die Dauer von fünf Jahren aufbewahren, es sei denn, dass die Urkunde vorher zurückgegeben werden muss.

(2) Durch Allgemeinverfügung, die im Bundesanzeiger bekannt zu machen ist, kann die zuständige Stelle

1. festlegen, von welchem Zeitpunkt an und unter welchen Voraussetzungen auf die Aufbewahrungspflicht nach Absatz 1 verzichtet werden kann, oder
2. die weiteren Voraussetzungen für die Aufbewahrung regeln.

§ 7
Boykotterklärung

Die Abgabe einer Erklärung im Außenwirtschaftsverkehr, durch die sich ein Inländer an einem Boykott gegen einen anderen Staat beteiligt (Boykott-Erklärung), ist verboten.

Kapitel 2
Ausfuhr und Verbringung aus dem Inland

Abschnitt 1
Beschränkungen

Unterabschnitt 1
Genehmigungsbedürftige Ausfuhr

§ 8
Genehmigungserfordernisse für die Ausfuhr von Gütern des Teils I der Ausfuhrliste

(1) Die Ausfuhr der folgenden Güter bedarf der Genehmigung:

1. der in Teil I Abschnitt A der Ausfuhrliste genannten Güter und
2. der in Teil I Abschnitt B der Ausfuhrliste genannten Güter.

(2) Eine Genehmigung nach Absatz 1 Nummer 1 ist nicht erforderlich für die Ausfuhr der folgenden Güter in die Schweiz, nach Norwegen und Island:

1. Feuerwaffen im Sinne des § 1 Absatz 4 des Waffengesetzes in Verbindung mit Abschnitt 1 Unterabschnitt 1 Nummer 2 und Abschnitt 3 der Anlage 1 zum Waffengesetz, soweit das Waffengesetz und die auf Grund des Waffengesetzes erlassenen waffenrechtlichen Verordnungen für diese gelten, einschließlich unwesentlicher Teile und Zubehör,
2. Munition im Sinne des § 1 Absatz 4 des Waffengesetzes in Verbindung mit Abschnitt 1 Unterabschnitt 3 Nummer 1 und 2 der Anlage 1 zum Waffengesetz, soweit sie für Feuerwaffen im Sinne von Nummer 1 bestimmt ist, einschließlich Munitionsteile, und
3. Wiederladegeräte, soweit sie für die Munition im Sinne der Nummer 2 bestimmt sind.

(3) Eine Genehmigung nach Absatz 1 Nummer 2 ist nicht erforderlich, wenn nach dem der Ausfuhr zugrunde liegenden Vertrag derartige Güter im Wert von nicht mehr als 5 000 Euro geliefert werden sollen. Die Ausfuhr von Software und Technologie ist abweichend von Satz 1 stets genehmigungspflichtig.

§ 9
Genehmigungserfordernisse für die Ausfuhr von Gütern mit einem bestimmten Verwendungszweck

(1) Die Ausfuhr von Gütern, die nicht in der Ausfuhrliste oder in Anhang I der Verordnung (EG) Nr. 428/2009 des Rates vom 5. Mai 2009 über eine Gemeinschaftsregelung für die Kontrolle der Ausfuhr, der Verbringung, der Vermittlung und der Durchfuhr von Gütern mit doppeltem Verwendungszweck (ABl. L 134 vom 29.5.2009, S. 1), die zuletzt durch die Verordnung (EU) Nr. 388/2012 (ABl. L 129 vom 16.5.2012, S. 12) geändert worden ist, genannt sind, bedarf der Genehmigung, wenn der Ausführer vom Bundesamt für Wirtschaft und Ausfuhrkontrolle (BAFA) darüber unterrichtet worden ist, dass

1. diese Güter ganz oder teilweise für die Errichtung oder den Betrieb einer Anlage für kerntechnische Zwecke im Sinne der Kategorie 0 des Anhangs I der Verordnung (EG) Nr. 428/2009 oder zum Einbau in eine solche Anlage bestimmt sind oder bestimmt sein können und
2. das Bestimmungsland Algerien, Irak, Iran, Israel, Jordanien, Libyen, die Demokratische Volksrepublik Korea, Pakistan oder Syrien ist.

Soweit in Satz 1 und im Folgenden auf einen Anhang der VO (EG) Nr. 428/2009 Bezug genommen wird, ist die jeweils geltende Fassung dieses Anhangs maßgebend.

(2) Ist dem Ausführer bekannt, dass Güter, die er ausführen möchte und die nicht in der Ausfuhrliste oder in Anhang I der Verordnung (EG) Nr. 428/2009 genannt sind, für einen in Absatz 1 genannten Zweck bestimmt sind und es sich um ein in Absatz 1 genanntes Bestimmungsland handelt, so hat er das Bundesamt für Wirtschaft und Ausfuhrkontrolle (BAFA) darüber zu unterrichten. Dieses entscheidet, ob die Ausfuhr genehmigungspflichtig ist. Die Güter dürfen erst ausgeführt werden, wenn das Bundesamt für Wirtschaft und Ausfuhrkontrolle (BAFA) die Ausfuhr genehmigt hat oder entschieden hat, dass es keiner Genehmigung bedarf.

(3) Die Absätze 1 und 2 gelten nicht

1. im Regelungsbereich des Artikels 4 der Verordnung (EG) Nr. 428/2009,
2. in Fällen, in denen nach dem der Ausfuhr zugrunde liegenden Vertrag derartige Güter im Wert von nicht mehr als 5 000 Euro geliefert werden sollen; die Ausfuhr von Software und Technologie ist unabhängig von ihrem Wert stets genehmigungspflichtig.

§ 10
Genehmigungserfordernisse für die Ausfuhr von Gütern des Teils II der Ausfuhrliste

(1) Die Ausfuhr der in Teil II Spalte 3 der Ausfuhrliste mit „G" gekennzeichneten Waren bedarf der Genehmigung. Dies gilt nicht, wenn die Waren den im Amtsblatt der Europäischen Union veröffentlichten Vermarktungsnormen oder Mindestanforderungen entsprechen, die in der Verordnung (EG) Nr. 1234/2007 des Rates vom 22. Oktober 2007 über eine gemeinsame Organisation der Agrarmärkte und mit Sondervorschriften für bestimmte landwirtschaftliche Erzeugnisse (Verordnung über die einheitliche GMO; ABl. L 299 vom 16.11.2007, S. 1), die zuletzt durch die Verordnung (EU) Nr. 52/2013 (ABl. L 20 vom 23.1.2013, S. 44) geändert worden ist, in der jeweils geltenden Fassung festgelegt worden sind. Satz 2 ist nicht anzuwenden, soweit in der Verordnung (EG) Nr. 1234/2007

Ausnahmen hinsichtlich der Beachtung der Vermarktungsnormen oder Mindestanforderungen vorgesehen sind.

(2) Die Ausfuhr der in Teil II Spalte 3 der Ausfuhrliste mit „G 1" gekennzeichneten Waren bedarf der Genehmigung. Dies gilt nicht, wenn die Preise der Waren die auf Grund der Verordnung (EG) Nr. 1234/2007 durch Verordnungen der Kommission festgesetzten Mindestpreise nicht unterschreiten oder wenn keine Mindestpreise festgesetzt sind.

Unterabschnitt 2
Genehmigungsbedürftige Verbringung aus dem Inland

§ 11
Genehmigungserfordernisse für die Verbringung von Gütern

(1) Die Verbringung der in Teil I Abschnitt A der Ausfuhrliste genannten Güter bedarf der Genehmigung.

Dies gilt nicht für

1. Feuerwaffen im Sinne des § 1 Absatz 4 des Waffengesetzes in Verbindung mit Abschnitt 1 Unterabschnitt 1 Nummer 2 und Abschnitt 3 der Anlage 1 zum Waffengesetz, soweit das Waffengesetz und die auf Grund des Waffengesetzes erlassenen waffenrechtlichen Verordnungen für diese gelten, einschließlich unwesentlicher Teile und Zubehör,
2. Munition im Sinne des § 1 Absatz 4 des Waffengesetzes in Verbindung mit Abschnitt 1 Unterabschnitt 3 Nummer 1 und 2 der Anlage 1 zum Waffengesetz, soweit sie für Feuerwaffen im Sinne von Nummer 1 bestimmt ist, einschließlich Munitionsteile, und
3. Wiederladegeräte, soweit sie für Munition im Sinne der Nummer 2 bestimmt sind.

(2) Die Verbringung der in Teil I Abschnitt B der Ausfuhrliste genannten Güter bedarf der Genehmigung, wenn dem Verbringer bekannt ist, dass das endgültige Bestimmungsziel der Güter außerhalb der Europäischen Union liegt.

(3) Die Verbringung von Gütern, die nicht in der Ausfuhrliste oder in Anhang I der Verordnung (EG) Nr. 428/2009 genannt sind, bedarf der Genehmigung, wenn das endgültige Bestimmungsziel der Güter außerhalb der Europäischen Union liegt und der Verbringer vom Bundesamt für Wirtschaft und Ausfuhrkontrolle (BAFA) darüber unterrichtet worden ist, dass diese Güter ganz oder teilweise für die Errichtung oder den Betrieb einer Anlage für kerntechnische Zwecke im Sinne der Kategorie 0 des Anhangs I der Verordnung (EG) Nr. 428/2009 oder zum Einbau in eine solche Anlage bestimmt sind oder bestimmt sein können und es sich um ein in § 9 Absatz 1 Satz 1 Nummer 2 genanntes Bestimmungsland handelt.

(4) Ist dem Verbringer bekannt, dass Güter im Sinne des Absatzes 3, die er verbringen möchte und deren endgültiges Bestimmungsziel außerhalb der Europäischen Union liegt, für einen in Absatz 3 genannten Zweck bestimmt sind und es sich um ein in § 9 Absatz 1 Satz 1 Nummer 2 genanntes Bestimmungsland handelt, so hat er das Bundesamt für Wirtschaft und Ausfuhrkontrolle (BAFA) darüber zu unterrichten. Dieses entscheidet, ob die Verbringung genehmigungspflichtig ist. Die Güter dürfen erst verbracht werden, wenn das Bundesamt für Wirtschaft und Ausfuhrkontrolle (BAFA) die Verbringung genehmigt hat oder entschieden hat, dass es keiner Genehmigung bedarf.

(5) Die Absätze 2 bis 4 gelten nicht, wenn

1. die Ausfuhr der Güter gemäß § 8 oder § 9 einer Genehmigung bedarf und für eine derartige Ausfuhr eine Allgemeingenehmigung vorliegt,
2. die Güter in dem Mitgliedstaat, in den sie verbracht werden sollen, einer Verarbeitung oder Bearbeitung im Sinne des Artikels 24 der Verordnung (EWG) Nr. 2913/92 des Rates vom 12. Oktober 1992 zur Festlegung des Zollkodex der Gemeinschaften (ABl. L 302 vom 19.10.1992, S. 1, L 79 vom 1.4.1993, S. 84, L 97 vom 18.4.1996, S. 38), die zuletzt durch die Verordnung (EG) Nr. 1186/2009 (ABl. L 324 vom 10.12.2009, S. 23) geändert worden ist, unterzogen werden sollen oder
3. Güter im Wert von nicht mehr als 5 000 Euro geliefert werden sollen; die Ausfuhr von Software und Technologie ist unabhängig von ihrem Wert stets genehmigungspflichtig.

Abschnitt 2
Verfahrens- und Meldevorschriften

Unterabschnitt 1
Ausfuhr und Wiederausfuhr

§ 12
Gestellung und Anmeldung

(1) Jede Ausfuhrsendung ist vor der Ausfuhr vom Anmelder unter Vorlage einer Ausfuhranmeldung oder einer Zollanmeldung in Form einer Ausfuhranmeldung bei der Ausfuhrzollstelle zu gestellen.

(2) Wer als Ausführer nach Artikel 788 der Verordnung (EWG) Nr. 2454/93 der Kommission vom 2. Juli 1993 mit Durchführungsvorschriften zu der Verordnung (EWG) Nr. 2913/92 des Rates zur Festlegung des Zollkodex der Gemeinschaften (ABl. L 253 vom 11.10.1992, S. 1, L 268 vom 19.10.1994, S. 32, L 180 vom 19.7.1996, S. 34, L 156 vom 13.6.1997, S. 59, L 111 vom 29.4.1999, S. 88), die zuletzt durch die Verordnung (EU) Nr. 58/2013 (ABl. L 21 vom 24.1.2013, S. 19) geändert worden ist, in der jeweils geltenden Fassung, oder als Anmelder nach Artikel 64 der Verordnung (EWG) Nr. 2913/92 Waren aus dem Zollgebiet der Europäischen Union befördern will, hat folgende Zollanmeldung abzugeben:

1. eine Ausfuhranmeldung im Sinne des Artikels 161 Absatz 5 Satz 1 der Verordnung (EWG) Nr. 2913/92 entsprechend den Anforderungen des Artikels 787 Absatz 1 sowie des Artikels 792 Absatz 2 in Verbindung mit den Artikeln 279 bis 289 und den Anhängen 37 und 30A der Verordnung (EWG) Nr. 2454/93,
2. die Ausfuhranmeldung im Sinne des Artikels 161 Absatz 5 Satz 1 der Verordnung (EWG) Nr. 2913/92 entsprechend den Fristen der Artikel 592b und 592c der Verordnung (EWG) Nr. 2454/93 oder
3. eine Zollanmeldung in Form einer Ausfuhranmeldung nach Artikel 182 Absatz 3 Satz 3 und 4 der Verordnung (EWG) Nr. 2913/92 entsprechend den Anforderungen des Artikels 841 Absatz 1, des Artikels 787 Absatz 1 und 2 und des Artikels 792 Absatz 2 in Verbindung mit den Artikeln 279 bis 289 und den Anhängen 37 und 30A der Verordnung (EWG) Nr. 2454/93.

(3) Die Zollanmeldung nach Absatz 2 ist außer in den Fällen der Artikel 226, 231 oder 237 der Verordnung (EWG) Nr. 2454/93 elektronisch abzugeben und muss die Angaben gemäß Anlage A 1 dieser Verordnung enthalten. Die Zollanmeldung ist abzugeben mit Hilfe des elektronischen Ausfuhrverfahrens ATLAS oder über die Internetausfuhranmeldung Plus nach Maßgabe der jeweils geltenden Verfahrensanweisung für das elektronische Ausfuhrverfahren ATLAS, die das Bundesministerium der Finanzen in seinem Amtsblatt bekannt gibt. Bei einer Funktionsstörung des Datenverarbeitungssystems der Zolldienststelle oder des Anmelders hat der Anmelder der Zollstelle die Zollanmeldung entsprechend den Anforderungen des Artikels 787 Absatz 2 der Verordnung (EWG) Nr. 2454/93 zu übermitteln.

(4) Die Zollstelle kann auf Antrag die Gestellung an einem anderen Ort im Bezirk der Ausfuhrzollstelle zulassen, wenn die Waren dort verpackt oder verladen werden und die Ausfuhranmeldung oder eine Zollanmeldung in Form einer Ausfuhranmeldung so rechtzeitig abgegeben wird, dass die zollamtliche Behandlung der Ausfuhrsendung möglich ist. Wird die Ausfuhrsendung nicht elektronisch angemeldet, ist der Antrag nach Satz 1 auf einem Vordruck abzugeben, der vom Bundesministerium der Finanzen durch Allgemeinverfügung festgelegt wird, die im Bundesanzeiger bekannt zu machen ist. Die nicht gegenständliche Übermittlung von Gütern bedarf keiner zollamtlichen Behandlung.

(5) Für in Rohrleitungen beförderte Waren ist zuständige Ausgangszollstelle jede Zollstelle, in deren Bezirk sich ein Zugang zu der Rohrleitung befindet, in der die Ware befördert wird.

§ 13
Ergänzende Vorschriften für die Gestellung und Anmeldung bei Seeschiffen

(1) Der Verfrachter, der Frachtführer oder, wenn kein Frachtgeschäft vorliegt, der Besitzer der Ladung hat dem zuständigen Hauptzollamt für jedes aus einem Seehafen seewärts ausgehende Schiff ein Ladungsverzeichnis gemäß Absatz 2 und 3 Satz 1 einzureichen.

(2) Das Ladungsverzeichnis muss folgende Angaben enthalten:

1. den Namen des Verfrachters, des Schiffes, des Verladehafens und des Löschhafens,
2. die Anzahl, die Art und die Kennzeichen der Behältnisse,
3. die Benennung und die Menge der geladenen Güter in Übereinstimmung mit den Konnossementen oder sonstigen Ladepapieren und
4. die Erklärung, dass im Ladungsverzeichnis alle in dem Schiff verladenen Güter verzeichnet sind.

(3) Das Ladungsverzeichnis ist unverzüglich nach Beendigung der Verladung beim Hauptzollamt einzureichen. Das Hauptzollamt kann verlangen, dass Ladungsverzeichnisse, die mittels einer Datenverarbeitungsanlage erstellt wurden, auf maschinell verwertbaren Datenträgern oder durch Datenfernübertragung abzugeben sind.

(4) Das Hauptzollamt kann, soweit die Überwachung der Ausfuhr nicht beeinträchtigt wird, allgemein oder im Einzelfall auf das Einreichen eines Ladungsverzeichnisses verzichten.

(5) Bei unbeladenen Schiffen muss der Schiffsführer vor Abgang des Schiffes schriftlich erklären, dass das Schiff unbeladen ist.

§ 14
Verfahren bei der zollamtlichen Behandlung

(1) Zur Prüfung der Zulässigkeit der Ausfuhr können die Ausfuhrzollstelle und die Ausgangszollstelle von dem Ausführer oder dem Anmelder weitere Angaben und Beweismittel verlangen, insbesondere auch die Vorlage der Verladescheine.

(2) Die Ausgangszollstelle lehnt die zollamtliche Behandlung ab, wenn die Ausfuhrzollstelle nicht die erforderliche zollamtliche Behandlung bescheinigt hat oder wenn bei Ausfall der Datenverarbeitungssysteme die Vorabfertigung gemäß Artikel 286 Absatz 2 der Verordnung (EWG) Nr. 2454/93 fehlt. In diesen Fällen verweigert bei Versand durch ein Postunternehmen die Poststelle oder bei Versand durch ein Unternehmen des Schienenverkehrs die Versandstelle die Übernahme.

(3) Der Anmelder darf Waren nicht vor Abschluss der Prüfung durch die Ausfuhrzollstelle vom Ort der Gestellung oder vom zugelassenen Ort gemäß § 12 Absatz 4 vor Ablauf der im Antrag nach § 12 Absatz 4 angegeben Zeit entfernen oder entfernen lassen oder dort verladen oder verladen lassen.

(4) Der Anmelder darf Waren nicht vor Abschluss der Prüfung durch die Ausgangszollstelle vom Ort der Gestellung entfernen oder entfernen lassen oder dort verladen oder verladen lassen.

§ 15
Unvollständige Zollanmeldung und vereinfachtes Anmeldeverfahren

(1) Wenn ein Anmelder von der unvollständigen Anmeldung nach Artikel 280 Absatz 1 Unterabsatz 1 der Verordnung (EWG) Nr. 2454/93 Gebrauch machen will, muss er bei der Ausfuhranmeldung oder bei einer Zollanmeldung in Form einer Ausfuhranmeldung mindestens die nach Anhang 30A der Verordnung (EWG) Nr. 2454/93 für dieses Verfahren erforderlichen Angaben machen. Bei Waren, für die Ausfuhrabgaben zu entrichten sind oder für die sonstige im Rahmen der gemeinsamen Agrarpolitik vorgesehene Maßnahmen gelten, hat der Anmelder nach Artikel 280 Absatz 1 Unterabsatz 3 der Verordnung (EWG) Nr. 2454/93 darüber hinaus alle Angaben zu machen, die die Erhebung der Abgaben oder die Durchführung der Maßnahmen ermöglichen.

(2) Liegen die Voraussetzungen für eine unvollständige Zollanmeldung nach Artikel 253 Absatz 1 und den Artikeln 280 und 281 der Verordnung (EWG) Nr. 2454/93 vor, so kann der Anmelder die Angaben mehrerer unvollständiger Zollanmeldungen in einer ergänzenden oder ersetzenden Zollanmeldung zusammenfassen, wenn der gesamte Ausfuhrvorgang im Inland erfolgt und die Waren in einer einzigen Ausfuhrsendung ausgeführt worden sind.

(3) Zuständig für die Bewilligung des vereinfachten Anmeldeverfahrens nach Artikel 253 Absatz 2 und Artikel 282 der Verordnung (EWG) Nr. 2454/93 ist das Hauptzollamt.

§ 16
Anschreibeverfahren

(1) In dem Antrag auf Bewilligung eines Anschreibeverfahrens nach Artikel 253 Absatz 3 und den Artikeln 283 bis 287 der Verordnung (EWG) Nr. 2454/93 sind die auszuführenden Waren zu bezeichnen und die Nummer des Warenverzeichnisses für die Außenhandelsstatistik anzugeben, das vom Statistischen Bundesamt in 65189 Wiesbaden, Gustav-

Stresemann-Ring 11, herausgegeben wird und auch über www-ec.destatis.de bezogen werden kann.

(2) Soll ständig eine Vielzahl verschiedener Waren ausgeführt werden, so können diese in dem Antrag nach Absatz 1 in Warengruppen mit einer Sammelbezeichnung und mit der zutreffenden Positions- oder Kapitelnummer des Warenverzeichnisses angegeben werden.

(3) Zuständig für die Bewilligung des Anschreibeverfahrens ist das Hauptzollamt.

§ 17
Einstufiges Ausfuhrverfahren

(1) Mit der Bewilligung „vertrauenswürdiger Ausführer" kann das Hauptzollamt Ausführern, die ständig zahlreiche Sendungen ausführen, die Bewilligung erteilen, die Waren direkt bei der Ausgangszollstelle durch Abgabe einer vereinfachten elektronischen Ausfuhranmeldung anzumelden und zu gestellen, wenn

1. der gesamte Ausfuhrvorgang im Inland erfolgt,
2. bei dem Ausführer die fortlaufende, vollständige und richtige Erfassung der Ausfuhrsendungen nach der Art des betrieblichen Rechnungswesens, insbesondere mit Hilfe einer elektronischen Datenverarbeitungsanlage, gewährleistet ist und
3. die Überwachung der Ausfuhr nicht beeinträchtigt wird.

(2) Zuständig für die Bewilligung des einstufigen Ausfuhrverfahrens nach Absatz 1 ist das Hauptzollamt nach § 24 Absatz 1 der Zollverordnung. Das Bundesministerium der Finanzen gibt die jeweils geltenden Voraussetzungen für die Teilnahme an der elektronischen Datenübermittlung in der Verfahrensanweisung zum elektronischen Ausfuhrverfahren ATLAS in seinem Amtsblatt bekannt.

(3) In der Bewilligung wird Folgendes geregelt:

1. für welche Waren und Bestimmungsländer sie gilt,
2. welche der Daten nach Anhang 30A Tabelle 1 Spalte 2 der Verordnung (EWG) Nr. 2454/93 neben der Bewilligungsnummer für die vereinfachte elektronische Ausfuhranmeldung erforderlich sind,
3. die Art der und die Voraussetzungen für die Überlassung der Waren zum Ausgang,
4. die erforderlichen Begleitunterlagen für die Zulässigkeitsprüfung der Ausgangszollstelle oder die sie ersetzenden Datenträger und die Art, wie sie für gültig erklärt werden,
5. das Verfahren für die Übermittlung der Daten für die ergänzende elektronische Ausfuhranmeldung, die nach Anlage A1 dieser Verordnung in Verbindung mit Anhang 37 der Verordnung (EWG) Nr. 2454/93 erforderlich sind.

(4) Der Ausführer hat bei einer Ausfuhr in einem Verfahren nach Absatz 1 bei der Ausgangszollstelle die Angaben nach Absatz 3 Nummer 2 zu machen. Bei der genehmigungsbedürftigen Ausfuhr von Gütern hat er zusätzlich anzugeben, ob eine Genehmigung in Form der Allgemeinverfügung oder eine Sammelgenehmigung vorliegt.

(5) Der Ausführer muss innerhalb von 30 Tagen nach der Annahme der vereinfachten elektronischen Ausfuhranmeldung bei der Ausgangszollstelle eine ergänzende elektronische Ausfuhranmeldung abgeben. Darin hat er die Angaben zu machen, die nach Anlage

A1 dieser Verordnung in Verbindung mit Anhang 37 der Verordnung (EWG) Nr. 2454/93 erforderlich sind. Einer vereinfachten elektronischen Ausfuhranmeldung und einer Gestellung der Waren bei der Ausfuhrzollstelle bedarf es nicht.

(6) Die Zollbehörde kann zulassen, dass der Anmelder bei einer Funktionsstörung des Datenverarbeitungssystems der Zolldienststelle oder des Anmelders eine schriftliche Ausfuhranmeldung mit den in Absatz 3 Nummer 2 genannten Angaben bei der Ausgangszollstelle vorlegt. Die Vorgaben der Verfahrensanweisung nach Absatz 2 Satz 2 gelten entsprechend.

§ 18
Erhebung von Ausfuhrdaten bei der Ausfuhr von Mineralöl und Gas

(1) Bei der Ausfuhr von Waren der Warennummern 2707 10 10 bis 2707 50 90, 2709 00 10 bis 2711 14 00, 2711 21 00, 2711 29 00, 2712 10 10 bis 2712 90 11, 2712 90 31 bis 2713 20 00, 2713 90 90, 3403 19 91 und 3403 19 99 des Warenverzeichnisses für die Außenhandelsstatistik hat der Ausführer zum Zweck der Marktbeobachtung gegenüber dem Bundesamt für Wirtschaft und Ausfuhrkontrolle (BAFA) folgende Angaben zu machen:

1. den Namen und die Adressdaten des Ausführers,
2. die Warenbezeichnung und die Warennummer,
3. die dem Ausführer zugeteilte Nummer zur Registrierung und Identifizierung von Wirtschaftsbeteiligten im Sinne des Artikels 1 Nummer 16 der Verordnung (EWG) Nr. 2454/93 (EORI-Nummer),
4. den Verfahrenscode,
5. das Bestimmungsland,
6. das Eigengewicht der Waren,
7. die besondere Maßeinheit,
8. die Ausfuhrzollstelle und
9. das Ausgangsdatum.

Der Ausführer übermittelt diese Angaben der zuständigen Zollstelle elektronisch mit der Ausfuhranmeldung.

(2) Das Zentrum für Informationsverarbeitung und Informationstechnik (ZIVIT) leitet die Daten im Auftrag der zuständigen Zollstelle zum Zweck der Marktbeobachtung an das Bundesamt für Wirtschaft und Ausfuhrkontrolle (BAFA) weiter.

(3) Das Bundesamt für Wirtschaft und Ausfuhrkontrolle (BAFA) löscht die Daten spätestens nach Ablauf von zwei Jahren. Die Frist beginnt mit dem Ende des Jahres, in dem die Daten von der zuständigen Zollstelle übermittelt worden sind.

§ 19
Ausfuhr von Obst und Gemüse

(1) Bei der genehmigungsfreien Ausfuhr von Obst und Gemüse, das in Teil II Kapitel 7 und 8 der Ausfuhrliste mit „G" gekennzeichnet ist, ist der Ausfuhrzollstelle zusammen mit der Ausfuhranmeldung eines der nachstehend genannten Dokumente vorzulegen:

1. eine gültige Bescheinigung nach der jeweils geltenden Fassung des Anhangs III der Verordnung (EU) Nr. 543/2011 der Kommission vom 7. Juni 2011 mit Durchführungsbestimmungen zur Verordnung (EG) Nr. 1234/2007 des Rates für die Sektoren Obst und Gemüse und Verarbeitungserzeugnisse aus Obst und Gemüse (ABl. L 157 vom 15.6.2011, S. 1), die zuletzt durch die Verordnung (EU) Nr. 988/2012 (ABl. L 297 vom 26.10.2012, S. 9) geändert worden ist (Konformitätsbescheinigung),
2. eine Mitteilung der zuständigen Kontrollstelle, dass für die betreffenden Parteien eine Konformitätsbescheinigung ausgestellt wurde, oder
3. eine Mitteilung der zuständigen Kontrollstelle, dass für die betreffenden Parteien auf Grund einer Risikoanalyse auf eine Konformitätskontrolle verzichtet wurde (Verzichtserklärung).

Erfolgt der gesamte Ausfuhrvorgang im Inland, kann das nach Nummern 1 bis 3 maßgebliche Dokument der Ausgangszollstelle vorgelegt werden.

(2) Erfolgt die Ausfuhrabfertigung elektronisch nach § 12 Absatz 3 Satz 1, hat der Ausführer sicherzustellen, dass die in Absatz 1 genannten Dokumente zum Zeitpunkt der Beantragung der Ausfuhrabfertigung bei ihm oder seinem Vertreter vorhanden sind. Die Vorlage der Dokumente in Papierform ist bei der Ausfuhrabfertigung nur auf Verlangen der Zollstelle erforderlich. Die Dokumente sind der zuständigen Zollstelle monatlich oder nach spezieller Vereinbarung vorzulegen. Auf den Dokumenten muss die Registriernummer der Ausfuhranmeldung vermerkt sein.

(3) Bei der genehmigungsfreien Ausfuhr der in Absatz 1 Satz 1 genannten Waren im gemeinsamen Versandverfahren für Warenbeförderungen im Eisenbahnverkehr nach Anlage I Titel III Kapitel VII oder mit Vereinfachungen im Versandverfahren „Status eines zugelassenen Versenders" nach Anlage I Titel III Kapitel V des Übereinkommens vom 20. Mai 1987 zwischen der Europäischen Wirtschaftsgemeinschaft, der Republik Österreich, der Republik Finnland, der Republik Island, dem Königreich Norwegen, dem Königreich Schweden und der Schweizerischen Eidgenossenschaft über ein gemeinsames Versandverfahren (ABl. L 226 vom 13.8.1987, S. 2), das zuletzt durch Beschluss Nr. 4/2012 (ABl. L 297 vom 26.10.2012, S. 34) geändert worden ist, in der jeweils geltenden Fassung, kann der Ausfuhrzollstelle anstelle des nach Absatz 1 erforderlichen Dokuments eine Durchschrift dieses Dokuments zusammen mit dem Ausfuhrbegleitdokument gemäß den Anhängen 45g und 45h der Verordnung (EWG) Nr. 2454/93 oder im Ausfallverfahren mit dem Exemplar Nummer 3 des Einheitspapiers Ausfuhr/Sicherheit gemäß den Anhängen 45k und 45l der Verordnung (EWG) Nr. 2454/93 vorgelegt werden. Absatz 2 gilt entsprechend.

(4) Bei der genehmigungsfreien Ausfuhr der in Absatz 1 Satz 1 genannten Waren im Anschreibeverfahren nach Artikel 283 und Artikel 285a Absatz 1a der Verordnung (EWG) Nr. 2454/93 kann der Ausfuhrzollstelle anstelle des nach Absatz 1 erforderlichen Dokuments innerhalb von 30 Tagen nach Überlassung der Ausfuhrsendung ins Ausfuhrverfahren eine Durchschrift dieses Dokuments vorgelegt werden. Auf der Durchschrift muss die Registriernummer der ursprünglichen Ausfuhranmeldung vermerkt sein.

(5) Bei der genehmigungsfreien Ausfuhr von verarbeitetem Obst und Gemüse, für das Vermarktungsnormen oder Mindestanforderungen auf Grund der Verordnung (EG) Nr. 1234/2007 erlassen wurden, ist der Ausfuhrzollstelle zusammen mit der Ausfuhranmeldung entweder eine Konformitätsbescheinigung oder eine Verzichtserklärung der Bundesanstalt für Landwirtschaft und Ernährung vorzulegen. Absatz 2 gilt entsprechend.

§ 20
Wiederausfuhren

Soweit Wiederausfuhren nach Artikel 182 Absatz 3 Satz 3 der Verordnung (EWG) Nr. 2913/92 einer Zollanmeldung bedürfen, gelten die Vorschriften dieses Unterabschnitts entsprechend.

Unterabschnitt 2
Genehmigungsbedürftige Ausfuhr

§ 21
Ausfuhrgenehmigung

(1) Eine Ausfuhrgenehmigung kann nur der Ausführer beantragen.

(2) Dem Antrag auf Genehmigung der Ausfuhr von Gütern, die in Teil I der Ausfuhrliste genannt sind, sind Dokumente zum Nachweis des Endempfängers, des Endverbleibs und des Verwendungszwecks beizufügen. Das Bundesamt für Wirtschaft und Ausfuhrkontrolle (BAFA) kann auf die Vorlage dieser Dokumente verzichten oder andere als die in Satz 1 genannten Dokumente zum Nachweis des Verbleibs der Güter verlangen.

(3) Bei bestimmten Ländern kann das Bundesamt für Wirtschaft und Ausfuhrkontrolle (BAFA) eine Internationale Einfuhrbescheinigung (International Import Certificate) des Bestimmungslandes anerkennen.

(4) Das Nähere bestimmt das Bundesamt für Wirtschaft und Ausfuhrkontrolle (BAFA) durch Allgemeinverfügung, die im Bundesanzeiger bekannt zu machen ist.

§ 22
Informations- und Buchführungspflichten

(1) Ausführer der in Teil I Abschnitt A der Ausfuhrliste genannten Güter sind verpflichtet, den Empfänger spätestens bei der Ausfuhr über die Beschränkungen zu informieren, die hinsichtlich einer Ausfuhr aus dem Bestimmungsland in der erteilten Ausfuhrgenehmigung festgelegt sind.

(2) Der Ausführer ist unbeschadet anderer Rechtsvorschriften verpflichtet, ausführliche Register oder Aufzeichnungen über seine Ausfuhren der in Teil I Abschnitt A der Ausfuhrliste genannten Güter zu führen. Diese müssen geschäftliche Unterlagen mit den folgenden Angaben enthalten:

1. die Bezeichnung des Gutes und dessen Listenposition in der Ausfuhrliste,
2. die Menge und der Wert des Gutes,
3. das Datum der Ausfuhr oder einzelner Teilausfuhren,
4. den Namen und die Anschrift des Ausführers und des Empfängers,
5. soweit bekannt, die Endverwendung und der Endverwender des Gutes und
6. die Angabe, dass der Empfänger entsprechend Absatz 1 informiert wurde.

(3) Die Register oder Aufzeichnungen nach Absatz 2 Satz 1 sind nach Ende des Kalenderjahres, in dem die Ausfuhr erfolgt ist, für die Dauer von fünf Jahren aufzubewahren.

§ 23
Ausfuhrabfertigung

(1) Erfolgt die Ausfuhrabfertigung aufgrund einer elektronischen Ausfuhranmeldung nach § 12 Absatz 3 Satz 1, ist die Vorlage der Ausfuhrgenehmigung in Papierform bei der Ausfuhrabfertigung grundsätzlich nicht erforderlich. Der Ausführer hat jedoch sicherzustellen, dass die Ausfuhrgenehmigung im Zeitpunkt der Beantragung der Ausfuhrabfertigung bei ihm oder seinem Vertreter vorhanden ist. Im Fall des § 12 Absatz 3 Satz 3 hat der Anmelder der zuständigen Zollstelle die Ausfuhrgenehmigung mit der schriftlichen Ausfuhranmeldung zu übermitteln.

(2) Zur Ausfuhrabfertigung hat der Anmelder in der elektronischen Ausfuhranmeldung hinsichtlich der Ausfuhrgenehmigung Folgendes anzugeben:

1. die Genehmigungscodierung,
2. die Listenposition in der Ausfuhrliste oder in Anhang I der Verordnung (EG) Nr. 428/2009,
3. die Referenznummer,
4. das Ausstellungsdatum und
5. das Gültigkeitsende.

(3) Bei Ausfuhren auf Grund von Genehmigungen in Form von Allgemeinverfügungen sind die Angaben nach Absatz 2 Nummer 3 bis 5 nicht erforderlich.

(4) Wenn der Anmelder vom Bundesamt für Wirtschaft und Ausfuhrkontrolle (BAFA) eine Bescheinigung erhalten hat, dass die Ausfuhr keiner Genehmigung bedarf, hat er zur Ausfuhrabfertigung in der elektronischen Ausfuhranmeldung hinsichtlich der Bescheinigung Folgendes anzugeben:

1. die Codierung der Bescheinigung,
2. die Referenznummer,
3. das Ausstellungsdatum und
4. das Gültigkeitsende.

(5) Die vom Bundesamt für Wirtschaft und Ausfuhrkontrolle (BAFA) erteilten Ausfuhrgenehmigungen werden durch die Zollstellen elektronisch abgeschrieben. Ausfuhrgenehmigungen zur wiederholten vorübergehenden Ausfuhr oder in anderen Mitgliedstaaten der Europäischen Union erteilte Ausfuhrgenehmigungen sind vom Anmelder bei der elektronischen Ausfuhrabfertigung in Papierform vorzulegen und werden von der Zollstelle manuell abgeschrieben.

(6) Falls eine Abschreibung erforderlich ist, hat der Anmelder zusätzlich zu den Angaben nach Absatz 2 Folgendes anzugeben:

1. den Wert und, soweit die Ausfuhrgenehmigung dazu Angaben enthält, die Menge der auszuführenden Waren und
2. die Nummer der laufenden Güterposition der Genehmigung.

§ 24
Datenaustausch

(1) Zum Zweck der Ausfuhrabfertigung ausfuhrgenehmigungspflichtiger Waren ruft die zuständige Zollstelle die Daten der vom Bundesamt für Wirtschaft und Ausfuhrkontrolle (BAFA) erteilten Ausfuhrgenehmigungen über das Zentrum für Informationsverarbeitung und Informationstechnik (ZIVIT) vom Bundesamt für Wirtschaft und Ausfuhrkontrolle (BAFA) ab. Hat das Bundesamt für Wirtschaft und Ausfuhrkontrolle (BAFA) eine Bescheinigung erteilt, dass die Ausfuhr keiner Genehmigung bedarf, so tritt diese Bescheinigung an die Stelle der Ausfuhrgenehmigung nach Satz 1.

(2) Das Zentrum für Informationsverarbeitung und Informationstechnik (ZIVIT) leitet im Auftrag der zuständigen Zollstelle zum Zweck der Nachverfolgung der Ausnutzung erteilter Ausfuhrgenehmigungen folgende Daten an das Bundesamt für Wirtschaft und Ausfuhrkontrolle (BAFA) weiter:

1. den Wert der ausgeführten Waren,
2. den Zeitpunkt des Ausgangs,
3. die Nummer der Ausfuhrgenehmigung,
4. die Listenposition in der Ausfuhrliste oder in Anhang I der Verordnung (EG) Nr. 428/2009 und
5. soweit angegeben, die Menge der ausgeführten Waren und die Nummer der laufenden Güterposition der Genehmigung.

(3) Die zuständige Zollstelle und das Bundesamt für Wirtschaft und Ausfuhrkontrolle (BAFA) löschen die nach den Absätzen 1 und 2 übermittelten Daten spätestens nach Ablauf von fünf Jahren, soweit sie nicht nach anderen Vorschriften aufzubewahren sind. Die Frist beginnt jeweils mit dem Ende des Jahres, in dem die Daten an die zuständige Zollstelle oder das Bundesamt für Wirtschaft und Ausfuhrkontrolle (BAFA) übermittelt worden sind.

§ 25
Ausfuhrabfertigung in einem anderen Mitgliedstaat

(1) Wenn der Ausführer eine vom Bundesamt für Wirtschaft und Ausfuhrkontrolle (BAFA) erteilte Ausfuhrgenehmigung zur Ausfuhrabfertigung in einem anderen Mitgliedstaat der Europäischen Union verwenden will, so hat er die Ausfuhrgenehmigung zusammen mit dem Ausfuhrbegleitdokument oder einem vergleichbaren zollrechtlichen Ausfuhrdokument der für ihn oder seinen Firmensitz zuständigen Zollstelle innerhalb eines Monats nach Ausgang der Waren aus dem Zollgebiet der Europäischen Union vorzulegen.

(2) Nach elektronischer Nacherfassung der Ausfuhrgenehmigung durch die zuständige Zollstelle leitet das Zentrum für Informationsverarbeitung und Informationstechnik (ZIVIT) folgende Daten im Auftrag der zuständigen Zollstelle zum Zweck der Nachverfolgung der Ausnutzung erteilter Ausfuhrgenehmigungen an das Bundesamt für Wirtschaft und Ausfuhrkontrolle (BAFA) weiter:

1. die in § 24 Absatz 2 Nummer 1 und 3 bis 5 genannten Daten und
2. den Zeitpunkt der Nacherfassung.

(3) § 24 Absatz 3 gilt entsprechend.

§ 26
Aufzeichnungspflichten

(1) Der Ausführer ist verpflichtet, für jede von einer Zollstelle vorgenommene Abschreibung gemäß § 23 oder § 25 unter Bezugnahme auf die Ausfuhranmeldung ausführliche Register oder Aufzeichnungen zu führen. Diese müssen folgende Angaben enthalten:

1. die Registriernummer der Ausfuhranmeldung,
2. das Datum der Annahme der Ausfuhranmeldung,
3. die Bezeichnung der Zollstelle, bei der die Abschreibung vorgenommen wurde,
4. die Antragsnummer der Genehmigung,
5. die Menge oder den Wert der abgeschriebenen Waren und
6. die Restmenge oder den Restwert der Waren.

(2) Die Register oder Aufzeichnungen sind für die Dauer von fünf Jahren aufzubewahren.

Unterabschnitt 3
Genehmigungsbedürftige Verbringung und Zertifizierungsverfahren

§ 27
Anzuwendende Vorschriften

Für die Verbringung genehmigungspflichtiger Güter gilt § 21 entsprechend. Für die Verbringung der in Teil I Abschnitt A der Ausfuhrliste genannten Güter gilt darüber hinaus § 22 entsprechend.

§ 28
Zertifizierungsverfahren

(1) Das Bundesamt für Wirtschaft und Ausfuhrkontrolle (BAFA) bestimmt durch Allgemeinverfügung, die im Bundesanzeiger bekannt zu machen ist, die dem Antrag auf Erteilung eines Zertifikats nach § 2 beizufügenden Unterlagen.

(2) § 6 Absatz 1 ist auf Zertifikate entsprechend anzuwenden.

(3) Das Bundesamt für Wirtschaft und Ausfuhrkontrolle (BAFA) veröffentlicht und aktualisiert regelmäßig eine Liste der zertifizierten Empfänger und teilt deren Inhalt dem Europäischen Parlament, den anderen Mitgliedstaaten der Europäischen Union und der Europäischen Kommission mit, damit diese auf ihrer Webseite ein Zentralregister der von den Mitgliedstaaten zertifizierten Empfänger veröffentlichen kann.

Kapitel 3
Einfuhr

Abschnitt 1
Beschränkungen und allgemeine Verfahrensvorschriften

§ 29
Verwendungsbeschränkungen

Ist die Einfuhr einer Ware unter der Voraussetzung zugelassen oder unter der Auflage genehmigt, dass die Ware nur in bestimmter Weise verwendet werden darf, so hat der Veräußerer diese Verwendungsbeschränkung bei der Veräußerung jedem Erwerber der Ware nachweisbar mitzuteilen. Der Einführer und der Erwerber dürfen die Ware nur in der vorgeschriebenen Weise verwenden.

§ 30
Bestätigungen über Internationale Einfuhrbescheinigungen und Wareneingangsbescheinigungen

(1) Wer Güter ins Inland einführt oder verbringt, kann beim Bundesamt für Wirtschaft und Ausfuhrkontrolle (BAFA) eine Internationale Einfuhrbescheinigung (IEB) oder eine Wareneingangsbescheinigung (WEB) beantragen. § 21 Absatz 2 gilt entsprechend. Dem Antrag soll entsprochen werden, wenn die Bescheinigung zur Vorlage bei einer ausländischen Exportkontrollbehörde benötigt wird.

(2) Der Einführer oder Verbringer hat die Internationale Einfuhrbescheinigung auf einem Vordruck nach Anlage E6 und die Wareneingangsbescheinigung auf einem Vordruck nach Anlage E7 zu beantragen sowie die nach diesen Vordrucken erforderlichen Angaben zu machen. § 21 Absatz 2 Satz 2 gilt entsprechend.

(3) Die Einfuhr oder Verbringung der in dem Antrag auf Internationale Einfuhrbescheinigung bezeichneten Ware ist dem Bundesamt für Wirtschaft und Ausfuhrkontrolle (BAFA) unverzüglich nachzuweisen. Gibt der Antragsteller die Absicht auf, die Ware einzuführen oder in das Inland zu verbringen, so hat er dies unverzüglich dem Bundesamt für Wirtschaft und Ausfuhrkontrolle (BAFA) anzuzeigen und ihm unverzüglich die Bescheinigung zurückzugeben oder über ihren Verbleib Mitteilung zu machen. Will der Antragsteller die Ware in ein anderes Bestimmungsland liefern, so hat er, bevor die Ware das Versendungsland verlässt, vom Bundesamt für Wirtschaft und Ausfuhrkontrolle (BAFA) eine neue Bescheinigung zu erwirken, die dieses Bestimmungsland nennt.

(4) § 8 Absatz 1 und Absatz 2 Satz 1 des Außenwirtschaftsgesetzes ist entsprechend anwendbar.

Abschnitt 2
Einfuhrabfertigung

§ 31
Antrag auf Einfuhrabfertigung

(1) Der Einführer hat die Einfuhrabfertigung bei einer Zollstelle zu beantragen. Anstelle des Einführers kann ein Unionsansässiger im eigenen Namen die Einfuhrabfertigung für Waren beantragen, die auf Grund eines Einfuhrvertrags geliefert werden, wenn er

1. als Handelsvertreter des unionsfremden Vertragspartners am Abschluss des Einfuhrvertrags mitgewirkt hat oder
2. in Ausübung seines Gewerbes auf Grund eines Vertrags mit dem unionsfremden Vertragspartner
   a) an der Beförderung der Waren mitwirkt oder
   b) die Zollanmeldung zur Überführung der Waren in den zollrechtlich freien Verkehr abgibt.

(2) Der Antrag auf Einfuhrabfertigung ist zu stellen

1. mit der Abgabe der Zollanmeldung zur Überführung der Waren in den freien Verkehr oder
2. vor Gebrauch, Verbrauch, Bearbeitung oder Verarbeitung der Waren in einer Freizone oder auf der Insel Helgoland.

Auf Antrag des Einführers kann eine zeitlich vorgezogene Einfuhrabfertigung erfolgen. § 42 Absatz 1 und 3 bleibt unberührt.

(3) Darf der Einführer die Zollanmeldung im vereinfachten Verfahren nach Artikel 76 Absatz 1 der Verordnung (EWG) Nr. 2913/92 vornehmen, müssen die erforderlichen Unterlagen abweichend von Absatz 2 Nummer 1 erst mit der ergänzenden Zollanmeldung vorgelegt werden, wenn sie im Zeitpunkt der Abgabe der Zollanmeldung der Waren vorhanden sind. Zur Sicherung der einfuhrrechtlichen Belange kann die Zollstelle jedoch verlangen, dass ihr die betreffenden Unterlagen vorgelegt werden

1. mit der unvollständigen oder der vereinfachten Zollanmeldung,
2. unverzüglich nach Anschreibung oder
3. bei Überführung der Waren in den freien Verkehr im Anschreibeverfahren unter Befreiung von der Gestellung vor der Anschreibung.

(4) Der Antrag kann elektronisch oder in Papierform abgegeben werden.

(5) Der Einführer hat im Antrag die handelsübliche oder sprachgebräuchliche Bezeichnung der Waren sowie die Nummer des Warenverzeichnisses für die Außenhandelsstatistik anzugeben.

§ 32
Einfuhrdokumente

(1) Wird die Einfuhrabfertigung elektronisch beantragt, hat der Einführer sicherzustellen, dass die nachstehend genannten Dokumente zum Zeitpunkt der Beantragung der Einfuhrabfertigung bei ihm oder seinem Vertreter vorhanden sind:

1. die Rechnung oder sonstige Unterlagen, aus denen das Einkaufs- oder Versendungsland und das Ursprungsland der Waren ersichtlich sind, und,
2. wenn dies in einem Rechtsakt der Europäischen Union vorgesehen ist,
   a) ein Ursprungszeugnis oder eine Ursprungserklärung nach Maßgabe des § 38,
   b) ein Überwachungsdokument nach Maßgabe des § 36,
   c) eine Einfuhrgenehmigung nach Maßgabe des § 39 oder eine Einfuhrlizenz im Rahmen einer gemeinsamen Marktorganisation oder einer Handelsregelung,

d) eine Konformitätsbescheinigung oder Verzichtserklärung nach Maßgabe des § 42 Absatz 2.

Die in Satz 1 Nummer 1 und 2 Buchstabe a und d genannten Dokumente müssen bei der Einfuhrabfertigung im Einzelfall auf Verlangen der Zollstelle vorgelegt werden.

(2) Nutzt der Einführer die elektronische Einfuhrabfertigung nach Absatz 1, so hat er monatlich oder nach spezieller Vereinbarung mit der zuständigen Zollstelle die in Absatz 1 Nummer 2 Buchstabe a bis d genannten Dokumente der zuständigen Zollstelle vorzulegen.

(3) Wird die Einfuhrabfertigung in Papierform beantragt, sind die in Absatz 1 genannten Dokumente und eine Einfuhrkontrollmeldung nach Maßgabe des § 35 Absatz 1 vorzulegen.

§ 33
Verfahren bei der Einfuhrabfertigung

(1) Die Zollstelle prüft die Zulässigkeit der Einfuhr. Sie lehnt die Einfuhrabfertigung ab, wenn

1. die für die Einfuhrabfertigung gemäß § 32 Absatz 1 Satz 1 Nummer 2 Buchstabe a bis d erforderlichen Dokumente nicht beim Einführer oder seinem Vertreter vorhanden sind,
2. die in § 32 Absatz 1 Satz 1 Nummer 2 Buchstabe a bis d genannten Dokumente bei der Einfuhrabfertigung gemäß § 32 Absatz 3 nicht vorliegen oder
3. die Waren nicht den Angaben der Dokumente im Sinne des § 32 Absatz 1 Satz 1 oder Absatz 3 entsprechen.

Bestehen ernsthafte Zweifel an der Richtigkeit eines Ursprungszeugnisses, können die Zollstellen weitere Beweismittel zum Nachweis des Ursprungs verlangen und damit die Einfuhrabfertigung ermöglichen.

(2) Bei der Einfuhr von Wasser, elektrischem Strom, Stadtgas, Ferngas oder ähnlichen Gasen in Leitungen entfällt die Einfuhrabfertigung.

§ 34
Erhebung von Einfuhrdaten

(1) Bei der Einfuhr von Waren der Warennummern 0105 11 11 bis 0105 99 50, 0207 11 10 bis 0207 13 70, 0207 13 99 bis 0207 14 70, 0207 14 99 bis 0207 26 20, 0207 26 50 bis 0207 26 80, 0207 26 99 bis 0207 27 20, 0207 27 40 bis 0207 27 80, 0207 27 99 bis 0207 33 90, 0207 35 11, 0207 35 15, 0207 35 23, 0207 35 31 bis 0207 35 63, 0207 36 11 bis 0207 36 23, 0207 36 31 bis 0207 36 79, 0207 36 90, 0209 00 90, 0302 40 00, 0302 50 10, 0302 69 31, 0302 69 33, 0303 52 10 bis 0303 52 90, 0303 79 35 bis 0303 79 41, 0304 19 97, 0304 29 29 bis 0304 29 39, 0304 29 85, 0304 99 23, 0304 99 33, 0304 99 41, 0306 23 10, 0401 10 10 bis 0403 10 39, 0403 90 11 bis 0403 90 69, 0404 10 02 bis 0407 00 30, 0408 11 80, 0408 19 81, 0408 19 89, 0408 91 80, 0408 99 80, 0701 10 00, 0701 90 50, 0701 90 90, 1105 10 00, 1105 20 00, 1602 32 11, 1602 39 21, 1702 11 00, 1702 19 00, 2106 90 51, 2309 90 20, 3502 11 90 und 3502 19 90 bis 3502 90 70 des Warenverzeichnisses für die Außenhandelsstatistik hat der Einführer zum Zweck der Marktbeobachtung gegenüber der Bundesanstalt für Landwirtschaft und Ernährung die folgenden Angaben zu machen:

1. die Anmeldeart,
2. die Belegnummer,
3. den Zeitpunkt der Annahme der Anmeldung,
4. den Namen und die Adresse des Empfängers,
5. die EORI-Nummer des Empfängers,
6. das Versendungsland,
7. den Umrechnungskurs,
8. die Art des Geschäfts,
9. die Warenbezeichnung,
10. die Warennummer,
11. das Ursprungsland,
12. die Rohmasse,
13. den Verfahrenscode,
14. die Eigenmasse,
15. die statistische Menge in besonderer Maßeinheit,
16. das einfuhrrechtliche Papier (Nummer und Datum) und
17. den statistischen Wert.

(2) Bei der Einfuhr von Waren der Warennummern 2705 00 00, 2707 10 10, 2707 20 10, 2707 30 10, 2707 50 10, 2707 50 90, 2709 00 10, 2709 00 90, 2710 11 11 bis 2710 19 99, 2710 99 00, 2711 11 00 bis 2711 29 00, 2712 10 10 bis 2713 20 00, 2713 90 90, 2715 00 00, 3403 19 91 und 3403 19 99 des Warenverzeichnisses für die Außenhandelsstatistik hat der Einführer zum Zweck der Marktbeobachtung gegenüber dem Bundesamt für Wirtschaft und Ausfuhrkontrolle (BAFA) die folgenden Angaben zu machen:

1. die Anmeldeart,
2. die Belegnummer,
3. den Zeitpunkt der Annahme der Anmeldung,
4. den Namen und die Adresse des Empfängers,
5. die EORI-Nummer des Empfängers,
6. den Namen und die Adresse des Anmelders,
7. die EORI-Nummer des Anmelders,
8. das Versendungsland,
9. die Warenbezeichnung,
10. die Warennummer,
11. das Ursprungsland,
12. die Rohmasse,
13. den Verfahrenscode,
14. die Eigenmasse,

15. die statistische Menge in besonderer Maßeinheit und

16. den statistischen Wert.

(3) Der Einführer übermittelt die Angaben nach den Absätzen 1 und 2 der zuständigen Zollstelle elektronisch mit der Einfuhranmeldung. Das Zentrum für Informationsverarbeitung und Informationstechnik (ZIVIT) leitet die Daten im Auftrag der zuständigen Zollstelle zum Zweck der Marktbeobachtung im Fall des Absatzes 1 an die Bundesanstalt für Landwirtschaft und Ernährung und im Fall des Absatzes 2 an das Bundesamt für Wirtschaft und Ausfuhrkontrolle (BAFA) weiter.

(4) Die Bundesanstalt für Landwirtschaft und Ernährung und das Bundesamt für Wirtschaft und Ausfuhrkontrolle (BAFA) löschen die Daten spätestens nach Ablauf von zwei Jahren. Die Frist beginnt mit dem Ende des Jahres, in dem die Daten von der zuständigen Zollstelle übermittelt worden sind.

§ 35
Einfuhrkontrollmeldung

(1) Bei der Einfuhr von Waren der Warennummern 2709 00 10, 2709 00 90, 2711 11 00 und 2711 21 00 des Warenverzeichnisses für die Außenhandelsstatistik ist zum Zweck der Marktbeobachtung eine Einfuhrkontrollmeldung vorzulegen, wenn die Einfuhrabfertigung in Papierform beantragt wird und der Wert der Einfuhrsendung 1 000 Euro übersteigt. Die zuständige Zollstelle leitet die Einfuhrkontrollmeldungen zum Zweck der Marktbeobachtung an das Bundesamt für Wirtschaft und Ausfuhrkontrolle (BAFA) weiter.

(2) Bei der Überführung von Waren in den zollrechtlich freien Verkehr ist ein als Einfuhrkontrollmeldung bezeichneter Vordruck zu verwenden, der dem Vordruck für das jeweils vorzulegende Anmeldepapier für die Wareneinfuhr nach den §§ 4 und 6 des Außenhandelsstatistikgesetzes in der im Bundesgesetzblatt Teil II, Gliederungsnummer 7402-1, veröffentlichten bereinigten Fassung, das zuletzt durch Artikel 10 des Gesetzes vom 25. April 2007 (BGBl. I S. 594) geändert worden ist, und § 15 der Außenhandelsstatistik-Durchführungsverordnung in der Fassung der Bekanntmachung vom 29. Juli 1994 (BGBl. I S. 1993), die zuletzt durch Artikel 1 der Verordnung vom 8. November 2011 (BGBl. I S. 2230) geändert worden ist, in der jeweils geltenden Fassung entspricht. Das Bundesamt für Wirtschaft und Ausfuhrkontrolle (BAFA) kann hiervon abweichende Anforderungen durch Allgemeinverfügung festlegen, die im Bundesanzeiger bekannt zu machen ist. Es kann auch Meldungen in anderer Form zulassen.

(3) Bei der Einfuhr von Waren im vereinfachten Anmelde- oder Anschreibeverfahren nach § 16 hat der Einführer die ausgenutzten Blätter der Einfuhrkontrollmeldung unverzüglich nach der Einfuhr dem Bundesamt für Wirtschaft und Ausfuhrkontrolle (BAFA) zu übersenden. Die Einfuhrkontrollmeldung mit der letzten Eintragung des Abrechnungszeitraums ist jedoch bei der Einfuhrabfertigung vorzulegen.

§ 36
Vorherige Einfuhrüberwachung

(1) Unterliegt die Einfuhr einer Ware auf Grund eines Rechtsakts der Europäischen Union der Überwachung, so wird bei der genehmigungsfreien Einfuhr auf Antrag ein Überwachungsdokument auf einem Einfuhrdokument nach den Rechtsakten der Europäischen Union erteilt. Das Einfuhrdokument ist in der gesamten Union gültig.

(2) Antragsberechtigt ist nur der Einführer. In seinem Antrag auf Erteilung des Überwachungsdokuments macht er die Angaben, die in dem Rechtsakt der Europäischen Union festgelegt sind. Verschiedenartige Waren, verschiedene Einkaufsländer oder verschiedene Ursprungsländer dürfen nicht in einem Antrag zusammengefasst werden.

(3) Zuständig für die Ausstellung des Überwachungsdokuments ist das Bundesamt für Wirtschaft und Ausfuhrkontrolle (BAFA). Es legt durch Allgemeinverfügung die Voraussetzungen für die Ausstellung und Verwendung des Überwachungsdokuments in einem anderen Mitgliedstaat der Europäischen Union fest und macht diese im Bundesanzeiger bekannt.

(4) Zum Zweck der Einfuhrüberwachung nach Absatz 1 kann in der Ausschreibung nach § 39 Absatz 1 Satz 1 festgelegt werden, dass anstelle des Überwachungsdokuments die Einfuhrgenehmigung vorzulegen ist. Die Absätze 1 bis 3 sind entsprechend anzuwenden.

(5) Das Bundesamt für Wirtschaft und Ausfuhrkontrolle (BAFA) trägt im Überwachungsdokument die folgenden Angaben ein:

1. das Datum, bis zu dem das Überwachungsdokument zur Einfuhrabfertigung verwendet werden darf, und
2. den Prozentsatz, bis zu dem
   a) eine Überschreitung des Preises je Einheit, zu dem das Geschäft getätigt wurde, zulässig ist oder
   b) eine Überschreitung des angegebenen Gesamtwertes oder der angegebenen Menge in handelsüblichen Einheiten bei der Einfuhrabfertigung zulässig ist.

§ 37
Einfuhrabfertigung bei vorheriger Einfuhrüberwachung

(1) Erfolgt die Einfuhrabfertigung auf Grund einer elektronischen Einfuhranmeldung, rufen die Zollstellen die Daten des Überwachungsdokuments im automatisierten Verfahren ab. § 32 Absatz 1 Satz 1 Nummer 2 Buchstabe b gilt entsprechend. Bei elektronischer Einfuhrabfertigung nach Satz 1 werden Überwachungsdokumente durch die Zollstellen grundsätzlich elektronisch abgeschrieben, wenn sie zur Verwendung im Inland bestimmt sind. In anderen Mitgliedstaaten der Europäischen Union ausgestellte Überwachungsdokumente müssen in Papierform vorgelegt und abgeschrieben werden.

(2) Erfolgt die Einfuhrabfertigung auf Grund einer Einfuhranmeldung in Papierform, muss der Einführer das Überwachungsdokument der zuständigen Zollstelle vorlegen. Die Zollstelle vermerkt auf dem Überwachungsdokument die Menge oder den Wert der abgefertigten Waren.

(3) Die Zollstelle lehnt die Einfuhrabfertigung ab,

1. wenn der Antrag auf Einfuhrabfertigung später als am letzten Gültigkeitstag des Überwachungsdokuments gestellt wird,
2. wenn der Preis je Einheit, zu dem das Geschäft getätigt wird, den im Überwachungsdokument angegebenen Preis um mehr als den im Überwachungsdokument vermerkten Prozentsatz überschreitet oder
3. soweit der Gesamtwert oder die Gesamtmenge der zur Einfuhr angemeldeten Waren um mehr als den im Überwachungsdokument vermerkten Prozentsatz überschritten wird.

§ 38
Ursprungszeugnis und Ursprungserklärung

(1) Wenn für Waren auf Grund eines Rechtsakts der Europäischen Union ein Ursprungszeugnis oder eine Ursprungserklärung vorgesehen ist, sind diese bei der Einfuhrabfertigung vorzulegen. § 32 Absatz 1 Satz 1 Nummer 2 Buchstabe a und Satz 2 sowie § 32 Absatz 3 gelten entsprechend. Die Sätze 1 und 2 gelten nicht, wenn der Wert der in der Einfuhrsendung enthaltenen Waren, für die ein Ursprungszeugnis oder eine Ursprungserklärung vorgeschrieben ist, 1 000 Euro nicht übersteigt. Satz 3 gilt nicht, wenn es sich um Waren der Ernährung und Landwirtschaft handelt.

(2) Das Ursprungszeugnis muss von einer berechtigten Stelle des Ursprungslandes ausgestellt sein. Das Bundesministerium für Wirtschaft und Technologie macht eine Liste der berechtigten Stellen im Bundesanzeiger bekannt. Ist das Versendungsland nicht das Ursprungsland, so genügt die Vorlage eines Ursprungszeugnisses einer berechtigten Stelle des Versendungslandes.

(3) Die Ursprungserklärung muss vom Exporteur oder Lieferanten auf der Rechnung oder, falls eine Rechnung nicht vorgelegt werden kann, auf einem anderen mit der Ausfuhr in Verbindung stehenden geschäftlichen Beleg eingetragen werden. Sie muss bestätigen, dass die Waren ihren Ursprung im Sinne der Artikel 22 bis 26 der Verordnung (EWG) Nr. 2913/92 in Verbindung mit den Artikeln 36 bis 38 der Verordnung (EWG) Nr. 2454/93 in dem angegebenen Drittland haben.

§ 39
Einfuhrgenehmigung

(1) Durch Allgemeinverfügung, die im Bundesanzeiger bekannt zu machen ist, können die für die Erteilung von Einfuhrgenehmigungen und Einfuhrlizenzen zuständigen Stellen im Sinne des § 13 des Außenwirtschaftsgesetzes (Genehmigungsstellen) die Einzelheiten bekannt geben, die bei den Anträgen auf Erteilung der Genehmigung zu beachten sind (Ausschreibung). In der Ausschreibung werden insbesondere die Formerfordernisse und die Fristen für die Beantragung festgelegt. Antragsberechtigt ist nur der Einführer. Beruht das Genehmigungserfordernis auf einem unmittelbar geltenden Rechtsakt der Europäischen Union, so wird die Einfuhrgenehmigung auf dem in diesem Rechtsakt vorgeschriebenen Einfuhrdokument erteilt und ist in der gesamten Europäischen Union gültig.

(2) Soweit die Verwendung nationaler Vordrucke für die Einfuhrgenehmigung zulässig ist, können die Genehmigungsstellen zur Verwendung im Inland abweichend von Absatz 1 Satz 4 diese Vordrucke durch Allgemeinverfügung, die im Bundesanzeiger bekannt zu machen ist, festlegen.

(3) Die Genehmigungsstellen können verlangen, dass für bestimmte Waren oder Warengruppen getrennte Anträge gestellt werden, soweit es zur Überwachung der Einfuhr, zur Beschleunigung des Genehmigungsverfahrens oder zur Wahrung sonstiger durch das Außenwirtschaftsgesetz oder durch das Unionsrecht geschützter Belange erforderlich ist. Falls getrennte Anträge verlangt werden, soll darauf in der Ausschreibung hingewiesen werden.

(4) Die Genehmigungsstellen sollen Anträge, die innerhalb einer angemessenen Frist nach der Ausschreibung bei ihnen eingehen, als gleichzeitig gestellt behandeln.

(5) Bei der elektronischen Einfuhrabfertigung nach § 37 Absatz 1 Satz 1 rufen die Zollstellen die Daten der Einfuhrgenehmigung im automatisierten Verfahren ab. § 32 Absatz 1 Satz 1 Nummer 2 Buchstabe c gilt entsprechend. Erfolgt die Einfuhrabfertigung aufgrund einer elektronischen Einfuhranmeldung, werden Einfuhrgenehmigungen durch die Zollstellen grundsätzlich elektronisch abgeschrieben, wenn sie zur Verwendung im Inland bestimmt sind. In anderen Mitgliedstaaten der Europäischen Union erteilte Einfuhrgenehmigungen müssen in Papierform vorgelegt und manuell abgeschrieben werden. Zur Verwendung einer Einfuhrgenehmigung in anderen Mitgliedstaaten der Europäischen Union wird das Nähere durch eine Allgemeinverfügung des Bundesamtes für Wirtschaft und Ausfuhrkontrolle (BAFA) bestimmt, die im Bundesanzeiger bekannt zu machen ist.

(6) Bei der Einfuhrabfertigung in Papierform gemäß § 37 Absatz 2 Satz 1 muss der Einführer die Einfuhrgenehmigung vorlegen. Die Zollstelle vermerkt auf der Einfuhrgenehmigung die Menge oder den Wert der abgefertigten Waren.

§ 40
Erleichtertes Verfahren für landwirtschaftliche Waren

(1) Ohne Einfuhrgenehmigung dürfen folgende landwirtschaftliche Waren eingeführt werden:

1. Waren der Kapitel 1 bis 25 des Warenverzeichnisses für die Außenhandelsstatistik bis zu einem Wert von 125 Euro je Einfuhrsendung, ausgenommen Saatgut, wobei das erleichterte Verfahren weder für die Einfuhr aus einer Freizone oder einem Nichterhebungsverfahren noch für die Einfuhr von Waren gilt, die zum Handel oder zu einer anderen gewerblichen Verwendung bestimmt sind;
2. Muster und Proben für einschlägige Handelsunternehmen oder Verarbeitungsbetriebe von Erzeugnissen der Ernährung und Landwirtschaft bis zu einem Wert von 50 Euro je Einfuhrsendung, ausgenommen Saatgut, wobei bei der Bemessung des Werts unentgeltlich gelieferter Muster und Proben die Vertriebskosten außer Betracht bleiben; dies gilt auch bei entgeltlich gelieferten Mustern und Proben, sofern die Vertriebskosten in der Rechnung getrennt ausgewiesen werden;
3. Waren, die Aussteller zum unmittelbaren Verzehr als Kostproben auf Messen oder Ausstellungen einführen, wenn der Wert der in einem Kapitel des Warenverzeichnisses für die Außenhandelsstatistik zusammengefassten Waren 3 000 Euro je Messe oder Ausstellung nicht übersteigt, wobei der Wert der Waren mehrerer Aussteller, die sich durch dieselbe Person vertreten lassen, zusammenzurechnen ist;
4. Fische und andere Waren, die Unionsansässige auf hoher See sowie im schweizerischen Teil des Untersees und des Rheins von Schiffen, welche die Flagge eines Mitgliedstaats der Europäischen Union führen, aus gewinnen und unmittelbar in das Zollgebiet der Europäischen Union verbringen;
5. Brieftauben, die nicht als Handelsware eingeführt werden;
6. Tiere, Saatgut, Düngemittel, Fahrzeuge, Maschinen und sonstige Waren, deren Einfuhr durch die örtlichen und wirtschaftlichen Verhältnisse in Grenzzonen oder grenznahen Räumen mit Drittländern bedingt ist und die nach zwischenstaatlichen Verträgen von Einfuhrbeschränkungen befreit sind;
7. Erzeugnisse des Ackerbaus, der Viehzucht, des Gartenbaus und der Forstwirtschaft solcher grenzdurchschnittener Betriebe, die vom Gemeinschaftsgebiet aus bewirt-

schaftet werden, wenn für diese Erzeugnisse außertarifliche Einfuhrabgabenfreiheit im Sinne des Artikels 4 Nummer 10 der Verordnung (EWG) Nr. 2913/92 gewährt wird.

(2) Die §§ 31 bis 39 gelten nicht für die in Absatz 1 genannten Einfuhren.

§ 41
Erleichtertes Verfahren für sonstige Waren

(1) Ohne Einfuhrgenehmigung dürfen ferner folgende Waren eingeführt werden:

1. Waren
   a) zur Lieferung an die im Zollgebiet der Europäischen Union stationierten ausländischen Truppen, die diesen gleichgestellten Organisationen, das zivile Gefolge sowie an die Mitglieder der Vorgenannten und deren Angehörige, wenn nach zwischenstaatlichen Verträgen der Bundesrepublik Deutschland oder den Vorschriften des Truppenzollgesetzes Zollfreiheit gewährt wird,
   b) aus dem Besitz oder zur eigenen Verwendung des in Buchstabe a genannten Personenkreises;

1. Waren der Kapitel 26 bis 99 des Warenverzeichnisses für die Außenhandelsstatistik bis zu einem Wert von 1 000 Euro je Einfuhrsendung, wobei das erleichterte Verfahren weder für die Einfuhr aus einer Freizone oder einem Nichterhebungsverfahren noch für die Einfuhr von Waren gilt, die zum Handel oder zu einer anderen gewerblichen Verwendung bestimmt sind;
2. Muster und Proben für einschlägige Handelsunternehmen oder Verarbeitungsbetriebe von Waren der gewerblichen Wirtschaft bis zu einem Wert von 250 Euro je Einfuhrsendung, wobei bei der Bemessung des Werts unentgeltlich gelieferter Muster und Proben die Vertriebskosten außer Betracht bleiben; dies gilt auch bei entgeltlich gelieferten Mustern und Proben, sofern die Vertriebskosten in der Rechnung getrennt ausgewiesen werden;
3. Geschenke bis zu einem Wert von 1 000 Euro je Einfuhrsendung;
4. Waren, die von einem Unionsfremden auf eigene Rechnung einem Unionsansässigen zum Ausbessern von Schiffen zur Verfügung gestellt werden, wenn das Schiff in einer Freizone oder unter zollamtlicher Überwachung für Rechnung des Unionsfremden ausgebessert wird;
5. gebrauchte Kleidungsstücke, die nicht zum Handel bestimmt sind;
6. Waren, die zum vorübergehenden Gebrauch in eine Freizone oder zur vorübergehenden Verwendung in das Zollgebiet der Europäischen Union verbracht worden sind und zum ursprünglichen Zweck nicht mehr verwendet werden können, oder Teile davon, die bei der Ausbesserung im Zollgebiet der Europäischen Union anfallen;
7. Ersatzlieferungen für eingeführte Waren, die in Drittländer zurückgesandt worden sind oder zurückgesandt werden sollen oder unter zollamtlicher Überwachung vernichtet worden sind, und handelsübliche Nachlieferungen zu bereits eingeführten Waren;
8. Waren mit Ursprung in der Europäischen Union oder in einem anderen Vertragsstaat des Abkommens über den Europäischen Wirtschaftsraum, die als Veredelungs-

erzeugnisse nach zollrechtlicher passiver Veredelung eingeführt werden, sowie andere Veredelungserzeugnisse nach zollrechtlicher passiver Veredelung, die nach Ausbesserung, im Verfahren des Standardaustausches oder nach Durchführung ergänzender Veredelungsvorgänge gemäß Artikel 123 der Verordnung (EWG) Nr. 2913/92 eingeführt werden;

9. Waren zur Verwendung bei der Ersten Hilfe in Katastrophenfällen;

10. Reisegerät und Reisemitbringsel, wenn diese Waren frei von Einfuhrabgaben im Sinne des Artikels 4 Nummer 10 der Verordnung (EWG) Nr. 2913/92 sind, sowie nicht zum Handel bestimmte Waren bis zu einem Wert von 1 500 Euro, die Reisende mitführen;

11. Baubedarf, Instandsetzungs- und Betriebsmittel für Stauwerke, Kraftwerke, Brücken, Straßen und sonstige Bauten, die beiderseits der Grenze zu Drittländern errichtet, betrieben oder benutzt werden;

12. Waren, die frei von Einfuhrabgaben im Sinne des Artikels 4 Nummer 10 der Verordnung (EWG) Nr. 2913/ 92 eingeführt werden, nach
    a) den §§ 14 bis 19 der Zollverordnung oder
    b) Titel II der Verordnung (EG) Nr. 1186/2009 des Rates vom 16. November 2009 über das gemeinschaftliche System der Zollbefreiungen (ABl. L 324 vom 10.12.2009, S. 23);

13. Waren in Freizonen unter den Voraussetzungen und Bedingungen, unter denen diese Waren frei von Einfuhrabgaben im Sinne des Artikels 4 Nummer 10 der Verordnung (EWG) Nr. 2913/ 92 im erleichterten Verfahren eingeführt werden können;

14. Waren, für die außertarifliche Einfuhrabgabenfreiheit im Sinne des Artikels 4 Nummer 10 der Verordnung (EWG) Nr. 2913/92 gewährt wird
    a) nach den Beitrittsgesetzen der Bundesrepublik Deutschland zu zwischenstaatlichen Verträgen mit Drittländern,
    b) nach Rechtsverordnungen der Bundesregierung auf Grund des Artikels 3 des Gesetzes vom 22. Juni 1954 über den Beitritt der Bundesrepublik Deutschland zum Abkommen über die Vorrechte und Befreiungen der Sonderorganisationen der Vereinten Nationen vom 21. November 1947 und über die Gewährung von Vorrechten und Befreiungen an andere zwischenstaatliche Organisationen vom 22. Juni 1954 (BGBl. 1954 II S. 639), der zuletzt durch Artikel 4 des Gesetzes vom 16. August 1980 (BGBl. 1980 II S. 941) geändert worden ist,
    c) nach den Artikeln 137 bis 144 der Verordnung (EWG) Nr. 2913/92 für Waren, die unter vollständiger oder teilweiser Befreiung von Einfuhrabgaben im Sinne des Artikels 4 Nummer 10 der Verordnung (EWG) Nr. 2913/92 vorübergehend im Zollgebiet der Europäischen Union verwendet werden,
    d) nach den Artikeln 185 und 186 der Verordnung (EWG) Nr. 2913/92 für Waren, die wieder in das Zollgebiet der Europäischen Union eingeführt werden.

(2) Die §§ 31 bis 39 gelten nicht für die in Absatz 1 genannten Einfuhren. Absatz 1 Nummer 13 gilt entsprechend, wenn die dort genannten Waren aus einem anderen Grund zollfrei eingeführt werden können.

§ 42
Einfuhr von Gartenbauerzeugnissen

(1) Bei der Einfuhr von frischem Obst und Gemüse, für das Vermarktungsnormen auf Grund der Verordnung (EG) Nr. 1234/2007 festgelegt worden sind, prüft die Bundesanstalt für Landwirtschaft und Ernährung vor der Abfertigung zum zollrechtlich freien Verkehr, ob die Waren diesen Vermarktungsnormen entsprechen.

(2) Bei der genehmigungsfreien Einfuhr von Obst und Gemüse, für das Vermarktungsnormen festgelegt sind, ist eines der nachstehend genannten Dokumente bei der Einfuhrabfertigung gemäß Artikel 13 Absatz 1 der Verordnung (EU) Nr. 543/2011 erforderlich:

1. eine gültige Konformitätsbescheinigung nach Artikel 14 Absatz 1 der Verordnung (EU) Nr. 543/2011,
2. eine gültige Konformitätsbescheinigung eines anerkannten Drittlandkontrolldienstes gemäß Artikel 14 Absatz 1 der Verordnung (EU) Nr. 543/2011,
3. eine Mitteilung der zuständigen Kontrollstelle, dass für die betreffenden Partien eine Konformitätsbescheinigung ausgestellt wurde, oder
4. eine Verzichtserklärung gemäß § 19 Absatz 1 Satz 1 Nummer 3.

§ 32 Absatz 1 Satz 1 Nummer 2 Buchstabe d gilt entsprechend.

(3) Bei der genehmigungsfreien Einfuhr von Verarbeitungserzeugnissen aus Obst und Gemüse, für die von den Organen der Europäischen Union auf Grund der Verordnung (EG) Nr. 1234/2007 Mindestanforderungen festgelegt worden sind, prüft die Bundesanstalt für Landwirtschaft und Ernährung vor der Einfuhrabfertigung stichprobenweise, ob die Waren diesen Mindestanforderungen entsprechen.

(4) Absatz 2 ist nicht anwendbar, soweit für die Einfuhr der Ware das erleichterte Verfahren nach § 40 gilt.

§ 43
Zwangsvollstreckung

Soll eine Zwangsvollstreckung in Waren vorgenommen werden, die sich in einer Freizone oder in einem Zolllager befinden, so kann der Gläubiger ein Überwachungsdokument oder eine Einfuhrgenehmigung oder Einfuhrlizenz und die Einfuhrabfertigung beantragen. Im Antrag auf das Überwachungsdokument oder die Einfuhrgenehmigung oder Einfuhrlizenz ist zu vermerken: „Zwangsvollstreckung".

Kapitel 4
Sonstiger Güterverkehr

Abschnitt 1
Durchfuhr

§ 44
Beschränkungen bei der Durchfuhr von Gütern

(1) Die zuständigen Zollstellen können im Fall einer Durchfuhr von Gütern nach Artikel 2 Nummer 7 der Verordnung (EG) Nr. 428/2009 die Überlassung der Güter bis zur Mitteilung einer Entscheidung durch das Bundesamt für Wirtschaft und Ausfuhrkontrolle

(BAFA) nach Absatz 4 aussetzen, um zu verhindern, dass die Güter das Inland verlassen, wenn sie Anhaltspunkte dafür haben, dass die Güter

1. im Anhang I der Verordnung (EG) Nr. 428/2009 aufgeführt sind und
2. ganz oder teilweise für einen der in Artikel 4 Absatz 1 der Verordnung (EG) Nr. 428/2009 genannten Verwendungszwecke bestimmt sind oder bestimmt sein können.

Die Befugnisse der zuständigen Zollstellen nach Maßgabe der Verordnung (EWG) Nr. 2913/92 bleiben unberührt.

(2) Die zuständige Zollstelle unterrichtet unverzüglich das Bundesamt für Wirtschaft und Ausfuhrkontrolle (BAFA) über die nach Absatz 1 getroffenen Maßnahmen.

(3) Bevor das Bundesamt für Wirtschaft und Ausfuhrkontrolle (BAFA) nach Artikel 6 Absatz 1 der Verordnung (EG) Nr. 428/2009 über ein Durchfuhrverbot von Gütern, die in Anhang I dieser Verordnung aufgeführt sind, entscheidet, kann es im Einzelfall eine Genehmigungspflicht anordnen, wenn die Güter ganz oder teilweise für einen der Verwendungszwecke des Artikels 4 Absatz 1 der Verordnung (EG) Nr. 428/2009 bestimmt sind oder bestimmt sein können.

(4) Die Entscheidung nach Absatz 3 trifft das Bundesamt für Wirtschaft und Ausfuhrkontrolle (BAFA) unverzüglich. Über die getroffene Entscheidung unterrichtet das Bundesamt für Wirtschaft und Ausfuhrkontrolle (BAFA) die zuständige Zollbehörde unverzüglich.

(5) Kosten, die im Zusammenhang mit der Lagerung der Güter während der Dauer einer Maßnahme nach Absatz 1 oder Absatz 3 anfallen, tragen die in Artikel 182d Absatz 3 der Verordnung (EWG) Nr. 2913/92 genannten Personen. Artikel 56 der Verordnung (EWG) Nr. 2913/92 in Verbindung mit § 13 des Zollverwaltungsgesetzes ist anzuwenden.

§ 45
Durchfuhrverfahren

Die Zulässigkeit der Durchfuhr wird beim Ausgang der Güter aus dem Inland von der Ausgangszollstelle geprüft und beim Ausgang über eine Binnengrenze zu einem anderen Mitgliedstaat der Europäischen Union von jeder beteiligten Zollstelle geprüft. Die Zollstelle kann zu diesem Zweck von dem Transporteur der Güter oder von den Verfügungsberechtigten weitere Angaben und Beweismittel, insbesondere auch die Vorlage der Verladescheine verlangen.

Abschnitt 2
Handels- und Vermittlungsgeschäfte

§ 46
Genehmigungserfordernisse für Handels- und Vermittlungsgeschäfte über Güter des Teils I Abschnitt A der Ausfuhrliste

(1) Handels- und Vermittlungsgeschäfte über Güter des Teils I Abschnitt A der Ausfuhrliste bedürfen der Genehmigung, wenn

1. die Güter sich
   a) in einem Drittland befinden oder
   b) im Inland befinden und noch nicht einfuhrrechtlich abgefertigt sind und
2. die Güter in ein anderes Drittland geliefert werden sollen.

(2) Eine Genehmigung nach Absatz 1 ist nicht erforderlich, wenn das Handels- und Vermittlungsgeschäft nach § 4a des Gesetzes über die Kontrolle von Kriegswaffen genehmigungspflichtig ist.

§ 47
Genehmigungserfordernisse für Handels- und Vermittlungsgeschäfte in einem Drittland

(1) § 46 gilt auch für Handels- und Vermittlungsgeschäfte, die in einem Drittland durch Deutsche mit Wohnsitz oder gewöhnlichem Aufenthalt im Inland vorgenommen werden, wenn sich das Handels- und Vermittlungsgeschäft auf folgende Kriegswaffen bezieht:

1. Kriegswaffen nach Teil B I. Nummer 7 bis 11, V. Nummer 29, 30 oder 32, VI. Nummer 37 oder 38, VIII. Nummer 50 oder 51 der Anlage zu § 1 Absatz 1 des Gesetzes über die Kontrolle von Kriegswaffen (Kriegswaffenliste),
2. Rohre oder Verschlüsse für Kriegswaffen nach Teil B V. Nummer 29 oder 32 der Kriegswaffenliste,
3. Munition oder Geschosse oder Treibladungen für Munition für Kriegswaffen nach Teil B V. Nummer 32 oder VI. Nummer 37 der Kriegswaffenliste,
4. Mörser mit einem Kaliber von unter 100 Millimetern oder
5. Rohre, Verschlüsse, Munition oder Geschosse oder Treibladungen für Munition für Mörser mit einem Kaliber unter 100 Millimetern.

(2) Handels- und Vermittlungsgeschäfte über die in Anhang I der Verordnung (EG) Nr. 428/2009 erfassten Güter bedürfen der Genehmigung, wenn

1. sich die Güter
   a) in einem Drittland befinden oder
   b) im Inland befinden und noch nicht einfuhrrechtlich abgefertigt sind,
2. die Güter in ein anderes Drittland geliefert werden sollen und
3. der Deutsche, der das Handels- und Vermittlungsgeschäft in einem Drittland vornehmen will, vom Bundesamt für Wirtschaft und Ausfuhrkontrolle (BAFA) darüber unterrichtet worden ist, dass diese Güter ganz oder teilweise für einen der Verwendungszwecke des Artikels 4 Absatz 1 der Verordnung (EG) Nr. 428/2009 bestimmt sind oder sein können.

(3) Ist einem Deutschen mit Wohnsitz oder gewöhnlichem Aufenthalt im Inland, der ein Handels- und Vermittlungsgeschäft in einem Drittland vornehmen will, bekannt, dass die in Anhang I der Verordnung (EG) Nr. 428/2009 erfassten Güter, die sich in einem Drittland oder im Inland befinden und noch nicht einfuhrrechtlich abgefertigt sind und die von dort in ein anderes Drittland geliefert werden sollen, ganz oder teilweise für einen der Verwendungszwecke des Artikels 4 Absatz 1 der Verordnung (EG) Nr. 428/2009 bestimmt sind, so hat er das Bundesamt für Wirtschaft und Ausfuhrkontrolle (BAFA) zu unterrichten. Dieses entscheidet, ob das Handels- und Vermittlungsgeschäft genehmigungspflichtig ist. Das Handels- und Vermittlungsgeschäft darf erst vorgenommen werden, wenn das Bundesamt für Wirtschaft und Ausfuhrkontrolle (BAFA) das Handels- und Vermittlungsgeschäft genehmigt hat oder entschieden hat, dass es keiner Genehmigung bedarf.

§ 48
Einfuhrdokumente für Handels- und Vermittlungsgeschäfte

Wer für Handels- und Vermittlungsgeschäfte eine Internationale Einfuhrbescheinigung oder eine Wareneingangsbescheinigung benötigt, hat diese beim Bundesamt für Wirtschaft und Ausfuhrkontrolle (BAFA) zu beantragen. § 30 gilt entsprechend mit der Maßgabe, dass die Einfuhr in das im Antrag bezeichnete Bestimmungsland nachzuweisen ist.

Kapitel 5
Dienstleistungsverkehr

§ 49
Genehmigungserfordernisse für technische Unterstützung im Zusammenhang mit chemischen oder biologischen Waffen oder Kernwaffen

(1) Technische Unterstützung in Drittländern durch einen Deutschen oder einen Inländer im Sinne des § 2 Absatz 15 Nummer 2 bis 4 des Außenwirtschaftsgesetzes bedarf der Genehmigung, wenn der Deutsche oder der Inländer vom Bundesamt für Wirtschaft und Ausfuhrkontrolle (BAFA) darüber unterrichtet worden ist, dass die technische Unterstützung bestimmt ist zur Verwendung im Zusammenhang mit

1. der Entwicklung, der Herstellung, der Handhabung, dem Betrieb, der Wartung, der Lagerung, der Ortung, der Identifizierung oder der Verbreitung von
   a) chemischen oder biologischen Waffen oder
   b) Kernwaffen oder sonstigen Kernsprengkörpern oder
2. der Entwicklung, der Herstellung, der Wartung oder der Lagerung von Flugkörpern, die für die Ausbringung derartiger Waffen geeignet sind.

(2) Ist einem Deutschen oder einem Inländer im Sinne des § 2 Absatz 15 Nummer 2 bis 4 des Außenwirtschaftsgesetzes bekannt, dass technische Unterstützung, die er in Drittländern erbringen will, für einen in Absatz 1 genannten Zweck bestimmt ist, so hat er das Bundesamt für Wirtschaft und Ausfuhrkontrolle (BAFA) zu unterrichten. Dieses entscheidet, ob die technische Unterstützung genehmigungspflichtig ist. Die technische Unterstützung darf erst erbracht werden, wenn das Bundesamt für Wirtschaft und Ausfuhrkontrolle (BAFA) die technische Unterstützung genehmigt hat oder entschieden hat, dass sie keiner Genehmigung bedarf.

(3) Die Absätze 1 und 2 gelten nicht, wenn die technische Unterstützung

1. in einem Land erbracht wird, das in Anhang IIa Teil 2 der Verordnung (EG) Nr. 428/2009 aufgeführt ist,
2. durch die Weitergabe von Informationen erfolgt, die im Sinne der Allgemeinen Technologie-Anmerkung zu Teil I der Ausfuhrliste oder zu Anhang I der Verordnung (EG) Nr. 428/2009 allgemein zugänglich oder Teil der Grundlagenforschung sind, oder
3. mündlich erfolgt und keine Technologie betrifft, die in Teil I Abschnitt A Nummer 0022 oder Teil I Abschnitt B Nummern der Gattung E der Ausfuhrliste oder Nummern der Gattung E des Anhangs I der Verordnung (EG) Nr. 428/2009 genannt ist.

§ 50
Genehmigungserfordernisse für technische Unterstützung im Zusammenhang mit einer militärischen Endverwendung

(1) Technische Unterstützung in Drittländern durch einen Deutschen oder einen Inländer im Sinne des § 2 Absatz 15 Nummer 2 bis 4 des Außenwirtschaftsgesetzes, die nicht von § 49 Absatz 1 erfasst ist, bedarf der Genehmigung, wenn der Deutsche oder der Inländer im Sinne des § 2 Absatz 15 Nummer 2 bis 4 des Außenwirtschaftsgesetzes vom Bundesamt für Wirtschaft und Ausfuhrkontrolle (BAFA) darüber unterrichtet worden ist, dass die technische Unterstützung im Zusammenhang mit einer militärischen Endverwendung steht und in einem Land im Sinne des Artikels 4 Absatz 2 der Verordnung (EG) Nr. 428/2009 erbracht wird.

(2) Ist einem Deutschen oder einem Inländer im Sinne des § 2 Absatz 15 Nummer 2 bis 4 des Außenwirtschaftsgesetzes bekannt, dass technische Unterstützung, die er in einem Drittland erbringen will, für einen in Absatz 1 genannten Zweck bestimmt ist, so hat er das Bundesamt für Wirtschaft und Ausfuhrkontrolle (BAFA) zu unterrichten. Dieses entscheidet, ob die technische Unterstützung genehmigungspflichtig ist. Die technische Unterstützung darf erst erbracht werden, wenn das Bundesamt für Wirtschaft und Ausfuhrkontrolle (BAFA) die technische Unterstützung genehmigt hat oder entschieden hat, dass sie keiner Genehmigung bedarf.

(3) Die Absätze 1 und 2 gelten nicht, wenn die technische Unterstützung

1. durch die Weitergabe von Informationen erfolgt, die im Sinne der Allgemeinen Technologie-Anmerkung zu Teil I der Ausfuhrliste oder zu Anhang I der Verordnung (EG) Nr. 428/2009 allgemein zugänglich oder Teil der Grundlagenforschung sind, oder
2. mündlich erfolgt und keine Technologie betrifft, die in Teil I Abschnitt A Nummer 0022 oder Teil I Abschnitt B Nummern der Gattung E der Ausfuhrliste oder Nummern der Gattung E des Anhangs I der Verordnung (EG) Nr. 428/2009 genannt ist.

§ 51
Genehmigungserfordernisse für technische Unterstützung im Inland

(1) Technische Unterstützung im Inland durch einen Inländer bedarf der Genehmigung, wenn der Inländer vom Bundesamt für Wirtschaft und Ausfuhrkontrolle (BAFA) darüber unterrichtet worden ist, dass die technische Unterstützung

1. bestimmt ist zur Verwendung
   a) im Zusammenhang mit der Entwicklung, der Herstellung, der Handhabung, dem Betrieb, der Wartung, der Lagerung, der Ortung, der Identifizierung oder der Verbreitung von
      aa) chemischen oder biologischen Waffen,
      bb) Kernwaffen oder sonstigen Kernsprengkörpern oder
   b) im Zusammenhang mit der Entwicklung, der Herstellung, der Wartung oder der Lagerung von Flugkörpern, die für die Ausbringung derartiger Waffen geeignet sind, und

2. gegenüber Ausländern erbracht wird, die nicht in einem Land ansässig sind, das in Anhang IIa Teil 2 der Verordnung (EG) Nr. 428/2009 genannt ist oder Mitglied der Europäischen Union ist.

(2) Technische Unterstützung im Inland durch einen Inländer bedarf der Genehmigung, wenn der Inländer vom Bundesamt für Wirtschaft und Ausfuhrkontrolle (BAFA) darüber unterrichtet worden ist, dass die technische Unterstützung im Zusammenhang mit einer militärischen Endverwendung steht, die nicht von Absatz 1 erfasst ist, und gegenüber Ausländern erbracht wird, die in einem Land im Sinne des Artikels 4 Absatz 2 der Verordnung (EG) Nr. 428/2009 ansässig sind.

(3) Ist einem Inländer bekannt, dass technische Unterstützung, die er im Inland erbringen möchte, für eine in Absatz 1 oder 2 genannte Verwendung bestimmt ist, so hat er das Bundesamt für Wirtschaft und Ausfuhrkontrolle (BAFA) zu unterrichten. Dieses entscheidet, ob die technische Unterstützung genehmigungspflichtig ist. Die technische Unterstützung darf erst erbracht werden, wenn das Bundesamt für Wirtschaft und Ausfuhrkontrolle (BAFA) die technische Unterstützung genehmigt hat oder entschieden hat, dass es keiner Genehmigung bedarf.

(4) Die Absätze 1 bis 3 gelten nicht, wenn die technische Unterstützung

1. durch die Weitergabe von Informationen erfolgt, die im Sinne der Allgemeinen Technologie-Anmerkung zu Teil I der Ausfuhrliste oder zu Anhang I der Verordnung (EG) Nr. 428/2009 allgemein zugänglich oder Teil der Grundlagenforschung sind, oder
2. keine Technologie betrifft, die in Teil I Abschnitt A Nummer 0022 der Ausfuhrliste, Nummern der Gattung E des Anhangs I der Verordnung (EG) Nr. 428/2009 oder Teil I Abschnitt B Nummern der Gattung E der Ausfuhrliste genannt ist.

(5) Als Ausländer im Sinne der Absätze 1 und 2 sind auch solche natürlichen Personen anzusehen, deren Wohnsitz oder gewöhnlicher Aufenthalt im Inland auf höchstens fünf Jahre befristet ist.

§ 52
Genehmigungserfordernisse für technische Unterstützung im Zusammenhang mit der Errichtung oder dem Betrieb kerntechnischer Anlagen

(1) Technische Unterstützung durch einen Deutschen oder einen Inländer bedarf der Genehmigung, wenn der Deutsche oder der Inländer vom Bundesamt für Wirtschaft und Ausfuhrkontrolle (BAFA) darüber unterrichtet worden ist, dass die technische Unterstützung im Zusammenhang mit der Errichtung oder dem Betrieb von Anlagen für kerntechnische Zwecke im Sinne der Kategorie 0 des Anhangs I der Verordnung (EG) Nr. 428/2009 in den in § 9 Absatz 1 Satz 1 Nummer 2 genannten Ländern steht.

(2) Ist einem Deutschen oder einem Inländer bekannt, dass die technische Unterstützung, die er erbringen will, für einen in Absatz 1 genannten Zweck bestimmt ist, so hat er das Bundesamt für Wirtschaft und Ausfuhrkontrolle (BAFA) zu unterrichten. Dieses entscheidet, ob die technische Unterstützung genehmigungspflichtig ist. Die technische Unterstützung darf erst erbracht werden, wenn das Bundesamt für Wirtschaft und Ausfuhrkontrolle (BAFA) die technische Unterstützung genehmigt hat oder entschieden hat, dass sie keiner Genehmigung bedarf.

(3) Die Absätze 1 und 2 gelten nicht, wenn die technische Unterstützung

1. durch die Weitergabe von Informationen erfolgt, die im Sinne der Nukleartechnologie-Anmerkung zu Anhang I der Verordnung (EG) Nr. 428/2009 allgemein zugänglich oder Teil der Grundlagenforschung sind, oder
2. keine Technologie betrifft, die in Nummern der Gattung E in der Kategorie 0 des Anhangs I der Verordnung (EG) Nr. 428/2009 genannt ist.

(4) Das Verfahren nach dieser Vorschrift kann über eine einheitliche Stelle nach den Vorschriften des Verwaltungsverfahrensgesetzes abgewickelt werden.

§ 53
Befreiungen von der Genehmigungspflicht

Die §§ 49 bis 52 gelten nicht in den Fällen der

1. technischen Unterstützung durch Behörden und Dienststellen der Bundesrepublik Deutschland im Rahmen ihrer dienstlichen Aufgaben,
2. technischen Unterstützung, die für die Bundeswehr auf Grund der von ihr erteilten Aufträge erbracht wird,
3. technischen Unterstützung, die zu einem Zweck erbracht wird, der in den Ausnahmen für Güter der vom Raketentechnologie-Kontrollregime erfassten Technologie (MTCR-Technologie) in Anhang IV der Verordnung (EG) Nr. 428/2009 genannt ist,
4. technischen Unterstützung, die das unbedingt notwendige Minimum für Aufbau, Betrieb, Wartung und Reparatur derjenigen Güter darstellt, für die eine Ausfuhrgenehmigung erteilt wurde.

Kapitel 6
Beschränkungen des Kapitalverkehrs

Abschnitt 1
Beschränkungen nach § 4 Absatz 2 des Außenwirtschaftsgesetzes zur Erfüllung des Abkommens über deutsche Auslandsschulden

§ 54
Bewirkung von Zahlungen und sonstigen Leistungen

(1) Einem Schuldner ist die Bewirkung von Zahlungen und sonstigen Leistungen verboten, wenn sie

1. die Erfüllung einer Schuld im Sinne des Abkommens vom 27. Februar 1953 über deutsche Auslandsschulden (BGBl. 1953 II S. 331) zum Gegenstand haben, die Schuld aber nicht geregelt ist,
2. die Erfüllung einer geregelten Schuld im Sinne des Abkommens zum Gegenstand haben, sich aber nicht innerhalb der Grenzen der festgesetzten Zahlungs- und sonstigen Bedingungen halten, oder
3. die Erfüllung von Verbindlichkeiten zum Gegenstand haben, die
   a) in nichtdeutscher Währung zahlbar sind oder waren und
   b) zwar den Voraussetzungen des Artikels 4 Absatz 1 und 2 des Abkommens entsprechen, aber die Voraussetzungen des Artikels 4 Absatz 3 Buchstabe a oder b des Abkommens hinsichtlich der Person des Gläubigers nicht erfüllen, es sei

denn, dass es sich um Verbindlichkeiten aus marktfähigen Wertpapieren handelt, die in einem Gläubigerland zahlbar sind.

(2) Die in Artikel 3 des Abkommens enthaltenen Begriffsbestimmungen gelten auch für Absatz 1.

Abschnitt 2
Prüfung von Unternehmenserwerben

Unterabschnitt 1
Sektorübergreifende Prüfung von Unternehmenserwerben

§ 55
Anwendungsbereich der sektorübergreifenden Prüfung

(1) Das Bundesministerium für Wirtschaft und Technologie kann prüfen, ob es die öffentliche Ordnung oder Sicherheit der Bundesrepublik Deutschland gefährdet, wenn ein Unionsfremder ein inländisches Unternehmen oder eine unmittelbare oder mittelbare Beteiligung im Sinne des § 56 an einem inländischen Unternehmen erwirbt.

(2) Der Prüfung nach Absatz 1 unterliegen auch Erwerbe durch Unionsansässige, wenn es Anzeichen dafür gibt, dass eine missbräuchliche Gestaltung oder ein Umgehungsgeschäft vorgenommen wurde, um eine Prüfung nach Absatz 1 zu unterlaufen. Zweigniederlassungen und Betriebsstätten eines unionsfremden Erwerbers gelten nicht als unionsansässig. Erwerber aus den Mitgliedstaaten der Europäischen Freihandelsassoziation stehen Unionsansässigen gleich.

(3) Das Bundesministerium für Wirtschaft und Technologie kann das Prüfrecht nach Absatz 1 nur ausüben, wenn es dem unmittelbaren Erwerber die Eröffnung des Prüfverfahrens innerhalb von drei Monaten nach dem Abschluss des schuldrechtlichen Vertrags über den Erwerb mitteilt. Im Fall eines Angebots im Sinne des Wertpapiererwerbs- und Übernahmegesetzes beginnt die Frist nach Satz 1 mit der Veröffentlichung der Entscheidung zur Abgabe des Angebots oder der Veröffentlichung der Kontrollerlangung.

§ 56
Stimmrechtsanteile

(1) Der unmittelbare oder mittelbare Stimmrechtsanteil des Erwerbers an dem inländischen Unternehmen muss nach dem Erwerb 25 Prozent der Stimmrechte erreichen oder überschreiten.

(2) Bei der Berechnung der Stimmrechtsanteile sind dem Erwerber die Stimmrechte Dritter an dem inländischen Unternehmen zuzurechnen,

1. an denen der Erwerber mindestens 25 Prozent der Stimmrechte hält, oder
2. mit denen der Erwerber eine Vereinbarung über die gemeinsame Ausübung von Stimmrechten abgeschlossen hat.

(3) Im Fall eines mittelbaren Erwerbs beträgt der Stimmrechtsanteil des Erwerbers an dem inländischen Unternehmen mindestens 25 Prozent, wenn der Erwerber und der jeweilige Zwischengesellschafter unter entsprechender Anwendung der Zurechnungsgrundsätze nach Absatz 2 mindestens 25 Prozent der Stimmrechte an der jeweiligen Tochtergesellschaft halten.

§ 57
Unterlagen über den Erwerb

Der unmittelbare Erwerber ist verpflichtet, dem Bundesministerium für Wirtschaft und Technologie im Fall einer Prüfung nach § 55 Unterlagen über den Erwerb einzureichen. Die einzureichenden Unterlagen bestimmt das Bundesministerium für Wirtschaft und Technologie durch Allgemeinverfügung, die im Bundesanzeiger bekannt zu machen ist.

§ 58
Unbedenklichkeitsbescheinigung

(1) Das Bundesministerium für Wirtschaft und Technologie bescheinigt dem Erwerber auf schriftlichen Antrag die Unbedenklichkeit eines Erwerbs im Sinne des § 55, wenn dem Erwerb keine Bedenken im Hinblick auf die öffentliche Ordnung oder Sicherheit der Bundesrepublik Deutschland entgegenstehen (Unbedenklichkeitsbescheinigung). In dem Antrag sind der Erwerb, der Erwerber und das zu erwerbende inländische Unternehmen anzugeben sowie die Geschäftsfelder des Erwerbers und des zu erwerbenden inländischen Unternehmens in den Grundzügen darzustellen.

(2) Die Unbedenklichkeitsbescheinigung gilt als erteilt, wenn das Bundesministerium für Wirtschaft und Technologie nicht innerhalb eines Monats nach Eingang des Antrags ein Prüfverfahren nach § 55 eröffnet.

§ 59
Untersagung oder Anordnungen

(1) Das Bundesministerium für Wirtschaft und Technologie kann einen Erwerb im Sinne des § 55 bis zum Ablauf von zwei Monaten nach Eingang der vollständigen Unterlagen gemäß § 57 gegenüber dem unmittelbaren Erwerber untersagen oder Anordnungen erlassen, um die öffentliche Ordnung oder Sicherheit der Bundesrepublik Deutschland zu gewährleisten. Für die Untersagung oder den Erlass von Anordnungen ist die Zustimmung der Bundesregierung erforderlich.

(2) Zur Durchsetzung einer Untersagung kann das Bundesministerium für Wirtschaft und Technologie insbesondere

1. die Ausübung der Stimmrechte an dem erworbenen Unternehmen, die einem unionsfremden Erwerber gehören oder ihm zuzurechnen sind, untersagen oder einschränken oder
2. einen Treuhänder bestellen, der die Rückabwicklung eines vollzogenen Erwerbs herbeiführt.

Unterabschnitt 2
Sektorspezifische Prüfung von Unternehmenserwerben

§ 60
Anwendungsbereich der sektorspezifischen Prüfung

(1) Das Bundesministerium für Wirtschaft und Technologie kann prüfen, ob der Erwerb eines inländischen Unternehmens oder einer unmittelbaren oder mittelbaren Beteiligung im Sinne des § 56 an einem inländischen Unternehmen durch einen Ausländer wesentli-

che Sicherheitsinteressen der Bundesrepublik Deutschland gefährdet, wenn das Unternehmen:

1. Güter im Sinne des Teils B der Kriegswaffenliste herstellt oder entwickelt,
2. besonders konstruierte Motoren oder Getriebe zum Antrieb von Kampfpanzern oder anderen gepanzerten militärischen Kettenfahrzeugen herstellt oder entwickelt oder
3. Produkte mit IT-Sicherheitsfunktionen zur Verarbeitung von staatlichen Verschlusssachen oder für die IT-Sicherheitsfunktion wesentliche Komponenten solcher Produkte herstellt oder hergestellt hat und noch über die Technologie verfügt, wenn das Gesamtprodukt mit Wissen des Unternehmens von dem Bundesamt für Sicherheit in der Informationstechnik zugelassen wurde.

(2) Zweigniederlassungen und Betriebsstätten eines ausländischen Erwerbers gelten nicht als inländisch.

(3) Der Erwerb ist dem Bundesministerium für Wirtschaft und Technologie schriftlich zu melden. § 58 Absatz 1 Satz 2 gilt entsprechend. Die Meldung erfolgt ausschließlich durch den unmittelbaren Erwerber, auch wenn in dessen Person die Voraussetzungen des Absatzes 1 nicht vorliegen.

§ 61
Freigabe eines Erwerbs nach § 60

Das Bundesministerium für Wirtschaft und Technologie gibt den Erwerb gegenüber dem Meldepflichtigen nach § 60 Absatz 3 Satz 3 schriftlich frei, wenn dem Erwerb keine Bedenken im Hinblick auf wesentliche Sicherheitsinteressen der Bundesrepublik Deutschland entgegenstehen. Die Freigabe gilt als erteilt, wenn das Bundesministerium für Wirtschaft und Technologie nicht innerhalb eines Monats nach Eingang der Meldung nach § 60 Absatz 3 ein Prüfverfahren gemäß § 60 Absatz 1 gegenüber dem Meldepflichtigen eröffnet. Im Falle der Eröffnung eines Prüfverfahrens gilt § 57 für den Meldepflichtigen entsprechend.

§ 62
Untersagung oder Anordnungen

Das Bundesministerium für Wirtschaft und Technologie kann gegenüber dem Meldepflichtigen bis zum Ablauf von einem Monat nach Eingang der vollständigen Unterlagen gemäß § 57 einen Erwerb im Sinne des § 60 Absatz 1 untersagen oder Anordnungen erlassen, um wesentliche Sicherheitsinteressen der Bundesrepublik Deutschland zu gewährleisten.

Kapitel 7
Meldevorschriften im Kapital- und Zahlungsverkehr

Abschnitt 1
Begriffsbestimmungen

§ 63
Begriffsbestimmungen

Für Zwecke der Meldungen nach diesem Kapitel ist

1. Inland das deutsche Wirtschaftsgebiet im Sinne des Kapitels 2 Nummer 2.05. des Anhangs A der Verordnung (EG) Nr. 2223/96 des Rates vom 25. Juni 1996 zum Europäischen System Volkswirtschaftlicher Gesamtrechnungen auf nationaler und regionaler Ebene in der Europäischen Gemeinschaft (ABl. L 310 vom 30.11.1996, S. 1), die zuletzt durch die Verordnung (EU) Nr. 715/2010 (ABl. L 210 vom 11.8.2010, S. 1) geändert worden ist,
2. Inländer jede institutionelle Einheit im Inland im Sinne des Kapitels 2 Nummer 2.12. und 2.13. in Verbindung mit Nummer 2.07. des Anhangs A der Verordnung (EG) Nr. 2223/96 und
3. Ausländer jede institutionelle Einheit im Ausland im Sinne des Kapitels 2 Nummer 2.12. und 2.13. in Verbindung mit Nummer 2.07. des Anhangs A der Verordnung (EG) Nr. 2223/96.

Ausländer im Sinne dieses Kapitels sind auch Unternehmen, Zweigniederlassungen, Betriebsstätten und Banken, deren Sitz sich im Ausland befindet.

Abschnitt 2
Meldevorschriften im Kapitalverkehr

§ 64
Meldung von Vermögen von Inländern im Ausland

(1) Der Meldepflichtige nach Absatz 6 hat der Deutschen Bundesbank in der Frist des § 71 Absatz 1 den Stand und ausgewählte Positionen der Zusammensetzung folgenden Vermögens im Ausland gemäß Absatz 4 oder Absatz 5 zu melden:

1. des Vermögens eines ausländischen Unternehmens, wenn dem Inländer mindestens 10 Prozent der Anteile oder der Stimmrechte an dem Unternehmen zuzurechnen sind,
2. des Vermögens eines ausländischen Unternehmens, wenn mehr als 50 Prozent der Anteile oder der Stimmrechte an diesem Unternehmen einem oder mehreren von dem Inländer abhängigen ausländischen Unternehmen allein oder gemeinsam mit dem Inländer zuzurechnen sind, und
3. des Vermögens, das ausländischen Zweigniederlassungen und auf Dauer angelegten Betriebsstätten eines inländischen Unternehmens zugeordnet ist, sowie des Vermögens, das ausländischen Zweigniederlassungen und auf Dauer angelegten Betriebsstätten eines ausländischen Unternehmens zugeordnet ist, das die Bedingungen nach Nummer 2 erfüllt.

(2) Ein ausländisches Unternehmen gilt im Sinne des Absatzes 1 Nummer 2 als von einem Inländer abhängig, wenn dem Inländer mehr als 50 Prozent der Anteile oder Stimmrechte an dem ausländischen Unternehmen zuzurechnen sind. Wenn einem oder mehreren von einem Inländer abhängigen ausländischen Unternehmen oder diesem Unternehmen gemeinsam mit dem Inländer mehr als 50 Prozent der Anteile oder Stimmrechte an einem anderen ausländischen Unternehmen zuzurechnen sind, so ist auch das andere ausländische Unternehmen und unter denselben Voraussetzungen jedes weitere Unternehmen im Sinne des Absatzes 1 Nummer 2 als von einem Inländer abhängig anzusehen.

(3) Die Meldepflicht nach Absatz 1 entfällt,

1. wenn die Bilanzsumme des ausländischen Unternehmens, an dem der Inländer oder ein anderes von ihm abhängiges ausländisches Unternehmen beteiligt ist, 3 Millionen Euro nicht überschreitet,
2. wenn das Betriebsvermögen, das der ausländischen Zweigniederlassung oder Betriebsstätte nach Absatz 1 Nummer 3 zugeordnet ist, 3 Millionen Euro nicht überschreitet oder
3. soweit dem Inländer Unterlagen, die er zur Erfüllung seiner Meldepflicht benötigt, aus tatsächlichen oder rechtlichen Gründen nicht zugänglich sind.

(4) Die Meldungen sind nach dem Stand des Bilanzstichtags des Meldepflichtigen oder, wenn der Meldepflichtige nicht bilanziert, nach dem Stand des 31. Dezember zu erstatten, wobei die Angaben gemäß Anlage K3 „Vermögen von Inländern im Ausland" enthalten sein müssen.

(5) Stimmt der Bilanzstichtag eines ausländischen Unternehmens, an dem der Meldepflichtige oder ein anderes von ihm abhängiges ausländisches Unternehmen beteiligt ist, nicht mit dem Bilanzstichtag des Meldepflichtigen überein, so ist die Meldung des Vermögens gemäß Anlage K3 nach der Bilanz, deren Bilanzstichtag unmittelbar vor dem des Meldepflichtigen liegt, zu erstatten. Wenn der Meldepflichtige nicht bilanziert und der Bilanzstichtag eines ausländischen Unternehmens, an dem der Meldepflichtige oder ein anderes von ihm abhängiges Unternehmen beteiligt ist, nicht mit dem 31. Dezember übereinstimmt, so ist die Meldung des Vermögens gemäß Anlage K3 nach der Bilanz zu erstatten, deren Bilanzstichtag unmittelbar vor dem 31. Dezember liegt.

(6) Meldepflichtig ist der Inländer, dem das Vermögen unmittelbar oder über ein abhängiges ausländisches Unternehmen am Bilanzstichtag des Inländers oder, soweit er nicht bilanziert, am 31. Dezember zuzurechnen ist.

§ 65
Meldung von Vermögen von Ausländern im Inland

(1) Der Meldepflichtige nach Absatz 6 hat der Deutschen Bundesbank in der Frist des § 71 Absatz 2 den Stand und ausgewählte Positionen der Zusammensetzung folgenden Vermögens im Inland gemäß Absatz 5 zu melden:

1. des Vermögens eines inländischen Unternehmens, wenn einem Ausländer oder mehreren wirtschaftlich verbundenen Ausländern zusammen mindestens 10 Prozent der Anteile oder Stimmrechte an dem inländischen Unternehmen zuzurechnen sind,
2. des Vermögens eines inländischen Unternehmens, wenn mehr als 50 Prozent der Anteile oder Stimmrechte an diesem Unternehmen einem von einem Ausländer

oder einem von mehreren wirtschaftlich verbundenen Ausländern abhängigen inländischen Unternehmen zuzurechnen sind, und

3. des Vermögens, das inländischen Zweigniederlassungen und auf Dauer angelegten Betriebsstätten eines ausländischen Unternehmens zugeordnet ist, sowie des Vermögens, das inländischen Zweigniederlassungen und auf Dauer angelegten Betriebsstätten eines inländischen Unternehmens zugeordnet ist, das die Bedingungen nach Nummer 2 erfüllt.

(2) Ausländer sind als wirtschaftlich verbunden anzusehen, wenn sie gemeinsame wirtschaftliche Interessen verfolgen. Dies gilt auch, wenn sie gemeinsame wirtschaftliche Interessen zusammen mit Inländern verfolgen. Als solche wirtschaftlich verbundene Ausländer gelten insbesondere:

1. natürliche und juristische ausländische Personen, die sich zum Zweck der Gründung oder des Erwerbs eines inländischen Unternehmens, des Erwerbs von Beteiligungen an einem solchen Unternehmen oder zur gemeinsamen Ausübung ihrer Anteilsrechte an einem solchen Unternehmen zusammengeschlossen haben,
2. natürliche und juristische ausländische Personen, die gemeinsam wirtschaftliche Interessen verfolgen, indem sie an einem oder mehreren Unternehmen Beteiligungen halten,
3. natürliche ausländische Personen, die miteinander verheiratet sind, eine Lebenspartnerschaft führen oder in gerader Linie verwandt, verschwägert oder durch Adoption verbunden oder in der Seitenlinie bis zum dritten Grad verwandt oder bis zum zweiten Grad verschwägert sind, und
4. juristische ausländische Personen, die im Sinne des § 15 des Aktiengesetzes miteinander verbunden sind.

(3) Ein inländisches Unternehmen gilt im Sinne des Absatzes 1 Nummer 2 als von einem Ausländer oder von mehreren wirtschaftlich verbundenen Ausländern abhängig, wenn dem Ausländer oder den wirtschaftlich verbundenen Ausländern zusammen mehr als 50 Prozent der Anteile oder Stimmrechte an dem inländischen Unternehmen zuzurechnen sind. Wenn einem von einem Ausländer oder von mehreren wirtschaftlich verbundenen Ausländern abhängigen inländischen Unternehmen allein oder gemeinsam mit einem oder mehreren weiteren von diesem inländischen Unternehmen abhängigen inländischen Unternehmen mehr als 50 Prozent der Anteile oder Stimmrechte an einem anderen inländischen Unternehmen zuzurechnen sind, so ist auch das andere inländische Unternehmen und unter denselben Voraussetzungen jedes weitere Unternehmen im Sinne des Absatzes 1 Nummer 2 als von einem Ausländer oder von mehreren wirtschaftlich verbundenen Ausländern abhängig anzusehen.

(4) Die Meldepflicht nach Absatz 1 entfällt,

1. wenn die Bilanzsumme des inländischen Unternehmens, an dem der Ausländer, die wirtschaftlich verbundenen Ausländer oder ein anderes von dem Ausländer oder von den wirtschaftlich verbundenen Ausländern abhängiges inländisches Unternehmen beteiligt sind, 3 Millionen Euro nicht überschreitet,
2. wenn das Betriebsvermögen, das der inländischen Zweigniederlassung oder Betriebsstätte nach Absatz 1 Nummer 3 zugeordnet ist, 3 Millionen Euro nicht überschreitet,

3. soweit dem Inländer Unterlagen, die er zur Erfüllung seiner Meldepflicht benötigt, aus tatsächlichen oder rechtlichen Gründen nicht zugänglich sind, oder
4. wenn das inländische oder das abhängige inländische Unternehmen, an dem wirtschaftlich verbundene Ausländer beteiligt sind, nicht erkennen kann, dass es sich bei den Ausländern im Sinne des Absatzes 2 um wirtschaftlich verbundene Ausländer handelt.

(5) Die Meldungen sind nach dem Stand des Bilanzstichtags des Meldepflichtigen oder, wenn es sich bei dem Meldepflichtigen um eine nicht bilanzierende inländische Zweigniederlassung oder Betriebsstätte eines ausländischen Unternehmens handelt, nach dem Stand des Bilanzstichtages des ausländischen Unternehmens zu erstatten, wobei die Angaben gemäß Anlage K4 „Vermögen von Ausländern im Inland" enthalten sein müssen.

(6) Meldepflichtig ist

1. im Fall des Absatzes 1 Nummer 1 das inländische Unternehmen,
2. im Fall des Absatzes 1 Nummer 2 das abhängige inländische Unternehmen,
3. im Fall des Absatzes 1 Nummer 3 die inländische Zweigniederlassung oder Betriebsstätte.

§ 66
Meldung von Forderungen und Verbindlichkeiten

(1) Inländer, ausgenommen natürliche Personen, monetäre Finanzinstitute gemäß Artikel 1 erster Gedankenstrich der Verordnung (EG) Nr. 25/2009 der Europäischen Zentralbank vom 19. Dezember 2008 über die Bilanz des Sektors der monetären Finanzinstitute (ABl. L 15 vom 20.1.2009, S. 14), die zuletzt durch die Verordnung (EU) Nr. 883/2011 (ABl. L 228 vom 3.9.2011, S. 13) geändert worden ist, und Investmentaktiengesellschaften sowie Kapitalverwaltungsgesellschaften bezüglich der Forderungen und Verbindlichkeiten ihrer Investmentfonds, haben ihre Forderungen und Verbindlichkeiten gegenüber Ausländern der Deutschen Bundesbank gemäß der Absätze 2 und 3 in den Fristen des § 71 Absatz 3 und 4 zu melden, wenn diese Forderungen oder Verbindlichkeiten bei Ablauf eines Monats jeweils zusammengerechnet mehr als 5 Millionen Euro betragen.

(2) Die zu meldenden Forderungen und Verbindlichkeiten gegenüber ausländischen Banken müssen die Angaben gemäß Anlage Z5 „Forderungen und Verbindlichkeiten aus Finanzbeziehungen mit ausländischen Banken" enthalten.

(3) Die zu meldenden Forderungen und Verbindlichkeiten gegenüber ausländischen Nichtbanken müssen die Angaben gemäß der Anlage Z5a Blatt 1/1 „Forderungen und Verbindlichkeiten aus Finanzbeziehungen mit verbundenen ausländischen Nichtbanken", Anlage Z5a Blatt 1/2 „Forderungen und Verbindlichkeiten aus Finanzbeziehungen mit sonstigen ausländischen Nichtbanken", Anlage Z5a Blatt 2/1 „Forderungen und Verbindlichkeiten gegenüber verbundenen ausländischen Nichtbanken aus dem Waren- und Dienstleistungsverkehr" und Anlage Z5a Blatt 2/2 „Forderungen und Verbindlichkeiten gegenüber sonstigen ausländischen Nichtbanken aus dem Waren- und Dienstleistungsverkehr" enthalten.

(4) Inländer, die der Meldepflicht nach Absatz 1 unterliegen und deren Forderungen oder Verbindlichkeiten aus Finanzbeziehungen mit Ausländern bei Ablauf eines Quartals mehr als 500 Millionen Euro betragen, haben ihre Forderungen und Verbindlichkeiten gegenü-

ber Ausländern aus derivativen Finanzinstrumenten nach dem Stand vom Quartalsende in der Frist des § 71 Absatz 5 zu melden, wobei die Angaben gemäß der Anlage Z5b „Forderungen und Verbindlichkeiten gegenüber Ausländern aus derivativen Finanzinstrumenten" enthalten sein müssen. Die Bestände sind grundsätzlich mit ihrem beizulegenden Zeitwert zu bewerten.

(5) Entfällt für einen Inländer, der für einen vorangegangenen Meldestichtag meldepflichtig war, wegen Unterschreitens der in den Absätzen 1 und 4 genannten Betragsgrenzen die Meldepflicht, so hat er dies schriftlich anzuzeigen.

Abschnitt 3
Meldung von Zahlungen

§ 67
Meldung von Zahlungen

(1) Inländer haben der Deutschen Bundesbank in den Fristen des § 71 Absatz 7 und 8 Zahlungen gemäß Absatz 4 zu melden, die sie

1. von Ausländern oder für deren Rechnung von Inländern entgegennehmen (eingehende Zahlungen) oder
2. an Ausländer oder für deren Rechnung an Inländer leisten (ausgehende Zahlungen).

(2) Nicht zu melden sind

1. Zahlungen, die den Betrag von 12 500 Euro oder den Gegenwert in anderer Währung nicht übersteigen,
2. Zahlungen für die Einfuhr, Ausfuhr oder Verbringung von Waren und
3. Zahlungen, die die Gewährung, Aufnahme oder Rückzahlung von Krediten, einschließlich der Begründung und Rückzahlung von Guthaben, mit einer ursprünglich vereinbarten Laufzeit oder Kündigungsfrist von nicht mehr als zwölf Monaten zum Gegenstand haben.

(3) Zahlungen im Sinne dieses Abschnitts sind auch die Aufrechnung und die Verrechnung sowie Zahlungen, die mittels Lastschriftverfahren abgewickelt werden. Als Zahlung gilt ferner das Einbringen von Sachen und Rechten in Unternehmen, Zweigniederlassungen und Betriebsstätten.

(4) In den Meldungen ein- und ausgehender Zahlungen müssen die Angaben gemäß Anlage Z4 „Zahlungen im Außenwirtschaftsverkehr" enthalten sein. Im Fall von Zahlungen im Zusammenhang mit Wertpapiergeschäften und Finanzderivaten müssen die Angaben gemäß Anlage Z10 „Wertpapiergeschäfte und Finanzderivate im Außenwirtschaftsverkehr" enthalten sein.

(5) In den Meldungen sind aussagefähige Angaben zu den zugrunde liegenden Leistungen oder zum Grundgeschäft zu machen und die entsprechenden Kennzahlen der Anlage LV „Leistungsverzeichnis der Deutschen Bundesbank für die Zahlungsbilanz", bei Zahlungen für in Aktien verbriefte Direktinvestitionen zusätzlich die internationale Wertpapierkennnummer und Nennbetrag oder Stückzahl anzugeben. Im Fall von Zahlungen im Zusammenhang mit Wertpapieren und Finanzderivaten sind anstelle der Angaben zum Grundgeschäft die Bezeichnungen der Wertpapiere, die internationale Wertpapierkennnummer sowie Nennbetrag oder Stückzahl anzugeben.

§ 68
Meldung von Zahlungen im Transithandel

(1) Sind Meldungen nach § 67 Absatz 1 aufgrund von Transithandelsgeschäften abzugeben, sind zusätzlich zu § 67 Absatz 4 noch folgende Angaben zu machen:

1. die Benennung der Ware,
2. die zweistellige Kapitelnummer des Warenverzeichnisses für die Außenhandelsstatistik und
3. das Land, in dem der ausländische Vertragspartner seinen Sitz hat.

(2) Der Meldepflichtige gemäß § 67 Absatz 1, der eine ausgehende Zahlung im Transithandel gemeldet hat und die Transithandelsware danach in das Inland einführt oder verbringt, hat den ursprünglich gemeldeten Betrag als „Stornierung im Transithandel" der Deutschen Bundesbank in der Frist des § 71 Absatz 7 anzuzeigen.

§ 69
Meldung von Zahlungen der Seeschifffahrtsunternehmen

Inländer, die ein Seeschifffahrtsunternehmen betreiben, haben abweichend von § 67 Zahlungen, die sie im Zusammenhang mit dem Betrieb der Seeschifffahrt entgegennehmen oder leisten, der Deutschen Bundesbank in der Frist des § 71 Absatz 7 zu melden. In der Meldung müssen die Angaben gemäß Anlage Z8 „Einnahmen und Ausgaben der Seeschifffahrt" enthalten sein.

§ 70
Meldungen der Geldinstitute

(1) Inländische Geldinstitute haben der Deutschen Bundesbank in der Frist des § 71 Absatz 8 zu melden:

1. Zahlungen für die Veräußerung oder den Erwerb von Wertpapieren und Finanzderivaten, die das Geldinstitut für eigene oder fremde Rechnung an Ausländer verkauft oder von Ausländern kauft, sowie Zahlungen, die das Geldinstitut im Zusammenhang mit der Einlösung inländischer Wertpapiere an Ausländer leistet oder von diesen erhält; in den Meldungen müssen die Angaben gemäß Anlage Z10 „Wertpapiergeschäfte und Finanzderivate im Außenwirtschaftsverkehr" enthalten sein;
2. Zins- und Dividendenzahlungen auf inländische Wertpapiere, die sie an Ausländer leisten oder von diesen erhalten; in den Meldungen müssen die Angaben gemäß Anlage Z11 „Zahlungen für Wertpapier-Erträge im Außenwirtschaftsverkehr" enthalten sein;
3. ein- und ausgehende Zahlungen für Zinsen und zinsähnliche Erträge und Aufwendungen, ausgenommen Wertpapierzinsen, die sie für eigene Rechnung von Ausländern entgegennehmen oder an Ausländer leisten; in den Meldungen müssen die Angaben gemäß Anlage Z14 „Zinseinnahmen und zinsähnliche Erträge im Außenwirtschaftsverkehr (ohne Wertpapierzinsen)" und Anlage Z15 „Zinsausgaben und zinsähnliche Aufwendungen im Außenwirtschaftsverkehr (ohne Wertpapierzinsen)" enthalten sein;

4. im Zusammenhang mit dem Reiseverkehr
   a) ein- und ausgehende Zahlungen aus Kartenumsätzen; in den Meldungen müssen die Angaben gemäß Anlage Z12 „Zahlungseingänge/Zahlungsausgänge im Reiseverkehr: Karten-Umsätze" enthalten sein,
   b) ein- und ausgehende Zahlungen aus dem An- und Verkauf von Sorten sowie Umsätze aus dem Verkauf oder aus der Versendung von Fremdwährungsreiseschecks; in den Meldungen müssen die Angaben gemäß Anlage Z13 „Zahlungseingänge/Zahlungsausgänge im Reiseverkehr: Sorten und Fremdwährungsreiseschecks" enthalten sein.

(2) Geldinstitute im Sinne des Absatzes 1 sind

1. Monetäre Finanzinstitute nach Artikel 1 erster Gedankenstrich der Verordnung (EG) Nr. 25/2009 mit Ausnahme von Geldmarktfonds,
2. sonstige Kreditinstitute nach § 1 Absatz 1 des Kreditwesengesetzes und
3. Finanzdienstleistungsinstitute nach § 1 Absatz 1a des Kreditwesengesetzes.

(3) Absatz 1 Nummer 1 und 3 ist nicht anzuwenden auf Zahlungen, die den Betrag von 12 500 Euro oder den Gegenwert in anderer Währung nicht übersteigen.

(4) Bei Meldungen nach Absatz 1 Nummer 1 sind die Kennzahlen der Anlage LV „Leistungsverzeichnis der Deutschen Bundesbank für die Zahlungsbilanz" und die Bezeichnungen der Wertpapiere, die internationale Wertpapierkennnummer sowie Nennbetrag oder Stückzahl anzugeben.

(5) Soweit Zahlungen nach Absatz 1 zu melden sind, ist § 67 nicht anzuwenden.

Abschnitt 4
Meldefristen, Meldestellen und Ausnahmen von der Meldepflicht

§ 71
Meldefristen

(1) Meldungen gemäß § 64 nach Anlage K3 sind einmal jährlich spätestens bis zum letzten Werktag des sechsten auf den Bilanzstichtag des Meldepflichtigen oder, soweit der Meldepflichtige nicht bilanziert, des sechsten auf den 31. Dezember folgenden Kalendermonats einzureichen.

(2) Meldungen gemäß § 65 nach Anlage K4 sind einmal jährlich spätestens bis zum letzten Werktag des sechsten auf den Bilanzstichtag des Meldepflichtigen oder, soweit es sich bei dem Meldepflichtigen um eine nicht bilanzierende inländische Zweigniederlassung oder Betriebsstätte eines ausländischen Unternehmens handelt, des sechsten auf den Bilanzstichtag des ausländischen Unternehmens folgenden Monats einzureichen.

(3) Meldungen gemäß § 66 Absatz 1 in Verbindung mit § 66 Absatz 2 nach Anlage Z5 sind monatlich bis zum zehnten Kalendertag des folgenden Monats nach dem Stand des letzten Werktages des Vormonats einzureichen.

(4) Meldungen gemäß § 66 Absatz 1 in Verbindung mit § 66 Absatz 3 nach Anlage Z5a Blatt 1 und Blatt 2 sind monatlich bis zum 20. Kalendertag des folgenden Monats nach dem Stand des letzten Werktages des Vormonats einzureichen.

(5) Meldungen gemäß § 66 Absatz 1 in Verbindung mit § 66 Absatz 4 nach Anlage Z5b sind bis zum 50. Kalendertag nach Ablauf eines jeden Kalendervierteljahres einzureichen.

(6) Die Anzeige gemäß § 66 Absatz 5 ist für die in § 66 Absatz 1 genannte Betragsgrenze bis zum 20. Kalendertag des darauf folgenden Monats, für die in § 66 Absatz 4 genannte Betragsgrenze bis zum 50. Kalendertag nach Ablauf des Kalendervierteljahres einzureichen.

(7) Meldungen gemäß § 67 Absatz 1 in Verbindung mit § 67 Absatz 4 Satz 1 nach Anlage Z4, Meldungen gemäß § 69 nach Anlage Z8 sowie Stornomeldungen nach § 68 Absatz 2 sind bis zum siebenten Kalendertag des auf die Leistung oder Entgegennahme der Zahlungen oder der Einfuhr oder Verbringung der Transithandelsware folgenden Monats einzureichen.

(8) Meldungen gemäß § 67 Absatz 1 in Verbindung mit § 67 Absatz 4 Satz 2 nach Anlage Z10 sowie Meldungen gemäß § 70 Absatz 1 nach den Anlagen Z10, Z11, Z12, Z13, Z14 und Z15 sind bis zum fünften Kalendertag des folgenden Monats einzureichen.

§ 72
Meldestelle und Einreichungsweg

(1) Die Meldungen nach den §§ 64 bis 70 sind der Deutschen Bundesbank elektronisch einzureichen. Soweit die vorliegende Verordnung keine Formvorschriften enthält, sind dabei die von der Deutschen Bundesbank erlassenen Formvorschriften zu beachten.

(2) Die Deutsche Bundesbank übermittelt dem Bundesministerium für Wirtschaft und Technologie auf Verlangen die Angaben der Meldepflichtigen nach den §§ 64 und 65 in geeigneter Form.

(3) Meldungen können anstatt elektronisch auch in anderer Form abgegeben werden, sofern die Deutsche Bundesbank dies genehmigt hat und die erlassenen Formvorschriften beachtet werden.

§ 73
Ausnahmen

Die Deutsche Bundesbank kann

1. für einzelne Meldepflichtige oder für Gruppen von Meldepflichtigen vereinfachte Meldungen oder Abweichungen von Meldefristen oder Verfahren zulassen oder
2. einzelne Meldepflichtige oder Gruppen von Meldepflichtigen befristet oder widerruflich von einer Meldepflicht freistellen,

soweit dafür besondere Gründe vorliegen oder der Zweck der Meldevorschriften nicht beeinträchtigt wird.

Kapitel 8
Beschränkungen gegen bestimmte Länder und Personen

Abschnitt 1
Ausfuhr-, Handels- und Vermittlungsverbote

§ 74
Ausfuhrverbote von in Teil I Abschnitt A der Ausfuhrliste erfassten Gütern

(1) Verboten sind der Verkauf, die Ausfuhr und die Durchfuhr von in Teil I Abschnitt A der Ausfuhrliste erfassten Gütern vom Inland aus oder über das Inland oder deren Beförderung unter Benutzung eines Schiffs, das die Bundesflagge führt, oder eines Luftfahrzeugs, das das Staatszugehörigkeitszeichen der Bundesrepublik Deutschland führt, in die folgenden Länder:

1. Belarus,
2. Birma/Myanmar,
3. Côte d'Ivoire,
4. Demokratische Republik Kongo,
5. Demokratische Volksrepublik Korea,
6. Eritrea,
7. Irak,
8. Iran,
9. Libanon,
10. Liberia,
11. Libyen,
12. Republik Guinea,
13. Simbabwe,
14. Somalia,
15. Sudan und Südsudan,
16. Syrien.

(2) Verboten sind auch der Verkauf, die Ausfuhr und die Durchfuhr von in Teil I Abschnitt A der Ausfuhrliste erfassten Gütern vom Inland aus oder über das Inland oder deren Beförderung unter Benutzung eines Schiffes oder Luftfahrzeugs, das berechtigt ist, die Bundesflagge oder das Staatszugehörigkeitszeichen der Bundesrepublik Deutschland zu führen, an natürliche oder juristische Personen, Gruppen, Organisationen oder Einrichtungen, die aufgeführt sind

1. in der jeweils geltenden Fassung der Liste in der Anlage zur Verordnung (EU) Nr. 1169/2012 des Rates vom 10. Dezember 2012 zur Durchführung des Artikels 2 Absatz 3 der Verordnung (EG) Nr. 2580/2001 über spezifische, gegen bestimmte Personen und Organisationen gerichtete restriktive Maßnahmen zur Bekämpfung des Terrorismus und zur Aufhebung der Durchführungsverordnung (EU) Nr. 542/2012 (ABl. L 337 vom 11.12.2012, S. 2),

2. in der jeweils geltenden Fassung des Anhangs des Beschlusses 2011/486/GASP des Rates vom 1. August 2011 über restriktive Maßnahmen gegen bestimmte Personen, Gruppen, Unternehmen und Einrichtungen angesichts der Lage in Afghanistan (ABl. L 199 vom 2.8.2011, S. 57),
3. in der jeweils geltenden Fassung des Anhangs I der Verordnung (EG) Nr. 881/2002 des Rates vom 27. Mai 2002 über die Anwendung bestimmter spezifischer restriktiver Maßnahmen gegen bestimmte Personen und Organisationen, die mit dem Al-Qaida-Netzwerk in Verbindung stehen (ABl. L 139 vom 29.5.2002, S. 9),
4. in der jeweils geltenden Fassung des Anhangs I der Verordnung (EU) Nr. 356/2010 des Rates vom 26. April 2010 über die Anwendung bestimmter spezifischer restriktiver Maßnahmen gegen bestimmte natürliche oder juristische Personen, Organisationen oder Einrichtungen aufgrund der Lage in Somalia (ABl. L 105 vom 27.4.2010, S. 1).

§ 75
Verbote von Handels- und Vermittlungsgeschäften in Bezug auf in Teil I Abschnitt A der Ausfuhrliste erfasste Güter

(1) Verboten sind Handels- und Vermittlungsgeschäfte in Bezug auf in Teil I Abschnitt A der Ausfuhrliste erfasste Güter, welche unmittelbar oder mittelbar für Personen, Organisationen oder Einrichtungen in folgenden Ländern bestimmt sind:

1. Belarus,
2. Birma/Myanmar,
3. Côte d'Ivoire,
4. Demokratische Republik Kongo,
5. Demokratische Volksrepublik Korea,
6. Iran,
7. Libanon,
8. Libyen,
9. Simbabwe,
10. Sudan und Südsudan,
11. Syrien.

(2) Das Verbot nach Absatz 1 gilt auch, wenn die Güter zur Verwendung in folgenden Ländern bestimmt sind:

1. Belarus,
2. Demokratische Republik Kongo,
3. Demokratische Volksrepublik Korea,
4. Iran,
5. Libanon,
6. Libyen,
7. Simbabwe,
8. Sudan und Südsudan,
9. Syrien.

§ 76
Ausnahmen von § 74 Absatz 1 und § 75

(1) Abweichend von § 74 Absatz 1 und § 75 können der Verkauf, die Ausfuhr, die Durchfuhr oder Handels- und Vermittlungsgeschäfte unter den Voraussetzungen der Absätze 2 bis 17 genehmigt werden.

(2) Absatz 1 gilt in Bezug auf Belarus für

1. nichtletale militärische Güter, die ausschließlich für humanitäre oder Schutzzwecke oder für Programme der Vereinten Nationen und der Europäischen Union zum Aufbau von Institutionen oder für Krisenbewältigungsoperationen der Europäischen Union und der Vereinten Nationen bestimmt sind,
2. Fahrzeuge, die nicht für den Kampfeinsatz bestimmt sind, die bei der Herstellung oder nachträglich mit einer Kugelsicherung ausgerüstet wurden und nur zum Schutz des Personals der Europäischen Union und ihrer Mitgliedstaaten in Belarus bestimmt sind, und
3. Schutzkleidung, die vom Personal der Vereinten Nationen, der Europäischen Union oder ihrer Mitgliedstaaten, von Medienvertretern, humanitären Helfern, Entwicklungshelfern oder von diesen Personen beigeordnetem Personal ausschließlich zur eigenen Verwendung vorübergehend nach Belarus ausgeführt wird.

(3) Absatz 1 gilt in Bezug auf Birma/Myanmar für

1. nichtletale militärische Güter, die ausschließlich humanitären oder Schutzzwecken dienen oder für Programme der Vereinten Nationen und der Europäischen Union zum Aufbau von Institutionen bestimmt sind,
2. Güter, die für Krisenbewältigungsoperationen der Europäischen Union und der Vereinten Nationen bestimmt sind,
3. Minenräumgeräte und Material zur Verwendung bei Minenräumaktionen und
4. Schutzkleidung, die vom Personal der Vereinten Nationen, der Europäischen Union oder ihrer Mitgliedstaaten, von Medienvertretern, humanitären Helfern, Entwicklungshelfern oder von diesen Personen beigeordnetem Personal ausschließlich zur eigenen Verwendung vorübergehend nach Birma/Myanmar ausgeführt wird.

(4) Absatz 1 gilt in Bezug auf Côte d'Ivoire für

1. Güter, die ausschließlich zur Unterstützung der Operation der Vereinten Nationen in Côte d
2. nichtletale militärische Ausrüstung, die ausschließlich für humanitäre oder Schutzzwecke bestimmt ist, einschließlich der entsprechenden Ausrüstung, die für Krisenbewältigungsoperationen der Europäischen Union, der Vereinten Nationen, der Afrikanischen Union und der Wirtschaftsgemeinschaft der westafrikanischen Staaten (ECOWAS) bestimmt ist,
3. Güter, die vorübergehend nach Côte d
4. nichtletale militärische Ausrüstung im Zusammenhang mit der Durchsetzung von Rechtsvorschriften, die ausschließlich dazu bestimmt ist, die Sicherheitskräfte von Côte d
5. Schutzkleidung, einschließlich Körperschutzwesten und Militärhelme, die vom Personal der Vereinten Nationen, der Europäischen Union oder ihrer Mitgliedstaaten,

von Medienvertretern, humanitärem Hilfspersonal und Entwicklungshelfern sowie dazugehörigem Personal ausschließlich zum persönlichen Gebrauch vorübergehend nach Côte d

6. Güter, die ausschließlich zur Unterstützung der Reform des Sicherheitssektors in Côte d

(5) Absatz 1 gilt in Bezug auf die Demokratische Republik Kongo für

1. Güter, die ausschließlich dazu bestimmt sind, Armee- und Polizeieinheiten der Demokratischen Republik Kongo zu unterstützen oder von diesen verwendet zu werden, wenn diese Einheiten
   a) ihre Eingliederung in die Armee- und Polizeieinheiten der Demokratischen Republik Kongo abgeschlossen haben,
   b) unter dem Kommando des integrierten Stabs der Streitkräfte („état-major intégré") oder der Nationalen Polizei der Demokratischen Republik Kongo stehen oder
   c) im Hoheitsgebiet der Demokratischen Republik Kongo außerhalb der Provinzen Nord- und Südkivu und des Distrikts Ituri in Armee- und Polizeieinheiten der Demokratischen Republik Kongo eingegliedert werden,
2. Güter für den ausschließlichen Zweck der Unterstützung der Mission der Organisation der Vereinten Nationen in der Demokratischen Republik Kongo (MONUC) oder der Verwendung durch diese und
3. nichtletale militärische Ausrüstung, die ausschließlich für humanitäre oder Schutzzwecke bestimmt ist.

(6) Absatz 1 gilt in Bezug auf die Demokratische Volksrepublik Korea für Fahrzeuge, die nicht für den Kampfeinsatz bestimmt sind, die bei der Herstellung oder nachträglich mit einer Kugelsicherung ausgerüstet wurden und nur zum Schutz des Personals der Europäischen Union und ihrer Mitgliedstaaten in der Demokratischen Volksrepublik Korea bestimmt sind.

(7) Absatz 1 gilt in Bezug auf Eritrea für

4. Schutzkleidung, einschließlich Körperschutzwesten und Militärhelme, die vom Personal der Vereinten Nationen, von Medienvertretern, humanitären Helfern und Entwicklungshelfern sowie beigeordnetem Personal zeitweise und ausschließlich zur eigenen Verwendung nach Eritrea ausgeführt wird, und

1. nichtletale militärische Güter, die ausschließlich für humanitäre oder Schutzzwecke bestimmt sind.

(8) Absatz 1 gilt in Bezug auf Irak für Güter, die von der Regierung Iraks oder von der durch die Resolution 1511 (2003) des Sicherheitsrates der Vereinten Nationen eingesetzten multinationalen Truppe für die Zwecke der Resolution 1546 (2004) des Sicherheitsrates der Vereinten Nationen benötigt werden.

(9) Absatz 1 gilt in Bezug auf Iran für Fahrzeuge, die nicht für den Kampfeinsatz bestimmt sind, die bei der Herstellung oder nachträglich mit einer Kugelsicherung ausgerüstet wurden und nur zum Schutz des Personals der Europäischen Union und ihrer Mitgliedstaaten in Iran bestimmt sind.

(10) Absatz 1 gilt in Bezug auf Libanon für

1. Güter, die nicht unmittelbar oder mittelbar an Kampfgruppen geliefert werden, deren Entwaffnung der Sicherheitsrat der Vereinten Nationen in seinen Resolutionen 1559 (2004) und 1680 (2006) gefordert hat und deren Lieferung von der Regierung Libanons oder der Interimstruppe der Vereinten Nationen in Libanon (UNIFIL) genehmigt wurde,
2. Güter, die zur Nutzung durch die UNIFIL im Rahmen ihrer Mission oder durch die libanesischen Streitkräfte bestimmt sind, und
3. Schutzkleidung, die vom Personal der Vereinten Nationen, der Europäischen Union oder ihrer Mitgliedstaaten vorübergehend nach Libanon ausgeführt wird.

(11) Absatz 1 gilt in Bezug auf Liberia für

1. Güter, die ausschließlich zur Unterstützung der Mission der Vereinten Nationen in Liberia oder zur Nutzung durch diese bestimmt sind,
2. nichtletale militärische Güter, die ausschließlich für humanitäre oder Schutzzwecke bestimmt sind, und
3. Schutzkleidung, die vom Personal der Vereinten Nationen, von Medienvertretern, humanitären Helfern, Entwicklungshelfern oder von diesen Personen beigeordnetem Personal ausschließlich zur eigenen Verwendung vorübergehend nach Liberia ausgeführt wird.

(12) Absatz 1 gilt in Bezug auf Libyen für

1. nichtletale militärische Güter, die ausschließlich für humanitäre oder Schutzzwecke bestimmt sind,
2. die sonstige Lieferung, den sonstigen Verkauf oder die sonstige Weitergabe von Rüstungsgütern,
3. Schutzkleidung, einschließlich Körperschutzwesten und Militärhelmen, die vom Personal der Vereinten Nationen, der Europäischen Union oder ihrer Mitgliedstaaten, von Medienvertretern, humanitären Helfern, Entwicklungshelfern oder von diesen Personen beigeordnetem Personal ausschließlich zur eigenen Verwendung vorübergehend nach Libyen ausgeführt wird,
4. Rüstungsgüter und dazugehörige Güter aller Art, die ausschließlich für die Unterstützung der libyschen Regierung in den Bereichen Sicherheit und Entwaffnung bestimmt sind, und
5. Kleinwaffen und leichte Waffen sowie dazugehörige Güter, die einzig für den Gebrauch durch Personal der Vereinten Nationen, Medienvertreter, humanitäre Helfer, Entwicklungshelfer oder durch von diesen Personen beigeordnetes Personal vorübergehend nach Libyen ausgeführt werden.

(13) Absatz 1 gilt in Bezug auf die Republik Guinea für

1. nichtletale militärische Ausrüstung, die ausschließlich bestimmt ist für
   a) humanitäre oder Schutzzwecke,
   b) Programme der Vereinten Nationen und der Europäischen Union zum Aufbau von Institutionen,

c) Krisenbewältigungsprogramme der Europäischen Union und der Vereinten Nationen oder

d) die Befähigung der Polizeikräfte der Republik Guinea zur Wahrung der öffentlichen Ordnung,

2. Fahrzeuge, die nicht für den Kampfeinsatz bestimmt sind, die bei der Herstellung oder nachträglich mit einer Kugelsicherung ausgerüstet wurden und nur zum Schutz des Personals der Europäischen Union und ihrer Mitgliedstaaten in der Republik Guinea bestimmt sind,

3. die Rückgabe von nicht zum Kampfeinsatz bestimmten Hubschraubern, deren militärisches Gerät entfernt wurde und die ausschließlich von den Behörden Guineas genutzt werden, sofern die Regierung der Republik Guinea zuvor schriftlich versichert hat, dass die Nutzung der Hubschrauber unter ziviler Kontrolle bleibt und dass die Hubschrauber nicht mit militärischem Gerät ausgestattet werden,

4. Schutzkleidung, einschließlich Körperschutzwesten und Militärhelme, die vom Personal der Vereinten Nationen, der Europäischen Union oder ihrer Mitgliedstaaten, von Medienvertretern, humanitären Helfern, Entwicklungshelfern oder von diesen Personen beigeordnetem Personal ausschließlich zur eigenen Verwendung vorübergehend in die Republik Guinea ausgeführt wird, und

5. Explosivstoffe und dazugehörige Ausrüstung ausschließlich für den zivilen Gebrauch im Bergbau und im Rahmen von Infrastrukturinvestitionen, sofern die Lagerung und Verwendung von einer unabhängigen Stelle überwacht und überprüft werden und die Erbringer der damit zusammenhängenden Dienste identifiziert sind.

(14) Absatz 1 gilt in Bezug auf Simbabwe für

1. nichtletale militärische Güter, die ausschließlich humanitären oder Schutzzwecken dienen oder für Programme der Vereinten Nationen und der Europäischen Union zum Aufbau von Institutionen bestimmt sind,

2. Güter, die für Krisenbewältigungsoperationen der Europäischen Union und der Vereinten Nationen bestimmt sind, und

3. Schutzkleidung, die vom Personal der Vereinten Nationen, der Europäischen Union oder ihrer Mitgliedstaaten, von Medienvertretern, humanitären Helfern, Entwicklungshelfern oder von diesen Personen beigeordnetem Personal ausschließlich zur eigenen Verwendung vorübergehend nach Simbabwe ausgeführt wird.

(15) Absatz 1 gilt in Bezug auf Somalia für

1. Güter, die ausschließlich zur Unterstützung der Mission der Afrikanischen Union in Somalia oder zur Nutzung durch sie nach Ziffer 4 der Resolution 1744 (2007) des Sicherheitsrates der Vereinten Nationen bestimmt sind,

2. Güter, die ausschließlich zur Unterstützung der oder zur Nutzung durch die strategischen Partner der Mission der Afrikanischen Union in Somalia bestimmt sind, die ausschließlich im Rahmen des strategischen Konzepts der Afrikanischen Union vom 5. Januar 2012 und in Zusammenarbeit und Abstimmung mit der Mission der Afrikanischen Union in Somalia agieren,

3. Güter, die ausschließlich zur Nutzung durch Staaten und regionale Organisationen bestimmt sind, die Piraterie nach Ziffer 10 der Resolution 1846 (2008) und Ziffer 6 der Resolution 1851 (2008) des Sicherheitsrates der Vereinten Nationen bekämpfen,

4. Güter, die ausschließlich zum Aufbau der Institutionen des Sicherheitssektors im Einklang mit den Ziffern 1, 2 und 3 der Resolution 1744 (2007) des Sicherheitsrates der Vereinten Nationen bestimmt sind,
5. nichtletale militärische Güter, die ausschließlich für humanitäre oder Schutzzwecke bestimmt sind,
6. Ausstattungen für die im Rahmen des Friedens- und Aussöhnungsprozesses durchgeführten Programme der Europäischen Union oder ihrer Mitgliedstaaten zum Aufbau von Institutionen,
7. Schutzkleidung, die vom Personal der Vereinten Nationen, von Medienvertretern und humanitären Helfern und Entwicklungshelfern sowie diesen Personen beigeordnetem Personal ausschließlich zur eigenen Verwendung vorübergehend nach Somalia ausgeführt wird,
8. Güter, die ausschließlich zur Unterstützung des Personals der Vereinten Nationen, einschließlich des Politischen Büros der Vereinten Nationen für Somalia oder dessen Nachfolgemissionen, oder zur Nutzung durch diese bestimmt sind, und
9. Güter, die ausschließlich zum Aufbau der Sicherheitskräfte der Bundesregierung Somalias und zur Gewährleistung der Sicherheit der somalischen Bevölkerung bestimmt sind.

(16) Absatz 1 gilt in Bezug auf Sudan oder Südsudan für

1. nichtletale militärische Ausrüstung, die ausschließlich bestimmt ist für
   a) humanitäre oder Schutzzwecke,
   b) die Überwachung der Menschenrechtslage,
   c) Programme der Vereinten Nationen, der Afrikanischen Union, der Europäischen Union und der Europäischen Gemeinschaft zum Aufbau von Institutionen oder
   d) die Unterstützung der Reform des Sicherheitssektors im Südsudan,
2. Material, das für Krisenbewältigungsoperationen der Vereinten Nationen, der Afrikanischen Union oder der Europäischen Union bestimmt ist, sowie
3. Minenräumgeräte und Material zur Verwendung bei Minenräumaktionen.

(17) Absatz 1 gilt in Bezug auf Syrien für

1. Güter, die ausschließlich zur Unterstützung der Beobachtertruppe der Vereinten Nationen für die Truppenentflechtung (UNDOF) oder zur Nutzung durch diese bestimmt sind,
2. nichtletale militärische Güter, die ausschließlich bestimmt sind für
   a) humanitäre oder Schutzzwecke,
   b) den Schutz der Zivilbevölkerung,
   c) Programme der Vereinten Nationen und der Europäischen Union zum Aufbau von Institutionen,
   d) Krisenbewältigungsoperationen der Europäischen Union und der Vereinten Nationen oder

e) die nationale Koalition der Kräfte der syrischen Revolution und Opposition für die Zwecke des Schutzes der Zivilbevölkerung,

3. Fahrzeuge, die nicht für den Kampfeinsatz bestimmt sind, die bei der Herstellung oder nachträglich mit einer Kugelsicherung ausgerüstet wurden und nur zum Schutz des Personals der Europäischen Union und ihrer Mitgliedstaaten in Syrien bestimmt sind, und

4. Schutzkleidung, die vom Personal der Vereinten Nationen, der Europäischen Union oder ihrer Mitgliedstaaten, von Medienvertretern, humanitären Helfern, Entwicklungshelfern oder von diesen Personen beigeordnetem Personal ausschließlich zur eigenen Verwendung vorübergehend nach Syrien ausgeführt wird.

Abschnitt 2
Einfuhr- und Verbringungsverbote

§ 77
Einfuhrverbote von in Teil I Abschnitt A der Ausfuhrliste erfassten Gütern aus bestimmten Ländern

(1) Verboten sind die Einfuhr und der Erwerb von in Teil I Abschnitt A der Ausfuhrliste erfassten Gütern aus den folgenden Ländern, unabhängig davon, ob die Güter ihren Ursprung in diesen Ländern haben:

1. Demokratische Volksrepublik Korea,
2. Eritrea,
3. Iran,
4. Libyen,
5. Syrien.

(2) Dieses Verbot gilt auch für die Beförderung, auch unter Benutzung eines Schiffes oder Luftfahrzeuges, das berechtigt ist, die Bundesflagge oder das Staatsangehörigkeitszeichen der Bundesrepublik Deutschland zu führen.

Abschnitt 3
Besondere Genehmigungserfordernisse

§ 78
Genehmigungserfordernisse für die Ausfuhr bestimmter Ausrüstung

Die Ausfuhr von Ausrüstung für die Herstellung von Banknoten, Wertzeichen, Banknoten- oder Wertzeichenspezialpapieren bedarf der Genehmigung, wenn Käufer- oder Bestimmungsland die Demokratische Volksrepublik Korea ist.

Abschnitt 4
Auslandstaten Deutscher

§ 79
Beschränkungen nach § 5 Absatz 5 des Außenwirtschaftsgesetzes

Die §§ 74 bis 77 gelten auch für Deutsche im Ausland.

Kapitel 9
Straftaten und Ordnungswidrigkeiten

Abschnitt 1
Straftaten

§ 80
Straftaten

Nach § 17 Absatz 1, Absatz 2 bis 5 des Außenwirtschaftsgesetzes wird bestraft, wer vorsätzlich oder leichtfertig

1. entgegen § 74, auch in Verbindung mit § 79, dort genannte Güter verkauft, ausführt, durchführt oder befördert,
2. entgegen § 75 Absatz 1, auch in Verbindung mit § 75 Absatz 2, jeweils auch in Verbindung mit § 79, ein Handels- oder Vermittlungsgeschäft vornimmt oder
3. entgegen § 77 Absatz 1, auch in Verbindung mit § 77 Absatz 2, jeweils auch in Verbindung mit § 79, dort genannte Güter einführt, erwirbt oder befördert.

Abschnitt 2
Ordnungswidrigkeiten

§ 81
Ordnungswidrigkeiten – Verstöße gegen Bestimmungen der Außenwirtschaftsverordnung

(1) Ordnungswidrig im Sinne des § 19 Absatz 3 Nummer 1 Buchstabe a des Außenwirtschaftsgesetzes handelt, wer vorsätzlich oder fahrlässig

1. entgegen § 7 eine Boykott-Erklärung abgibt,
2. ohne Genehmigung nach § 10 Absatz 1 Satz 1 oder Absatz 2 Satz 1 eine dort genannte Ware ausführt,
3. ohne Genehmigung nach § 11 Absatz 2 dort genannte Güter verbringt,
4. entgegen § 11 Absatz 4 Satz 3 dort genannte Güter verbringt,
5. entgegen § 29 Satz 2 eine Ware verwendet,
6. einer vollziehbaren Anordnung nach § 44 Absatz 3, § 59 Absatz 1 Satz 1 oder Absatz 2 Nummer 1 oder § 62 zuwiderhandelt oder
7. entgegen § 54 Absatz 1 eine Zahlung oder eine sonstige Leistung bewirkt.

(2) Ordnungswidrig im Sinne des § 19 Absatz 3 Nummer 1 Buchstabe b des Außenwirtschaftsgesetzes handelt, wer vorsätzlich oder fahrlässig

1. entgegen § 5 Absatz 1 Satz 1 eine Urkunde nicht oder nicht rechtzeitig zurückgibt,
2. entgegen § 6 Absatz 1 eine Urkunde nicht oder nicht mindestens fünf Jahre aufbewahrt,
3. entgegen § 12 Absatz 1, auch in Verbindung mit § 20, eine Ausfuhrsendung nicht, nicht richtig oder nicht rechtzeitig gestellt,

4. entgegen § 13 Absatz 1 ein Ladungsverzeichnis nicht, nicht richtig oder nicht rechtzeitig einreicht,
5. entgegen § 13 Absatz 5 eine Erklärung nicht, nicht richtig, nicht in der vorgeschriebenen Weise oder nicht rechtzeitig abgibt,
6. entgegen § 14 Absatz 3 oder Absatz 4, jeweils auch in Verbindung mit § 20, eine Ware entfernt, entfernen lässt, verlädt oder verladen lässt,
7. entgegen § 15 Absatz 1 oder § 17 Absatz 4, auch in Verbindung mit § 20, eine dort genannte Angabe nicht, nicht richtig, nicht vollständig oder nicht rechtzeitig macht,
8. entgegen § 17 Absatz 5 Satz 1, auch in Verbindung mit § 20, eine dort genannte Ausfuhranmeldung nicht, nicht richtig, nicht vollständig oder nicht rechtzeitig abgibt,
9. entgegen § 22 Absatz 1 den Empfänger nicht, nicht richtig, nicht vollständig oder nicht rechtzeitig informiert,
10. entgegen § 22 Absatz 2 Satz 1 oder § 26 Absatz 1 Satz 1 ein Register oder eine Aufzeichnung nicht, nicht richtig oder nicht vollständig führt,
11. entgegen § 23 Absatz 1 Satz 2 nicht sicherstellt, dass die Ausfuhrgenehmigung vorhanden ist,
12. entgegen § 23 Absatz 1 Satz 3 die Ausfuhrgenehmigung nicht oder nicht rechtzeitig übermittelt,
13. entgegen § 23 Absatz 5 Satz 2 oder § 25 Absatz 1 die Ausfuhrgenehmigung oder ein dort genanntes Dokument nicht oder nicht rechtzeitig vorlegt,
14. entgegen § 29 Satz 1 eine Mitteilung nicht, nicht richtig, nicht vollständig oder nicht rechtzeitig macht,
15. entgegen § 30 Absatz 3 Satz 1, auch in Verbindung mit § 48 Satz 2, einen Nachweis nicht, nicht richtig, nicht vollständig oder nicht rechtzeitig erbringt,
16. entgegen § 30 Absatz 3 Satz 2, auch in Verbindung mit § 48 Satz 2,
    a) eine Anzeige nicht, nicht richtig, nicht vollständig oder nicht rechtzeitig erstattet oder
    b) eine Bescheinigung nicht oder nicht rechtzeitig zurückgibt und eine Mitteilung nicht, nicht richtig, nicht vollständig oder nicht rechtzeitig macht,
17. entgegen § 32 Absatz 1 Satz 1 nicht sicherstellt, dass ein dort genanntes Dokument vorhanden ist,
18. entgegen § 32 Absatz 3 ein dort genanntes Dokument nicht, nicht richtig oder nicht rechtzeitig vorlegt,
19. entgegen § 64 Absatz 1, § 65 Absatz 1, § 66 Absatz 1 oder Absatz 4 Satz 1, § 67 Absatz 1, auch in Verbindung mit § 68 Absatz 1, entgegen § 69 oder § 70 Absatz 1 eine Meldung nicht, nicht richtig, nicht vollständig oder nicht rechtzeitig macht oder
20. entgegen § 68 Absatz 2 eine Anzeige nicht, nicht richtig, nicht vollständig oder nicht rechtzeitig erstattet.

§ 82
Ordnungswidrigkeiten – Verstöße gegen Rechtsakte der Europäischen Union

(1) Ordnungswidrig im Sinne des § 19 Absatz 4 Satz 1 Nummer 1 des Außenwirtschaftsgesetzes handelt, wer vorsätzlich oder fahrlässig entgegen

1. Artikel 2 Absatz 1 der Verordnung (EWG) Nr. 3541/92 des Rates vom 7. Dezember 1992 zum Verbot der Erfüllung irakischer Ansprüche in Bezug auf Verträge und Geschäfte, deren Durchführung durch die Resolution 661 (1990) des Sicherheitsrates der Vereinten Nationen und mit ihr in Verbindung stehende Resolutionen berührt wurde (ABl. L 361 vom 10.12.1992, S. 1),
2. Artikel 2 Absatz 1 der Verordnung (EG) Nr. 3275/93 des Rates vom 29. November 1993 zum Verbot der Erfüllung von Ansprüchen im Zusammenhang mit Verträgen und Geschäften, deren Durchführung durch die Resolution 883 (1993) des Sicherheitsrates der Vereinten Nationen und mit ihr in Verbindung stehende Resolutionen berührt wurde (ABl. L 295 vom 30.11.1993, S. 4),
3. Artikel 2 Absatz 1 der Verordnung (EG) Nr. 1264/94 des Rates vom 30. Mai 1994 über das Verbot der Erfüllung von Ansprüchen der haitischen Behörden im Zusammenhang mit Verträgen und Geschäften, deren Durchführung durch die Maßnahmen auf Grund der Resolutionen 917 (1994), 841 (1993), 873 (1993) und 875 (1993) des Sicherheitsrates der Vereinten Nationen berührt wurde (ABl. L 139 vom 2.6.1994, S. 4),
4. Artikel 2 Absatz 1 der Verordnung (EG) Nr. 1733/94 des Rates vom 11. Juli 1994 zum Verbot der Erfüllung von Ansprüchen im Zusammenhang mit Verträgen und Geschäften, deren Durchführung durch die Resolution 757 (1992) des Sicherheitsrates der Vereinten Nationen und mit ihr in Verbindung stehende Resolutionen berührt wurde (ABl. L 182 vom 16.7.1994, S. 1), oder
5. Artikel 38 Absatz 1 der Verordnung (EU) Nr. 267/2012 des Rates vom 23. März 2012 über restriktive Maßnahmen gegen Iran und zur Aufhebung der Verordnung (EU) Nr. 961/2010 (ABl. L 88 vom 24.3.2012, S. 1, L 332 vom 4.12.2012, S. 31), die zuletzt durch die Verordnung (EU) Nr. 1264/2012 (ABl. L 356 vom 22.12.2012, S. 55) geändert worden ist, einen dort genannten Anspruch erfüllt.

(2) Ordnungswidrig im Sinne des § 19 Absatz 4 Satz 1 Nummer 2 des Außenwirtschaftsgesetzes handelt, wer gegen die Verordnung (EWG) Nr. 2454/93 der Kommission vom 2. Juli 1993 mit Durchführungsvorschriften zu der Verordnung (EWG) Nr. 2913/92 des Rates zur Festlegung des Zollkodex der Gemeinschaften (ABl. Nr. L 253 vom 11.10.1993, S. 1) die zuletzt durch die Verordnung (EU) Nr. 1063/2010 (ABl. L 307 vom 23.11.2010, S. 1) geändert worden ist, verstößt, indem er vorsätzlich oder fahrlässig

1. einer mit einer Bewilligung nach Artikel 282 Absatz 1 in Verbindung mit Artikel 262 Absatz 1 Satz 2 verbundenen vollziehbaren Auflage über den Inhalt oder die Frist der ergänzenden Zollanmeldung zuwiderhandelt,
2. einer mit einer Bewilligung nach Artikel 283 Satz 1 in Verbindung mit Artikel 287 Absatz 1 Satz 1 Buchstabe d verbundenen vollziehbaren Auflage über den Inhalt eines Begleitdokuments zuwiderhandelt,
3. einer mit einer Bewilligung nach Artikel 283 Satz 1 in Verbindung mit Artikel 287 Absatz 1 Satz 1 Buchstabe e verbundenen vollziehbaren Auflage über die Vorlage der ergänzenden Zollanmeldung oder die Frist für ihre Abgabe zuwiderhandelt,

4. entgegen Artikel 285 Absatz 1 Buchstabe a die Ausfuhrzollstelle nicht, nicht richtig, nicht vollständig oder nicht rechtzeitig benachrichtigt,
5. entgegen Artikel 792a Absatz 1 Satz 1 die Ausfuhrzollstelle nicht, nicht richtig oder nicht rechtzeitig unterrichtet,
6. ohne Zustimmung nach Artikel 792a Absatz 2 Satz 1 den geänderten Beförderungsvertrag erfüllt,
7. einer mit einer Befreiung nach Artikel 285a Absatz 1 Satz 2 Buchstabe a verbundenen vollziehbaren Auflage über die Benachrichtigung von einem Warenabgang zuwiderhandelt,
8. einer mit einer Befreiung nach Artikel 285a Absatz 1 Satz 2 Buchstabe c verbundenen vollziehbaren Auflage über das Anschreiben von Waren in seiner Buchführung vor Abgang aus den in Artikel 253 Absatz 3 oder Artikel 283 Satz 1 genannten Orten zuwiderhandelt oder
9. als Anmelder vor dem Ausgang der Waren aus dem Zollgebiet der Europäischen Union entgegen Artikel 793 Absatz 1, auch in Verbindung mit Artikel 841 Absatz 1, das Exemplar Nummer 3 des Einheitspapiers oder das Ausfuhrbegleitdokument der Ausgangszollstelle nicht vorlegt oder die zur Ausfuhr überlassenen Waren dieser Zollstelle nicht oder nicht richtig gestellt.

(3) Ordnungswidrig im Sinne des § 19 Absatz 4 Satz 1 Nummer 2 des Außenwirtschaftsgesetzes handelt, wer vorsätzlich oder fahrlässig ohne Genehmigung nach Artikel 3 Absatz 2 Satz 1 der Verordnung (EG) Nr. 517/94 des Rates vom 7. März 1994 über die gemeinsame Regelung der Einfuhren von Textilwaren aus bestimmten Drittländern, die nicht unter bilaterale Abkommen, Protokolle, andere Vereinbarungen oder eine spezifische gemeinschaftliche Einfuhrregelung fallen (ABl. L 67 vom 10.3.94, S. 1), die zuletzt durch die Verordnung (EU) Nr. 1165/2012 (ABl. L 336 vom 8.12.2012, S. 55) geändert worden ist, eine dort genannte Einfuhr in den freien Verkehr der Gemeinschaft überführt.

(4) Ordnungswidrig im Sinne des § 19 Absatz 4 Satz 1 Nummer 1 des Außenwirtschaftsgesetzes handelt, wer vorsätzlich oder fahrlässig entgegen Artikel 5 Absatz 1 der Verordnung (EG) Nr. 2271/96 des Rates vom 22. November 1996 zum Schutz vor den Auswirkungen der extraterritorialen Anwendung von einem Drittland erlassener Rechtsakte sowie von darauf beruhenden oder sich daraus ergebenden Maßnahmen (ABl. L 309 vom 29.11.1996, S. 1, L 179 vom 8.7.1997, S. 10), die durch die Verordnung (EG) Nr. 807/2003 (ABl. L 122 vom 16.5.2003, S. 36) geändert worden ist, einer dort genannten Forderung oder einem dort genannten Verbot nachkommt. Soweit die in Satz 1 genannten Vorschriften auf den Anhang der Verordnung (EG) Nr. 2271/96 verweisen, findet dieser Anhang in der jeweils geltenden Fassung Anwendung.

(5) Ordnungswidrig im Sinne des § 19 Absatz 4 Satz 1 Nummer 2 des Außenwirtschaftsgesetzes handelt, wer vorsätzlich oder fahrlässig entgegen Artikel 4 Absatz 1 der Verordnung (EG) Nr. 2368/2002 des Rates vom 20. Dezember 2002 zur Umsetzung des Zertifikationssystems des Kimberley-Prozesses für den internationalen Handel mit Rohdiamanten (ABl. L 358 vom 31.12.2002, S. 28), die zuletzt durch die Verordnung (EG) Nr. 1268/2008 (ABl. L 338 vom 17.12.2008, S. 39) geändert worden ist, ein Behältnis oder ein dazu gehöriges Zertifikat nicht oder nicht rechtzeitig einer Gemeinschaftsbehörde zur Prüfung vorlegt.

(6) Ordnungswidrig im Sinne des § 19 Absatz 4 Satz 1 Nummer 1 des Außenwirtschaftsgesetzes handelt, wer vorsätzlich oder fahrlässig entgegen Artikel 9a Buchstabe a Satz 1 der Verordnung (EG) Nr. 560/2005 des Rates vom 12. April 2005 über die Anwendung spezifischer restriktiver Maßnahmen gegen bestimmte Personen und Organisationen angesichts der Lage in der Republik Côte d'Ivoire (ABl. L 95 vom 14.4.2005, S. 1), die zuletzt durch die Verordnung (EU) Nr. 193/2012 (ABl. L 71 vom 9.3.2012, S. 5) geändert worden ist, eine Schuldverschreibung oder ein Wertpapier erwirbt, vermittelt oder an der Ausgabe mitwirkt.

(7) Ordnungswidrig im Sinne des § 19 Absatz 4 Satz 1 Nummer 1 des Außenwirtschaftsgesetzes handelt, wer gegen die Verordnung (EG) Nr. 329/2007 des Rates vom 27. März 2007 über restriktive Maßnahmen gegen die Demokratische Volksrepublik Korea (ABl. L 88 vom 29.3.2007, S. 1), die zuletzt durch die Verordnung (EU) Nr. 370/2013 (ABl. L 111 vom 23.4.2013, S. 43) geändert worden ist, verstößt, indem er vorsätzlich oder fahrlässig

1. entgegen Artikel 5a Absatz 1 eine neue Repräsentanz eröffnet oder eine neue Zweigniederlassung, ein neues Gemeinschaftsunternehmen oder eine Tochtergesellschaft gründet,
2. entgegen Artikel 5a Absatz 2 Buchstabe b eine Vereinbarung schließt, die die Eröffnung einer Repräsentanz oder die Gründung einer Zweigniederlassung oder Tochtergesellschaft betrifft,
3. entgegen Artikel 9a Buchstabe a oder Buchstabe b eine staatliche oder staatlich garantierte Anleihe kauft oder Vermittlungsdienste im Zusammenhang mit dem Kauf einer staatlichen oder staatlich garantierten Anleihe erbringt oder
4. entgegen Artikel 11a Absatz 1 Buchstabe b die Ausführung einer Transaktion nicht ablehnt.

(8) Ordnungswidrig im Sinne des § 19 Absatz 4 Satz 1 Nummer 2 des Außenwirtschaftsgesetzes handelt, wer vorsätzlich oder fahrlässig entgegen Artikel 2 Absatz 1 Satz 2 der Verordnung (EG) Nr. 1340/2008 des Rates vom 8. Dezember 2008 über den Handel mit bestimmten Stahlerzeugnissen zwischen der Europäischen Gemeinschaft und der Republik Kasachstan (ABl. L 348 vom 24.12.2008, S. 1) eine Einfuhrgenehmigung nicht oder nicht rechtzeitig vorlegt.

(9) Ordnungswidrig im Sinne des § 19 Absatz 4 Satz 1 Nummer 1 des Außenwirtschaftsgesetzes handelt, wer gegen die Verordnung (EG) Nr. 428/2009 des Rates vom 5. Mai 2009 über eine Gemeinschaftsregelung für die Kontrolle der Ausfuhr, der Verbringung, der Vermittlung und der Durchfuhr von Gütern mit doppeltem Verwendungszweck (ABl. L 134 vom 29.5.2009, S. 1, L 224 vom 27.8.2009, S. 21), die zuletzt durch die Verordnung (EU) Nr. 388/2012 (ABl. L 129 vom 16.5.2012, S. 12) geändert worden ist, verstößt, indem er vorsätzlich oder fahrlässig

1. einer vollziehbaren Anordnung nach Artikel 6 Absatz 1 Satz 1 zuwiderhandelt oder
2. ohne Genehmigung nach Artikel 22 Absatz 1 Satz 1 Güter mit doppeltem Verwendungszweck innergemeinschaftlich verbringt.

Soweit die in Satz 1 genannten Vorschriften auf Anhang I oder Anhang IV der Verordnung (EG) Nr. 428/2009 verweisen, finden diese Anhänge in der jeweils geltenden Fassung Anwendung.

(10) Ordnungswidrig im Sinne des § 19 Absatz 4 Satz 1 Nummer 1 des Außenwirtschaftsgesetzes handelt, wer gegen die Verordnung (EU) Nr. 36/2012 des Rates vom 18. Januar 2012 über restriktive Maßnahmen angesichts der Lage in Syrien und zur Aufhebung der Verordnung (EU) Nr. 442/2011 (ABl. L 16 vom 19.1.2012, S.1, L 259 vom 27.9.2012, S.7), die zuletzt durch die Verordnung (EU) Nr. 363/2013 (ABl. L 111 vom 23.4.2013, S. 1, L 123 vom 4.5.2013, S. 28, L 127 vom 9.5.2013, S. 27) geändert worden ist, verstößt, indem er vorsätzlich oder fahrlässig

1. entgegen Artikel 24 Buchstabe a oder Buchstabe b eine staatliche oder staatlich garantierte Anleihe kauft oder Vermittlungsdienste im Zusammenhang mit dem Kauf einer staatlichen oder staatlich garantierten Anleihe erbringt,
2. entgegen Artikel 25 Absatz 1 ein neues Konto eröffnet, eine Korrespondenzbankbeziehung aufnimmt, eine neue Repräsentanz eröffnet oder eine Zweigniederlassung, Tochtergesellschaft oder ein neues Joint Venture gründet oder
3. entgegen Artikel 25 Absatz 2 Buchstabe b eine Vereinbarung schließt, die die Eröffnung einer Repräsentanz oder die Gründung einer Zweigniederlassung oder Tochtergesellschaft betrifft.

(11) Ordnungswidrig im Sinne des § 19 Absatz 4 Satz 1 Nummer 1 des Außenwirtschaftsgesetzes handelt, wer gegen die Verordnung (EU) Nr. 267/2012 des Rates vom 23. März 2012 über restriktive Maßnahmen gegen Iran und zur Aufhebung der Verordnung (EU) Nr. 961/2010 (ABl. L 88 vom 24.3.2012, S. 1, L 332 vom 4.12.2012, S. 31), die zuletzt durch die Verordnung (EU) Nr. 1264/2012 (ABl. L 356 vom 22.12.2012, S. 55) geändert worden ist, verstößt, indem er vorsätzlich oder fahrlässig,

1. entgegen Artikel 22 die Gewährung eines Darlehens oder eines Kredits, eine Beteiligung oder ein Joint Venture akzeptiert oder genehmigt,
2. entgegen Artikel 30 Absatz 3 Buchstabe a Satz 2 oder Absatz 6 Buchstabe d Satz 1, Artikel 30a Absatz 1 Buchstabe a Satz 2 oder Buchstabe b Satz 2 oder Artikel 31 Absatz 1 eine Meldung nicht, nicht richtig, nicht vollständig, nicht in der vorgeschriebenen Weise oder nicht rechtzeitig macht,
3. ohne Genehmigung nach Artikel 30 Absatz 3 Buchstabe b Satz 1 oder Buchstabe c Satz 1 oder Artikel 30a Absatz 1 Buchstabe c einen Geldtransfer durchführt,
4. entgegen Artikel 30 Absatz 6 Buchstabe b die Durchführung einer Transaktion nicht ablehnt,
5. entgegen Artikel 33 Absatz 1 Buchstabe a ein neues Bankkonto eröffnet,
6. entgegen Artikel 33 Absatz 1 Buchstabe b eine Korrespondenzbankbeziehung aufnimmt,
7. entgegen Artikel 33 Absatz 1 Buchstabe c eine neue Repräsentanz eröffnet oder eine Zweigniederlassung oder eine Tochtergesellschaft gründet,
8. entgegen Artikel 33 Absatz 2 Buchstabe b eine Vereinbarung schließt, die die Eröffnung einer Repräsentanz oder die Gründung einer Zweigniederlassung oder Tochtergesellschaft betrifft, oder
9. entgegen Artikel 34 Buchstabe a oder Buchstabe b eine staatliche oder staatlich garantierte Anleihe kauft oder Vermittlungsdienste im Zusammenhang mit dem Kauf einer staatlichen oder staatlich garantierten Anleihe erbringt.

Soweit die in Satz 1 genannten Vorschriften auf Anhang I bis VIIb der Verordnung (EU) Nr. 267/2012 verweisen, finden diese Anhänge in der jeweils geltenden Fassung Anwendung.

Kapitel 10
Inkrafttreten

§ 83
Inkrafttreten, Außerkrafttreten

Diese Verordnung tritt am Tag des Inkrafttretens des Gesetzes zur Modernisierung des Außenwirtschaftsrechts nach Artikel 4 Absatz 1 Satz 1 in Kraft. Gleichzeitig tritt die Außenwirtschaftsverordnung in der Fassung der Bekanntmachung vom 22. November 1993 (BGBl. I S. 1934, 2493), die zuletzt durch Artikel 27 Absatz 12 des Gesetzes vom 4. Juli 2013 (BGBl. I S. 1981) geändert worden ist, außer Kraft.

Berlin, den 2. August 2013

Die Bundeskanzlerin
Dr. Angela Merkel

Der Bundesminister
für Wirtschaft und Technologie
Dr. Philipp Rösler

3. Ausführungsgesetz zu Artikel 26 Abs. 2 des Grundgesetzes (Gesetz über die Kontrolle von Kriegswaffen) in der Fassung der Bekanntmachung

Vom 22. November 1990
BGBl. I S. 2506

Zuletzt geändert durch Artikel 2 des Gesetzes vom 6. Juni 2013
BGBl. I S. 1482

Erster Abschnitt
Genehmigungsvorschriften

§ 1
Begriffsbestimmung

(1) Zur Kriegsführung bestimmte Waffen im Sinne dieses Gesetzes (Kriegswaffen) sind die in der Anlage zu diesem Gesetz (Kriegswaffenliste) aufgeführten Gegenstände, Stoffe und Organismen.

(2) Die Bundesregierung wird ermächtigt, durch Rechtsverordnung mit Zustimmung des Bundesrates die Kriegswaffenliste entsprechend dem Stand der wissenschaftlichen, technischen und militärischen Erkenntnisse derart zu ändern und zu ergänzen, daß sie alle Gegenstände, Stoffe und Organismen enthält, die geeignet sind, allein, in Verbindung miteinander oder mit anderen Gegenständen, Stoffen oder Organismen Zerstörungen oder Schäden an Personen oder Sachen zu verursachen und als Mittel der Gewaltanwendung bei bewaffneten Auseinandersetzungen zwischen Staaten zu dienen.

(3) Für Atomwaffen im Sinne des § 17 Abs. 2 sowie für biologische und chemische Waffen im Sinne der Kriegswaffenliste sowie für Antipersonenminen und Streumunition im Sinne von § 18 a Abs. 2 gelten die besonderen Vorschriften des Dritten und Vierten Abschnitts sowie die Strafvorschriften der §§ 19 bis 21.

§ 2
Herstellung und Inverkehrbringen

(1) Wer Kriegswaffen herstellen will, bedarf der Genehmigung.

(2) Wer die tatsächliche Gewalt über Kriegswaffen von einem anderen erwerben oder einem anderen überlassen will, bedarf der Genehmigung.

§ 3
Beförderung innerhalb des Bundesgebietes

(1) Wer Kriegswaffen im Bundesgebiet außerhalb eines abgeschlossenen Geländes befördern lassen will, bedarf der Genehmigung.

(2) Der Genehmigung bedarf ferner, wer Kriegswaffen, die er hergestellt oder über die er die tatsächliche Gewalt erworben hat, im Bundesgebiet außerhalb eines abgeschlossenen Geländes selbst befördern will.

(3) Kriegswaffen dürfen nur eingeführt, ausgeführt oder durch das Bundesgebiet durchgeführt werden, wenn die hierzu erforderliche Beförderung im Sinne des Absatzes 1 oder 2 genehmigt ist oder hierzu eine Allgemeine Genehmigung gemäß Absatz 4 erteilt wurde.

(4) Unbeschadet der Regelung des § 27 kann eine Allgemeine Genehmigung erteilt werden

1. für die Beförderung von Kriegswaffen zum Zweck der Durchfuhr durch das Bundesgebiet,
2. für die Beförderung von Kriegswaffen zum Zweck der Einfuhr an die Bundeswehr,
3. für die Beförderung von Kriegswaffen zum Zweck der Einfuhr an im Bundesgebiet ansässige Unternehmen, die gemäß § 9 des Außenwirtschaftsgesetzes in Verbindung mit einer auf Grund dieser Vorschrift erlassenen Rechtsverordnung zertifiziert sind,
4. für die Beförderung von Kriegswaffen zwischen im Bundesgebiet ansässigen Unternehmen, die gemäß § 9 des Außenwirtschaftsgesetzes in Verbindung mit einer auf Grund dieser Vorschrift erlassenen Rechtsverordnung zertifiziert sind,
5. für die Beförderung von Kriegswaffen innerhalb des Bundesgebietes von Unternehmen, die gemäß § 9 des Außenwirtschaftsgesetzes in Verbindung mit einer auf Grund dieser Vorschrift erlassenen Rechtsverordnung zertifiziert sind, an die Bundeswehr sowie von der Bundeswehr durch diese Unternehmen an sich sowie
6. für die Beförderung von Kriegswaffen zum Zweck der Verbringung an Unternehmen, die in einem anderen Mitgliedstaat der Europäischen Union ansässig sind und in diesem Mitgliedstaat gemäß Artikel 9 der Richtlinie 2009/43/EG des Europäischen Parlaments und des Rates vom 6. Mai 2009 zur Vereinfachung der Bedingungen für die innergemeinschaftliche Verbringung von Verteidigungsgütern (ABl. L 146 vom 10.6.2009, S. 1) zertifiziert sind.

§ 4
Beförderung außerhalb des Bundesgebietes

(1) Wer Kriegswaffen, die außerhalb des Bundesgebietes ein- und ausgeladen und durch das Bundesgebiet nicht durchgeführt werden, mit Seeschiffen, die die Bundesflagge führen, oder mit Luftfahrzeugen, die in die Luftfahrzeugrolle der Bundesrepublik eingetragen sind, befördern will, bedarf der Genehmigung.

(2) Für die Beförderung von Kriegswaffen im Sinne des Absatzes 1 in und nach bestimmten Gebieten kann auch eine Allgemeine Genehmigung erteilt werden.

§ 4a
Auslandsgeschäfte

(1) Wer einen Vertrag über den Erwerb oder das Überlassen von Kriegswaffen, die sich außerhalb des Bundesgebietes befinden, vermitteln oder die Gelegenheit zum Abschluß eines solchen Vertrags nachweisen will, bedarf der Genehmigung.

(2) Einer Genehmigung bedarf auch, wer einen Vertrag über das Überlassen von Kriegswaffen, die sich außerhalb des Bundesgebietes befinden, abschließen will.

(3) Die Absätze 1 und 2 sind nicht anzuwenden, wenn die Kriegswaffen in Ausführung des Vertrags in das Bundesgebiet eingeführt oder durchgeführt werden sollen.

(4) Für Vermittlungs- und Überlassungsgeschäfte im Sinne der Absätze 1 und 2 von Unternehmen, die selbst Kriegswaffen innerhalb der Europäischen Union herstellen, kann eine Allgemeine Genehmigung erteilt werden.

§ 5
Befreiungen

(1) Einer Genehmigung nach den §§ 2 bis 4 a bedarf nicht, wer unter der Aufsicht oder als Beschäftigter eines anderen tätig wird. In diesen Fällen bedarf nur der andere der Genehmigung nach den §§ 2 bis 4 a.

(2) Wer Kriegswaffen auf Grund einer Genehmigung nach § 3 Abs. 1 § 3 Absatz 2 oder einer Allgemeinen Genehmigung nach § 3 Absatz 4 befördert, bedarf für den Erwerb der tatsächlichen Gewalt über diese Kriegswaffen von dem Absender und die Überlassung der tatsächlichen Gewalt an den in der Genehmigungsurkunde genannten oder von einer Allgemeinen Genehmigung umfassten Empfänger keiner Genehmigung nach § 2 Abs. 2.

(3) Einer Genehmigung nach § 2 Absatz 2 bedarf ferner nicht, wer die tatsächliche Gewalt über Kriegswaffen

1. demjenigen, der Kriegswaffen auf Grund einer Genehmigung nach § 3 Absatz 1, 2 oder einer Allgemeinen Genehmigung nach § 3 Absatz 4 befördert, überlassen oder von ihm erwerben will, sofern der Absender und der Empfänger in der Genehmigungsurkunde genannt oder von einer Allgemeinen Genehmigung nach § 3 Absatz 4 umfasst sind,
2. der Bundeswehr überlassen oder von ihr erwerben will oder
3. dem Beschaffungsamt des Bundesministeriums des Innern, den Polizeien des Bundes, der Zollverwaltung, einer für die Aufrechterhaltung der öffentlichen Sicherheit zuständigen Behörde oder Dienststelle, einem Beschussamt oder einer Behörde des Strafvollzugs überlassen oder von diesen zur Instandsetzung, zur Erprobung oder zur Beförderung erwerben will.

§ 6
Versagung der Genehmigung

(1) Auf die Erteilung einer Genehmigung besteht kein Anspruch.

(2) Die Genehmigung **kann** insbesondere versagt werden, wenn

1. Grund zu der Annahme besteht, daß ihre Erteilung dem Interesse der Bundesrepublik an der Aufrechterhaltung guter Beziehungen zu anderen Ländern zuwiderlaufen würde,
2. a) der Antragsteller, sein gesetzlicher Vertreter, bei juristischen Personen das vertretungsberechtigte Organ oder ein Mitglied eines solchen Organs, bei Personenhandelsgesellschaften ein vertretungsberechtigter Gesellschafter, sowie der Leiter eines Betriebes oder eines Betriebsteiles des Antragstellers,
   b) derjenige, der Kriegswaffen befördert,
   c) derjenige, der die tatsächliche Gewalt über Kriegswaffen dem Beförderer überläßt oder von ihm erwirbt,

   nicht Deutscher im Sinne des Artikels 116 des Grundgesetzes ist oder den Wohnsitz oder gewöhnlichen Aufenthalt außerhalb des Bundesgebietes hat,

3. eine im Zusammenhang mit der genehmigungsbedürftigen Handlung nach anderen Vorschriften erforderliche Genehmigung nicht nachgewiesen wird.

(3) Die Genehmigung ist zu versagen, wenn

1. die Gefahr besteht, daß die Kriegswaffen bei einer friedenstörenden Handlung, insbesondere bei einem Angriffskrieg, verwendet werden,
2. Grund zu der Annahme besteht, daß die Erteilung der Genehmigung völkerrechtliche Verpflichtungen der Bundesrepublik verletzen oder deren Erfüllung gefährden würde,
3. Grund zu der Annahme besteht, daß eine der in Absatz 2 Nr. 2 genannten Personen die für die beabsichtigte Handlung erforderliche Zuverlässigkeit nicht besitzt.

(4) Andere Vorschriften, nach denen für die in den §§ 2 bis 4 a genannten Handlungen eine Genehmigung erforderlich ist, bleiben unberührt.

§ 7
Widerruf der Genehmigung

(1) Die Genehmigung kann jederzeit widerrufen werden.

(2) Die Genehmigung ist zu widerrufen, wenn einer der in § 6 Abs. 3 genannten Versagungsgründe nachträglich offenbar geworden oder eingetreten ist, es sei denn, daß der Grund innerhalb einer zu bestimmenden Frist beseitigt wird.

(3) Wird die Genehmigung widerrufen, so trifft die Genehmigungsbehörde Anordnungen über den Verbleib oder die Verwertung der Kriegswaffen. Sie kann insbesondere anordnen, die Kriegswaffen innerhalb angemessener Frist unbrauchbar zu machen oder einem zu ihrem Erwerb Berechtigten zu überlassen und dies der Überwachungsbehörde nachzuweisen. Nach fruchtlosem Ablauf der Frist können die Kriegswaffen sichergestellt und eingezogen werden. § 13 Abs. 3 gilt entsprechend.

§ 8
Erteilung und Widerruf der Allgemeinen Genehmigung

(1) Die Allgemeine Genehmigung im Sinne des § 3 Absatz 4, des § 4 Absatz 2 und des § 4a Absatz 4 wird durch Rechtsverordnung erteilt.

(2) Die Allgemeine Genehmigung kann durch Rechtsverordnung ganz oder teilweise widerrufen werden, insbesondere wenn Grund zu der Annahme besteht, daß die allgemein genehmigten Beförderungen dem Interesse der Bundesrepublik an der Aufrechterhaltung guter Beziehungen zu anderen Ländern zuwiderlaufen würden.

(3) Die Allgemeine Genehmigung ist durch Rechtsverordnung ganz oder teilweise zu widerrufen, wenn

1. die Gefahr besteht, daß die auf Grund der Allgemeinen Genehmigung beförderten Kriegswaffen bei einer friedenstörenden Handlung, insbesondere bei einem Angriffskrieg, verwendet werden,
2. Grund zu der Annahme besteht, daß durch die allgemein genehmigten Beförderungen völkerrechtliche Verpflichtungen der Bundesrepublik verletzt würden oder deren Erfüllung gefährdet würde.

(4) Rechtsverordnungen nach den Absätzen 1 bis 3 werden von der Bundesregierung erlassen; sie bedürfen nicht der Zustimmung des Bundesrates.

§ 9
Entschädigung im Falle des Widerrufs

(1) Wird eine Genehmigung nach den §§ 2, 3 Abs. 1 oder 2, § 4 Abs. 1 oder § 4 a ganz oder teilweise widerrufen, so ist ihr Inhaber vom Bund angemessen in Geld zu entschädigen. Die Entschädigung bemißt sich nach den vom Genehmigungsinhaber nachgewiesenen zweckentsprechenden Aufwendungen. Anderweitige, den Grundsätzen einer ordnungsmäßigen Wirtschaftsführung entsprechende Verwertungsmöglichkeiten sind zu berücksichtigen. Wegen der Höhe der Entschädigung steht im Streitfalle der Rechtsweg vor den ordentlichen Gerichten offen.

(2) Der Anspruch auf eine Geldentschädigung entfällt, wenn der Inhaber der Genehmigung oder die für ihn auf Grund der Genehmigung tätigen Personen durch ihr schuldhaftes Verhalten Anlaß zum Widerruf der Genehmigung gegeben haben, insbesondere wenn

1. diese Personen gegen die Vorschriften dieses Gesetzes, gegen die auf Grund dieses Gesetzes ergangenen Rechtsverordnungen oder gegen Anordnungen der Genehmigungs- oder Überwachungsbehörde erheblich oder wiederholt verstoßen haben,
2. die Genehmigung auf Grund des § 7 Abs. 2 in Verbindung mit § 6 Abs. 3 Nr. 3 widerrufen worden ist.

§ 10
Inhalt und Form der Genehmigung

(1) Die Genehmigung kann inhaltlich beschränkt, befristet und mit Auflagen verbunden werden.

(2) Nachträgliche Befristungen und Auflagen sind jederzeit zulässig. § 9 gilt entsprechend.

(3) Die Genehmigung bedarf der Schriftform; sie muß Angaben über Art und Menge der Kriegswaffen enthalten. Die Genehmigung zur Herstellung der in Teil B der Kriegswaffenliste genannten Kriegswaffen kann ohne Beschränkung auf eine bestimmte Menge, die Genehmigung zur Beförderung von Kriegswaffen kann ohne Beschränkung auf eine bestimmte Art und Menge erteilt werden.

§ 11
Genehmigungsbehörden

(1) Für die Erteilung und den Widerruf einer Genehmigung ist die Bundesregierung zuständig.

(2) Die Bundesregierung wird ermächtigt, durch Rechtsverordnung, die der Zustimmung des Bundesrates nicht bedarf, die Befugnis zur Erteilung und zum Widerruf der Genehmigung in den Fällen der §§ 2, 3 Abs. 1 und 2 und des § 4 a

1. für den Bereich der Bundeswehr auf das Bundesministerium für Verteidigung,
2. für den Bereich der Zollverwaltung auf das Bundesministerium der Finanzen,
3. für den Bereich der für die Aufrechterhaltung der öffentlichen Sicherheit zuständigen Behörden oder Dienststellen sowie der Behörden des Strafvollzugs auf das Bundesministerium des Innern,
4. für alle übrigen Bereiche auf das Bundesministerium für Wirtschaft und Technologie

zu übertragen.

(3) Die Befugnis zur Erteilung und zum Widerruf der Genehmigung in den Fällen des § 4 Abs. 1 kann durch Rechtsverordnung, die der Zustimmung des Bundesrates nicht bedarf, auf das Bundesministerium für Verkehr, Bau- und Stadtentwicklung übertragen werden, das diese Befugnis im Einvernehmen mit dem Auswärtigen Amt ausübt.

(4) Die Bundesregierung wird ferner ermächtigt, durch Rechtsverordnung mit Zustimmung des Bundesrates die erforderlichen Vorschriften zur näheren Regelung des Genehmigungsverfahrens zu erlassen.

(5) Das Bundesamt für Verfassungsschutz kann bei der Prüfung der Zuverlässigkeit gemäß § 6 Abs. 3 Nr. 3 herangezogen werden.

Zweiter Abschnitt
Überwachungs- und Ausnahmevorschriften

§ 12
Pflichten im Verkehr mit Kriegswaffen

(1) Wer eine nach diesem Gesetz genehmigungsbedürftige Handlung vornimmt, hat die erforderlichen Maßnahmen zu treffen,

1. um zu verhindern, daß die Kriegswaffen abhanden kommen oder unbefugt verwendet werden,
2. um zu gewährleisten, daß die gesetzlichen Vorschriften und behördlichen Anordnungen zum Schutze von geheimhaltungsbedürftigen Gegenständen, Tatsachen, Erkenntnissen oder Mitteilungen beachtet werden.

(2) Wer Kriegswaffen herstellt, befördern läßt oder selbst befördert oder die tatsächliche Gewalt über Kriegswaffen von einem anderen erwirbt oder einem anderen überläßt, hat ein Kriegswaffenbuch zu führen, um den Verbleib der Kriegswaffen nachzuweisen. Dies gilt nicht in den Fällen des § 5 Abs. l und 2 sowie für Beförderungen in den Fällen des § 5 Abs. 3 Nr. 2.

(3) Wer Kriegswaffen befördern lassen will, hat bei der Übergabe zur Beförderung eine Ausfertigung der Genehmigungsurkunde zu übergeben.

(4) Wer eine Beförderung von Kriegswaffen ausführt, hat eine Ausfertigung der Genehmigungsurkunde mitzuführen, den zuständigen Behörden oder Dienststellen, insbesondere den Eingangs- und Ausgangszollstellen, unaufgefordert vorzuzeigen und auf Verlangen zur Prüfung auszuhändigen.

(5) Wer berechtigt ist, über Kriegswaffen zu verfügen, hat der zuständigen Überwachungsbehörde den Bestand an Kriegswaffen sowie dessen Veränderungen unter Angabe der dazu erteilten Genehmigungen innerhalb der durch Rechtsvorschrift oder durch Anordnung der zuständigen Überwachungsbehörde bestimmten Fristen zu melden.

(6) Wer

1. als Erwerber von Todes wegen, Finder oder in ähnlicher Weise die tatsächliche Gewalt über Kriegswaffen erlangt,
2. als Insolvenzverwalter, Zwangsverwalter oder in ähnlicher Weise die tatsächliche Gewalt über Kriegswaffen erlangt,
3. die tatsächliche Gewalt über Kriegswaffen verliert,

4. Kenntnis vom Verbleib einer Kriegswaffe erlangt, über die niemand die tatsächliche Gewalt ausübt,

hat dies der zuständigen Überwachungsbehörde oder einer für die Aufrechterhaltung der öffentlichen Sicherheit zuständigen Behörde oder Dienststelle unverzüglich anzuzeigen. Im Falle der Nummer 1 hat der Erwerber der tatsächlichen Gewalt über die Kriegswaffen innerhalb einer von der Überwachungsbehörde zu bestimmenden Frist die Kriegswaffen unbrauchbar zu machen oder einem zu ihrem Erwerb Berechtigten zu überlassen und dies der Überwachungsbehörde nachzuweisen. Die Überwachungsbehörde kann auf Antrag Ausnahmen von Satz 2 zulassen, wenn ein öffentliches Interesse besteht. Die Ausnahmen können befristet und mit Bedingungen und Auflagen verbunden werden. Nachträgliche Befristungen und Auflagen sind jederzeit zulässig.

(7) Die Bundesregierung wird ermächtigt, durch Rechtsverordnung mit Zustimmung des Bundesrates

1. die erforderlichen Vorschriften zur Durchführung der Absätze 1 bis 6 zu erlassen,
2. geringe Mengen an Kriegswaffen und geringfügige Bestandsveränderungen von der Buchführungs-, Melde- und Anzeigepflicht (Absatz 2, 5 und 6) auszunehmen, soweit hierdurch öffentliche Interessen nicht gefährdet werden,
3. eine Kennzeichnung für Kriegswaffen vorzuschreiben, die den Hersteller oder Einführer ersichtlich macht.

§ 12a
Besondere Meldepflichten

(1) Die Bundesregierung wird ermächtigt, durch Rechtsverordnung, mit Zustimmung des Bundesrates, anzuordnen, daß dem Bundesamt für Wirtschaft und Ausfuhrkontrolle (BAFA) die Einfuhr und Ausfuhr von Kriegswaffen des Teils B der Kriegswaffenliste zu melden ist, soweit die Bundesregierung diese Daten benötigt, um internationale Vereinbarungen über die Übermittlung von Angaben über die Einfuhr und Ausfuhr von Kriegswaffen zu erfüllen. Das Bundesamt für Wirtschaft und Ausfuhrkontrolle (BAFA) darf die auf Grund einer Rechtsverordnung nach Satz 1 erhobenen Daten zu den in Satz 1 genannten Zwecken mit anderen bei ihm gespeicherten Daten abgleichen.

(2) Die auf Grund einer Rechtsverordnung nach Absatz 1 erhobenen Daten können zusammengefaßt ohne Nennung von Empfängern und Lieferanten zu den in Absatz 1 genannten Zwecken an internationale Organisationen oder zur Unterrichtung des Deutschen Bundestages übermittelt oder veröffentlicht werden. Das gilt auch dann, wenn die Daten in Einzelfällen den betroffenen Unternehmen zugeordnet werden können, sofern das Interesse des betroffenen Unternehmens an der Geheimhaltung erheblich überwiegt.

(3) Art und Umfang der Meldepflicht sind auf das Maß zu begrenzen, das notwendig ist, um den in Absatz 1 angegebenen Zweck zu erreichen.

§ 13
Sicherstellung und Einziehung

(1) Die Überwachungsbehörden und die für die Aufrechterhaltung der öffentlichen Sicherheit zuständigen Behörden oder Dienststellen können Kriegswaffen sicherstellen,

1. wenn Tatsachen die Annahme rechtfertigen, daß der Inhaber der tatsächlichen Gewalt nicht die erforderliche Zuverlässigkeit besitzt, insbesondere die Kriegswaffen an einen Nichtberechtigten weitergeben oder sie unbefugt verwenden wird, oder

2. wenn dies erforderlich ist, um Staatsgeheimnisse zu schützen.

(2) Die Überwachungsbehörden können die sichergestellten Kriegswaffen einziehen, wenn dies zur Abwehr einer Gefahr für die öffentliche Sicherheit oder Ordnung erforderlich ist und weniger einschneidende Maßnahmen nicht ausreichen.

(3) Werden Kriegswaffen eingezogen, so geht mit der Unanfechtbarkeit der Einziehungsverfügung das Eigentum an ihnen auf den Staat über. Rechte Dritter an den Kriegswaffen erlöschen. Der Eigentümer oder ein dinglich Berechtigter wird vom Bund unter Berücksichtigung des Verkehrswerts angemessen in Geld entschädigt. Eine Entschädigung wird nicht gewährt, wenn der Eigentümer oder dinglich Berechtigte wenigstens leichtfertig dazu beigetragen hat, daß die Gefahr für die öffentliche Sicherheit oder Ordnung entstanden ist. In diesem Falle kann eine Entschädigung gewährt werden, soweit es eine unbillige Härte wäre, sie zu versagen.

(4) Bei Gefahr im Verzuge kann auch die Bundeswehr unter den in Absatz 1 genannten Voraussetzungen Kriegswaffen sicherstellen.

§ 13a
Umgang mit unbrauchbar gemachten Kriegswaffen

Der Umgang mit unbrauchbar gemachten Kriegswaffen kann durch Rechtsverordnung des Bundesministeriums für Wirtschaft und Technologie, die der Zustimmung des Bundesrates nicht bedarf, beschränkt werden; insbesondere kann der Umgang verboten oder unter Genehmigungsvorbehalt gestellt werden. Unbrauchbar gemachte Kriegswaffen sind Kriegswaffen, die durch technische Veränderungen endgültig die Fähigkeit zum bestimmungsgemäßen Einsatz verloren haben und nicht mit allgemein gebräuchlichen Werkzeugen wieder funktionsfähig gemacht werden können. Durch Rechtsverordnung, die der Zustimmung des Bundesrates nicht bedarf, kann bestimmt werden, auf welche Weise Kriegswaffen unbrauchbar zu machen sind und in welcher Form ihre Unbrauchbarmachung nachzuweisen ist.

§ 14
Überwachungsbehörden

(1) Für die Überwachung der nach diesem Gesetz genehmigungsbedürftigen Handlungen und der Einhaltung der in § 12 genannten Pflichten ist

1. in den Fällen der §§ 2 und 3 Abs. 1 und 2 sowie des § 4 a das Bundesministerium für Wirtschaft und Technologie und
2. in den Fällen des § 4 das Bundesministerium für Verkehr, Bau- und Stadtentwicklung

zuständig.

(2) Für die Überwachung der Einfuhr, Ausfuhr und Durchfuhr sowie des sonstigen Verbringens von Kriegswaffen in das Bundesgebiet oder aus dem Bundesgebiet (§ 3 Abs. 3 und 4) sind das Bundesministerium der Finanzen und die von ihm bestimmten Zolldienststellen zuständig.

(3) Die Überwachungsbehörden (Absatz 1 und 2) können zur Erfüllung ihrer Aufgaben, insbesondere zur Überwachung der Bestände an Kriegswaffen und deren Veränderungen,

1. die erforderlichen Auskünfte verlangen,

2. Betriebsaufzeichnungen und sonstige Unterlagen einsehen und prüfen,
3. Besichtigungen vornehmen.

(4) Die von den Überwachungsbehörden beauftragten Personen dürfen Räume und Grundstücke betreten, soweit es ihr Auftrag erfordert. Das Grundrecht des Artikels 13 auf Unverletzlichkeit der Wohnung wird insoweit eingeschränkt.

(5) Wer einer Genehmigung nach den §§ 2 bis 4 a bedarf, ist verpflichtet, die erforderlichen Auskünfte zu erteilen, die Betriebsaufzeichnungen und sonstige Unterlagen zur Einsicht und Prüfung vorzulegen und das Betreten von Räumen und Grundstücken zu dulden. Das gleiche gilt für Personen, denen die in § 12 genannten Pflichten obliegen.

(6) Der zur Erteilung einer Auskunft Verpflichtete kann die Auskunft auf solche Fragen verweigern, deren Beantwortung ihn selbst oder einen der in § 383 Abs. 1 Nr. 1 bis 3 der Zivilprozeßordnung bezeichneten Angehörigen der Gefahr strafgerichtlicher Verfolgung oder eines Verfahrens nach dem Gesetz über Ordnungswidrigkeiten aussetzen würde.

(7) Die Bundesregierung wird ermächtigt, durch Rechtsverordnung mit Zustimmung des Bundesrates die erforderlichen Vorschriften zur Durchführung der nach Absatz 3 zulässigen Überwachungsmaßnahmen zu erlassen und das Verfahren der Überwachungsbehörden zu regeln.

(8) Das Bundesministerium für Wirtschaft und Technologie wird ermächtigt, durch Rechtsverordnung, die der Zustimmung des Bundesrates nicht bedarf, die ihm nach Absatz 1 zustehenden Überwachungsbefugnisse auf das Bundesamt für Wirtschaft und Ausfuhrkontrolle (BAFA) zu übertragen.

§ 15
Bundeswehr und andere Organe

(1) Die §§ 2 bis 4 a und 12 gelten nicht für die Bundeswehr, die Polizeien des Bundes und die Zollverwaltung.

(2) Die übrigen für die Aufrechterhaltung der öffentlichen Sicherheit zuständigen Behörden oder Dienststellen, das Beschaffungsamt des Bundesministeriums des Innern, die Beschussämter sowie die Behörden des Strafvollzugs bedürfen keiner Genehmigung

1. für den Erwerb der tatsächlichen Gewalt über Kriegswaffen,
2. für die Überlassung der tatsächlichen Gewalt über Kriegswaffen an einen anderen zur Instandsetzung, zur Erprobung, oder zur Beförderung und
3. für die Beförderung von Kriegswaffen in den Fällen des § 3 Abs. 2.

§ 12 findet insoweit keine Anwendung.

(3) § 4 a gilt nicht für Behörden oder Dienststellen im Rahmen ihrer amtlichen Tätigkeit.

Dritter Abschnitt
Besondere Vorschriften für Atomwaffen

§ 16
Nukleare Aufgaben im Nordatlantischen Bündnis

Die Vorschriften dieses Abschnitts und die Strafvorschriften der §§ 19 und 21 gelten, um Vorbereitung und Durchführung der nuklearen Mitwirkung im Rahmen des Nordatlantikvertrages vom 4. April 1949 oder für einen Mitgliedstaat zu gewährleisten, nur für Atomwaffen, die nicht der Verfügungsgewalt von Mitgliedstaaten dieses Vertrages unterstehen oder die nicht im Auftrag solcher Staaten entwickelt oder hergestellt werden.

§ 17
Verbot von Atomwaffen

(1) Unbeschadet des § 16 ist es verboten,

1. Atomwaffen zu entwickeln, herzustellen, mit ihnen Handel zu treiben, von einem anderen zu erwerben oder einem anderen zu überlassen, einzuführen, auszuführen, durch das Bundesgebiet durchzuführen oder sonst in das Bundesgebiet oder aus dem Bundesgebiet zu verbringen oder sonst die tatsächliche Gewalt über sie auszuüben,

1a. einen anderen zu einer in Nummer 1 bezeichneten Handlung zu verleiten oder

2. eine in Nummer 1 bezeichnete Handlung zu fördern.

(2) Atomwaffen im Sinne des Absatzes 1 sind

1. Waffen aller Art, die Kernbrennstoffe oder radioaktive Isotope enthalten oder eigens dazu bestimmt sind, solche aufzunehmen oder zu verwenden, und Massenzerstörungen, Massenschäden oder Massenvergiftungen hervorrufen können,

2. Teile, Vorrichtungen, Baugruppen oder Substanzen, die eigens für eine in Nummer 1 genannte Waffe bestimmt sind.

Für die Begriffsbestimmung der Atomwaffen gelten außerdem Satz 2 der Einleitung und Abschnitt I Buchstabe c der Anlage II zum Protokoll Nr. III des revidierten Brüsseler Vertrages vom 23. Oktober 1954.

Vierter Abschnitt
Besondere Vorschriften für biologische und chemische Waffen sowie für Antipersonenminen und Streumunition

§ 18
Verbot von biologischen und chemischen Waffen

(1) Es ist verboten,

1. biologische oder chemische Waffen zu entwickeln, herzustellen, mit ihnen Handel zu treiben, von einem anderen zu erwerben oder einem anderen zu überlassen, einzuführen, auszuführen, durch das Bundesgebiet durchzuführen oder sonst in das Bundesgebiet oder aus dem Bundesgebiet zu verbringen oder sonst die tatsächliche Gewalt über sie auszuüben oder

1a. einen anderen zu einer in Nummer 1 bezeichneten Handlung zu verleiten oder

2.eine in Nummer 1 bezeichnete Handlung zu fördern.

§ 18a
Verbot von Antipersonenminen und Streumunition

(1) Es ist verboten,

1. Antipersonenminen oder Streumunition einzusetzen, zu entwickeln, herzustellen, mit ihnen Handel zu treiben, von einem anderen zu erwerben oder einem anderen zu überlassen, einzuführen, auszuführen, durch das Bundesgebiet durchzuführen

oder sonst in das Bundesgebiet oder aus dem Bundesgebiet zu verbringen oder sonst die tatsächliche Gewalt über sie auszuüben, insbesondere sie zu transportieren, zu lagern oder zurückzubehalten,

2. einen anderen zu einer in Nummer 1 bezeichneten Handlung zu verleiten oder

3. eine in Nummer 1 bezeichnete Handlung zu fördern.

(2) Für Antipersonenminen gilt die Begriffsbestimmung des Artikels 2 des Übereinkommens über das Verbot des Einsatzes, der Lagerung, der Herstellung und der Weitergabe von Antipersonenminen und über deren Vernichtung vom 3. Dezember 1997. Für Streumunition gilt die Begriffsbestimmung des Artikels 2 Absatz 2 des Übereinkommens über Streumunition vom 3. Dezember 2008.

(3) Absatz 1 gilt nicht für Handlungen, die nach den Bestimmungen der in Absatz 2 genannten Übereinkommenen zulässig sind.

Fünfter Abschnitt
Straf- und Bußgeldvorschriften

§ 19
Strafvorschriften gegen Atomwaffen

(1) Mit Freiheitsstrafe von einem Jahr bis zu fünf Jahren wird bestraft, wer

1. Atomwaffen im Sinne des § 17 Abs. 2 entwickelt, herstellt, mit ihnen Handel treibt, von einem anderen erwirbt oder einem anderen überläßt, einführt, ausführt, durch das Bundesgebiet durchführt oder sonst in das Bundesgebiet oder aus dem Bundesgebiet verbringt oder sonst die tatsächliche Gewalt über sie ausübt,

1a. einen anderen zu einer in Nummer 1 bezeichneten Handlung verleitet oder

2. eine in Nummer 1 bezeichnete Handlung fördert.

(2) Mit Freiheitsstrafe nicht unter zwei Jahren wird bestraft, wer

1. eine in Absatz 1 bezeichnete Handlung gewerbsmäßig oder als Mitglied einer Bande, die sich zur fortgesetzten Begehung solcher Straftaten verbunden hat, unter Mitwirkung eines anderen Bandenmitglieds begeht oder

2. durch eine in Absatz 1 bezeichnete Handlung

   a) die Sicherheit der Bundesrepublik Deutschland,

   b) das friedliche Zusammenleben der Völker oder

   c) die auswärtigen Beziehungen der Bundesrepublik Deutschland erheblich

   gefährdet.

(3) In minder schweren Fällen

1. des Absatzes 1 ist die Strafe Freiheitsstrafe bis zu drei Jahren oder Geldstrafe und

2. des Absatzes 2 Freiheitsstrafe von drei Monaten bis zu fünf Jahren.

(4) Handelt der Täter in den Fällen des Absatzes 1 Nr. 1 fahrlässig oder in den Fällen des Absatzes 1 Nr. 1 a oder 2 leichtfertig, so ist die Strafe Freiheitsstrafe bis zu zwei Jahren oder Geldstrafe.

(5) Wer in den Fällen

1. des Absatzes 2 Nr. 2 die Gefahr fahrlässig verursacht oder

2. des Absatzes 2 Nr. 2 in Verbindung mit Absatz 1 Nr. 1 fahrlässig oder in Verbindung mit Absatz 1 Nr. 1 a oder 2 leichtfertig handelt und die Gefahr fahrlässig verursacht,

wird mit Freiheitsstrafe bis zu drei Jahren oder mit Geldstrafe bestraft.

(6) Die Absätze 1 bis 5 gelten nicht für eine Handlung, die

1. zur Vernichtung von Atomwaffen durch die dafür zuständigen Stellen oder

2. zum Schutz gegen Wirkungen von Atomwaffen oder zur Abwehr dieser Wirkungen

geeignet und bestimmt ist.

§ 20
Strafvorschriften gegen biologische und chemische Waffen

(1) Mit Freiheitsstrafe nicht unter zwei Jahren wird bestraft, wer

1. biologische oder chemische Waffen entwickelt, herstellt, mit ihnen Handel treibt, von einem anderen erwirbt oder einem anderen überläßt, einführt, ausführt, durch das Bundesgebiet durchführt oder sonst in das Bundesgebiet oder aus dem Bundesgebiet verbringt oder sonst die tatsächliche Gewalt über sie ausübt,

1a. einen anderen zu einer in Nummer 1 bezeichneten Handlung verleitet oder

2. eine in Nummer 1 bezeichnete Handlung fördert.

(2) In minder schweren Fällen ist die Strafe Freiheitsstrafe von drei Monaten bis zu fünf Jahren.

(3) Handelt der Täter in den Fällen des Absatzes 1 Nr. 1 fahrlässig oder in den Fällen des Absatzes 1 Nr. 1 a oder 2 leichtfertig, so ist die Strafe Freiheitsstrafe bis zu drei Jahren oder Geldstrafe.

(4) Die Absätze 1 bis 3 gelten nicht für eine Handlung, die

1. zur Vernichtung von chemischen Waffen durch die dafür zuständigen Stellen oder

2. zum Schutz gegen Wirkungen von biologischen oder chemischen Waffen oder zur Abwehr dieser Wirkungen

geeignet und bestimmt ist.

§ 20a
Strafvorschriften gegen Antipersonenminen und Streumunition

(1) Mit Freiheitsstrafe von einem Jahr bis zu fünf Jahren wird bestraft, wer

1. entgegen § 18 a Antipersonenminen oder Streumunition einsetzt, entwickelt, herstellt, mit ihnen Handel treibt, von einem anderen erwirbt oder einem anderen überläßt, einführt, ausführt, durch das Bundesgebiet durchführt oder sonst in das Bundesgebiet oder aus dem Bundesgebiet verbringt oder sonst die tatsächliche Gewalt über sie ausübt, insbesondere sie transportiert, lagert oder zurückbehält,

2. einen anderen zu einer in Nummer 1 bezeichneten Handlung verleitet oder

3. eine in Nummer 1 bezeichnete Handlung fördert.

(2) In besonders schweren Fällen ist die Strafe Freiheitsstrafe nicht unter einem Jahr. Ein besonders schwerer Fall liegt in der Regel vor, wenn

1. der Täter in den Fällen des Absatzes 1 gewerbsmäßig handelt oder

2. sich die Handlung nach Absatz 1 auf eine große Zahl von Antipersonenminen oder Streumunition bezieht.

(3) In minder schweren Fällen des Absatzes 1 ist die Strafe Freiheitsstrafe von drei Monaten bis zu drei Jahren.

(4) Handelt der Täter in den Fällen des Absatzes 1 Nr. 1 fahrlässig oder in den Fällen des Absatzes 1 Nr. 2 oder 3 leichtfertig, so ist die Strafe Freiheitsstrafe bis zu drei Jahren oder Geldstrafe.

§ 21
Taten außerhalb des Geltungsbereichs dieses Gesetzes

§ 19 Abs. 2 Nr. 2, Abs. 3 Nr. 2, Abs. 5 und 6, § 20 sowie § 20 a gelten, unabhängig vom Recht des Tatorts, auch für Taten, die außerhalb des Geltungsbereichs dieser Vorschriften begangen werden, wenn der Täter Deutscher ist.

§ 22
Ausnahmen

Die §§ 18, 20 und 21 gelten nicht für eine auf chemische Waffen bezogene dienstliche Handlung

1. des Mitglieds oder der zivilen Arbeitskraft einer Truppe oder eines zivilen Gefolges im Sinne des Abkommens zwischen den Parteien des Nordatlantikvertrages über die Rechtsstellung ihrer Truppen vom 19. Juni 1951 oder
2. eines Deutschen in Stäben oder Einrichtungen, die auf Grund des Nordatlantikvertrages vom 4. April 1949 gebildet worden sind.

§ 22a
Sonstige Strafvorschriften

(1) Mit Freiheitsstrafe von einem Jahr bis zu fünf Jahren wird bestraft, wer

1. Kriegswaffen ohne Genehmigung nach § 2 Abs. 1 herstellt,
2. die tatsächliche Gewalt über Kriegswaffen ohne Genehmigung nach § 2 Abs. 2 von einem anderen erwirbt oder einem anderen überläßt,
3. im Bundesgebiet außerhalb eines abgeschlossenen Geländes Kriegswaffen ohne Genehmigung nach § 3 Abs. 1 oder 2 befördern läßt oder selbst befördert; dies gilt nicht für Selbstbeförderungen in den Fällen des § 12 Absatz 6 Nummer 1 sowie für Inhaber einer Waffenbesitzkarte für Kriegswaffen gemäß § 59 Absatz 4 des Waffengesetzes von 1972 im Rahmen von Umzugshandlungen durch den Inhaber der Erlaubnis,
4. Kriegswaffen einführt, ausführt, durch das Bundesgebiet durchführt oder aus dem Bundesgebiet verbringt, ohne daß die hierzu erforderliche Beförderung genehmigt ist,
5. mit Seeschiffen, welche die Bundesflagge führen, oder mit Luftfahrzeugen, die in die Luftfahrzeugrolle der Bundesrepublik Deutschland eingetragen sind, absichtlich oder wissentlich Kriegswaffen ohne Genehmigung nach § 4 befördert, die außerhalb des Bundesgebietes ein- und ausgeladen und durch das Bundesgebiet nicht durchgeführt werden,

6. über Kriegswaffen sonst die tatsächliche Gewalt ausübt, ohne daß
   a) der Erwerb der tatsächlichen Gewalt auf einer Genehmigung nach diesem Gesetz beruht oder
   b) eine Anzeige nach § 12 Abs. 6 Nr. 1 oder § 26 a erstattet worden ist,
7. einen Vertrag über den Erwerb oder das Überlassen ohne Genehmigung nach § 4 a Abs. 1 vermittelt oder eine Gelegenheit hierzu nachweist oder einen Vertrag ohne Genehmigung nach § 4 a Abs. 2 abschließt.

(2) In besonders schweren Fällen ist die Strafe Freiheitsstrafe von einem Jahr bis zu zehn Jahren. Ein besonders schwerer Fall liegt in der Regel vor, wenn der Täter in den Fällen des Absatzes 1 Nr. 1 bis 4, 6 oder 7 gewerbsmäßig oder als Mitglied einer Bande, die sich zur fortgesetzten Begehung solcher Straftaten verbunden hat, unter Mitwirkung eines anderen Bandenmitglieds handelt.

(3) In minder schweren Fällen ist die Strafe Freiheitsstrafe bis zu drei Jahren oder Geldstrafe.

(4) Wer fahrlässig eine in Absatz 1 Nummer 1 bis 4, 6 oder Nummer 7 bezeichnete Handlung begeht, wird mit Freiheitsstrafe bis zu zwei Jahren oder mit Geldstrafe bestraft.

(5) Nach Absatz 1 Nr. 3 oder 4 wird nicht bestraft, wer Kriegswaffen, die er in das Bundesgebiet eingeführt oder sonst verbracht hat, freiwillig und unverzüglich einer Überwachungsbehörde, der Bundeswehr oder einer für die Aufrechterhaltung der öffentlichen Sicherheit zuständigen Behörde oder Dienststelle abliefert. Gelangen die Kriegswaffen ohne Zutun desjenigen, der sie in das Bundesgebiet eingeführt oder sonst verbracht hat, in die tatsächliche Gewalt einer der in Satz 1 genannten Behörden oder Dienststellen, so genügt sein freiwilliges und ernsthaftes Bemühen, die Kriegswaffen abzuliefern.

§ 22b
Verletzung von Ordnungsvorschriften

(1) Ordnungswidrig handelt, wer vorsätzlich oder fahrlässig

1. eine Auflage nach § 10 Abs. 1 nicht, nicht vollständig oder nicht rechtzeitig erfüllt,
2. das Kriegswaffenbuch nach § 12 Abs. 2 nicht, unrichtig oder nicht vollständig führt,
3. Meldungen nach § 12 Abs. 5 oder Anzeigen nach § 12 Abs. 6 nicht, unrichtig, nicht vollständig oder nicht rechtzeitig erstattet sowie in den Fällen des § 12 Absatz 6 Nummer 1 Kriegswaffen im Bundesgebiet ohne Genehmigung nach § 3 Absatz 2 selbst befördert oder eine Auflage nach § 12 Abs. 6 Satz 4 oder 5 nicht erfüllt,

3a. einer nach § 12 a Abs. 1 oder § 13 a erlassenen Rechtsverordnung zuwiderhandelt, soweit sie für einen bestimmten Tatbestand auf diese Bußgeldvorschrift verweist,

4. Auskünfte nach § 14 Abs. 5 nicht, unrichtig, nicht vollständig oder nicht rechtzeitig erteilt,
5. Betriebsaufzeichnungen und sonstige Unterlagen entgegen § 14 Abs. 5 nicht, nicht vollständig oder nicht rechtzeitig vorlegt,
6. der Pflicht nach § 14 Abs. 5 zur Duldung des Betretens von Räumen und Grundstücken zuwiderhandelt,

7. als Inhaber einer Erlaubnis gemäß § 59 Absatz 4 des Waffengesetzes von 1972 außerhalb eines befriedeten Besitztums Kriegswaffen ohne Genehmigung nach § 3 Absatz 2 selbst befördert.

(2) Die Ordnungswidrigkeit kann mit einer Geldbuße bis zu fünftausend Euro geahndet werden.

(3) Ordnungswidrig handelt ferner, wer vorsätzlich oder fahrlässig entgegen § 12 Abs. 3 bei der Übergabe zur Beförderung von Kriegswaffen eine Ausfertigung der Genehmigungsurkunde nicht übergibt oder entgegen § 12 Abs. 4 bei der Beförderung eine Ausfertigung der Genehmigungsurkunde nicht mitführt. Die Ordnungswidrigkeit kann mit einer Geldbuße geahndet werden.

§ 23
Verwaltungsbehörden

Das Bundesministerium für Wirtschaft und Technologie, das Bundesministerium für Verkehr, Bau- und Stadtentwicklung und das Bundesministerium der Finanzen sind, soweit sie nach § 14 Abs. 1 und 2 für die Überwachung zuständig sind, zugleich Verwaltungsbehörde im Sinne des § 36 Abs. 1 Nr. 1 des Gesetzes über Ordnungswidrigkeiten. § 36 Abs. 3 des Gesetzes über Ordnungswidrigkeiten gilt entsprechend.

§ 24
Einziehung und Erweiterter Verfall

(1) Kriegswaffen, auf die sich eine Straftat nach §§ 19, 20, 21 oder 22 a bezieht, können zugunsten des Bundes eingezogen werden; § 74 a des Strafgesetzbuches ist anzuwenden. Sie werden auch ohne die Voraussetzungen des § 74 Abs. 2 des Strafgesetzbuches eingezogen, wenn das Wohl der Bundesrepublik Deutschland es erfordert; dies gilt auch dann, wenn der Täter ohne Schuld gehandelt hat.

(2) Die Entschädigungspflicht nach § 74 f des Strafgesetzbuches trifft den Bund.

(3) In den Fällen des § 19 Abs. 1 und 2, Abs. 2 Nr. 2, auch in Verbindung mit § 21, des § 20 Abs. 1, auch in Verbindung mit § 21, und des § 22 a Abs. 1 ist § 73 d des Strafgesetzbuches anzuwenden, wenn der Täter gewerbsmäßig oder als Mitglied einer Bande handelt, die sich zur fortgesetzten Begehung solcher Straftaten verbunden hat.

§ 25

(aufgehoben)

Sechster Abschnitt
Übergangs- und Schlußvorschriften

§ 26
Vor Inkrafttreten des Gesetzes erteilte Genehmigungen

Genehmigungen, die im vorläufigen Genehmigungsverfahren auf Grund des Artikels 26 Abs. 2 des Grundgesetzes erteilt worden sind, gelten als nach diesem Gesetz erteilt.

§ 26a
Anzeige der Ausübung der tatsächlichen Gewalt

Wer am Tage des Wirksamwerdens des Beitritts in dem in Artikel 3 des Einigungsvertrages genannten Gebiet die tatsächliche Gewalt über Kriegswaffen ausübt, die er zuvor erlangt hat, hat dies dem Bundesamt für Wirtschaft und Ausfuhrkontrolle (BAFA) unter

Angabe von Waffenart, Stückzahl, Waffennummer oder sonstiger Kennzeichnung binnen zwei Monaten nach dem Wirksamwerden des Beitritts anzuzeigen, sofern er nicht von dem Genehmigungserfordernis für den Erwerb der tatsächlichen Gewalt freigestellt oder nach § 26 b angewiesen ist. Nach Ablauf dieser Frist darf die tatsächliche Gewalt über anmeldepflichtige, jedoch nicht angemeldete Kriegswaffen nicht mehr ausgeübt werden.

§ 26b
Übergangsregelungen für das in Artikel 3 des Einigungsvertrages genannte Gebiet

(1) Eine vor dem Tage des Wirksamwerdens des Beitritts in dem in Artikel 3 des Einigungsvertrages genannten Gebiet begonnene oder in Aussicht genommene und nicht aufschiebbare Handlung, die nach diesem Gesetz der Genehmigung bedarf, kann vorläufig genehmigt werden. In diesen Fällen ist die erforderliche Genehmigung binnen eines Monats nach Erteilung der vorläufigen Genehmigung zu beantragen. Wird die Genehmigung versagt, so kann dem Antragsteller in entsprechender Anwendung des § 9 eine angemessene Entschädigung gewährt werden, wenn es auch im Hinblick auf ein schutzwürdiges Vertrauen auf die bisherige Rechtslage eine unbillige Härte wäre, die Entschädigung zu versagen.

(2) Für völkerrechtliche Vereinbarungen der Deutschen Demokratischen Republik, soweit sie die Lieferung oder die Instandhaltung von Kriegswaffen zum Gegenstand haben, gilt abweichend von § 27 folgendes:

1. Soweit vor dem Tage des Wirksamwerdens des Beitritts staatliche Aufträge zur Herstellung oder zur Ausfuhr in oder zur Einfuhr aus Mitgliedstaaten des Warschauer Vertrages für das Jahr 1990 angewiesen sind, gelten die zur Durchführung dieser Anweisungen erforderlichen, nach § 2 oder § 3 genehmigungsbedürftigen Handlungen als genehmigt.
2. Bei Anweisungen im Sinne der Nummer 1 in bezug auf Staaten, die nicht Mitgliedstaaten des Warschauer Vertrages sind, können genehmigungsbedürftige, aber unaufschiebbare Handlungen vorläufig genehmigt werden; Absatz 1 Satz 2 und 3 gilt entsprechend.

(3) Für den Fall, daß die Deutsche Demokratische Republik ein Gesetz zur Inkraftsetzung dieses Gesetzes erläßt, wird das Bundesministerium für Wirtschaft und Technologie ermächtigt, durch Rechtsverordnung ohne Zustimmung des Bundesrates die Maßgaben der Absätze 1 und 2 und des § 26 a so zu ändern, daß deren Ziele unter Berücksichtigung der neuen Rechtslage erreicht werden.

§ 27
Zwischenstaatliche Verträge

Verpflichtungen der Bundesrepublik auf Grund zwischenstaatlicher Verträge bleiben unberührt. Insoweit gelten die nach Artikel 26 Abs. 2 des Grundgesetzes und die nach diesem Gesetz erforderlichen Genehmigungen als erteilt.

§ 28
Berlin-Klausel

(gegenstandslos)

§ 29

(Inkrafttreten)

4. Ausführungsgesetz zu dem Übereinkommen vom 13. Januar 1993 über das Verbot der Entwicklung, Herstellung, Lagerung und des Einsatzes chemischer Waffen und über die Vernichtung solcher Waffen (Ausführungsgesetz zum Chemiewaffenübereinkommen – CWÜAG)

Vom 2. August 1994
BGBl. I S. 1954 ff.

Zuletzt geändert durch Art. 2 des Gesetzes vom 6. Juni 2013
BGBl. I S. 1482

§ 1
Begriffsbestimmungen

Im Sinne dieses Gesetzes bedeuten:

1. Übereinkommen: das Übereinkommen vom 13. Januar 1993 über das Verbot der Entwicklung, Herstellung, Lagerung und des Einsatzes chemischer Waffen und über die Vernichtung solcher Waffen einschließlich der gemäß Artikel 2 des Gesetzes zum Chemiewaffenübereinkommen durch Rechtsverordnung in Kraft gesetzten Modifikationen;
2. erlaubte Zwecke:
   a) die in Artikel II Nr. 9 Buchstabe a bis c des Übereinkommens genannten Zwecke,
   b) der Einsatz von Mitteln zur Bekämpfung von Unruhen im Sinne von Artikel II Nr. 7 des Übereinkommens zur Aufrechterhaltung der öffentlichen Sicherheit und Ordnung
      - durch die Polizeien des Bundes und der Länder,
      - durch die Bundeswehr bei der Anwendung von Maßnahmen nach dem Gesetz über die Anwendung unmittelbaren Zwanges und die Ausübung besonderer Befugnisse durch Soldaten der Bundeswehr und verbündeter Streitkräfte sowie zivile Wachpersonen oder
      - durch die Bundeswehr bei Einsätzen im Rahmen eines Systems gegenseitiger kollektiver Sicherheit (Artikel 24 Abs. 2 des Grundgesetzes)

      sowie die Ausbildung zu einem solchen Einsatz und

   die Erfüllung internationaler Verpflichtungen zur Abrüstung oder Rüstungskontrolle;
3. Organisation: die nach Artikel VIII des Übereinkommens errichtete Organisation für das Verbot chemischer Waffen;
4. Vertragsstaat: Staat, der dem Übereinkommen beigetreten und in dem vom Auswärtigen Amt im Bundesanzeiger veröffentlichten Verzeichnis der Vertragsstaaten in der jeweils gültigen Fassung genannt ist;
5. Produktion: die Bildung einer Chemikalie durch chemische Reaktion;

6. Verarbeitung: jeder physikalische Prozess, in dem eine Chemikalie nicht in eine andere umgewandelt wird, insbesondere Formulierung, Extraktion und Reinigung;
7. Verbrauch: die Umwandlung einer Chemikalie in eine andere Chemikalie mittels chemischer Reaktion;
8. Einfuhr: das Verbringen von Chemikalien aus dem Ausland in das Inland;
9. Ausfuhr: das Verbringen von Chemikalien aus dem Inland in das Ausland;
10. Durchfuhr: die Beförderung von Chemikalien aus dem Ausland durch das Inland, ohne dass die Chemikalien in den freien Verkehr im Inland gelangen;
11. Einrichtung: die in den Nummern 12 bis 14 genannten Werke, Betriebe oder Anlagen, einschließlich der einzigen Kleinanlage im Sinne des Teils VI Abs. 8 des Anhangs 2 zum Übereinkommen;
12. Werk: die örtlich zusammengefasste Gesamtheit von einem oder mehreren industriellen Betrieben mit allen ihren verschiedenen Verwaltungsebenen, die nur einer Leitung unterliegen und eine gemeinsame Infrastruktur haben;
13. Betrieb: ein weitgehend eigenständiger Bereich, ein entsprechender Bau oder ein entsprechendes Gebäude, in dem sich eine oder mehrere industrielle Anlagen mit Zusatz- und verbundenen Infrastruktureinrichtungen befinden;
14. Anlage: die für die industrielle Produktion, Verarbeitung oder den Verbrauch einer Chemikalie notwendigen Kombinationen von Ausrüstungen einschließlich der Behälter und der Behälterzusammenstellung;
15. Vereinbarung über Einrichtungen: Vereinbarung oder Regelung zwischen der Bundesregierung und der Organisation über Einzelheiten des Inspektionsverfahrens für bestimmte, der Verifikation nach Artikel VI des Übereinkommens unterliegende Einrichtungen;
16. Inspektionsgruppe: die von der Organisation mit der Durchführung einer bestimmten Inspektion beauftragte Gruppe von Inspektoren und Inspektionsassistenten;
17. Inspektionsauftrag: die der Inspektionsgruppe von der Organisation zur Durchführung einer bestimmten Inspektion erteilten Anordnungen;
18. Inspektionsstätte: jede Einrichtung oder jede Stätte, in der eine Inspektion nach Artikel VI oder IX des Übereinkommens oder eine Untersuchung nach Artikel X des Übereinkommens durchgeführt wird und die im endgültigen Inspektionsersuchen, im Inspektionsauftrag oder in einer Vereinbarung über die Einrichtung genau beschrieben ist;
19. Beobachter: Vertreter eines ersuchenden Vertragsstaates oder eines dritten Vertragsstaates des Übereinkommens, der beauftragt ist, an einer Inspektion nach Artikel IX des Übereinkommens teilzunehmen.

§ 2
Beschränkungen

(1) Die Bundesregierung regelt durch Rechtsverordnung ohne Zustimmung des Bundesrates die Beschränkungen, die zur Erfüllung der Verpflichtungen aus dem Übereinkommen erforderlich sind. Sie kann

1.

a) die Einfuhr, Ausfuhr und Durchfuhr von im einzelnen zu bezeichnenden Chemikalien, soweit der Verkehr mit Nichtvertragsstaaten betroffen ist,

b) die Wiederausfuhr solcher Chemikalien in einen dritten Vertragsstaat,

c) die Errichtung von Einrichtungen, die zur Produktion solcher Chemikalien bestimmt sind, und

d) die Produktion, Verarbeitung, Veräußerung, den Verbrauch, Erwerb, das Überlassen solcher Chemikalien, das Handeltreiben damit und die sonstige Ausübung der tatsächlichen Gewalt über sie, soweit diese Handlungen von Deutschen in Nichtvertragsstaaten vorgenommen werden,

verbieten,

2. den Betrieb von in Nummer 1 Buchstabe c genannten Einrichtungen sowie die Produktion von im einzelnen zu bezeichnenden Chemikalien von einer Genehmigung abhängig machen, soweit die Errichtung oder Produktion nicht verboten worden ist, und

3. darüber hinaus die Einfuhr, Ausfuhr, Durchfuhr, Verarbeitung, Veräußerung, den Verbrauch, Erwerb und das Überlassen von im einzelnen zu bezeichnenden Chemikalien, das Handeltreiben damit, die sonstige Ausübung der tatsächlichen Gewalt über sie und die wesentliche Änderung genehmigter Einrichtungen von einer Genehmigung abhängig machen.

Die Verbote nach Satz 2 Nr. 1 Buchstabe a bis c können auch Handlungen Deutscher im Ausland erfassen. Beschränkungen, die sich aus anderen Vorschriften ergeben, bleiben unberührt.

(2) Die Genehmigung, die Ablehnung eines Antrags auf Erteilung einer Genehmigung, die Rücknahme und der Widerruf einer Genehmigung bedürfen der Schriftform.

(3) Durch Rechtsverordnung nach Absatz 1 können auch Vorschriften erlassen werden

1. über das Genehmigungsverfahren sowie

2. über Anmelde- und Vorführungspflichten für Chemikalien, deren Einfuhr, Ausfuhr oder Durchfuhr nach der auf Grund des Absatzes 1 erlassenen Rechtsverordnung einer Genehmigung bedarf.

§ 3
Meldepflichten

Die Bundesregierung regelt durch Rechtsverordnung ohne Zustimmung des Bundesrates Meldepflichten im Zusammenhang mit Tätigkeiten nach § 2 Abs. 1 Satz 2 sowie in bezug auf sonstige, in Artikel VI des Übereinkommens genannte Einrichtungen, soweit dies zur Erfüllung der Verpflichtungen aus dem Übereinkommen erforderlich ist. In der Rechtsverordnung können insbesondere Häufigkeit, Zeiträume, Inhalt und Form der Meldungen sowie die Art ihrer Übermittlung und die Fristen für die Übermittlung bestimmt werden.

§ 4
Sicherungspflichten

Wer eine Tätigkeit ausübt, die nach einer auf Grund der §§ 2 und 3 erlassenen Rechtsverordnung Beschränkungen unterworfen oder meldepflichtig ist, hat die erforderlichen Maßnahmen zu treffen, um zu verhindern, daß die dort bezeichneten Chemikalien abhanden kommen oder unbefugt verwendet werden.

§ 5
Zuständigkeiten

(1) Das Bundesamt für Wirtschaft und Ausfuhrkontrolle (BAFA) ist für die Erteilung von Genehmigungen nach der auf Grund des § 2 Abs. 1 Satz 2 Nr. 2 und 3 erlassenen Rechtsverordnung sowie für die Erhebung, Verarbeitung und Überprüfung von Daten auf Grund dieses Gesetzes und der nach § 3 erlassenen Rechtsverordnung zuständig.

(2) Das Bundesministerium der Finanzen und die von ihm bestimmten Zollstellen wirken bei der Überwachung der Einfuhr, Ausfuhr und Durchfuhr der nach § 2 Abs. 1 Satz 2 Nr. 1 und 3 zu bezeichnenden Chemikalien mit. Bestehen Anhaltspunkte für einen Verstoß gegen Beschränkungen, die sich aus diesem Gesetz ergeben oder auf Grund dieses Gesetzes erlassen worden sind, unterrichten sie das Bundesamt für Wirtschaft und Ausfuhrkontrolle (BAFA). Sie können die Chemikalien sowie deren Beförderungs- und Verpackungsmittel auf Kosten und Gefahr des Verfügungsberechtigten zurückweisen oder bis zur Behebung der festgestellten Mängel oder bis zur Entscheidung der zuständigen Behörde sicherstellen.

§ 6
Nutzung, Übermittlung und Geheimhaltung von Daten

(1) Das Bundesamt für Wirtschaft und Ausfuhrkontrolle (BAFA) darf die ihm bei der Erfüllung seiner Aufgaben auf Grund dieses Gesetzes und der zu diesem erlassenen Rechtsverordnungen bekanntgewordenen Daten, einschließlich personenbezogener Daten, mit anderen bei ihm gespeicherten Daten abgleichen, soweit dies zur Erfüllung der Verpflichtungen aus dem Übereinkommen erforderlich ist.

(2) Das Bundesamt für Wirtschaft und Ausfuhrkontrolle (BAFA) übermittelt dem Auswärtigen Amt über das Bundesministerium für Wirtschaft und Technologie die ihm bei der Erfüllung seiner Aufgaben auf Grund dieses Gesetzes und der zu diesem erlassenen Rechtsverordnungen bekanntgewordenen Daten, einschließlich personenbezogener Daten, in dem Umfang, wie dies zur Erfüllung der Verpflichtungen aus dem Übereinkommen erforderlich ist. Die in Satz 1 genannten Behörden dürfen diese Daten an andere Behörden übermitteln, soweit dies zu deren Überprüfung, zur Verfolgung der in § 4 Absatz 1 und 2 des Außenwirtschaftsgesetzes angegebenen Zwecke oder zur Verfolgung von Straftaten nach diesem Gesetz, dem Außenwirtschaftsgesetz, dem Gesetz über die Kontrolle von Kriegswaffen oder von Straftaten von erheblicher Bedeutung erforderlich ist.

(3) Das Auswärtige Amt darf

1. die bei Anwendung dieses Gesetzes und der zu diesem erlassenen Rechtsverordnungen bekanntgewordenen Daten, einschließlich personenbezogener Daten, an die Organisation übermitteln, soweit dies zur Erfüllung der Verpflichtungen aus dem Übereinkommen erforderlich ist,

2. die von der Organisation mitgeteilten Daten, einschließlich personenbezogener Daten, an andere Behörden übermitteln, soweit dies erforderlich ist,
   a) um diesen im Rahmen ihrer Zuständigkeit die Bewertung der Einhaltung des Übereinkommens durch die Vertragsstaaten zu ermöglichen oder
   b) zur Verfolgung von Straftaten nach diesem Gesetz, dem Außenwirtschaftsgesetz, dem Gesetz über die Kontrolle von Kriegswaffen oder von Straftaten von erheblicher Bedeutung.

(4) Das Bundesamt für Wirtschaft und Ausfuhrkontrolle (BAFA) und die in den Absätzen 2 und 3 Nr. 2 genannten Behörden dürfen die übermittelten Daten nur für den Zweck verwenden, zu dem sie übermittelt worden sind. Eine Verwendung für andere Zwecke ist zulässig, soweit die Daten auch dafür hätten übermittelt werden dürfen. Die in Satz 1 genannten Behörden haben die im Übereinkommen enthaltenen Bestimmungen zum Schutz vertraulicher Daten einzuhalten.

§ 7
Auskunftspflichten

(1) Das Bundesamt für Wirtschaft und Ausfuhrkontrolle (BAFA) kann Auskünfte verlangen, soweit dies erforderlich ist, um die Einhaltung dieses Gesetzes und der auf Grund dieses Gesetzes erlassenen Rechtsverordnungen zu überwachen. Soweit es zu diesem Zweck erforderlich ist, kann es verlangen, daß ihm die geschäftlichen Unterlagen vorgelegt werden, und kann es Prüfungen bei den Auskunftspflichtigen vornehmen. Zur Vornahme der Prüfungen können Bedienstete des Bundesamtes für Wirtschaft und Ausfuhrkontrolle (BAFA) die Geschäftsräume und Betriebsanlagen der Auskunftspflichtigen während der üblichen Betriebs- und Geschäftszeiten betreten. Der Verpflichtete hat Prüfungen nach Satz 2 und das Betreten nach Satz 3 zu dulden.

(2) Auskunftspflichtig ist, wer einer Genehmigungs- oder Meldepflicht nach einer auf Grund der §§ 2 und 3 erlassenen Rechtsverordnung unterliegt.

(3) Der zur Erteilung einer Auskunft Verpflichtete kann die Auskunft auf solche Fragen verweigern, deren Beantwortung ihn selbst oder einen der in § 383 Abs. 1 Nr. 1 bis 3 der Zivilprozeßordnung bezeichneten Angehörigen der Gefahr strafgerichtlicher Verfolgung oder eines Verfahrens nach dem Gesetz über Ordnungswidrigkeiten aussetzen würde. Er ist über sein Recht zur Verweigerung der Auskunft zu belehren.

§ 8
Duldung und Unterstützung von Inspektionen

(1) Der Inhaber von Grundstücken oder Räumen, auf oder in denen sich nach einer auf Grund der §§ 2 und 3 erlassenen Rechtsverordnung genehmigungs- oder meldepflichtige Einrichtungen befinden (Verpflichteter), hat Inspektionen nach Artikel VI des Übereinkommens im Rahmen des Inspektionsauftrags nach Maßgabe des § 10 zu dulden und des § 11 zu unterstützen.

(2) Der Inhaber von Grundstücken oder Räumen jeder Art (Verpflichteter) hat Inspektionen nach Artikel IX des Übereinkommens und Untersuchungen nach Artikel X des Übereinkommens im Rahmen des Inspektionsauftrags nach Maßgabe des § 10 zu dulden und des § 11 zu unterstützen.

(3) Der Verpflichtete nach Absatz 1 oder 2 trägt die ihm aus der Durchführung der Inspektionen oder Untersuchungen entstehenden Kosten selbst, wenn sie nicht von der Organisation nach den Bestimmungen des Übereinkommens erstattet werden. Anträge auf Kostenerstattung sind beim Bundesamt für Wirtschaft und Ausfuhrkontrolle (BAFA) einzureichen, das diese prüft und über das Auswärtige Amt an die Organisation weiterleitet.

§ 9
Begleitgruppe

(1) Inspektionen nach den Artikeln VI und IX des Übereinkommens sowie Untersuchungen nach Artikel X des Übereinkommens finden nur in Anwesenheit einer Begleitgruppe statt, soweit die auf Grund des § 12 erlassene Rechtsverordnung nichts anderes bestimmt. Bei Inspektionen oder Untersuchungen im Geschäftsbereich des Bundesministeriums der Verteidigung wird die Begleitgruppe vom Zentrum für Verifikationsaufgaben der Bundeswehr, im übrigen vom Bundesamt für Wirtschaft und Ausfuhrkontrolle (BAFA) gestellt. Der Begleitgruppe können Vertreter anderer Bundesbehörden angehören.

(2) Der Leiter der Begleitgruppe hat sich auszuweisen. Er trifft die zur Durchführung der Inspektion oder Untersuchung erforderlichen Anordnungen, insbesondere solche zur Durchsetzung der in den §§ 10 und 11 genannten sowie der in der auf Grund des § 12 erlassenen Rechtsverordnung näher bestimmten Befugnisse und Mitwirkungspflichten. Widerspruch und Anfechtungsklage gegen Anordnungen nach Satz 2 haben keine aufschiebende Wirkung. Dem Auswärtigen Amt wird vor der Entscheidung über den Widerspruch Gelegenheit zur Äußerung gegeben.

(3) Die Begleitgruppe hat die schutzwürdigen Interessen des Verpflichteten sowie der sonst betroffenen Personen zu berücksichtigen, soweit dies nach den Umständen möglich ist. Dies gilt insbesondere in bezug auf Maßnahmen zum Schutz sicherheitsempfindlicher Einrichtungen oder vertraulicher Daten gemäß den im Übereinkommen genannten Bestimmungen.

(4) Der Leiter der Begleitgruppe übermittelt dem Auswärtigen Amt alle der Begleitgruppe im Verlauf einer Inspektion oder Untersuchung bekanntgewordenen Daten in dem Umfang, wie dies zur Überprüfung der auf Grund dieses Gesetzes oder der zu diesem erlassenen Rechtsverordnungen bekanntgewordenen Daten erforderlich ist. § 6 Abs. 4 gilt entsprechend.

§ 10
Inspektionsbefugnisse

(1) Soweit es zur Durchführung der Inspektionen nach Artikel VI und IX des Übereinkommens sowie von Untersuchungen nach Artikel X des Übereinkommens erforderlich ist, ist die Inspektionsgruppe befugt,

1. Grundstücke und Räume während der üblichen Betriebs- und Geschäftszeiten zu betreten und zu besichtigen, sofern die betroffenen Räume nicht dem Wohnen dienen,
2. die nach dem Übereinkommen zugelassene Ausrüstung zu benutzen,
3. Personal des Verpflichteten zu befragen,
4. Unterlagen, Akten und Aufzeichnungen einzusehen,

5. bei Einwilligung des Verpflichteten oder des Leiters der Begleitgruppe Proben zu entnehmen,
6. Proben innerhalb der Inspektionsstätte mit der zugelassenen Ausrüstung zu analysieren oder Proben zur Analyse in von der Organisation festgelegte Laboratorien außerhalb der Inspektionsstätte weiterzugeben und
7. in den nach der auf Grund des § 2 Abs. 1 Satz 2 Nr. 2 erlassenen Rechtsverordnung genehmigungspflichtigen Einrichtungen Instrumente zur ständigen Überwachung dieser Einrichtungen zu betreiben sowie Behälter für Fotografien, Pläne und sonstige Informationen zu lagern.

(2) Soweit es zur Durchführung von Inspektionen nach Artikel IX des Übereinkommens und Untersuchungen nach Artikel X des Übereinkommens erforderlich ist, ist die Inspektionsgruppe über die in Absatz 1 genannten Rechte hinaus befugt,

1. Grundstücke und Räume auch außerhalb der üblichen Betriebs- und Geschäftszeiten sowie Wohnungen zur Verhütung dringender Gefahren für die öffentliche Sicherheit und Ordnung nach Anordnung des Leiters der Begleitgruppe zu betreten und zu besichtigen,
2. Grundstücke, Räume oder Wohnungen nach richterlicher Anordnung oder bei Gefahr im Verzug nach Anordnung des Leiters der Begleitgruppe zu durchsuchen, wenn Tatsachen die Annahme rechtfertigen, daß die Durchsuchung zur Auffindung von Beweismitteln für einen Verstoß gegen Artikel I, V oder VI des Übereinkommens führen wird,
3. von der Begleitgruppe Daten über alle Ausfahrbewegungen von der Inspektionsstätte zu erhalten und
4. die die Inspektionsstätte verlassenden Fahrzeuge zu überwachen und zu inspizieren, soweit es sich nicht um private Personenkraftwagen handelt.

Wird der Einsatz chemischer Waffen oder von Unruhebekämpfungsmitteln als Mittel der Kriegsführung behauptet, ist die Inspektionsgruppe ferner befugt,

1. Personen, die durch den behaupteten Einsatz betroffen sein können, auch ohne ihre Einwilligung nach Anordnung des Leiters der Begleitgruppe zu untersuchen, um festzustellen, ob sich Spuren eines Einsatzes chemischer Waffen an ihrem Körper befinden, sowie diese Personen und Augenzeugen des behaupteten Einsatzes zu befragen,
2. medizinisches Personal und andere Personen zu befragen, die die durch den behaupteten Einsatz betroffenen Personen behandelt haben oder sonst mit ihnen in Berührung gekommen sind,
3. Krankenblätter einzusehen und
4. bei der Autopsie von Leichen zugegen zu sein,

soweit dies zur Aufklärung des Sachverhalts erforderlich ist. Das Grundrecht der Unverletzlichkeit der Wohnung (Artikel 13 des Grundgesetzes) wird in den Fällen des Satzes 1 Nr. 1 und 2 eingeschränkt. Die richterliche Anordnung nach Satz 1 Nr. 2 ergeht durch das Landgericht, in dessen Bezirk die Durchsuchung erfolgen soll. Für das Verfahren gelten die Vorschriften des Gesetzes über das Verfahren in Familiensachen und in den Angelegenheiten der freiwilligen Gerichtsbarkeit entsprechend.

(3) Eine Person, die nach Absatz 1 Nr. 3 oder Absatz 2 Satz 2 Nr. 1 oder 2 Fragen zu beantworten hat, kann die Auskunft auf solche Fragen verweigern, deren Beantwortung sie selbst oder einen der in § 383 Abs. 1 Nr. 1 bis 3 der Zivilprozeßordnung bezeichneten Angehörigen der Gefahr strafgerichtlicher Verfolgung oder eines Verfahrens nach dem Gesetz über Ordnungswidrigkeiten aussetzen würde. Sie ist über das Recht zur Verweigerung der Auskunft zu belehren.

(4) Der Beobachter hat das Recht, die Inspektionsgruppe während der Inspektion zu begleiten, soweit es der Leiter der Begleitgruppe gestattet.

(5) Die Inspektionsgruppe und der Beobachter können die ihnen bei der Durchführung von Inspektionen oder Untersuchungen bekanntgewordenen Daten, einschließlich personenbezogener Daten, speichern, soweit dies zur Erfüllung ihrer Aufgaben nach dem Übereinkommen erforderlich ist.

§ 11
Mitwirkungspflichten

Der Verpflichtete hat die Inspektionsgruppe und die Begleitgruppe bei der Durchführung der in § 8 genannten Inspektionen und Untersuchungen zu unterstützen, soweit dies nach den Artikeln VI, IX oder X des Übereinkommens erforderlich ist. Er hat

1. auf Verlangen der zuständigen Behörde oder des Leiters der Begleitgruppe einen Inspektionsbeauftragten zu benennen, der befugt ist, alle zur Durchführung der Inspektion erforderlichen betriebsinternen Anweisungen zu geben und Entscheidungen im Namen des Verpflichteten gegenüber dem Leiter der Begleitgruppe und der Inspektionsgruppe zu treffen, und der für die Erfüllung der Duldungs- und Mitwirkungspflichten nach diesem Gesetz Sorge zu tragen hat,
2. die Inspektionsgruppe in bezug auf die Inspektionsstätte, die dort durchgeführten Tätigkeiten, die für die Inspektion notwendigen Sicherheitsmaßnahmen und die dazugehörige Verwaltung und Logistik einzuweisen,
3. der Inspektionsgruppe und der Begleitgruppe Fernmeldeeinrichtungen, Arbeitsräume mit elektrischen Anschlüssen und die erforderlichen Transportmittel innerhalb der Einrichtung zur Verfügung zu stellen, soweit es sich um eine der Verifikation nach Artikel VI des Übereinkommens unterliegende Einrichtung handelt,
4. die zur Erfüllung des Inspektionsauftrags notwendigen Arbeitsgänge in der Einrichtung zu verrichten,
5. auf Verlangen der Inspektionsgruppe dieser die Benutzung seiner Ausrüstung zu gestatten, soweit dies zur Durchführung der Inspektion geboten ist und Sicherheitsbedenken dem nicht entgegenstehen,
6. auf Verlangen der Inspektionsgruppe Proben zu entnehmen, bei der Probenahme durch die Inspektionsgruppe Hilfe zu leisten und Fotografien von Gegenständen oder Gebäuden innerhalb der Inspektionsstätte anzufertigen, wenn in bezug auf diese Gegenstände und Gebäude Zweifelsfragen während der Inspektion nicht klargestellt werden können,
7. auf Verlangen des Leiters der Begleitgruppe bei Inspektionen nach Artikel IX des Übereinkommens Daten über alle Ausfahrbewegungen von der Inspektionsstätte zu sammeln oder die Begleitgruppe hierbei zu unterstützen,

8. der Inspektionsgruppe durch Vorlage geeigneter Unterlagen oder auf sonstige Weise darzulegen, daß Teile und Gegenstände der Inspektionsstätte, zu denen während der Inspektion oder Untersuchung kein Zugang gewährt wurde, nicht für nach dem Übereinkommen verbotene Zwecke verwendet wurden oder werden,
9. zur Überprüfung der vorläufigen Inspektionsermittlungen und Klärung von Zweifelsfragen beizutragen,
10. dem Bundesamt für Wirtschaft und Ausfuhrkontrolle (BAFA) unverzüglich mitzuteilen, wenn in § 10 Abs. 1 Nr. 7 genannte Instrumente oder Behälter beschädigt worden sind, und
11. dem Bundesamt für Wirtschaft und Ausfuhrkontrolle (BAFA) die für die Aushandlung, den Abschluß und die Einhaltung von Vereinbarungen über Einrichtungen erforderlichen Auskünfte zu erteilen.

In den Fällen des Satzes 2 Nr. 4 und 6 bis 11 kann er die Mitwirkung verweigern, wenn er sich hierdurch selbst oder einen der in § 383 Abs. 1 Nr. 1 bis 3 der Zivilprozeßordnung bezeichneten Angehörigen der Gefahr strafgerichtlicher Verfolgung oder eines Verfahrens nach dem Gesetz über Ordnungswidrigkeiten aussetzen würde. Er ist über sein Recht zur Verweigerung der Mitwirkung zu belehren.

§ 12
Durchführung von Inspektionen

Die Bundesregierung kann durch Rechtsverordnung ohne Zustimmung des Bundesrates Einzelheiten der Befugnisse und Mitwirkungspflichten nach den §§ 10 und 11 sowie des Verwaltungsverfahrens zur Durchführung der in § 8 genannten Inspektionen und Untersuchungen regeln.

§ 13
Vereinbarungen über Einrichtungen

(1) Das Bundesamt für Wirtschaft und Ausfuhrkontrolle (BAFA) wird ermächtigt, Vereinbarungen über Einrichtungen mit der Organisation auszuhandeln und im Einvernehmen mit dem Bundesministerium für Wirtschaft und Technologie und dem Auswärtigen Amt abzuschließen.

(2) Soweit die Bundesrepublik Deutschland nach dem Übereinkommen zum Abschluß einer Vereinbarung über eine Einrichtung verpflichtet ist, hört das Bundesamt für Wirtschaft und Ausfuhrkontrolle (BAFA) den Verpflichteten vor Aufnahme der Verhandlungen und Abschluß einer solchen Vereinbarung an. In allen übrigen Fällen holt es seine vorherige Zustimmung ein.

§ 14
Haftung

(1) Wird jemand durch ein Mitglied der Inspektionsgruppe geschädigt, haftet für diesen Schaden die Bundesrepublik Deutschland nach den Vorschriften und Grundsätzen des deutschen Rechts, die anwendbar wären, wenn der Schaden durch einen eigenen Bediensteten oder durch eine Handlung oder Unterlassung, für die die Bundesrepublik Deutschland verantwortlich ist, verursacht worden wäre. Satz 1 ist auf Schäden, die von einem Mitglied der Inspektionsgruppe außerhalb der Inspektionstätigkeit verursacht werden, sinngemäß anzuwenden.

(2) Ansprüche nach Absatz 1 sind in den Fällen des § 9 Abs. 1 Satz 2 erste Alternative bei den regional zuständigen Wehrbereichsverwaltungen, im übrigen beim Bundesamt für Wirtschaft und Ausfuhrkontrolle (BAFA) geltend zu machen. Zur Durchsetzung der Ansprüche ist der ordentliche Rechtsweg gegeben.

§ 15
Bußgeldvorschriften

(1) Ordnungswidrig handelt, wer vorsätzlich oder fahrlässig

1. einer Rechtsverordnung
   a) nach § 2 Abs. 3 Nr. 2 oder
   b) nach § 3

   zuwiderhandelt, soweit sie für einen bestimmten Tatbestand auf diese Bußgeldvorschrift verweist,

1. unrichtige oder unvollständige Angaben tatsächlicher Art macht oder benutzt, um für sich oder einen anderen eine Genehmigung zu erschleichen, die nach einer zur Durchführung dieses Gesetzes erlassenen Rechtsverordnung erforderlich ist,
2. entgegen § 7 Abs. 1 eine Auskunft nicht, nicht richtig, nicht vollständig oder nicht rechtzeitig erteilt, geschäftliche Unterlagen nicht, nicht vollständig oder nicht rechtzeitig vorlegt oder eine Prüfung oder das Betreten nicht duldet oder
3. bei einer Inspektion einer Duldungspflicht nach § 8 Abs. 1 oder 2 jeweils in Verbindung mit § 10 oder einer Mitwirkungspflicht nach § 11 Satz 2 zuwiderhandelt.

(2) Die Ordnungswidrigkeit kann in den Fällen des Absatzes 1 Nr. 2 mit einer Geldbuße bis zu einhunderttausend Deutsche Mark, in den übrigen Fällen mit einer Geldbuße bis zu fünfzigtausend Deutsche Mark geahndet werden.

(3) Verwaltungsbehörde im Sinne des § 36 Abs. 1 Nr. 1 des Gesetzes über Ordnungswidrigkeiten ist das Bundesamt für Wirtschaft und Ausfuhrkontrolle (BAFA).

§ 16
Strafvorschriften

(1) Mit Freiheitsstrafe bis zu fünf Jahren oder mit Geldstrafe wird bestraft, wer

1. eine in § 15 Abs. 1 Nr. 1 Buchstabe b, Nr. 3 oder 4 bezeichnete Handlung begeht, die geeignet ist, die auswärtigen Beziehungen der Bundesrepublik Deutschland erheblich zu gefährden,
2. einer Rechtsverordnung nach § 2 Abs. 1 Satz 2 Nr. 1 zuwiderhandelt, soweit sie für einen bestimmten Tatbestand auf diese Strafvorschrift verweist, oder
3. einer Rechtsverordnung nach § 2 Abs. 1 Satz 2 Nr. 2 zuwiderhandelt, soweit sie für einen bestimmten Tatbestand auf diese Strafvorschrift verweist,

wenn die Tat nicht nach § 20 des Gesetzes über die Kontrolle von Kriegswaffen mit Strafe bedroht ist.

(2) Mit Freiheitsstrafe bis zu drei Jahren oder mit Geldstrafe wird bestraft, wer einer Rechtsverordnung nach § 2 Abs. 1 Satz 2 Nr. 3 zuwiderhandelt, soweit sie für einen bestimmten Tatbestand auf diese Strafvorschrift verweist, wenn die Tat nicht nach § 20 des Gesetzes über die Kontrolle von Kriegswaffen mit Strafe bedroht ist.

(3) In besonders schweren Fällen des Absatzes 1 Nr. 2 und 3 ist die Strafe Freiheitsstrafe nicht unter zwei Jahren. Ein besonders schwerer Fall liegt in der Regel vor, wenn der Täter

1. die Gefahr eines schweren Nachteils für die auswärtigen Beziehungen der Bundesrepublik Deutschland herbeiführt oder
2. gewerbsmäßig oder als Mitglied einer Bande, die sich zur fortgesetzten Begehung solcher Straftaten verbunden hat, unter Mitwirkung eines anderen Bandenmitglieds handelt.

(4) Nach Absatz 1 Nr. 3 und Absatz 2 wird auch bestraft, wer auf Grund einer nach einer Rechtsverordnung nach § 2 Abs. 1 Satz 2 Nr. 2 oder 3 erforderlichen Genehmigung handelt, wenn die Genehmigung durch Drohung, Bestechung oder Kollusion erwirkt oder durch unrichtige oder unvollständige Angaben erschlichen wurde.

(5) Der Versuch ist strafbar.

(6) Handelt der Täter fahrlässig, so ist die Strafe in den Fällen des Absatzes 1 Freiheitsstrafe bis zu zwei Jahren oder Geldstrafe, im Falle des Absatzes 2 Freiheitsstrafe bis zu einem Jahr oder Geldstrafe.

§ 17
Strafvorschriften gegen den Mißbrauch als chemische Waffen

(1) Mit Freiheitsstrafe nicht unter zwei Jahren wird bestraft, wer

1. toxische Chemikalien, Munition, Geräte oder Ausrüstung im Sinne des Artikels II Nr. 1 Buchstabe b oder c oder Nr. 2 des Übereinkommens für andere als erlaubte Zwecke entwickelt, herstellt, mit ihnen Handel treibt, von einem anderen erwirbt oder einem anderen überläßt, einführt, ausführt, durchführt oder sonst die tatsächliche Gewalt über sie ausübt,
2. einen anderen zu einer in Nummer 1 bezeichneten Handlung verleitet oder
3. eine in Nummer 1 bezeichnete Handlung fördert,

wenn die Tat nicht nach § 20 des Gesetzes über die Kontrolle von Kriegswaffen mit Strafe bedroht ist.

(2) In minder schweren Fällen ist die Strafe Freiheitsstrafe von drei Monaten bis zu fünf Jahren.

(3) Handelt der Täter in den Fällen des Absatzes 1 leichtfertig, so ist die Strafe Freiheitsstrafe bis zu drei Jahren oder Geldstrafe.

§ 18
Auslandstaten Deutscher

§ 16 Abs. 1 Nr. 2, Abs. 5 und § 17 gelten, unabhängig vom Recht des Tatorts, auch für Taten, die im Ausland begangen werden, wenn der Täter Deutscher ist.

§ 19
Einziehung

(1) Ist eine Ordnungswidrigkeit nach § 15 oder eine Straftat nach den §§ 16 oder 17 begangen worden, so können

1. Gegenstände, auf die sich die Ordnungswidrigkeit oder die Straftat bezieht, und

2. Gegenstände, die zu ihrer Begehung oder Vorbereitung gebraucht worden oder bestimmt gewesen sind,

eingezogen werden.

(2) § 74a des Strafgesetzbuches und § 23 des Gesetzes über Ordnungswidrigkeiten sind anzuwenden.

(3) In Fällen des § 16 Abs. 1 und 5 und des § 17 Abs. 1, in den Fällen des § 16 Abs. 1 Nr. 2, Abs. 5 und § 17 Abs. 1 auch in Verbindung mit § 18, ist § 73d des Strafgesetzbuches anzuwenden, wenn der Täter gewerbsmäßig oder als Mitglied einer Bande handelt, die sich zur fortgesetzten Begehung solcher Straftaten verbunden hat.

§ 20
Befugnisse der Zollbehörden

(1) Die Staatsanwaltschaft und die Verwaltungsbehörde können bei Straftaten und Ordnungswidrigkeiten nach den §§ 15 bis 17 Ermittlungen (§ 161 Satz 1 der Strafprozeßordnung) auch durch die Hauptzollämter oder die Zollfahndungsämter vornehmen lassen.

(2) Die Hauptzollämter und die Zollfahndungsämter sowie deren Beamte haben auch ohne Ersuchen der Staatsanwaltschaft oder der Verwaltungsbehörde Straftaten und Ordnungswidrigkeiten der in Absatz 1 bezeichneten Art zu erforschen und zu verfolgen, wenn diese das Verbringen von Sachen betreffen. Dasselbe gilt, soweit Gefahr im Verzug ist. § 163 der Strafprozeßordnung und § 53 des Gesetzes über Ordnungswidrigkeiten bleiben unberührt.

(3) In den Fällen der Absätze 1 und 2 haben die Beamten der Hauptzollämter und der Zollfahndungsämter die Rechte und Pflichten der Polizeibeamten nach den Bestimmungen der Strafprozeßordnung und des Gesetzes über Ordnungswidrigkeiten. Sie sind insoweit Ermittlungspersonen der Staatsanwaltschaft.

(4) In diesen Fällen können die Hauptzollämter und Zollfahndungsämter sowie deren Beamte im Bußgeldverfahren Beschlagnahmen, Durchsuchungen, Untersuchungen und sonstige Maßnahmen nach den für Ermittlungspersonen der Staatsanwaltschaft geltenden Vorschriften der Strafprozeßordnung vornehmen; unter den Voraussetzungen des § 111l Abs. 2 Satz 2 der Strafprozeßordnung können auch die Hauptzollämter die Notveräußerung anordnen.

§ 21
Inkrafttreten

(1) Die §§ 1 bis 7, 12, 15 Abs. 1 Nr. 1 Buchstabe b und Nr. 3, Abs. 2 und 3, § 16 Abs. 1 Nr. 1, Abs. 5 und 6 und die §§ 19 und 20 treten einen Tag nach der gemäß Absatz 2 erfolgten Bekanntgabe in Kraft. Im übrigen tritt dieses Gesetz an dem Tage in Kraft, an dem das Übereinkommen nach seinem Artikel XXI in Kraft tritt.

(2) Der Tag des Inkrafttretens des Übereinkommens ist im Bundesgesetzblatt bekanntzugeben, sobald die Unterrichtung über den Zeitpunkt des Inkrafttretens durch den Generalsekretär der Vereinten Nationen nach Artikel XXIII des Übereinkommens erfolgt ist.

5. Politische Grundsätze der Bundesregierung für den Export von Kriegswaffen und sonstigen Rüstungsgütern

Vom 19. Januar 2000
BAnz. Nr. 19 vom 28.01.2000, S. 989

In dem Bestreben,

- ihre Rüstungsexportpolitik restriktiv zu gestalten,
- im Rahmen der internationalen und gesetzlichen Verpflichtungen der Bundesrepublik Deutschland den Export von Rüstungsgütern am Sicherheitsbedürfnis und außenpolitischen Interesse der Bundesrepublik Deutschland zu orientieren,
- durch seine Begrenzung und Kontrolle einen Beitrag zur Sicherung des Friedens, der Gewaltprävention, der Menschenrechte und einer nachhaltigen Entwicklung in der Welt zu leisten,
- dementsprechend auch die Beschlüsse internationaler Institutionen zu berücksichtigen, die eine Beschränkung des internationalen Waffenhandels unter Abrüstungsgesichtspunkten anstreben,
- darauf hinzuwirken, solchen Beschlüssen Rechtsverbindlichkeit auf internationaler Ebene, einschließlich auf europäischer Ebene, zu verleihen,

hat die Bundesregierung ihre Grundsätze für den Export von Kriegswaffen und sonstigen Rüstungsgütern wie folgt neu beschlossen:

I. Allgemeine Prinzipien

1. Die Bundesregierung trifft ihre Entscheidungen nach dem Gesetz über die Kontrolle von Kriegswaffen (KWKG) und dem Außenwirtschaftsgesetz (AWG) über Exporte von Kriegswaffen[1] und sonstigen Rüstungsgütern[2] in Übereinstimmung mit dem von dem Rat der Europäischen Union (EU) angenommenen „Verhaltenskodex der Europäischen Union für Waffenausfuhren" vom 8. Juni 1998[3] bzw. etwaigen Folgeregelungen sowie den von der Organisation für Sicherheit und Zusammenarbeit in Europa (OSZE) am 25. November 1993 verabschiedeten „Prinzipien zur Regelung des Transfers konventioneller Waffen". Die Kriterien des EU-Verhaltenskodex sind integraler Bestandteil dieser Politischen Grundsätze. Soweit die nachfolgenden Grundsätze im Verhältnis zum EU-Verhaltenskodex restriktivere Maßstäbe vorsehen, haben sie Vorrang.
2. Der Beachtung der Menschenrechte im Bestimmungs- und Endverbleibsland wird bei den Entscheidungen über Exporte von Kriegswaffen und sonstigen Rüstungsgütern besonderes Gewicht beigemessen.
3. Genehmigungen für Exporte von Kriegswaffen und sonstigen Rüstungsgütern werden grundsätzlich nicht erteilt, wenn hinreichender Verdacht besteht, dass diese zur internen Repression im Sinne des EU-Verhaltenskodex für Waffenausfuhren oder zu

---

1 In der Kriegswaffenliste (Anlage zum KWKG) aufgeführte Waffen (komplette Waffen sowie als Waffen gesondert erfasste Teile).
2 Waren des AbschnittsA in TeilI der Ausfuhrliste – Anlage zur AWV – mit Ausnahme der Kriegswaffen.
3 Als Anlage beigefügt.

sonstigen fortdauernden und systematischen Menschenrechtsverletzungen missbraucht werden. Für diese Frage spielt die Menschenrechtssituation im Empfängerland eine wichtige Rolle.

4. In eine solche Prüfung der Menschenrechtsfrage werden Feststellungen der EU, des Europarates, der Vereinten Nationen (VN), der OSZE und anderer internationaler Gremien einbezogen. Berichte von internationalen Menschenrechtsorganisationen werden ebenfalls berücksichtigt.

5. Der Endverbleib der Kriegswaffen und sonstigen Rüstungsgüter ist in wirksamer Weise sicherzustellen.

II. NATO-Länder[4], EU-Mitgliedstaaten, NATO-gleichgestellte Länder[5]

1. Der Export von Kriegswaffen und sonstigen Rüstungsgütern in diese Länder hat sich an den Sicherheitsinteressen der Bundesrepublik Deutschland im Rahmen des Bündnisses und der EU zu orientieren.

   Er ist grundsätzlich nicht zu beschränken, es sei denn, dass aus besonderen politischen Gründen in Einzelfällen eine Beschränkung geboten ist.

2. Kooperationen sollen im bündnis- und/oder europapolitischen Interesse liegen.

   Bei Koproduktionen mit in Ziffer II. genannten Ländern, die Gegenstand von Regierungsvereinbarungen sind, werden diese rüstungsexportpolitischen Grundsätze soweit wie möglich verwirklicht. Dabei wird die Bundesregierung unter Beachtung ihres besonderen Interesses an Kooperationsfähigkeit auf Einwirkungsmöglichkeiten bei Exportvorhaben von Kooperationspartnern nicht verzichten (Ziffer II. 3).

3. Die exportpolitischen Konsequenzen einer Kooperation sind rechtzeitig vor Vereinbarung gemeinsam zu prüfen.

   In jedem Fall behält sich die Bundesregierung zur Durchsetzung ihrer rüstungsexportpolitischen Grundsätze vor, bestimmten Exportvorhaben des Kooperationspartners im Konsultationswege entgegenzutreten. Deshalb ist bei allen neu abzuschließenden Kooperationsvereinbarungen für den Fall des Exports durch das Partnerland grundsätzlich ein solches Konsultationsverfahren anzustreben, das der Bundesregierung die Möglichkeit gibt, Einwendungen wirksam geltend zu machen. Die Bundesregierung wird hierbei sorgfältig zwischen dem Kooperationsinteresse und dem Grundsatz einer restriktiven Rüstungsexportpolitik unter Berücksichtigung des Menschenrechtskriteriums abwägen.

4. Vor Exporten von Kriegswaffen und sonstigen Rüstungsgütern, bei denen deutsche Zulieferungen Verwendung finden, prüfen AA, BMWi und BMVg unter Beteiligung des Bundeskanzleramtes, ob im konkreten Einzelfall die Voraussetzungen für die Einleitung von Konsultationen vorliegen.

   Einwendungen der Bundesregierung gegen die Verwendung deutscher Zulieferungen werden – in der Regel nach Bundessicherheitsrats-Befassung – z. B. in folgenden Fällen geltend gemacht:

   – Exporte in Länder, die in bewaffnete Auseinandersetzungen verwikkelt sind, sofern nicht ein Fall des Artikels 51 der VN-Charta vorliegt,

4 Geltungsbereich des NATO-Vertrages, Artikel 6.
5 Australien, Japan, Neuseeland, Schweiz.

- Exporte in Länder, in denen ein Ausbruch bewaffneter Auseinandersetzungen droht oder bestehende Spannungen und Konflikte durch den Export ausgelöst, aufrechterhalten oder verschärft würden,
- Exporte, bei denen hinreichender Verdacht besteht, dass sie zur internen Repression im Sinne des EU-Verhaltenskodex für Waffenausfuhren oder zu sonstigen fortdauernden und systematischen Menschenrechtsverletzungen missbraucht werden,
- Exporte, durch die wesentliche Sicherheitsinteressen der Bundesrepublik Deutschland gefährdet werden,
- Exporte, welche die auswärtigen Beziehungen zu Drittländern so erheblich belasten würden, dass selbst das eigene Interesse an der Kooperation und an der Aufrechterhaltung guter Beziehungen zum Kooperationspartner zurückstehen muß.

Einwendungen werden nicht erhoben, wenn direkte Exporte im Hinblick auf die unter Ziffer III. 4–7 angestellten Erwägungen voraussichtlich genehmigt würden.

5. Für die Zusammenarbeit zwischen deutschen und Unternehmen der in Ziffer II. genannten Länder, die nicht Gegenstand von Regierungsvereinbarungen ist, sind Zulieferungen, entsprechend der Direktlieferung in diese Länder, unter Beachtung der allgemeinen Prinzipien grundsätzlich nicht zu beschränken. Die Bundesregierung wird jedoch in gleicher Weise wie bei Kooperationen, die Gegenstand von Regierungsvereinbarungen sind, auf Exporte aus industriellen Kooperationen Einfluss nehmen.

   Zu diesem Zweck wird sie verlangen, dass sich der deutsche Kooperationspartner bei Zulieferung von Teilen, die nach Umfang oder Bedeutung für eine Kriegswaffe wesentlich sind, vertraglich in die Lage versetzt, der Bundesregierung rechtzeitig die nötigen Informationen über Exportabsichten seiner Partner geben zu können und vertragliche Endverbleibsklauseln vorzusehen.

6. Für deutsche Zulieferungen von Teilen (Einzelteilen oder Baugruppen), die Kriegswaffen oder sonstige Rüstungsgüter sind, ist das Kooperationspartnerland ausfuhrrechtlich Käufer- und Verbrauchsland. Wenn diese Teile durch festen Einbau in das Waffensystem integriert werden, begründet die Verarbeitung im Partnerland ausfuhrrechtlich einen neuen Warenursprung.

III. Sonstige Länder

1. Der Export von Kriegswaffen und sonstigen Rüstungsgütern in andere als in Ziffer II. genannte Länder wird restriktiv gehandhabt. Er darf insbesondere nicht zum Aufbau zusätzlicher, exportspezifischer Kapazitäten führen. Die Bundesregierung wird von sich aus keine privilegierenden Differenzierungen nach einzelnen Ländern oder Regionen vornehmen.
2. Der Export von Kriegswaffen (nach KWKG und AWG genehmigungspflichtig) wird nicht genehmigt, es sei denn, dass im Einzelfall besondere außen- oder sicherheitspolitische Interessen der Bundesrepublik Deutschland unter Berücksichtigung der Bündnisinteressen für eine ausnahmsweise zu erteilende Genehmigung sprechen. Beschäftigungspolitische Gründe dürfen keine ausschlaggebende Rolle spielen.

1. Für den Export sonstiger Rüstungsgüter (nach AWG genehmigungspflichtig) werden Genehmigungen nur erteilt, soweit die im Rahmen der Vorschriften des Außenwirtschaftsrechts zu schützenden Belange der Sicherheit, des friedlichen Zusammenlebens der Völker oder der auswärtigen Beziehungen nicht gefährdet sind.

   In diesen Fällen überwiegen diese Schutzzwecke das volkswirtschaftliche Interesse im Sinne von § 3 Abs. 1 AWG.

2. Genehmigungen für Exporte nach KWKG und/oder AWG kommen nicht in Betracht, wenn die innere Lage des betreffenden Landes dem entgegensteht, z. B. bei bewaffneten internen Auseinandersetzungen und bei hinreichendem Verdacht des Missbrauchs zu innerer Repression oder zu fortdauernden und systematischen Menschenrechtsverletzungen. Für diese Frage spielt die Menschenrechtssituation im Empfängerland eine wichtige Rolle.

3. Die Lieferung von Kriegswaffen und kriegswaffennahen[6] sonstigen Rüstungsgütern wird nicht genehmigt in Länder,

   - die in bewaffnete Auseinandersetzungen verwickelt sind oder wo eine solche droht,
   - in denen ein Ausbruch bewaffneter Auseinandersetzungen droht oder bestehende Spannungen und Konflikte durch den Export ausgelöst, aufrechterhalten oder verschärft würden.

   Lieferungen an Länder, die sich in bewaffneten äußeren Konflikten befinden oder bei denen eine Gefahr für den Ausbruch solcher Konflikte besteht, scheiden deshalb grundsätzlich aus, sofern nicht ein Fall des Artikels 51 der VN-Charta vorliegt.

4. Bei der Entscheidung über die Genehmigung des Exports von Kriegswaffen und sonstigen Rüstungsgütern wird berücksichtigt, ob die nachhaltige Entwicklung des Empfängerlandes durch unverhältnismäßige Rüstungsausgaben ernsthaft beeinträchtigt wird.

5. Ferner wird das bisherige Verhalten des Empfängerlandes im Hinblick auf

   - die Unterstützung oder Förderung des Terrorismus und der internationalen organisierten Kriminalität,
   - die Einhaltung internationaler Verpflichtungen, insbesondere des Gewaltverzichts, einschließlich der Verpflichtungen aufgrund des für internationale und nicht-internationale Konflikte geltenden humanitären Völkerrechts,
   - die Übernahme von Verpflichtungen im Bereich der Nichtverbreitung sowie in anderen Bereichen der Rüstungskontrolle und der Abrüstung, insbesondere die Unterzeichnung, Ratifizierung und Durchführung der im EU-Verhaltenskodex für Waffenausfuhren aufgeführten Rüstungskontroll- und Abrüstungsvereinbarungen,
   - seine Unterstützung des VN-Waffenregisters,

   berücksichtigt.

6 Anlagen und Unterlagen zur Herstellung von Kriegswaffen.

IV. Sicherung des Endverbleibs

1. Genehmigungen für den Export von Kriegswaffen und sonstigen Rüstungsgütern werden nur erteilt, wenn zuvor der Endverbleib dieser Güter im Endempfängerland sichergestellt ist. Dies setzt in der Regel eine entsprechende schriftliche Zusicherung des Endempfängers sowie weitere geeignete Dokumente voraus.
2. Lieferungen von Kriegswaffen sowie sonstigen Rüstungsgütern, die nach Umfang oder Bedeutung für eine Kriegswaffe wesentlich sind, dürfen nur bei Vorliegen von amtlichen Endverbleibserklärungen, die ein Reexportverbot mit Erlaubnisvorbehalt enthalten, genehmigt werden. Dies gilt entsprechend für Exporte von kriegwaffennahen sonstigen Rüstungsgütern, die im Zusammenhang mit einer Lizenzvergabe stehen. Für die damit hergestellten Kriegswaffen sind wirksame Endverbleibsregelungen zur Voraussetzung zu machen.

   An die Fähigkeit des Empfängerlandes, wirksame Ausfuhrkontrollen durchzuführen, ist ein strenger Maßstab anzulegen.
3. Kriegswaffen und kriegswaffennahe sonstige Rüstungsgüter dürfen nur mit dem schriftlichen Einverständnis der Bundesregierung in dritte Länder reexportiert bzw. im Sinne des EU-Binnenmarktes verbracht werden.
4. Ein Empfängerland, das entgegen einer abgegebenen Endverbleibserklärung den Weiterexport von Kriegswaffen oder kriegswaffennahen sonstigen Rüstungsgütern genehmigt oder einen ungenehmigten derartigen Export wissentlich nicht verhindert hat oder nicht sanktioniert, wird bis zur Beseitigung dieser Umstände grundsätzlich von einer Belieferung mit weiteren Kriegswaffen und kriegswaffennahen sonstigen Rüstungsgütern ausgeschlossen.

V. Rüstungsexportbericht

Die Bundesregierung legt dem Deutschen Bundestag jährlich einen Rüstungsexportbericht vor, in dem die Umsetzung der Grundsätze der deutschen Rüstungsexportpolitik im abgelaufenen Kalenderjahr aufgezeigt sowie die von der Bundesregierung erteilten Exportgenehmigungen für Kriegswaffen und sonstige Rüstungsgüter im Rahmen der gesetzlichen Bestimmungen aufgeschlüsselt werden.

Anlage zu den „Politischen Grundsätzen der Bundesregierung für den Export von Kriegswaffen und sonstigen Rüstungsgütern" vom 19. Januar 2000

VERHALTENSKODEX DER EUROPÄISCHEN UNION FÜR WAFFENAUSFUHREN angenommen vom Rat der EU am 8. Juni 1998

DER RAT DER EUROPÄISCHEN UNION

UNTER ZUGRUNDELEGUNG der vom Europäischen Rat auf seinen Tagungen in Luxemburg und Lissabon in den Jahren 1991 und 1992 vereinbarten gemeinsamen Kriterien,

IN ANERKENNUNG der besonderen Verantwortung der rüstungsexportierenden Länder,

ENTSCHLOSSEN, hohe gemeinsame Maßstäbe zu setzen, die als Minimalstandards für die Verwaltungspraxis und die bei Exporten konventioneller Rüstungsgüter durch alle Mitgliedstaaten auszuübende Zurückhaltung anzusehen sind, und zur Verstärkung des Austausches relevanter Informationen mit dem Ziel, größere Transparenz zu erreichen,

ENTSCHLOSSEN, die Ausfuhr von Ausrüstung zu verhindern, die zu interner Repression oder internationaler Aggression eingesetzt werden oder zu regionaler Instabilität beitragen könnte,

IN DEM WUNSCH, im Rahmen der Gemeinsamen Außen- und Sicherheitspolitik (GASP) ihre Zusammenarbeit zu verstärken und ihre Konvergenz auf dem Gebiet der Ausfuhr konventioneller Rüstungsgüter zu fördern,

IN KENNTNIS ergänzender Maßnahmen gegen illegale Transfers, getroffen durch das EU-Programm zur Verhütung und Bekämpfung des illegalen Handels mit konventionellen Waffen,

IN ANERKENNUNG des Wunsches von Mitgliedstaaten, eine Rüstungsindustrie als Teil ihrer industriellen Basis wie auch ihrer Verteidigungsanstrengungen aufrecht zu erhalten,

IN ANERKENNUNG der Tatsache, dass Staaten ein Recht haben, im Einklang mit dem von der VN-Charta anerkannten Recht auf Selbstverteidigung, die Mittel zur Selbstverteidigung zu exportieren,

HAT folgenden Verhaltenskodex sowie folgende operative Bestimmungen ANGENOMMEN:

KRITERIUM EINS

Die Einhaltung der internationalen Verpflichtungen der Mitgliedstaaten, insbesondere der vom VN-Sicherheitsrat und der von der Gemeinschaft verhängten Sanktionen, der Übereinkünfte über Nichtverbreitung und andere Sachbereiche sowie sonstiger internationaler Verpflichtungen

Eine Ausfuhrgenehmigung sollte verweigert werden, wenn ihre Erteilung im Widerspruch stünde unter anderem zu:

a) den internationalen Verpflichtungen der Mitgliedstaaten sowie ihren Verpflichtungen zur Durchsetzung von VN-, OSZE- und EU-Waffenembargos;

c) den internationalen Verpflichtungen der Mitgliedstaaten aus dem Vertrag über die Nichtverbreitung von Kernwaffen, dem Übereinkommen über biologische und Toxinwaffen und dem Chemiewaffenübereinkommen;

c) den Verpflichtungen der Mitgliedstaaten im Rahmen der Australischen Gruppe, des Trägertechnologie-Kontrollregimes, der Gruppe der Kernmaterial-Lieferländer und des Wassenaar-Arrangements;

d) der Verpflichtung der Mitgliedstaaten, keinerlei Antipersonenminen auszuführen.

KRITERIUM ZWEI

Achtung der Menschenrechte im Endbestimmungsland

Die Mitgliedstaaten werden, nachdem sie eine Bewertung der Haltung des Empfängerlandes zu den einschlägigen Grundsätzen in den Menschenrechtsübereinkünften vorgenommen haben,

a) keine Ausfuhrgenehmigung erteilen, wenn eindeutig das Risiko besteht, daß das zur Ausfuhr bestimmte Gerät zur internen Repression benutzt werden könnte;

b) besondere Vorsicht und Wachsamkeit bei der von Fall zu Fall und unter Berücksichtigung der Art der Ausrüstung erfolgenden Erteilung von Ausfuhrgenehmigungen an

Länder walten lassen, in denen von den zuständigen Gremien der VN, des Europarats oder der EU schwerwiegende Menschenrechtsverletzungen festgestellt wurden.

Für diese Zwecke wird Ausrüstung, die zu interner Repression benutzt werden könnte, unter anderem solche oder vergleichbare Ausrüstung umfassen, die vom angegebenen Endverwender nachweislich zu interner Repression benutzt worden ist oder bei der Grund zur Annahme besteht, dass sie an der angegebenen Endverwendung bzw. am angegebenen Endverwender vorbeigeleitet wird und zu interner Repression genutzt wird. Entsprechend dem operativen Paragraphen 1 dieses Verhaltenskodex wird die Art der Ausrüstung sorgfältig geprüft werden, insbesondere wenn ihre Verwendung für Zwecke der inneren Sicherheit beabsichtigt ist. Interne Repression umfasst unter anderem Folter sowie andere grausame, unmenschliche und erniedrigende Behandlung oder Bestrafung, summarische oder willkürliche Hinrichtungen, das Verschwindenlassen von Personen, willkürliche Verhaftungen und andere schwere Verletzungen der Menschenrechte und Grundfreiheiten, wie sie in den einschlägigen Menschenrechtsübereinkünften, einschließlich der Allgemeinen Erklärung der Menschenrechte und des Internationalen Pakts über bürgerliche und politische Rechte, niedergelegt sind.

KRITERIUM DREI

Die innere Lage im Endbestimmungsland, als Ergebnis von Spannungen oder bewaffneter Konflikte

Die Mitgliedstaaten werden keine Ausfuhren genehmigen, die im Endbestimmungsland bewaffnete Konflikte heraufbeschwören bzw. verlängern oder bestehende Spannungen oder Konflikte verschärfen würden.

KRITERIUM VIER

Erhalt von Frieden, Sicherheit und Stabilität in einer Region

Die Mitgliedstaaten werden keine Ausfuhrgenehmigung erteilen, wenn eindeutig das Risiko besteht, dass der angegebene Empfänger das zur Ausfuhr bestimmte Gerät zu aggressiven Zwecken gegen ein anderes Land oder zur gewaltsamen Durchsetzung eines Gebietsanspruchs benutzen würde.

Bei Abwägung dieser Risiken berücksichtigen die Mitgliedstaaten unter anderem

a) das Bestehen oder die Wahrscheinlichkeit eines bewaffneten Konfliktes zwischen dem Empfängerland und einem anderen Land;

b) Ansprüche auf das Hoheitsgebiet eines Nachbarlandes, deren gewaltsame Durchsetzung das Empfängerland in der Vergangenheit versucht bzw. angedroht hat;

c) ob die Wahrscheinlichkeit besteht, dass die Ausrüstung anders als für die legitime nationale Sicherheit und die Verteidigung des Empfängerlandes verwendet wird;

d) das Erfordernis, die regionale Stabilität nicht wesentlich zu beeinträchtigen.

KRITERIUM FÜNF

Die nationale Sicherheit der Mitgliedstaaten und der Gebiete, deren Außenbeziehungen in die Zuständigkeit eines Mitgliedstaates fallen, sowie die nationale Sicherheit von befreundeten und verbündeten Ländern

Die Mitgliedstaaten berücksichtigen

a) die möglichen Auswirkungen der geplanten Ausfuhr auf ihre Verteidigungs- und Sicherheitsinteressen sowie auf diejenigen von befreundeten Ländern, Verbündeten und anderen Mitgliedstaaten, wobei sie anerkennen, dass hierdurch die Berücksichtigung der Kriterien zur Achtung der Menschenrechte und über die Aufrechterhaltung von Frieden, Sicherheit und Stabilität in einer Region nicht beeinträchtigt werden darf;

b) die Gefahr der Verwendung der betreffenden Güter gegen ihre eigenen Streitkräfte oder die von befreundeten Ländern, Verbündeten oder anderen Mitgliedstaaten;

c) die Gefahr des „reverse engineering" oder eines unbeabsichtigten Technologietransfers.

KRITERIUM SECHS

Das Verhalten des Käuferlandes gegenüber der internationalen Gemeinschaft, insbesondere was seine Haltung zum Terrorismus, die Art der von ihm eingegangenen Bündnisse und die Einhaltung des Völkerrechts anbelangt

Die Mitgliedstaaten berücksichtigen unter anderem das bisherige Verhalten des Käuferlandes in bezug auf:

a) seine Unterstützung oder Förderung des Terrorismus und der internationalen organisierten Kriminalität;

b) seine Einhaltung internationaler Verpflichtungen, insbesondere hinsichtlich der Nichtanwendung von Gewalt, einschließlich der Verpflichtungen aufgrund des für internationale und nicht-internationale Konflikte geltenden humanitären Völkerrechts;

c) seine Verpflichtung zur Nichtverbreitung und andere Bereiche der Rüstungskontrolle und der Abrüstung, insbesondere die Unterzeichnung, Ratifizierung und Durchführung der in Kriterium Eins unter Buchstabe b aufgeführten einschlägigen Rüstungskontroll- und Abrüstungsvereinbarungen.

KRITERIUM SIEBEN

Das Risiko der Umleitung der Ausrüstung im Käuferland oder der Wiederausfuhr unter unerwünschten Bedingungen

Bei der Beurteilung der Auswirkung der beabsichtigten Ausfuhr auf das Einfuhrland und des Risikos, dass ausgeführte Güter auf Umwegen zu einem unerwünschten Endverwender gelangen könnten, wird folgendes berücksichtigt:

a) die legitimen Interessen der Verteidigung und der inneren Sicherheit des Empfängerlandes, einschließlich jede Beteiligung an VN- oder anderen friedenserhaltenden Maßnahmen;

b) die technische Fähigkeit des Empfängerlandes, die Ausrüstung zu benutzen;

c) die Fähigkeit des Empfängerlandes, wirksame Ausfuhrkontrollen durchzuführen;

d) das Risiko, daß die Waffen wiederausgeführt werden oder zu terroristischen Vereinigungen umgeleitet werden (in diesem Zusammenhang wäre bei Ausrüstung zur Terrorismusbekämpfung eine besonders sorgfältige Prüfung angebracht).

KRITERIUM ACHT

Die Vereinbarkeit der Rüstungsexporte mit der technischen und wirtschaftlichen Kapazität des Empfängerlandes, unter der Berücksichtigung, dass es wünschenswert ist, dass Staaten ihren legitimen Sicherheits- und Verteidigungsbedürfnissen mit dem geringstmöglichen Abzweigen von menschlichen und wirtschaftlichen Ressourcen für Rüstungszwecke entsprechen.

Die Mitgliedstaaten berücksichtigen, im Lichte von Informationen aus einschlägigen Quellen, wie Berichten von UNDP, Weltbank, IWF und OECD, ob der geplante Export die tragfähige Entwicklung des Empfängerlandes ernsthaft beeinträchtigen würde. Sie prüfen in diesem Zusammenhang die relative Bedeutung der Rüstungs- und der Sozialausgaben des Empfängerlandes und berücksichtigen dabei auch jedwede EU- oder bilaterale Hilfe.

OPERATIVE BESTIMMUNGEN

1. Jeder EU-Mitgliedstaat prüft die ihm vorgelegten Anträge auf Ausfuhrgenehmigung für militärische Ausrüstung in jedem Einzelfall anhand der Vorschriften des Verhaltenskodex.
2. Dieser Kodex lässt das Recht der Mitgliedstaaten, auf nationaler Ebene eine restriktivere Politik zu verfolgen, unberührt.
3. Die Mitgliedstaaten teilen auf diplomatischen Wege Einzelheiten zu den abgelehnten Ausfuhranträgen mit, die in Übereinstimmung mit dem Verhaltenskodex für militärische Ausrüstung verweigert werden, und fügen eine Begründung bei, warum die Genehmigung verweigert wurde. Die mitzuteilenden Einzelangaben sind in dem Mustervordruck in der Anlage enthalten. Bevor ein Mitgliedstaat eine Genehmigung erteilt, die von einem anderen Mitgliedstaat bzw. anderen Mitgliedstaaten innerhalb der letzten drei Jahre für eine im wesentlichen gleichartige Transaktion verweigert worden ist, konsultiert er zunächst den bzw. die Mitgliedstaaten, die die Genehmigung verweigert haben. Falls der betreffende Mitgliedstaat im Anschluß an die Konsultationen dennoch beschließt, die Genehmigung zu erteilen, teilt er dies dem bzw. den Mitgliedstaaten, die die Genehmigung ursprünglich verweigert haben, mit und erläutert ausführlich seine Gründe.

   Die Entscheidung über den Transfer bzw. die Verweigerung des Transfers von militärischer Ausrüstung bleibt im Ermessen eines jeden Mitgliedstaates. Als Ablehnung einer Genehmigung ist anzusehen, wenn der Mitgliedstaat die Genehmigung des tatsächlichen Verkaufs oder der konkreten Ausfuhr der betreffenden militärischen Ausrüstung abgelehnt hat und es andernfalls zu einem Verkauf oder Abschluß des betreffenden Vertrags gekommen wäre. Für diese Zwecke kann eine notifizierbare Ablehnung, im Einklang mit nationalen Verfahren, auch die Ablehnung einer Genehmigung für die Aufnahme von Verhandlungen oder ein abschlägiger Bescheid auf eine förmliche Voranfrage zu einem bestimmten Auftrag sein.
4. Die EU-Mitgliedstaaten behandeln derartige Ablehnungen und die entsprechenden Konsultationen vertraulich und ziehen daraus keine wirtschaftlichen Vorteile.
5. Die Mitgliedstaaten arbeiten auf die baldige Annahme einer gemeinsamen Liste der vom Verhaltenskodex erfassten militärischen Ausrüstung hin, die sich auf entsprechende nationale und internationale Listen stützt. Bis zur Annahme einer solchen gemeinsamen Liste erfolgt die Anwendung des Verhaltenskodex auf der Grundlage

nationaler Kontrolllisten, in die soweit zweckmäßig, Bestandteile einschlägiger internationaler Listen einbezogen werden.

6. Die in diesem Kodex aufgeführten Kriterien und das unter Paragraph 3 der Operativen Bestimmungen vorgesehene Konsultationsverfahren gelten auch für die in Anhang 1 des Beschlusses 94/942/GASP des Rates[7] aufgeführten Güter mit doppeltem Verwendungszweck, wenn Grund zu der Annahme besteht, dass Endempfänger solcher Ausrüstung die Streitkräfte oder internen Sicherheitskräfte oder ähnliche Einheiten des Empfängerlandes sein werden.

7. Damit der Verhaltenskodex den größtmöglichen Nutzeffekt erhält, werden die Mitgliedstaaten im Rahmen der GASP tätig werden, um ihre Zusammenarbeit zu verstärken und ihre Konvergenz im Bereich der Ausfuhr konventioneller Waffen fördern.

8. Jeder Mitgliedstaat übermittelt den anderen Mitgliedstaaten jährlich vertraulich einen Bericht über seine Rüstungsexporte und seine Durchführung des Verhaltenskodex. Diese Berichte werden auf einer jährlichen Tagung im Rahmen der GASP erörtert. Auf dieser Tagung werden auch die Funktionsweise des Verhaltenskodex überprüft, etwa erforderliche Verbesserungen ermittelt und dem Rat ein konsolidierter Bericht übermittelt, der auf Beiträgen der Mitgliedstaaten aufbaut.

9. Die Mitgliedstaaten beurteilen, sofern geboten, gemeinsam im Rahmen der GASP anhand der Grundsätze und Kriterien des Verhaltenskodex die Lage potenzieller oder tatsächlicher Empfänger von Rüstungsausfuhren aus Mitgliedstaaten.

10. Es wird anerkannt, daß die Mitgliedstaaten, soweit geboten, die Auswirkungen geplanter Ausfuhren auf ihre wirtschaftlichen, sozialen, kommerziellen und industriellen Interessen berücksichtigen können, diese Faktoren jedoch die Anwendung der oben angeführten Kriterien nicht beeinträchtigen werden.

11. Die Mitgliedstaaten werden sich nach Kräften dafür einsetzen, andere rüstungsexportierende Staaten zu ermutigen, sich den Grundsätzen dieses Verhaltenskodex anzuschließen.

12. Der Verhaltenskodex und die Operativen Bestimmungen ersetzen alle bisherigen Ausführungen zu den gemeinsamen Kriterien von 1991 und 1992.

7 ABl. (EG) Nr. L 367 vom 31.12.1994, S. 8. Zuletzt geändert durch den Beschluß 98/232/CFSP (ABl. (EG) Nr. L 92 vom 25.3.1998, S. 1).

5a. Grundsätze der Bundesregierung zur Zuverlässigkeit von Exporteuren – Bekanntmachung der Grundsätze der Bundesregierung zur Prüfung der Zuverlässigkeit von Exporteuren von Kriegswaffen und rüstungsrelevanten Gütern

Vom 25. Juli 2001
BAnz. Nr. 148 vom 10.08.2001, S. 17177

In dem Bestreben,

- unzuverlässige Personen und Unternehmen vom Umgang mit Kriegswaffen und der Ausfuhr rüstungsrelevanter Güter (Waren im Sinne des § 4 Abs. 2 Nr. 2 des Außenwirtschaftsgesetzes einschließlich Datenverarbeitungsprogramme (Software und Technologie) fern zu halten,
- zu vermeiden, dass durch illegale Ausfuhren in diesem Bereich
  - die Sicherheit der Bundesrepublik Deutschland beeinträchtigt,
  - das friedliche Zusammenleben der Völker gestört oder
  - die auswärtigen Beziehungen der Bundesrepublik Deutschland belastet werden,
- die sich in den „Politischen Grundsätzen der Bundesregierung für den Export von Kriegswaffen und sonstigen Rüstungsgütern" vom 19. Januar 2000 (BAnz. S. 1299) widerspiegelnde restriktive Rüstungsexportpolitik der Bundesregierung und die entsprechende Genehmigungspraxis in diesem sensitiven Bereich zu verdeutlichen,
- eine wirksame Kontrolle der Ausfuhr von Gütern mit doppeltem Verwendungszweck aus der Gemeinschaft sicherzustellen,

hat die Bundesregierung folgende Grundsätze für die Prüfung der Zuverlässigkeit im Rahmen des § 6 Abs. 3 Nr. 3 des Gesetzes über die Kontrolle von Kriegswaffen (KWKG), des § 3 Abs. 2 des Außenwirtschaftsgesetzes (AWG) sowie § 7 Abs. 1 AWG und des Artikels 8 der Verordnung (EG) Nr. 1334/2000 des Rates vom 22. Juni 2000 über eine Gemeinschaftsregelung für die Kontrolle der Ausfuhr von Gütern und Technologien mit doppeltem Verwendungszweck (ABl. EG Nr. L 159 S. 1) in der jeweils geltenden Fassung beschlossen:

1. Die Grundsätze gelten für Anträge auf Erteilung von Genehmigungen
   a) zum Zwecke der Ausfuhr nach dem KWKG oder für Ausfuhren nach dem AWG und der Außenwirtschaftsverordnung (AWV) für Güter des Teils I Abschnitt A und B der Ausfuhrliste;
   b) für Ausfuhren nach der Verordnung (EG) Nr. 1334/2000 in der jeweils geltenden Fassung für Güter des Anhangs I der Verordnung mit Ausnahme von Ausfuhren in die in Anhang II Teil 3 der Verordnung genannten Bestimmungsländer;
   c) für Ausfuhren nach dem AWG und der AWV für Güter des Teils I C der Ausfuhrliste mit Ausnahme von Ausfuhren in die in Anhang II Teil 3 der Verord-

nung (EG) Nr. 1334/2000 in der jeweils geltenden Fassung genannten Bestimmungsländer sowie

d) zum Zwecke der Verbringung nach dem KWKG oder für Verbringungen nach dem AWG und der AWV für Güter des Teils I Abschnitt A der Ausfuhrliste.

2. In derartigen Anträgen muss je nach der Rechtsform des Antragstellers ein für die Durchführung der Ausfuhr verantwortliches Mitglied des Vorstands, ein Geschäftsführer oder ein vertretungsberechtigter Gesellschafter als „Ausfuhrverantwortlicher" benannt werden. Dem Ausfuhrverantwortlichen obliegt die Organisationspflicht, die Personalauswahl und -weiterbildungspflicht sowie die Überwachungspflicht.

   Genehmigungsanträge nach dem KWKG sind vom Ausfuhrverantwortlichen selbst zu zeichnen; zeichnet der Ausfuhrverantwortliche ausnahmsweise den Antrag nicht selbst, muss eine schriftliche Bestätigung, mit der der Ausfuhrverantwortliche die Verantwortung für den Antrag übernimmt, beigefügt werden.

   Bei Anträgen nach dem AWG, der AWV sowie der Verordnung (EG) Nr. 1334/2000 kann eine jährlich einmal gegenüber dem Bundesamt für Wirtschaft und Ausfuhrkontrolle schriftlich abgegebene Bestätigung als ausreichend angesehen werden, sofern im Antrag hierauf Bezug genommen wird.

3. Bestehen tatsächliche Anhaltspunkte dafür, dass der Ausfuhrverantwortliche oder – bei Kriegswaffen – eine der in § 6 Abs. 2 Nr. 2a KWKG genannten Personen

   - im Falle eines Antrags nach dem KWKG gegen Vorschriften des KWKG, des AWG, der AWV oder sonstige einschlägige Vorschriften, z. B. des Gewerbe-, Waffen- oder Strafrechts und
   - im Falle eines Antrags nach dem AWG, der AWV oder der Verordnung (EG) Nr. 1334/2000 gegen die Genehmigungsvorschriften der in Nummer 1 erfassten Ausfuhren

   verstoßen haben könnte, so ist grundsätzlich von der Entscheidung über den Antrag abzusehen, bis der Sachverhalt aufgeklärt ist. Dies gilt jedoch nur dann, wenn es sich nicht lediglich um einen Bagatellverstoß handelt und die vermutete Rechtsverletzung im Falle ihrer Bestätigung die Annahme begründen würde, der Antragsteller sei nicht willens oder in der Lage, den ihm obliegenden kriegswaffen- oder außenwirtschaftsrechtlichen Verpflichtungen nachzukommen. Von der Entscheidung ist unabhängig davon abzusehen, ob ein staatsanwaltschaftliches Ermittlungsverfahren eingeleitet ist oder nicht.

4. Ergibt bei einem Antrag nach dem KWKG die Ermittlung des Sachverhaltes, dass die gegen den Ausfuhrverantwortlichen oder eine andere der in § 6 Abs. 2 Nr. 2 a KWKG genannten Personen erhobenen Vorwürfe tatsächlich Grund zur Annahme der Unzuverlässigkeit bieten, so ist der Antrag wegen mangelnder Zuverlässigkeit des Antragstellers abzulehnen.

   Bei einem Antrag nach dem AWG, der AWV oder der Verordnung (EG) Nr. 1334/2000 soll die Genehmigung oder die Bescheinigung des Bundesamts für Wirtschaft und Ausfuhrkontrolle, wonach eine Ausfuhr keiner Genehmigung bedarf, in diesem Fall grundsätzlich versagt werden; bei der Entscheidung sind die Schwere des Verstoßes und die daraus zu ziehenden Rückschlüsse auf die Zuverlässigkeit bei künftigen Ausfuhren sowie Art und Menge der auszuführenden Güter und die Verhältnisse des Ausführers im Einzelfall zu berücksichtigen.

5. Von Maßnahmen nach den Nummern 3 und 4 kann abgesehen werden, wenn das betroffene Unternehmen Schritte ergreift, durch die die zukünftige Einhaltung der ausfuhrrechtlichen Bestimmungen sichergestellt erscheint.

   Der Austausch des Ausfuhrverantwortlichen – und bei Kriegswaffen der weiteren in § 6 KWKG genannten Personen – reicht nur aus, wenn

   - gegen die neuverantwortlichen Personen keine Zuverlässigkeitsbedenken bestehen und
   - durch organisatorische Maßnahmen sichergestellt ist, dass der ausgetauschte Personenkreis keinerlei Verbindungen zu genehmigungspflichtigen Ausfuhren im Sinne der Nummer 1 hat.

   Eine Umverteilung der Zuständigkeiten des Ausfuhrverantwortlichen im Vorstand oder in der Geschäftsführung reicht in Anbetracht der Gesamtverantwortlichkeit der geschäftsführenden Organe für grundsätzliche Fragen der Unternehmenspolitik in der Regel nicht aus, Zweifel an der Zuverlässigkeit auszuräumen.
6. Sind in den Fällen der Nummer 4 Genehmigungen bereits erteilt, so sind sie gemäß § 7 Abs. 2 KWKG zu widerrufen. Bei einer Genehmigung nach dem AWG, der AWV oder der Verordnung (EG) Nr. 1334/2000 kommt der Widerruf gemäß § 49 Abs. 2 Nr. 3 des Verwaltungsverfahrensgesetzes (VwVfG) oder die Rücknahme gemäß § 48 Abs. 1 VwVfG in Betracht; das Gleiche gilt für die Bescheinigung, dass die Ausfuhr der Güter keiner Genehmigung bedarf.
7. Hat ein Antragsteller in anderen als den in Nummer 1 genannten Fällen im Rahmen eines Antrags auf Erteilung einer Genehmigung oder einer Bescheinigung, wonach die Ausfuhr bzw. die Verbringung keiner Genehmigung bedarf, gegen Vorschriften des AWG, der AWV oder der Verordnung (EG) Nr. 1334/2000 oder sonstige einschlägige Vorschriften, z. B. das Gewerbe-, Waffen- oder Strafrecht verstoßen und besteht die Gefahr weiterer Verstöße, so sollen in der Regel die Genehmigungen mit besonderen Nebenbestimmungen nach § 30 AWG oder Artikel 6 der Verordnung (EG) Nr. 1334/2000 versehen werden, die den Nachweis des Endverbleibs und der Endnutzung in geeigneter Form sicherstellen. Im Übrigen kann auch hier die Erteilung der Genehmigung oder der Bescheinigung des Bundesamtes für Wirtschaft und Ausfuhrkontrolle, wonach die Ausfuhr bzw. die Verbringung keiner Genehmigung bedarf, von sachlichen und persönlichen Voraussetzungen abhängig gemacht werden.

Die Grundsätze treten am 1. Oktober 2001 in Kraft. Zum gleichen Zeitpunkt werden die Grundsätze der Bundesregierung zur Prüfung der Zuverlässigkeit von Exporteuren von Kriegswaffen und sonstigen rüstungsrelevanten Gütern vom 29. November 1990 (BAnz. S. 6406) aufgehoben.

5b. Zuverlässigkeit von Exporteuren – Bekanntmachung zu der Neufassung der „Grundsätze der Bundesregierung zur Prüfung der Zuverlässigkeit von Exporteuren von Kriegswaffen und rüstungsrelevanten Gütern"

Vom 1. August 2001
BAnz. Nr. 149 vom 11.08.2001, S. 17281

Zur Erläuterung der Neufassung der „Grundsätze der Bundesregierung zur Prüfung der Zuverlässigkeit von Exporteuren von Kriegswaffen und rüstungsrelevanten Gütern" vom 25. Juli 2001 (BAnz. S. 17 177) wird hiermit bekannt gemacht:

Die Bundesregierung hat am 25. Juli 2001 eine Neufassung der „Grundsätze der Bundesregierung zur Prüfung der Zuverlässigkeit von Exporteuren von Kriegswaffen und sonstigen rüstungsrelevanten Gütern" beschlossen. Die Neufassung tritt mit Wirkung vom 1. Oktober 2001 in Kraft; sie wurde im Bundesanzeiger am 10. August 2001, S. 17 177 veröffentlicht.

Die Neufassung dieser seit 1. März 1991 geltenden Grundsätze trägt zwischenzeitlich erfolgten Veränderungen in der Exportkontrolle auf internationaler und nationaler Ebene Rechnung. Die Grundsätze wurden angepasst an die am 28. September 2000 in Kraft getretene Verordnung (EG) Nr. 1334/2000 über eine Gemeinschaftsregelung für die Kontrolle der Ausfuhr von Gütern und Technologien mit doppeltem Verwendungszweck, an die damit verbundenen Änderungen der Außenwirtschaftsverordnung sowie an zahlreiche Änderungen der Ausfuhrliste für Militär- und Dual use-Güter. Auf die „Politischen Grundsätze der Bundesregierung für den Export von Kriegswaffen und sonstigen Rüstungsgütern" vom 19. Januar 2000 wird Bezug genommen.

Die neuen Grundsätze über die Zuverlässigkeit von Exporteuren konkretisieren die Anforderungen an die Zuverlässigkeit von Antragstellern. Von der Zuverlässigkeit wird die Erteilung oder Versagung von Genehmigungen nach § 3 Abs. 2 des Außenwirtschaftsgesetzes (AWG), § 6 des Kriegswaffenkontrollgesetzes (KWKG) oder nach Artikel 8 der EG-Dual use-Verordnung 1334/2000 abhängig gemacht. Die Grundsätze legen – als interne Richtlinie für die Verwaltung – die Anforderungen fest, die an die Zuverlässigkeit von Exporteuren zu stellen sind, und die Rechtsfolge, die eine Unzuverlässigkeit nach sich ziehen kann.

Die wesentlichen Änderungen sind:

Gemäß Nummer 1 gelten die Grundsätze nun für die Ausfuhr und Verbringung von Kriegswaffen und sonstigen Rüstungsgütern und für die Ausfuhr aller in Anhang I der EG-VO bzw. der AL erfassten rüstungsrelevanten Dual use-Güter. Die bisherige Begrenzung des Anwendungsbereichs bei Anträgen für Ausfuhrgenehmigungen von Dual use-Gütern auf 33 Länder (Länder der Länderliste H, die seit 1995 nicht mehr gilt) wird aufgegeben. Der Anwendungsbereich erstreckt sich nunmehr auf alle Länder. Ausgenommen von diesem erweiterten Länderkreis sind jedoch die Ausfuhren in die 10 in Anhang II Teil 3 der EG-VO genannten Länder mit vergleichbarem Exportkontrollrecht sowie die Verbringungen von Dual use-Gütern innerhalb der EU.

In Nummer 2 Abs. 1 werden die Pflichten des Ausfuhrverantwortlichen bestätigt und konkretisiert. Er ist danach verantwortlich für die Organisation bzw. die Überwachung der innerbetrieblichen Ausfuhrkontrolle, die Personalauswahl sowie die Weiterbildung des Personals.

Nummer 4 Abs. 2 sieht nunmehr vor, dass neben der Genehmigung auch die Bescheinigung des Bundesamts für Wirtschaft und Ausfuhrkontrolle, wonach die Ausfuhr keiner Genehmigung bedarf, versagt werden kann. Nummer 4 passt die Grundsätze damit an die 1996 erfolgte Änderung des § 3 Abs. 2 Satz 2 AWG an. Hiernach kann auch die Erteilung einer Bescheinigung, dass die Ausfuhr keiner Genehmigung bedarf, u. a. von der Zuverlässigkeit des Antragstellers abhängig gemacht werden.

Mit der Neufassung wird der Anwendungsbereich der Zuverlässigkeitsgrundsätze zwar weiter gefasst, sie bringt aber auch mehr Transparenz für die Unternehmen, für welche Ausfuhren sie einen Ausfuhrverantwortlichen benennen müssen. Eine wesentliche Mehrbelastung für die betroffenen Unternehmen ergibt sich aus den Änderungen der Grundsätze nicht, da die Pflicht zur ordnungsgemäßen Organisation der Exportkontrolle grundsätzlich umfassend ist und jedes am Export teilnehmende Unternehmen gleichermaßen trifft.

Berlin, den 1. August 2001
V B 4–500 917–

Bundesministerium
für Wirtschaft und Technologie

Im Auftrag
Hahn

5c. Zuverlässigkeit von Exporteuren – Bekanntmachung zu den Grundsätzen der Bundesregierung zur Prüfung der Zuverlässigkeit von Exporteuren von Kriegswaffen und rüstungsrelevanten Gütern

Vom 6. August 2001
BAnz. Nr. 149 vom 11.08.2001, S. 17295

Die neu gefassten „Grundsätze der Bundesregierung zur Prüfung der Zuverlässigkeit von Exporteuren von Kriegswaffen und rüstungsrelevanten Gütern" sind vom Bundesministerium für Wirtschaft und Technologie am 10. August 2001 veröffentlicht worden (Bekanntmachung vom 25. Juli 2001, BAnz. S. 17 177, siehe auch Bekanntmachung vom 1. August 2001, BAnz. S. 17 281).

Diese Grundsätze konkretisieren die Anforderungen, die im Genehmigungsverfahren an die Zuverlässigkeit von Exporteuren zu stellen sind. Sie regeln auch die Rechtsfolgen, mit denen Exporteure im Falle der Unzuverlässigkeit rechnen müssen.

1. Benennung einer/eines Ausfuhrverantwortlichen (AV) als Antragsvoraussetzung

   Der Anwendungsbereich der Grundsätze wurde auf die Ausfuhr aller in Anhang I der EG-Dual use-VO (im Folgenden EG-VO) sowie der Ausfuhrliste (AL) als Anhang zur Außenwirtschaftsverordnung (AWV) gelisteten Güter erweitert. Sie gelten nicht für nicht gelistete Güter sowie für Fälle der technischen Unterstützung oder des Transithandels. Verbringungen werden nur erfasst, wenn sie Güter des Teils I Abschnitt A der AL betreffen. Für Verbringungen von Dual use-Gütern innerhalb der Europäischen Union (EU) gelten die Grundsätze nicht.

   Im Einzelnen gilt Folgendes:

   a) Ausfuhren

      - Bei Ausfuhrgenehmigungsanträgen nach dem Außenwirtschaftsgesetz (AWG) und der AWV sind die Grundsätze der Bundesregierung ohne Einschränkung auf einen bestimmten Länderkreis anzuwenden, sofern es sich um Güter handelt, die von Teil I Abschnitt A und B der AL erfasst sind.
      - Soweit es sich um Güter des Anhangs I der EG-VO handelt, gelten die Grundsätze ebenfalls weltweit. Ausgenommen vom Anwendungsbereich sind in diesen Fällen lediglich Ausfuhren in die in Anhang II Teil 3 der EG-VO genannten 10 Bestimmungsländer, die über ein vergleichbares Exportkontrollrecht verfügen.

      Gleiches gilt bei Ausfuhrgenehmigungsanträgen für Güter des Teils I Abschnitt C der AL.

   b) Verbringungen

      Die Grundsätze sind darüber hinaus anzuwenden bei Anträgen zum Zwecke der Verbringung nach dem AWG und der AWV für Güter des Teils I Abschnitt A der AL innerhalb der EU.

   c) Sonstige Fälle

      Nummer 7 der Grundsätze stellt klar, dass künftige Genehmigungen mit Nebenbestimmungen versehen werden können, sofern ein Antragsteller bei der Beantragung einer Genehmigung für die Ausfuhr nicht gelisteter Güter, bei der Beantragung einer Transithandelsgenehmigung, einer Genehmigung für technische Unterstützung oder bei der Beantragung einer Bescheinigung, wonach die Ausfuhr bzw. die Verbringung keiner Genehmigung bedarf (sog. Nullbescheid), gegen außenwirtschaftsrechtliche oder sonstige einschlägige Vorschriften verstoßen hat. Im Übrigen kann auch in diesen Fällen die Erteilung der Genehmigung oder des Nullbescheides von sachlichen und persönlichen Voraussetzungen abhängig gemacht werden (§ 3 Abs. 2 AWG). Diese Regelung unterscheidet sich von der bisherigen Regelung nur durch die Erweiterung auf den Nullbescheid.

2. Stellung und Aufgaben der/des AV

Gemäß Nummer 2 der Grundsätze ist wie bisher je nach Rechtsform des Unternehmens ein für die Durchführung der Ausfuhr verantwortliches Mitglied des Vorstandes, ein Geschäftsführer oder ein vertretungsberechtigter Gesellschafter als AV zu bestellen und gegenüber dem Bundesamt für Wirtschaft und Ausfuhrkontrolle (BAFA) zu benennen. Nummer 2 Satz 2 konkretisiert die der/dem AV obliegenden Pflichten. Sie/Er ist verantwortlich für die Organisation und die Überwachung des innerbetrieblichen Exportkontrollsystems sowie für die Auswahl des Personals und dessen Weiterbildung.

3. Verfahrensregelungen

Die bisher gültigen Vordrucke zur Benennung der/des AV bzw. zur Verantwortungsübernahme, die als Anlagen 1 und 2 zur Bekanntmachung des Bundesamtes für Wirtschaft (BAW) zu den Grundsätzen vom 30. Januar 1991 (BAnz. S. 653) veröffentlicht worden sind, wurden an die neue Rechtslage angepasst. Sie werden durch die als Anlagen zu dieser Bekanntmachung veröffentlichten Vordrucke AV1 und AV2 ersetzt. Die Vordrucke AV1 und AV2 sind im Formularhandel erhältlich.

a) Benennung der/des AV

Die Benennung der/des AV muss unter Verwendung des Vordrucks AV1 erfolgen, der an das BAFA – Referat 212[1] – zu adressieren ist. Sie kann unabhängig von der Beantragung einer Ausfuhr-/Verbringungsgenehmigung vorgenommen werden.

Die Benennungserklärung ist von den vertretungsberechtigten Organen und von der/dem AV zu unterzeichnen. Sie bleibt bis zu ihrem schriftlichen Widerruf gegenüber dem BAFA gültig.

Ein Wechsel in der Person der/des AV ist dem BAFA unverzüglich von den vertretungsberechtigten Organen unter Benennung eines/einer neuen AV anzuzeigen.

b) Erklärung zur Verantwortungsübernahme

Unterzeichnet die/der AV Anträge nach dem AWG, der AWV bzw. der EG-VO nicht selbst, hat sie/er gegenüber dem BAFA einmal jährlich ihre/seine Verantwortungsübernahme für die Richtigkeit aller von Dritten in ihrem/seinem Namen für das Unternehmen unterzeichneten Anträge auf Erteilung einer Ausfuhr-/Verbringungsgenehmigung zu erklären.

1 Anm. des BAFA: Durch Organisationsänderung nunmehr zuständig Referat 221.

Die Erklärung muss unter Verwendung des Vordrucks AV2 erfolgen, der an das BAFA – Referat 212* – zu adressieren ist. Sie kann unabhängig von der Beantragung einer Ausfuhr-/Verbringungsgenehmigung abgegeben werden. Sie muss jedoch spätestens zusammen mit dem ersten Genehmigungsantrag erfolgen, der von dem/der AV nicht eigenhändig unterschrieben wird.

Die jährliche Erneuerung der Erklärung zur Verantwortungsübernahme ist dem BAFA unaufgefordert zuzusenden. Maßgeblicher Zeitpunkt für die Einhaltung der Vorlagefrist ist der Eingang beim BAFA.

4. Rechtsfolgen bei Unzuverlässigkeit des Antragstellers

a) Aussetzung des Verfahrens

Nach Nummer 3 der Grundsätze kann das BAFA die Antragsbescheidung aussetzen, sofern tatsächliche Anhaltspunkte für einen Rechtsverstoß vorliegen. Nummer 3 Satz 2 stellt nunmehr klar, dass dies nur dann gilt, wenn es sich nicht lediglich um einen Bagatellverstoß handelt und gibt damit die bisher gängige Praxis des BAFA wieder.

b) Versagung der Genehmigung bzw. der Bescheinigung, wonach eine Ausfuhr keiner Genehmigung bedarf

Ergeben Ermittlungen, dass Grund zur Annahme der Unzuverlässigkeit besteht, kann das BAFA gemäß Nummer 4 Abs. 2 der Grundsätze nunmehr nicht nur künftige Genehmigungen, sondern auch die Bescheinigung versagen, wonach die Ausfuhr keiner Genehmigung bedarf (sog. Nullbescheid). Diese Erweiterung bezieht sich nicht auf die so genannte Auskunft zur Güterliste (AzG), die keine Entscheidung über ein konkretes Ausfuhrgeschäft trifft, sondern lediglich bestätigt, dass ein bestimmtes Gut nicht von Anhang I der EG-VO bzw. der AL erfasst wird.

c) Rücknahme von Genehmigungen bzw. Nullbescheiden

Nummer 6 der Grundsätze enthält nunmehr den Hinweis auf die Möglichkeit der Rücknahme von Genehmigungen bzw. Nullbescheiden. Hiermit wird lediglich die nach dem Verwaltungsverfahrensgesetz (VwVfG) bestehende Rechtslage wiedergegeben.

5. Bisherige Regelungen

Die Bekanntmachung des Bundesamtes für Wirtschaft (BAW) vom 30. Januar 1991 (BAnz. S. 653) ist hiermit gegenstandslos geworden.

Eschborn, den 6. August 2001

Bundesamt
für Wirtschaft und Ausfuhrkontrolle

Im Auftrag
Simonsen

Anlage AV1

Bundesamt für Wirtschaft und Ausfuhrkontrolle (BAFA)
Referat 212[2]
Frankfurter Str. 29–35
65760 Eschborn

Benennung der/des „Ausfuhrverantwortlichen" gemäß Nummer 2 der Grundsätze der Bundesregierung zur Prüfung der Zuverlässigkeit von Exporteuren von Kriegswaffen und rüstungsrelevanten Gütern vom 25.Juli 2001 (Banz. S. 17 177)

Unter Bezugnahme auf die o. g. Grundsätze der Bundesregierung erklärt das

. . . .

Unternehmen

. . . .

Zoll-Nr.

. . . .

vertreten durch ihre Organe

. . . .

hiermit, dass am

. . . .

Herr/Frau in seiner/ihrer Funktion als
zur/zum „Ausfuhrverantwortlichen" bestimmt worden ist.

Die/Der Ausfuhrverantwortliche ist Mitglied der Unternehmensleitung. Sie/Er ist über die Pflichten des Exporteurs unterrichtet, die im Zusammenhang mit der Abwicklung von Ausfuhr-/Verbringungs-Geschäften, insbesondere bei genehmigungsbedürftigen Gütern, bestehen und ist sich der Bedeutung der o. g. Grundsätze der Bundesregierung bewusst. Die/der Benannte ist bestrebt, die einschlägigen Vorschriften des Außenwirtschaftsgesetzes (AWG), der Verordnung zur Durchführung des Außenwirtschaftsgesetzes (AWV), der Verordnung (EG) Nr. 1334/2000 über eine Gemeinschaftsregelung für die Kontrolle der Ausfuhr von Gütern und Technologien mit doppeltem Verwendungszweck, des Gesetzes über die Kontrolle von Kriegswaffen (KWKG) und des EG-Zollkodex (in den jeweils geltenden Fassungen) zu beachten. Sie/Er wird alle ggf. erforderlichen Vorkehrungen treffen, damit diese Bestimmungen im Unternehmen eingehalten werden.

Die Unterzeichner sind sich bewusst, dass es ihnen im Falle einer möglicherweise einzuleitenden Zuverlässigkeitsprüfung verwehrt ist, sich auf Nichtwissen oder Missverstehen der außenwirtschaftsrechtlichen Bestimmungen zu berufen.

Die Unterzeichner wissen, dass in Fällen, in denen die/der Ausfuhrverantwortliche den Antrag auf Ausfuhr-/Verbringungs-Genehmigung nicht selbst unterzeichnet, diesem Antrag eine schriftliche Bestätigung (Anlage AV2) beigefügt werden muss, in der die/der Ausfuhrverantwortliche die Verantwortung für den Antrag übernimmt. Hierbei ist bekannt, dass die Erklärung zur Verantwortungsübernahme bei Anträgen nach dem

2 Anm. des BAFA: Durch Organisationsänderung nunmehr zuständig Referat 221.

AWG, der AWV sowie der Verordnung (EG) Nr. 1334/2000 mindestens einmal jährlich gegenüber dem BAFA abgegeben und auf diese Erklärung Bezug genommen werden muss (in Feld 37 des Antrages auf Ausfuhr-/Verbringungs-Genehmigung). Die dadurch bestätigte Delegierung der Befugnis zur Zeichnung der Anträge auf Ausfuhr-/Verbringungs-Genehmigung berührt nicht die grundsätzliche Verantwortlichkeit der/des Ausfuhrverantwortlichen und schließt eine Exkulpation durch Verweisung auf die Person des Vertreters aus.

Den Unterzeichnern ist bekannt, dass ein Zweifel an der Zuverlässigkeit der/des Ausfuhrverantwortlichen zu den in den Nummern 3ff. der o. g. Grundsätze der Bundesregierung aufgezeigten Folgen führen kann. Insbesondere ist bekannt, dass das BAFA bei begründeten Anhaltspunkten für einen erheblichen Rechtsverstoß u. a. von der Bescheidung des Antrags auf Ausfuhr-/Verbringungs-Genehmigung absehen kann, es sei denn, dass durch personelle und organisatorische Maßnahmen Zweifel an der Zuverlässigkeit des Unternehmens ausgeräumt werden.

Diese Benennung bleibt bis zu ihrem schriftlichen Widerruf gegenüber dem BAFA gültig. Ist ein Wechsel in der Person des Ausfuhrverantwortlichen gegeben, sind die vertretungsberechtigten Organe verpflichtet, diesen Wechsel unverzüglich dem BAFA unter Benennung eines(r) neuen Ausfuhrverantwortlichen anzuzeigen.

. . . .

Datum

. . . .

. . . . Ausfuhrverantwortliche(r)

. . . .

(Vertretungsberechtigte Organe
des Unternehmens)

Anlage AV2

Bundesamt für Wirtschaft und Ausfuhrkontrolle (BAFA)
Referat 212[3]
Frankfurter Str. 29–35
65760 Eschborn

Erklärung der/des „Ausfuhrverantwortlichen" zur Verantwortungsübernahme

. . . .

Unternehmen

. . . .

Zoll-Nr.

. . . .

Ausfuhrverantwortliche(r)

. . . .

gemäß der Nennung gegenüber dem BAFA vom

3 Anm. des BAFA: Durch Organisationsänderung nunmehr zuständig Referat 221.

In Kenntnis der Grundsätze der Bundesregierung zur Zuverlässigkeit von Exporteuren von Kriegswaffen und rüstungsrelevanten Gütern vom 25. Juli 2001 (BAnz. S. 17 177) und unter Bezugnahme auf die Benennung als Ausfuhrverantwortliche(r) gemäß Nummer 2 der o. g. Grundsätze erklärt die/der Unterzeichner(in) die Übernahme der Verantwortung für die Richtigkeit aller in seinem/ihrem Namen für das o. g. Unternehmen unterzeichneten Anträge auf Ausfuhr-/Verbringungs-Genehmigung. In Feld 37 des Antrags auf Ausfuhr-/Verbringungs-Genehmigung muss hierauf Bezug genommen werden.

Die/Der Unterzeichner(in) ist sich bewusst, dass sie/er bei Verletzung der außenwirtschaftsrechtlichen Pflichten – insbesondere bei unrichtigen oder unvollständigen Angaben gegenüber dem BAFA – nicht mit dem Hinweis auf die Person des Antragsunterzeichners eine Verantwortung im Sinne der o. g. Grundsätze ablehnen kann.

Diese Delegierung der Zeichnungsberechtigung bezüglich der Anträge nach dem AWG, der AWV sowie der Verordnung (EG) Nr. 1334/2000 über eine Gemeinschaftsregelung für die Kontrolle der Ausfuhr von Gütern und Technologien mit doppeltem Verwendungszweck (in den jeweils geltenden Fassungen) wird nach Ablauf eines Jahres rechtsunwirksam, wenn sie nicht zuvor gegenüber dem BAFA schriftlich in gleicher Form erneuert wird.

....

Datum

....

Ausfuhrverantwortliche(r)

Erläuterung zur Anlage AV1 bzw. AV2

Die Erklärungen nach der Anlage AV1 bzw. AV2 sind unter Beachtung der nachfolgenden Erläuterungen vollständig und in Maschinenschrift auszufüllen.

Zu „Unternehmen":

Hier ist die vollständige Firmenbezeichnung in der Form anzugeben, wie sie im Handelsregister eingetragen ist.

Im Fall der „Benennung des AV" (Anlage AV1) ist eine unbeglaubigte Kopie des aktuellen Handelsregisterauszuges beizufügen.

Zu „Zoll-Nr.":

In Anlage AV1 bzw. AV2 Zollnummern (erforderlichenfalls auf einem Beiblatt)allesollten hier aufgeführt werden.

Zur „Erklärung des Ausfuhrverantwortlichen zur Verantwortungsübernahme":

Bei der nach Anlage AV2 jährlich gegenüber dem BAFA abzugebenden Erklärung über die Delegierung der Zeichnungsberechtigung ist zur Fristeinhaltung das Eingangsdatum beim BAFA ausschlaggebend.

Das Datum der Erklärung nach Anlage AV2 muss innerhalb der letzten 12 Monate vor Antragseingang beim BAFA liegen.